From China-West Integration
to Onto-Hermeneutics:
An Interview with Professor Chung-ying Cheng

从中西会通
到本体诠释

——成中英教授访谈录

成中英　著
杨庆中

中国人民大学出版社
·北京·

序　言

2007 年中国人民大学国学院杨庆中教授来函向我表示计划来夏威夷大学哲学系进行访问，目的是认真地探索我的本体诠释学，希望更好地弘扬于学术界。我很高兴有一位对古典易学及易学史极有研究的年轻学者来此一探我的学术究竟，要在我的学术背景与生涯中挖掘本体诠释学的根源与成长过程。这是继当年南开大学哲学系李翔海君（现任教于北京大学）90 年代以后以我为专题进行深度访谈的第一人，我对此表示欢迎与认可。杨教授来前，我为他找到了一所安静的公寓，他来后全家搬入，适应很短一段日子后，我们就进行了严肃的学术访谈工作。他准备了极为系统化、极为精确化的发问，可见他把我的哲学都思考了一遍，而且掌握了它的基本结构，然后提出其中最根本的问题，一层一层地对我问下去，一直问到核心深处。我们的问答持续了一个多月，每天至少工作 5 到 6 小时。我看了他的题目，极为欣赏他的理论性与逻辑性，我也就能更仔细也更深入地表述我的概念与理论、论证与目标。我高度赞赏庆中的为学精神，也为他整理此书的录音成稿的辛劳表示感谢。初稿经过我仔细审阅，做了一些澄清与修改。

在我的哲学思想的发展过程中，我显然经历了三个明晰而又相互重累的阶段。如我一再说明，我一向都兼顾中西哲学的研究，因为我有一个中西沟通与融合的理想。在此背景下，在 70 年代开始大学任教后我的研究生涯中的第一阶段是再深入与深化西方哲学的思考阶段，在此阶段中我强调了一个动态发展中的自然经验主义的观点，是在经验的基础上建立人对宇

宙自然的认识，以及人与人之间的相通的能力。我的自然经验主义有一部
分来自中国哲学传统，一部分来自科学认知。我重视归纳逻辑的理性基
础，探索经验启发出来的先验架构，而此一架构也是可以在整体的认知价
值评估中逐步改进或典范的系统跃进，这也是科学知识与自然化知识论演
化的轨迹。我一方面认识到科学知识的严谨性与客观性，另一方面也认识
到任何知识包含科学知识在具体现实应用上的或然性或大数性，因为我们
面临的是一个复杂多变的宇宙本体。只能靠我们具体的理解以及实用的智
慧来掌握现实中重要的差异，连分寸之间的差异也不例外。

到了 80 年代，我可以说更进一步地深入与深化中国哲学的重建发展，
把早期对易学与儒学以及道学的关注发展到一个更为精微细致的分析而后
广大高明的综合，用论的方式说明学的体验，形成了我对易经以及易学的
哲学理论以及中国哲学整体发展的理论认识。新世纪开始，我进入到深入
与深化本体诠释学的第三阶段的思考过程了。我关注于研讨哲学诠释学的
精华部分，指出其面临的有关本体学基础的问题，并积极扩大为涵盖东西
方思考幅度与方向的本体诠释学，形成了理解人类哲学思考的共同基本框
架，又显示了作为中国哲学的源头活水的易经哲学的影响，其中包含了延
伸出来的本体伦理学、本体道德实践和本体美学，甚至也包含了涉及人类
社会集体活动的管理与政治活动，导向了我的管理哲学以及中国政治管理
之原论。总结这三个阶段的哲学思考的发展，我演化出一个哲学思考的总
框架，其中包含了本体学、本体诠释学、本体知识论、人类整体伦理学、
本体美学以及管理哲学 C 理论。我相信并期待此一基础性的哲学体系为中
国哲学的复兴以及中西哲学的互通与互动奠定了一个理论基础，也开辟了
一个理念与实践的康庄大道。

中国哲学离不开中国哲学史的研究，但我深知中国哲学史的深处却蕴
含着我揭橥的本体学与本体诠释学，在其表层则有这样或那样的文字注
释、文句训诂以及各代的经典诠释。我愿望在不远的未来开启一个以本体
诠释学为基准、方法与理念的新中国哲学史，一方面彰显出史的时间进
展，另一方面却透视出学与论的光彩。有关西方哲学的发展，我也做如是
观。近年来我的部分注意力集中在对康德的重新诠释，尤其关注康德的伦

理道德学的儒学批判以及康德对未来形上学的重建问题。循着康德而下，我重视两方面发展：一是德意志浪漫主义或内在主义的发展，经过黑格尔到海德格尔及其追随者；一是逻辑实证论以及语言分析哲学的发展，体现在蒯因的自然化知识论的整体论成果以及同时发生的二元论的困境上面。

我的本体概念有其自身的意义内涵，必须在中国哲学的源头活水处体察。自本而体，由外而内，达到本到体、外内合的存有创出（创造）的境地。如用现当代西方哲学体系来分析与诠解此一本体概念与理念，应有怀特海哲学中的实体（actual entity）与海德格尔哲学中的此有（Dasein）以及蒯因哲学中的变量函数值（value of a quantificationl variable）之三者合一的成分，但此一诠解却仍然欠缺中国哲学中独有的本源与生发部分，因之也显露了西方哲学中内外与主客的二分的流弊。

人之生有涯，而知之求无涯。本体的体验与实践却在人的有限中体现心智灵明的绵延无尽。本体者，其生生而不息者乎？其生生而条理者乎？人当不断奋起，勇敢地面对虚妄，追求真实；面对无明，追求灵明；面对不义，追求正义。是为序。

成中英

序于 2012 年 8 月 18 日

美国檀香山寓所生生不息斋

目　录

第一章　辩名析理：西方哲学的学思经验

引　言

杨庆中（以下简称杨）：成先生，非常感谢您能安排机会接受我的访谈，这次访谈的题目是：从中西会通到本体诠释。之所以选中此题目，是基于本人的这样一个认识：即在20世纪的中国学术的发展中，有一个无法回避的核心问题，就是"古今中西"问题。"古今中西"这四个字，又可以简约为两个字，即"中西"。有趣的是，20世纪中国的学术大师们，其研究历程也都基本上可以用"中西"两个字来体味，如陈寅恪、胡适、汤用彤等，人们常常用"学贯中西"来形容他们的博学。其实我觉得也可以用"出入中西"来概括他们的研究方法及学思历程。成先生也属于为数不多的典型的"学贯中西"类的学者，同时又是第三代新儒家的代表人物之人，所以，近来在研究您的著作时，我产生了一个想法：似乎可以用"出入中西、归本大易"来概括您的思想。

成中英（以下简称成）：用"出入中西"来概括20世纪学术大师的研究方法及学思历程颇有新意，用"出入中西、归本大易"来概括我的思想也基本符合事实。

杨：那么，我们是否先从"西"字入手展开我们的访谈？我知道，您22岁即负笈旅美，先后在华盛顿大学、哈佛大学获得硕士、博士学位。您能否谈谈您当年赴美留学的原因，以及最终选择华盛顿大学哲学系和哈佛大学哲学系的理由？当然，这是访谈的第一次，您可以把话题拉长些，比如，您可以先总括地谈谈您对哲学的理解，也可以简要地谈谈您的身世。

成： 好吧，先谈谈我对哲学的理解也好，算是先亮明观点，以后的访谈可以看做是对这种观点的印证吧。

杨： 好的。

成： 其实，我在台湾大学外文系读一年级时就已经对哲学产生了确定的兴趣，或者说是一种 passion，一种热情。这一方面可能与我早期的生活体验有关，另一方面，更重要的是在大学里遇到了一些好的老师，把我带入了哲学的新路，这个历程后面还有机会谈到，这里只谈我对哲学的理解。首先我们看哲学之源，我认为人本质上是一个哲学的存有。当然我这里说的哲学，是一个广义的概念，是一个包含了生命义理的概念。《尚书·皋陶谟》里面有一句话："知人则哲"。大家知道，用"哲学"来翻译英文 philosophy 始于日本学者西周，所谓"爱智之学"。我们应考虑日本人的这个翻译是否衍生问题，当然现在大家已经习惯了这个翻译，觉得"哲学"同西方的"philosophy"是同一个意思。事实上，中国的这个"哲"字有它更深层的意思，代表了中国哲学本身的一种价值取向。用"哲学"两字翻译 philosophy 从西周的意图来看是想彰显出西方哲学的特点，同时也想突出中国哲学的精神。但在个别的理解中往往得到相反的效果，既未彰显出西方哲学的特点，也未能突出中国哲学的精神。或者我们可以把这个翻译看成中西哲学视野的交融，需要我们进行一个本体的诠释。《尚书》讲"知人则哲"，"知人"就是认识人的活动方式、倾向于本性以及人的应行之道。这个"人"可以是指具体的人，也可以泛指一般的人性。知人当然也包括我的自知，进而包含人所根植的世界真实。对人、对己与对世界的理解，就是一种哲学，一种理解世界的思想态度。此一学问可以嘉惠于人，故也是一种智慧，一种寻求智慧的态度，也因之是一种生活实践的态度，也可说代表了一种存在与行为的模态。所以，在我心中从来不会发生说中国有没有哲学的问题，因为我从自己的生活、生存和生命的深处感受到一种需要，知道自己在了解别人的同时，也要进一步了解自己，了解自己在这个世界上是一个什么样的存在，能有以及应有什么样的价值，与周围的世界能有以及应有什么样的关系。对我而言，哲学表现为一个对人对世界有所理解后的自我理解、自我发展的过程，他是从人的生活体验和人对世界的观察中产生的智慧。因此，哲学不仅是"爱智之学"，还是知人及己"之知"、爱己及人"之爱"，是一种"智慧之知、智慧之爱"。因为无论你追求什么，总是要在知识的基础之上去追求，它表现为一种人对于知和智的需求。所谓"智"（wisdom）是知识能如日光般照亮黑暗，显示可取可行之道。苏格拉底说哲学是 love of wisdom，即智之爱，我们也可以说哲学是爱之智，即 wisdom of love，即哲学就是生命价值的体验与追求，以及完成生命价值的体验与追求；是对爱的热情的方向与目标的慎重选择与深入承诺，亦即"择善固执"的固与执，"修己以安人"的修与安。其实中国哲学意义下的哲学意涵在宋明的理学、气学与心学中已得到充分的表述，同时强调了"智之爱"与"爱之智"。在此一意义上说，中国哲学即是理气心性之学，其中包含了本体学、宇宙学、人的心性学，以及道德学与管理学等。当然我们却不必以此为限，还应包含西方哲学中对理智、真理与终极存在的追求。

杨： 这算是成先生对哲学的一个总体的看法吧？您的这种看法是如何形成的？比如说，它与您的成长经历有什么关系？

成： 这种看法的形成应该是与我自己的成长经历，尤其是在成长的过程中与我对生命的体验与民族文化的认同有密切关系的。在我的记忆里，从小就生活在日本人侵华的威胁之中，流离逃难与躲避轰炸无一不带给我不定与灾难之感，但我也在中国的大后方乡村度过童年，充分体验到乡人的朴实与善良，感受到我的父母对我们子女的挚爱，并教育我们，鼓励我们勿忘古人的智慧，勿忘追求新的知识，勿忘为中国争气，不受人欺辱，挺立天地之中。因之我兼重中西是早就形成的心态。我 1935 年生于南京，1937 年发生了"卢沟桥事变"，所以 1938 年便随父母去了重庆。我要在此顺便说一下我的老家，我父母出生的地方。父亲告诉我们，老家湖北阳新县龙港成家祠是一个很闭塞的地方，但却是我们成氏住了上千年的老家，成氏宗族发源于周文王第五子郕叔武，因平霍王之乱有功封于郕，称郕国，今山东宁阳汶上地区。北魏时代主流一支经河南循汉水南迁到湖北此地。1985 年我应汤一介先生的邀请回北大讲学，并出席熊十力百年诞辰学术研讨会，地点在黄冈，会后应贾亦斌先生的安排回到阳新看看，留下了深刻的印象。在清代阳新称兴国府，距离武汉不太远，现在只有两个多小时的车程。由于有大山，交通很不方便，但是进入阳新县境，那里的风景很好，有很多水域，而且有一条河叫富池河，在长江的南面，可直接通到长江。回到阳新老家后的了解和感受让我更深刻地认识到中国文化的草根性。中国文化强调对人自何方，根源在哪里的关注，有这种根源意识，在我来说不是保守，反而有一种从根源走向世界的冲动与动力。大学一年级时我写了一篇抒情文名为《在我的家之外》，发表在大学的学生校刊上。反映了我这种心态：你的生命根植在一个特殊的大环境里面，对这个环境要有一种认识，要掌握自己的来龙去脉，才能掌握自己的命运与未来。

杨：这大概就是寻根意识吧。

成：大概是的。由于抗日和逃难，大概三岁时我就跟着父母到了四川，住在嘉陵江上游一个叫蔡家场洪家榜的地方，在那里住了三年，最后几年搬到重庆城里李子坝地方住，进入了那地方的国民小学。我父亲成惕轩先生当时在重庆的国民政府工作，他是一个文人与诗人，也是一个学者，抗战期间他写了《尚书与古代政治》与《民族气节论》等书，后来却以骈体文大家知名于世。从我父亲当时的诗作里面可以看出来那时候四川的生活环境和举家生活的艰辛。因为自己当时年龄小，习惯于躲警报，也习惯于乡村田野生活的处境，感觉到大自然的亲近。蔡家场地处乡下，在那里能看到各式各样的小动物，可以抓鱼，可以捉黄鳝，碰到蛇啊，碰到豹子啊等。记得有一次与小朋友比胆量，见对方抓起一只小蝌蚪吞下，自己也不甘示弱把一只小蝌蚪吞到肚子里。这种儿时的经历充满着对自然的探索。长大后，做事情渐渐和小时候不一样了。但面对自然、探索自然仍然是我生活的主轴。自然并非只是自然，它有太多的玄奥，充满太多的哲理与知识，是理解中国哲学的源泉，但又何尝不是理解希腊哲学与希伯来神学的源泉呢！我记得自己很喜欢在晚上看天上的星斗，因为住在乡下的庭院里面，吃完晚饭常常听四川老辈们给小孩儿辈讲故事，摆龙门阵，仰首看到天上星换斗移的变化，心中有一种神思，也感觉到深沉的好奇。

杨：在逃难的日子里，这也算是苦中之乐吧！您的小学生活是否就是在这种环境中开始的？

成：是的，不过我在乡下读书是跳着读的，因为我母亲在家里教完了我一年级的课程，所以上小学我是直接读的二年级。回想起来，除了躲避日本鬼子的轰炸外，生活还是处在一种跟自然接近比较多的状态，如跑到江边放风筝啊，爬那些山坡啊等。整个生活就是跟自然打成一片。在小学里印象最为深刻的生活体验之一是养蚕，到处找桑叶，采桑葚吃……很有趣味。刚才提到小时仰看天上星斗的感受，这也造成我后来对天文学的兴趣。由于联想到古希腊的神话故事，也由此引发我对西方文学的深度爱好。这个科学兴趣与文学爱好一直持续到大学时代，可说为了调和两者的歧异与冲突，我走上了哲学之路。所以现在我常常想，人的存在在开始是与自然进行多种形式交通的，此一交通激发了人自身的理解能力与自我理解的探求。建立人与自然的关系以及与自然中的生命与他人的关系，是生命哲学中不可逃避的问题，其实也是哲学的开端。我也常想，人最后还应该回到与自然的交流上，把人文带回到自然，正如在和人与世界交往中把自然带入人文中一样。

杨：自然对于陶冶人的性情是很重要的。

成：当然，一个人的成长跟他的家庭也是很有关系的，在我来说，父母对我的影响很大。母亲教我识字，父亲给我讲道理，当时虽然年龄很小，但知道中国有个危机，就是日本占领了中国大片土地，抗日的同仇敌忾感情特别强烈。有一次经历尤其令我震撼：我们在竹林里躲警报，日本低飞的轰炸机用机枪疯狂地扫射，震耳欲聋。警报解除后，看到一头牛和一个农夫被血淋淋地打死在田里，这个经历给我留下了日本侵略者残酷杀戮、灭绝人性的深刻印象。

杨：亲历过那场战争的人大概都会有这样的心态。

成：应该是。上面算是我的童年的一些回忆，现在想起来，在这样的战争氛围中长大，虽然心中燃烧着民族的仇恨，但无意中却也给了我了解乡间生活的机会，这也可以说是对自然生命的一种思考。前面我说人是哲学的存在，意思也正是要表明，人应该看重这些生命的体验，也会自然地追问自然界为什么会有这样的植物，那样的动物。小时候抓蜻蜓、捕蝉、捉螳螂、找蛐蛐……感觉乐趣无穷。这恰恰意味着人的世界是从自然的生命体验中慢慢发展出来的。

杨： 基本上，儿童大都对自然充满兴趣和好奇，对于与自然的接触充满期望，这似乎很值得从哲学的意义上进行研究。

成： 儿童的兴趣是最天然的，这种与自然的天然接近，很有哲学的意义。抗战胜利后，从重庆坐船回南京，到南京后，我小学没有毕业，就考进南京第六中学，开始读初中一年级，那是 1946 年的事。现在想起来，那个时候我的兴趣开阔而不固定，但相对来说，我比较偏向文史方面的东西。由于受到父亲的鼓励，回南京后我写了一篇《还都记》，记述一路上的所见所闻，这篇文章居然在当时的《中央日报》儿童版上发表了。

杨： 这大概是您发表的第一篇作品吧？

成： 是的。在初中阶段，我最喜欢文学和数学这两科，数学可能跟老师有关系，遇到好的老师，他会鼓励你，比如觉得几何案例、证明题目很有趣。文学嘛开始喜欢看小说，主要看的是什么《三侠五义》、《薛仁贵征西》等民间小说。总之那个时候是对文学与数学兴趣并重。

杨： 数学与文学，是否就是您后来对知识论和本体学存在兴趣的"雏形"？

成： 呵呵，可以分析。迁台后，父亲在大学里教书，家中藏书是比较多的。刚到台湾时，我初中还没毕业，就考进了建国中学，当时的建国中学比较开放，没有太多的限制，这让我有机会接触到很多五四时代的文学作品，包括鲁迅的书，也接触到一些鲁迅翻译的外国文学著作，于是对变革时代有一种强烈的体验，想到国家这么弱，也常常思考国家这么弱的原因，以及富国强国的问题，记得当时这种感情特别强烈。

杨： 这可能是您这一代人的一个心结。

成： 应该说是近代以来中国知识分子的一个心结。由于有四川乡下观天象的回忆，这个时候我对天文学特别喜欢，记得曾在图书馆找了一本叫张沄的人写的天文学方面的书，居然仔细地看了。这本书讲了如何了解星云与天体，它们是如何形成的，恒星与行星又如何发生等。我真的很受启发，也似乎萌生了一种将来有机会要念天文学的想法。那个时候还学习看星座，因为当时台湾的天空很晴朗，晚上看星星很清楚。我最熟悉的星座是天蝎座，因为我是阴历九月底出生，相当于阳历的 11 月，是天蝎座当道的时候，它是长长的一条，因为我未见过蝎子，这个星座反给了我一个惟妙惟肖的蝎子形象。还有摩羯座，是冬天的星座，在冬天会看得很清楚。这两个星座在我心中印象极深，后来无意中看到，还感到很亲切呢。十年前，我看到天蝎座时还特别写了一首短诗，把小时候看到星座的感觉和后来长大后又看到那个星座的感觉写了出来，叫做《重见天蝎座》，感觉天蝎座一点都没有变，而人事与年龄却全非了。遥望星空，思想人生不同阶段的问题，这大概就是天和人之间的一种特殊的对照吧。

杨：透过自然之象兴会人生的体验，这正是《大象传》的思路。

成：《大象传》有励志的道德精神，是主体的人对客体宇宙的价值与道德反思。在此反思之前，似乎应该还有对自然力量的本体认知、理性认知与情绪美感三个方面，反映在《易传》的个别章节里面。前面说了，因为喜欢文学，我看了很多五四时期的小说，我特别喜欢那种带有诗意的文学作品，所以，后来我的思想比较属于那种诗意的。我固然看小说，但让我自己表达呢，我比较喜欢诗，诗是直接的，可以直接抒发人的感情。天文呢，代表一种大环境，让人觉得在大地之上，有宇宙的另一种关联，形成天、地、人三位一体的思想应是基于人的一种原初直觉的自然感情。后来我读张若虚的《春江花月夜》，感觉像是回到了遥远的古代，《春江花月夜》有两句诗，很有哲学意味："江畔何人初见月，江月何年初照人"。这两句诗像是提出了两个难以回答的根本问题，我有段时间总在想如何回答这两个问题。有一天我忽然悟出了答案，当然这不一定是张若虚自己意识到的，而是我对他的诠释：江上的月亮，它照人的时候，也正是那个江畔之人初见月的时候。也就是说，江月照人的时候也是江人看月的时候。我的回答并非陈述一个历史的定点，而是突出了人与自然的关系，在此关系中界定人之为人。我这里的体会是，人跟天地、大自然有一种自然的沟通，当自然相对于人而存在的时候，那也必然是人把自然当做一个对象的时候，这样江月才能照这个人，江人才能看到这个月。所以对这两句诗的两个问题只有一个回答："江月照人的时候正是江人看月的时候"。换句话说，当人对天和自然产生一种认识的时候，人才能叫做人。在这里颇有印证一种"天人合一"的意思。当然"天人合一"，本体（根源与整体）的意味更强，但这种本体的意味需要经验上的印证。

杨：常言道，理论是灰色的，但中国古代有不少诗词名句哲学的意味很强，很多哲学家同时也是大诗人。

成：是的。在中学时期，我经常有写诗的冲动，也创作了一些，这可能也是受了我父亲的影响。除此之外，对于"知识"我也充满着极大的兴趣，所以，那时候除了天文学之外，我又看了一本介绍爱因斯坦相对论的英文通俗读物，很想把它翻译出来，但那时刚刚学英文，水平还不够，我到美国后，在华盛顿大学，刚好有一个香港来的同学是搞物理学的，我们经常聊天，也经常提到那本书，认为相对论很重要，而中文本没有，所以我就抽空翻译那本小书，可惜没有翻译完，但也算是了了一个夙愿吧。

杨：您小学没毕业，考进了初中，初中没毕业，考进了高中，好像高中也没毕业，就考进了大学？

成：我是在高二时以同等学力的名义参加联召的。由于文学的和知识的兴趣难分伯仲，所以高考时我颇犯难，是考理科还是考文科，当时颇难于决定。在建国中学高二，我本来选择了理科，因为我数学不错，在班上数一数二。最后我想我父亲是搞古典文学的，于是就选择报考台大外文系。在外文系我的数学成绩是最高的。进入台大的第一年，就选了方东美先生的"哲学概论"课。

杨：这是第一次正式接触哲学吗？

成：应该是吧。那时候我的兴趣是双重的，一个是人文的兴趣，对古典诗与文学的兴趣；一个是对自然的兴趣，对物理学的兴趣，或者说对宇宙的兴趣，这两个对我都很重要，而且我觉得二者在生活里面应该是融合的，不应该是冲突的，只是因为教育分科的需要，才把它们分开了。对我个人而言，这两个兴趣都应该保持，所以在台大一年级，我还选修了微积分，因为当时要求一年级学生必须选学一门理科的课程，很多人都选心理学，那时候把心理学划归理科，整个外文系就我一个人去选微积分，因为我的数学不错。另外我还不时地去旁听物理学。

杨：这是为了满足您自己对知识的兴趣，但仅仅是兴趣吗？

成：当然不是，主要还是为了整体求知的欲望吧。这一时期，我自己在外文系读西方的东西，在家里则读中国的东西，这样便成就了我对人生的一种比较开放的体验。这又与我父亲有关，在我父亲身上，更多的还是儒家士大夫的传统，重视五经与四书，以此为基本，从事他的古典文学的研究与创作。尤其在他讲授与写作骈体文时，不能不以经史子集的经典作为支柱。虽然我父亲从事的是中国古典文学，但他十分尊重西学与科学，思想也非常开通，对我说无论哪一门学问，只有学通了才有价值。对我学习的方向没有什么限制，常常教导我求知需要结合自己的兴趣，应该尽量去发挥自己。所以后来我选择哲学作为我的专业，他也很支持。

杨：记得有一次傅伟勋先生在南开大学讲学，提到他选择哲学专业时，他父亲很不满意，警告他说，学哲学将来只能摆卦摊儿。

成：可能是每个人的家庭背景不一样的缘故吧，我的很多同学都是因为家里的需要，去选择自己的专业，如工科、医科等，最后弄得很不愉快。这样看来，我应该感谢我父亲的开明。而且他还有一点影响到我，他自己早期写过一本书，叫《尚书与古代政治》，他对《尚书》非常推崇和重视。对于六经中的其他几部经典他也有研究，尤其是《诗经》。他那种研究古典的经验和背景对我是一种很大的启示。更重要的是，我家里藏书比较多，当时在我父亲的书房里翻看了很多易学的书。我第一次接触易学，可能还是在高中时代，看到易图，很好奇，觉得很有意思，总想要多一些了解。

杨：书香门第，自然有很多便利的条件。

成：诚然也是，但也与我那个时候强烈的求知欲有关。进入台大后，接触到方东美先生，他是一位非常广博，融中西哲学为一体的哲学大家。我们上他的"哲学概论"课，诸如知识问题、伦理问题、宗教问题、人的存在问题，他都谈，而且对于每一个问题，他都特别重视介绍不同派别的不同观点。方先生有一个最大的特点，他讲每一个问题都讲得非常生动，比如讲这一家的观点时能把学生带到这种境界里面去，讲另一家的观点时又能把学生带到另一种境界里面去。所以我觉得听方先生讲课犹如进入一个世界舞台，充满了一种生命的跃动，这种生命的跃动首先转化为一种生命的情调，然后转化为生命的美感境界，感染力非常之强。

杨：这是不是您后来选择哲学作为自己专业的原因呢？

成：也是缘分吧。其实听方先生课的学生很多，何况我又是外语系的学生。但在方先生的课上我好像找到了安排自己两个截然相反的兴趣的一个方式，我觉得我的文学的兴趣和知识的兴趣，我的到底是做文学家，还是做物理学家或天文学家的冲突，在这门课上得到了圆融，我意识到我可以用哲学来解决这个问题，哲学可以包含这两个兴趣，可以让人在不同的生活方向中找到一个整体的安顿，以使自己成为一个更整体的人。我可以写诗，也可以写论文，我可以用感情去感觉这个世界，也可以用理性去思考这个世界。正是在这样的一种认识之中，觉得哲学最适合我。

杨：这是否意味着中学以来困扰您的情感与知识的矛盾，在方先生的课上终于找到了解决的方法？

成：可以这样说吧。不过，那时候不能转系，我的学籍仍在外文系。但从大一到大四，我一直没有离开过哲学系的课堂。当时的台大哲学系的老师可算是人才济济，如陈康教授、方东美教授。陈先生是搞亚里士多德很出名的一位先生，大学期间在哲学上对我影响最大的除了方东美先生之外，就是陈康先生了，他开两门课，一门亚里士多德，一门洛克，都是读原文，讲得很细致，我对理性哲学或者逻辑哲学的兴趣就是那时候培养起来的。方先生对我影响最大的是两块，大一开设的"哲学概论"给我提供了一个广博的视野，此外，他最喜欢谈柏拉图，谈得也很鞭辟入里，他的"柏拉图哲学"课把我带向柏拉图的理想主义。谁能不向往一个美好的至善的理想国？哲学家能够透过自己的实践把我们生活着的这个世界转化为理想国，这是方先生经常提到的话。方先生讲授的尼采哲学也影响到我，特别是方先生强调的人要有最伟大的欣赏能力、最伟大的谴责能力（Great Art of Appreciation，Great Art of Contempt），不要依托别人的观感而卓然独立。方先生本人是有那种卓然独立的气象的。

杨：当时是不是对西方哲学特有兴趣？

成：当时对任何知识都有兴趣，现在想起来，当时由这些大师级的学者教授西方哲学，对于我的西哲的学习算是一个很好的开始。因为这个背景，我对殷海光先生开设的逻辑哲学也有了因缘。殷先生出过一次国，在哈佛做过访问学者，他跟王浩同时成为金岳霖先生的学生，也受其影响，对逻辑有莫大的兴趣。1949 年到台湾后，大讲逻辑实证论。殷先生有两件事情我记得非常清楚，对我也有影响。一次是他在课堂上拿着一本书，就是唐君毅的《中国人文精神之重建》，他说，你看这本书，应该把它丢到茅屎坑里面去。我听了颇为反感，虽然当时我无法评价唐先生及其哲学，但我觉得中国文化精神是一个很重要的话题，尤其是我们从抗战到台湾，总觉得中国人不争气，没有中国文化精神中国人如何站起来，怎样自强？以我成长的经历，这类讨论总是有积极意义的。

杨：唐先生的书您当时看过吗？

成：看过，但殷先生指的那本没看过，经殷先生这么一说，反而激发我借来翻看一遍。唐先生有很多观点其实是很好的，他讲中西哲学怎么沟通，人文精神怎么建立，还谈道德理性的问题，应该说是很有启蒙价值的。当然，他没有像方东美先生那样从哲学的层面来激动人心，唐先生主要还是就中国文化的传统层面来谈中国文化多么重要、多么有价值、多么伟大，但在现代的中国又多么失落。1958 年唐君毅与牟宗三在张君劢的倡导下共同发表了有名的《中国文化宣言》，那时候我已经就读于台湾大学哲学研究所了。对此我并无所知，也没有听同学谈起，不知何故。我在大学毕业后即考取了台大哲学研究所。当时考进去的有三个人，我、刘述先与傅伟勋，被誉为三员大将、三剑客。

杨：记得傅伟勋先生说是“三大金刚”。

成：呵呵。当时我是以外语系学生的身份考进去的，因为一直在哲学系听课，很多人都以为我是哲学系的。在我之前，本来是不允许本科生跨系读研究生的，但由于方东美先生支持，“教育部”也就特准了，也可以说是开了一个风气，打破了这个规矩。那段时间我选了方先生的课，陈康先生的课，旁听了殷海光先生的课。殷先生非常先进，开了一门逻辑实证论，他拿着一本书，叫做 *Introduction to Philosophy*（《哲学导论》）的书，大谈哲学就是要求实证，合乎现代逻辑，要在实践的经验中来看它到底有没有意义，而是否有意义在于它在经验中有没有经验的效果，假如没有一个可以印证的具体的对象或事物相应，它就没意义。殷先生用的那本书是 Hospers 基于英国逻辑实证主义者艾耶尔写的，那本书讲两种命题，一种是经验命题，一种是形而上学的命题，认为形而上学命题是没有经验意义的，因之也就没有实际的意义，只是一种玄想。现在看来，当时殷先生的思想，实际上代表了在台湾发生的中西文化之争中的一种观点，这种观点延续了科玄论战中科学派的思路。那次他在课堂上对唐君毅提出批判，强烈地反映了这个思路。

杨： 门户之见？

成： 殷先生的本意还是值得肯定的，在他身上同样体现了中国知识分子的忧患意识。一次课上，殷先生又拿了一本书来评论，是一本英文书，英文书名叫 *Elements of Mathematical Logic*，对同学们说，这本书是关于数理逻辑的，人家都发展到数理逻辑了，而我们落后到何种程度？这种知识非常重要，可惜我看不懂，你们哪个能看懂？当时班上有个同学叫杨汉之，是一位好学能辩的人才，他什么都搞，他拿来看了看，但也看不太懂，我坐在他的旁边，就拿给我看，我一看，发现特别有趣，多是数学的东西，因为我在大学时期选过微积分，还旁听过微分方程，对数学一直有很高的兴趣，也读过一些统计学的书。所以，书中的数学符号对我倒不是特别的生疏。我说我可否借回去看一看，殷先生说那好，你拿回去吧。回去一看，虽然是用英文写的，慢慢看还是可以看懂的，他们觉得很惊奇。当时我就想，一定要把数理逻辑搞清楚。我还记得该书的作者是 Paul Rosenbloom，该书写于 20 世纪 50 年代，但至今仍可买到。

杨： 有趣的是，您到美国留学恰恰研究的是逻辑问题，是不是与此有关？

成： 这里有必要再谈谈我对哲学的理解。我认为，在人的生命活动中，一定会遇到一些问题，这些问题怎么解决？人就要透过思想、透过生活经验去思考，因为任何问题的解决都要通过一个思考，然后设计方案，加以解决。解决得对不对，那是另外一个问题。但无论是对还是错，只要对结果进行再思考，便会总结出新的经验或教训，从而加深对事物的了解，甚至还能建立一套更好的方法。所以，哲学对我来讲就是从生活里面出现的，它不是随便产生的。比如苏格拉底，还不是针对当时发生的问题进行了反复的思考嘛。当时是一个世俗的社会，也有一个神话的信仰，在这样一个社会中，大家普遍面临的问题是，到底什么是公平，什么是虔诚，什么是节制等。我认为当时苏格拉底主要思考了两个东西：即，什么是自我节制（temperance），什么是社会正义（justice）。苏格拉底的时代诡辩家很吃香，他们一天到晚宣传自己有智慧，他们的目标也是教人成为一个很好的修辞学家，能够辩论，能够演说，用美好的言辞来鼓动群众，成为政治领袖。他们不在乎是否说真话，而强调说符合群众心理的话。那个时候的雅典就像一个哲学思想的市场，能言善道的人们从地中海的四面八方而来，意大利方面的，中亚、西亚方面的，希腊本地的。人们各执一词，不一而足。那到底什么是真理，到底哪一个真理是最真的？苏格拉底就是要聆听最真的声音，他常常告诉人们说，我也不敢说哪一个真理是最真的，但是我知道我会对那种追求知识、追求真理的"追求"非常重视。这就是所谓的"爱智"。所以，哲学还是从实际的生活来的，人在实际生活中遇到困难，诸如遇到生活伦理的困难，遇到政治环境的困难，遇到生命的困惑等，于是就产生了哲学的思考。我对哲学是有这样的体验和感受的。当然，好奇心也很重要，我在中学时期就喜欢解数学难题，后来留学美国选择了美国人都认为难的数理逻辑可能是有这方面的原因的。你要知道，我在留学期间经常选一两门外国人不敢选的课来学习，除了要证明中国人并不笨外，就是求知的好奇心在发生着作用。

杨：但是从后来的发展看，数理逻辑并没有局限住您的视野。

成：我觉得在我作为整体人的规划里面，我还是没有改变我的初衷和我对生命的一种感受，我希望有一个更整体的生命。很多人为了生活的目的去追求，走上一条职业的道路。我追求哲学，基本上还是要呈现出一种人的整体性和对人的真实性，这是我自己设定的目标，但对于知识，我是开放与重视的，因为它是实现生命的一个起步，没有知识人就在盲目之中，也就难有真正价值选择的自由。我对数理逻辑的兴趣来自我对理性知识的看重。

杨：所以很长一段时间，您一直在知识与本体之间彷徨，试图圆融二者，并最终在本体诠释学的建构中实现了呈现"整体生命"的夙愿。

成：是啊，不过这是后话。在大学时代，我的兴趣极为广泛，尤其是对中国传统抱有一种深刻的敬意与爱好。方先生给我们上课，从哲学的高度大谈中国哲学的宇宙论，他非常看重《周易》。在他的观念中，《易传》和《洪范》，是中国最早的哲学精华。这方面他给我的启示很多。

杨：那您为什么决定留学西方并最终选择了知识论作为自己留学期间的主攻方向呢？

成：我们这代人追求西方的学问乃是基于对中国传统的批判，我当时的感想是，不能只学会用中国传统说话，应当先了解西方，先认识西方。所以当时对西方存有一种非常强烈的知识欲望，尤其对西方最新的科技和最新的哲学理论，想要了解西方何以成为西方。我当时就觉得要了解西方就必须了解西方哲学，就必须进入西方哲学的核心。所谓不入虎穴，焉得虎子。我大学毕业后即考入研究所，读了一年，对中西两方面都有很深刻的感受，而当时的台湾最新的西学资料很少，只有殷海光先生讲的逻辑实证论。

杨：所以，决定到美国去？

成：是的，留洋去！

学习西方哲学

华盛顿大学

杨：为什么选择华盛顿大学？

成：原因有两个：一是因为华盛顿大学要给我奖学金，二是华盛顿大学在西岸，我觉得好像离家比较近。当然，华盛顿大学本身也不错，她是当时美国最具有分析哲学研究水平的高校之一。

杨： 出国之前，思考最多的是什么？

成： 我当时有个志向，就是一定要彻底了解西方，了解西方思想的精华，了解西方哲学的思维方式和它创造现代文化的那种能力，以此为基础和参照，更好地重整中国哲学，重新发展中国文化，进一步建立并巩固中国在世界上的地位。

杨： 您的成行顺利吗？

成： 还好。想来真要感谢我的父亲，那时候我家并没有钱，我父亲把他的那些诗词结集出版，用所得稿费来支持我的旅费，加上我有助学金，所以还算顺利。

杨： 听说您到华盛顿大学后先是念外文系？

成： 是的，因为我本科毕业于台大外文系，所以是以外文系学生的身份进入华盛顿大学的英美文学系。我花了一个学期念英美文学，尤其读了不少美国经典小说，这使我对美国文化、美国社会有了一种更深刻的了解。华盛顿大学一年四个学期，一学期三个月。我当时每天都有课，上午上课，下午进图书馆，晚上在家赶作业，生活很紧张，吃住都很简单。

打工

杨： 打过工吗？

成： 当然。那时我的助学金只是免学费，生活费还得靠自己挣，那只好去打工，种树啊，拔草啊，做园丁啊，什么活都干。后来还曾到医院做护工，帮着抬死尸啊，运氧气啊，照顾早产儿啊，量体温啊，上石膏啊，等等。

杨： 哪一学期转入哲学系的？

成： 第二学期。我的现有成绩与哲学背景都很好，所以第二学期就顺利地转到了哲学系。

选课与各位老师的专长

杨： 在哲学系的选课情况如何？

成： 转入哲学系后，我选了三位教授的课，一门知识论，一门现代伦理学，一门康德美学。

杨： 在西方哲学传统中，知识论的地位很重要？

成： 对。教授知识论的是出身哈佛的 Arthur Smullyan 教授，近代知识论和逻辑学是他的专长，尤其是逻辑学中的模态逻辑。这种逻辑主要在研究可能性与必然性存在或知识模态下的分析真理，或者可说是人们在一种信仰的语境之下，怎么去表述世界的真实性。世界是丰富多彩的，语言意义是多元的，且往往是模糊的，要想把握真实性，就要努力把主观的自我打掉。而打掉主观的自我，就需要做语言的分析。所以它是一种强调可能性与模态性的逻辑建构。Arthur Smullyan 教授专门做这方面的研究。

杨： 把握真实性一直是西方哲学的关注重点吧？

成： 是的。西方哲学，很重视知识论问题，因为它涉及到人跟世界的关系：人们对于世界到底了解了几分——永远有一种相对主义或者怀疑主义的警觉，他们总觉得我们的知识是相对的，而又总觉得必须追求一种绝对。但这种追求又永远达不到，所以西方的知识论一直是伴随着怀疑主义的质疑而不断得到发展的。

杨： 这一点跟中国哲学很不一样？

成： 是的，中国本土哲学没有西方的这种怀疑主义传统，因为中国的哲人总是从对世界的整体体验出发来感觉世界的存在，所以从来不否认世界的真实性。

杨： 您在伦理学的研究方面很有成就，是不是与这个时期的学习有关？

成： 教授伦理学的是 Abraham Melden 教授，他同时还开设英国哲学。这位教授受后期维特根斯坦的影响很大，他的伦理学很关注意向性（intentionality）问题。我在他的课堂上喜欢问问题，他总是回答得很清楚。Abraham Melden 教授对我的影响很大，但我知道我的兴趣在知识论，在形而上学，在逻辑学，所以最后我还是选了 Arthur Smullyan 教授做我的论文导师。

杨： 您对美学一直保有着兴趣，大概也与这个时期的学习有关？

成： 教授美学的是 Melvin Rader 教授，他对我也有重大影响。Melvin

Rader 教授的文学修养很深。那时我跟他读康德美学，所以我接触康德是从第三批判入手的，第一批判与第二批判是到了哈佛后才读的。Rader 教授是一位很温文尔雅的教授，Abraham Melden 教授口齿非常伶俐，随时都可以驳倒你，很有机锋。Arthur Smullyan 教授则是信念坚定，慢条斯理地讲给你听，理路非常清楚。他们三人的风格都不一样。Melvin Rader 教授的康德美学，讲几种美学的典范，包含有机主义、语境主义、知觉主义等。他把这些分析得很清楚。当时我写了一篇有关康德美学的作业，没想到 Melvin Rader 教授很欣赏，给了我一百分，还在课堂上念给同学们听。这位教授后来受到美国反共主义的迫害长达十几年，幸好他没有丢掉他的职务。我对他有一种亲切的感觉，我去哈佛，他写了推荐信。Melden 教授对我也很好，我工作后他也曾邀请我到他后来任职的加州大学 Irvine 分校去，因为在夏威夷生活得久了，一时不想变动，就没有去。

杨：除了这三位教授的课外，您还选修过别的课吗？

成：我还在数学系选了一门课——"实数函数论"。在第三学期，我还兼任东亚系施有忠教授的助教。施教授是贺麟的学生，他的夫人是画家，当时他正在翻译《文心雕龙》。总之，那段时间过得很忙碌，但脑子里每天思考的都是知识的发展与价值的抉择等哲学的问题。对了，当时美国知名的哲学家 Charles Hartshorne 在我上学的第二学期时到华盛顿大学哲学系做访问教授，他开的课是研究生课程"怀特海和皮尔士"，我后来对皮尔士与怀特海的兴趣也是和这门课有关系的。怀特海是那时才开始读到。上世纪西方当代哲学中，怀特海于 30 年代写他的《过程与实在》，海德格尔也是那个时代写《存在与时间》。30 年代显然是西方哲学当代发展的一个转折点。其实逻辑实证论也是在 30 年代兴起的。整个西方哲学从 20 世纪开始到 30 年代可说是群英并起、群雄争胜的时代，有百家争鸣、百花齐放的感觉。是不是与新科学相对论与量子论的兴起有密切的关系，值得我们深探。我那时候就觉得如果没有科学的刺激，西方哲学的发展也许不会如此多姿多彩。知识论对西方哲学的外在发展与内部整合是非常重要的。我在 Hartshorne 教授课上写了论辩"内在关系"的报告，所谓内在关系是相对于外在关系而言，我论辩的是超越也是一种内在关系，必须从发展来看待。

在第二学期我还上了 Walter Kaufman 访问教授的课，Kaufman 教授是尼采哲学专家，他是第一个把《查拉图斯特拉如是说》翻译成英文的人，他是德国人，说话有德语的重音，在普林斯顿大学教书，对尼采特别有研究。他开有一门课叫"黑格尔与尼采"，我对这门课很有兴趣。在台湾方东美先生讲尼采讲得很生动，但这次是专题研读尼采的著作，一些很深入的认识，我那个学期写的论文报告是黑格尔的绝对精神，当时思考的问题是为何会从黑格尔走向尼采，黑格尔和尼采是不是绝对相反，有没有相同的一面，他们的权力意志和绝对精神在功能上面是不是有共同的效用，有没有主体的意志、作用，两者最后都导向绝对的一元哲学，一个偏向于客观制度的建立，一个偏向于主观权利的运用。两者都是德意志精神的表现，犹如希腊文化精神中 Apollo 与 Dionysus。

杨：您的硕士论文是写的知识论方面的吧？

成：是的，我跟着 Arthur Smullyan 教授上逻辑与知识论，后来就写了这方面的论文，内容是 G. E. Moore 的知觉论。

杨：非常纯粹的西方哲学的论题。

成：对。论文主要是探讨我们的知觉是如何让我们认识到外面的世界的存在的。G. E. Moore 是比维特根斯坦还早一点的普通语言哲学家，他反对新黑格尔主义，强调透过分析的方法重新回到现实世界。受他的影响，很多英国哲学家都表现出了现象主义的倾向，即认为我们看到的不是物质世界，而只是具体的知觉质料，因此需要建立一种基于现象的对真相的认识论。但很多人认为所谓的真相也不过是现象的一个集合而已，其所指还有一个真正的真相在后面，这又回到康德的问题上面去了。而我认为仅仅用现象性去说明外面的事物是不够的，还应该建造一个可以用语言指涉的对象，因为对象实现为现象或现象实现为对象的那种可能性是不受限制的，所以你不能把对象只看做现象归纳的集合，而应该把它看成是经由个别经验知识的整合而做出的理论建设，这种理论随时可以落实到现实当中，但却不完全把它看做是现实中的现象，不然就变成了化约主义，或者叫唯名主义。此处我把罗素的《描述论》看成既有消解对象所指的功能，又具有建立对象的功能。包括蒯因，一般只重前者，而忽略后者。我则两者俱重，甚至我还比较偏向于实在主义的思想，当然这是我的创意。简言之，我认为可以从现象中去认识作为对象的真相，这个真相把我的理论概念投射到现象里面，所以也有一种主体参与的成分。整个来说，真相是主体跟客观的现象相互交往所产生的对事物的认识，因而有别于柏拉图的实在论。我当时写这个题目，就是要从逻辑分析和语言分析的角度指明 Moore 思想中的现象主义偏向可以理解，但却应该修订。

杨： Arthur Smullyan 教授同意您的看法吗？

成： Arthur Smullyan 教授比较偏向于现象主义，我比较偏向于实在主义，他觉得我假设得多了一点。不过他对我的论文还是相当肯定的，所以顺利通过。

杨： 华盛顿大学的学习可以说是画上了圆满的句号！

成： 是啊！接下来就是考博了。Arthur Smullyan 教授出身哈佛，因而建议我留意一下东部的学校，包括哈佛。我后来能去哈佛，前面三位教授的推荐非常重要，而三位之中最重要的恐怕是 Arthur Smullyan 教授，他对我的评价很高。

杨： 除了哈佛，当时有没有申请别的学校？

成： 我当时基于不同的理由选择了四个学校，伊利诺伊大学哲学系、耶鲁大学哲学系、康奈尔大学哲学系和哈佛大学哲学系。结果是这四个学校都录取了我，哈佛重视现代，鼓励面向未来的思想发展，所以我选择了哈佛。这里有一件趣事，我不是拒绝了康奈尔大学吗，他们哲学系有一个叫马孔（Malcolm）的教授，是维特根斯坦的学生，非常有名，他问我为什么不到他们那里去，他说他不能接受我不去康奈尔而选择哈佛，他说他们比哈佛好，他们讲的是人的语言的分析，是最具有时代性的。他还保证给我超过哈佛的奖学金。哈佛的奖学金是 2 500 块，他的奖学金是 3 500 块。可是他错估了我的心态，因为我关心的是近代逻辑的发展，知识论的发展，最后还是选择了哈佛。马孔教授因而非常失望，又给我回了一封信，说任何时候回心转意，他们都会欢迎。

杨： 这也是一段佳话了。

成： 呵呵，是一段佳话，也留下了一段遗憾。但我必须要说的是：我很欣赏维特根斯坦的早期哲学直指人心与世界的同一性，是神秘的理性主义，与卡尔纳普大异其趣。但后期的维特根斯坦虽然开启了一个文化与语言的生活世界，却未能进一步说明人之为人的创造能力。

杨： 那你以后和他有联系吗？

成： 没有，因为我觉得辜负了他的期待。就这样结束了我在华盛顿大学的硕士学习生活。

哈佛大学

哈佛大学的图书馆

杨： 到哈佛去？

成： 1959 年 5 月底我拿了华盛顿大学的硕士学位，新大陆的初秋我就到了波士顿。

杨： 初到哈佛，什么给您印象最深刻？

成： 都很有吸引力，但她的图书馆最令我着迷。哈佛有三个图书馆。一个是大学图书馆，就是 Wiedner，全美最大的学校图书馆，藏书非常丰富，进入到里面就不想出来。我最好的经验就是冬天十一月感恩节之后，背着书包到 Wiedner 的书库里面，坐到窗子旁边，看外面的雪，看阴沉沉的天，好像回到一个古老的时代，也许是中世纪的教堂吧……这种经验在别的地方是感觉不到的。另外一个图书馆是 Lamont，当时它是新建的。这个图书馆 24 小时开放，任何时候去都可以，灯光很亮，找书很方便，你还可以自己带书进去，也可以带一些吃的东西。有一个有趣的故事，大概是到哈佛的第二年吧，有一天黄昏，也是冬天，我买了一块意大利乳酪去 Lamont，准备边看书边吃这块乳酪。我把乳酪放在桌子上，然后去查一本书。回到座位时，令我吃惊的是，我的那块乳酪竟然已被什么人整整咬了一大口。

杨： 肯定是人咬的？

成： 肯定是人咬的，一定是一位年轻的学生看到有这么好的一块乳酪，忍不住吃它一口再说。这个事情我印象特别深刻，也说明 Lamont 的环境是多么有意思。第三个图书馆是哈佛燕京图书馆，那个图书馆中国部分的藏书很丰富，美国大学建立的中文图书馆最早就是哈佛燕京图书馆，那里藏有很多中国古典的书籍。我在的时候，那个图书馆上下三层楼吧，两岸的中文报刊都展出，所以我也很喜欢去那个图书馆。那时图书馆有位洪老先生，主持中国经典古籍的 index 工作，默默地做出贡献。

杨：那时与哈佛燕京学社有联系吗？

成：有的。我和哈佛燕京那些人都很熟，有一次，燕京学社的社长 Bishop 先生碰到我，他问我是不是在哲学系，暑假做什么？我说，是的，暑假准备去纽约打工。他说你不要去了，你还是读书做学问较好，学社可以给你点钱。他把我带到他的办公室，问我上课期间拿多少奖学金，然后拿起笔来就开出了我暑假三个月的助学金。那个社长很文静，很有学者风范。

选课

杨：在哈佛大学的选课情况怎样？

成：第一年主要选了四位教授的课，一是蒯因教授的课，一是系主任 Firth 教授的课，一是 Donald Williams 教授的课，一是 Henry Aiken 教授的课。蒯因教的是他写的 *Methods of Logic* 一书，除强调初阶逻辑的证明形式外，内容兼及逻辑当代课题。Firth 是研究近代知识论的专家，他继承 Descartes 从事重建人类知识的伟业。Donald Williams 教授是形上学家，也是归纳逻辑学家，是当时有名的新实在论者。Henry Aiken 教授研究实用主义，重点在詹姆斯、杜威与皮尔士，关注美学与伦理学。

杨：这些教授，就美国当时的哲学界而言，也可以说是极一时之选吧？

成：美国的哲学史在 19 世纪基本上是哈佛的哲学史，最早的比如 18 世纪的美国第一个神学家 Jonathan Edwards 就毕业于哈佛神学院，19 世纪的文学家及人文学者 Emerson 也是如此。多年以后，哲学系大楼被命名为 Emerson 楼。从 19 世纪到 20 世纪初期哈佛的哲学家 William James、Charles

Peirce、Chauncey Wright 等甚至组成了一个"形上学俱乐部"定期聚会。哈佛俨然是美国哲学的诞生地与发展的孵化器。皮尔士最有创造性，他很早就提出实用主义概念，这个概念吸引了詹姆斯。但是皮尔士脾气很坏，校长 Eliot 就没有留他，但却启发詹姆斯把他的实用主义概念拿过来用在宗教学上面，形成了一个很流行的实用主义版本，这个版本加上皮尔士以科学作为基础的那个实用主义版本，结合黑格尔主义，综合地影响了杜威。杜威执教于哥伦比亚大学，成为美国实用主义哲学的代表，时间大概是在1920 年代吧，但他思想的根源还是皮尔士，再说他在 John Hopkins 大学上过皮尔士的课。詹姆斯和皮尔士都是 1910 年代的学者。与罗素合作撰写《数学原理》的怀特海也于 50 年代到了哈佛。怀特海的儿子在第二次世界大战中牺牲了，那时他正在思考过程哲学的问题。当时哲学系还有两位逻辑学造诣很深的哲学学者 C. I. Lewis 与 Scheffler。必须一提的是，当时还有另一位有名的哲学家是 Santayana，非常沉静、非常深思，有一种欧洲古典哲学家的气质，他的书 *Life of Reason* 充满理性精神，又具有古典文采，兼具生命体验的情感。他是美国哲学中很不美国哲学的重要遗产。我获得的奖学金就名为 Santayana Fellowship。

我到哈佛的年代，以上的大师都成了历史，但却为哈佛哲学系带来荣誉与卓越的光环。当时系中仍有另一代杰出的学者与思索者，知名的很多。譬如一位是 Demos，他诠释柏拉图哲学有他的特色。一位是 John Wild，他是翻译海德格尔的第一人。我记得当时正是蒯因当道的时候，Wild 教授不受重视，随后就去了耶鲁大学。下面我想提提五位与我有所关联的哲学老师。一位是蒯因，他做过维也纳大学的访问学者，受维也纳学派的影响很大，蒯因的最大贡献在于语言哲学与逻辑系统，语言的逻辑基础以及语言的存有论问题。他提供了一个很客观的逻辑分析方法。其次是 Firth 教授，是知识学家，敏锐而坚定，具有哲学批判的眼光，他针对笛卡尔，要解决知识重建的问题，可以说继承了笛卡尔知识论的探索精神，对知识的确定性与清晰性做了重要的规范工作。Williams 教授有英国人的那种气质，思想深邃，思考"存在"问题，为外在的真实世界进行理性的辩解。Henry Aiken 教授则善语言，很会批判，性子急切，近于挑战。最后，我要提 Israel Scheffler 教授，他是教育哲学家，却开设科学哲学课程，对科学的客观性做了理性的解说。总而言之，这几位教授都"身怀绝技"，他们的风采各不相同，像蒯因，是一个说话俨然、语调低沉的思索者，个子高大，眉宇之间闪烁着锐气，但也展现出一种沉着大气的风范。以上五人，除 Aiken 教授外，后来都成为我写论文时的导师。我则做过 Aiken 教授的助教。我第一年的课很重要，让我看到了西方哲学在美国 60 年代的一个十分重大而突出的发展。我要强调 60 年代是美国分析哲学与科学哲学发展的高潮，迄今无出其右者。其中的推手就是蒯因教授。

杨：哈佛哲学系第一年的学习，感觉上与华盛顿大学哲学系有什么不同吗？

成：我在华盛顿大学跟从 Smullyan 教授学习时，没想到逻辑有这么大的影响和流行。哈佛那个时候虽然不是每个人都跟从蒯因，但是蒯因在逻辑上的发挥，的确形成了一个重镇。而且知识重建也需要逻辑，归纳逻辑要寻求其根据也需要逻辑，所以在这里感觉到一种很强的力量，就是逻辑分析、语言分析和概念分析，这是最大的一个潮流。

杨：选那么多课，感觉压力大吗？

成：我选的这几门课，每门都有十几本参考书要看，此外还要翻阅一些古典的东西，还要写学习报告或论文。当时的感觉是好像有看不完的书，我上的课既要考试也要写论文，四门课要写四篇论文，课业负担的确是有些重了。那一年我什么地方都没有去过，就是非常认真地投入到学习之中，好像工作中要加班一样。过程很苦，但是每天都有成长，所以也很有兴趣，可谓乐在其中吧。答辩那一学期还去听过一门课，就是罗尔斯讲的"正义论"。另外还有一位牛津大学教授访问时开的课，是亚里士多德的物理学，我为了了解亚里士多德，特意选了那门课，这位教授的英文很难听懂，听得很辛苦，后来慢慢听懂了。我对这位教授的印象很深刻，他很纯朴，听他讲亚里士多德的物理学，使我对亚里士多德的物理学有了新的认识，他的形而上学是基于他的物理学认识发展出来的。他的普遍性和特殊性的关系的问题是在他的物理学走向形而上学中体现出来的。但很抱歉，我一时竟想不起这位教授的名字。

与系主任争论

杨： 能否谈谈您的课程论文？

成： 有两篇论文我现在还记得，一篇是系主任的课程论文，他是讲现象主义的，他主张以现象主义做基础重建知识，而我认为现象主义本身就有问题。所以这篇论文基本上是与主任唱反调的，文章交上去后，他把我叫去很认真地与我辩论，提出了不少反对的意见。事后我还一度担心他会不会取消我的奖学金，因为他是系主任嘛。但他不但对于我敢于提出反对意见表示了赞赏，而且更欣赏我，对我很好。我必须说这就是哈佛精神，这就是大师的风采。注重质量，而不是维护关系。

另外一篇是 Williams 教授的课程论文。什么是未来，未来是不是不定的，这牵涉到相对论方面的问题。Williams 教授偏向于决定论，认为未来的东西虽然现在不知道，但一定是要么是真的要么是假的。到底是真是假，我们不知道并不代表这个事件本身没有一个趋向，它不可能永远是未来，就它自身而言，肯定有一个结果。Williams 教授探索的结果是，归纳逻辑也有演绎逻辑推演的保证。这是一个非常大胆的推断，其意思是说，一种合理的推断，在一定范围内一定有它的有效性，这个有效性的基础是数理统计学，可说为统计或归纳理性。虽然我们不能具体说某件事必然真或者必然假，但是我们可以说它可能的真或者可能的假。那如何界定可能性呢？通过样本。比如在统计学上，我们可以通过取样和合理的数理结构来推理分析一片森林里面有多少只老虎，一个池塘里面有多少尾鱼。Williams 教授的这一研究成果我比较认可，后来我做博士论文就选择了这个方向，并对 Williams 的思想又有所补充和发展，特别对相关结论进行了数学的证明，我觉得我那篇论文很有意义，因为能够说明经验世界本身的合理性结构。

杨： 您的意思是说先验的基础和经验是不能割裂开的？

成： 是的。后来我读《易经》，觉得"先天而天弗违，后天而奉天时"这两句话特别符合我的意思，"先天而天弗违"讲的就是先验必然性，"后天而奉天时"讲的是后天规律性，包含或然率的规律性，我们不能要求未来是必然符合我们的想法的，但是未来也不可能是随便出现的事件。

杨：就是说我们根据现有的手段，从知识的角度对它的或然性是可以有一个把握的。

成：是的，这样就构成了我们行为的一个基础。

杨：在某种程度上就避免了对未来的一种虚无主义的态度。

成：对，这个很重要，要建立这样一种观念。《周易》为什么具有重要性呢？因为关系到人们做决定嘛！在个人价值观里面，做决定很重要，它不是虚无主义的。后来我自觉地探讨《周易》的潜在规则，与此有着直接的关系。

杨：借助分析哲学理解了《周易》的一些本质性的东西，又透过《周易》对分析哲学的某些环节达到了圆融。

成：你认识到这一点，讲出来我觉得非常重要。说明你对《周易》是很有了解的。

杨：所谓"归本大易"，这是一个切入点。

成：很大的切入点。不是说另外有一个东西出来，而是一贯之道。

杨：就是说，您不是仅仅基于华人的心态来亲近《周易》一类的典籍，而是透过现代知识论的分析最后在这里找到了突破口。

蒯因的影响

成：第二学期，我选了当代代数学、科学哲学、宗教学、康德哲学等方面的课程，还旁听了几门课。正是在旁听的课上进一步知道了蒯因的影响力。当时有一位教授开了一门关于海德格尔的课，选的人不多，那时候大家对德国哲学的印象是晦涩，不但难懂而且意义不清楚，只会把深奥藏在没有意义的用词里面。这位教授的名气本来比蒯因还大一点，但第二年却离开了，去了耶鲁。据哈佛大学校报上的信息，说是这位教授受不了蒯因的压迫（蒯因基于分析哲学的批评），所以一气之下走掉了。

杨：宗教课您也选？与分析哲学恐怕有点隔膜吧？

成：我当时的心态是完全开放自己，接纳西方任何新的东西。何况我不是容易走极端的人，本来就有性情的感受，所以都可以包容。有一门课主要是讲德国的唯心主义，如黑格尔、谢林、费希特，以及新黑格尔主义，讲的都是大系统。这是著名的德国哲学家 Paul Tillich 开的课程。

杨：康德哲学是哪位教授讲的？

成：威廉姆斯（Donald Williams）教授。他那个课特别有意思，开课的形式就特别有意思。他请了 Aiken 教授一起来开课，也可说是两位教授联合开课，上半堂是威廉姆斯讲，下半堂是 Aiken 讲，下半堂批评上半堂，然后前者作回应，互相交锋，辩论得很厉害。Aiken 倾向于休谟的经验主义立场，而威廉姆斯则倾向于康德的先验论立场。在他们反复辩难中，我也有机会读懂了康德的第一批判与第二批判。

杨：可谓别开生面。您还选了数学，您对数学似乎一直情有独钟？

成：我选的当代代数，相当难。是数学系主任 Oscar Zariski 教授开的。Zariski 教授是世界第一流的代数学家与拓扑学家，他非常锐利，从来没有一个人像他那样思路清晰地论证过 Galois Theory。他的这门课深深地吸引了我，我没有想到数学的世界有这么美好，这么整洁，这么平衡，这样是非分明。每天都有很多证明题目，这个证明，那个证明，使我完全沉陷在纯粹的抽象的符号世界之中。我本来有一个结合代数、数论与逻辑系统的计划，因为上这门课反而促使我放弃了此一计划。这是因为觉得代数太抽象，脱离了生活与现实，也脱离了时间与空间。而我更重视这个真实而活泼泼的世界，不能不把抽象的逻辑与数学看成来自这个世界，因之我还是想从对现实世界的经验与理论知识中来掌握与说明现实世界的合理性及其真实性等。所以我上完这个数学课程后又回归到更多哲学的课程。

杨：蒯因对您的影响挺大的？

成：前面不是说过吗，我进入哈佛哲学系时，正是美国逻辑分析哲学鼎盛之时，而哈佛此时也正是分析哲学的重镇。这一重镇的主持者，即为蒯因教授。蒯因自己早年于哈佛大学毕业后，即赴维也纳大学游学，研究逻辑和分析哲学，深受罗素与卡尔纳普的影响。返回美国后，便在哈佛执教，在 50 年代即以论文集《从逻辑的观点看》一书而闻名全国。其中有两篇文章，一论"有什么存在"，一论"经验主义之两个教条"。这两篇文章直接和几乎全面影响了当时的美国哲学界。蒯因也是逻辑学家，他那时已出版了《数理逻辑》与《演绎逻辑》两书。蒯因教授"演绎逻辑"

一课，另教"语言哲学"一课。当时，他就是用他的《语词与对象》一书的原稿作为授课资料。除了这两门课外，他在研究所开了语言哲学专题，以及现代逻辑和组合论等课程。

杨： 这些课您都选了？

成： 蒯因的课我全都上了。

杨： 有什么收获？

成： 受益匪浅！大的方面可以说有两个：一是方法论，一是本体论。我从蒯因哲学中获得了分析哲学最严谨的逻辑分析方法。分析可以有不同程度的严谨性，但最重要的是具备一种严谨性的自觉，或严谨性的标准。否则，就无法做出自我理性的批评。严谨性就是形式理性的表现。更有甚者，由于从蒯因的逻辑引申出来的本体论分析，对物理科学的机体网络论思考，使我更能把握机体论思考的原理，把这一思考用于本体论上，再融合于中国思想之中，就为中国思想找到了一个现代化的途径。同时也能对现代西方哲学做一建设性的批评。

杨： 在您后来的学术研究中，中国哲学的现代化，西方哲学的反思等，都是通过蒯因找到切入点的吗？

成： 是这样的。

杨： 那能否详细谈谈您对蒯因哲学的认识与评价？

成： 现代逻辑一则融合了传统逻辑与现代数学，另则也开启了新的本体论。它不必依附于现象主义或感觉哲学或科学哲学，所以逻辑分析哲学也不必等同于早期逻辑实证主义。事实上，蒯因乃是从逻辑分析立场清晰地批判了逻辑实证主义的化约主义（将外物化约为感觉材料）和二元论（将分析命题与经验命题分为二橛）。蒯因的反化约主义和反二元论，也可以说是对逻辑实证论的"知识证实原则"提出了新的见解，把狭义的、单向的以及孤立的经验意义观念，扩大到与经验意义相关的网络，不以一事一物作为意义的确定因素，而以全盘理论网络或系统作为意义的确定的依归。蒯因就"意义"和"指涉"的分辨，更进一步把真理值的分配，看成不是单独命题可以决定的事，而是可以受制于全盘理论（可以两组相互依赖的理论命题作为代表）与全盘经验（可以一组相互依赖的经验命题作为代表）的平衡需求。这样，蒯因实际上已经突破了逻辑实证论的藩篱，而建立了一套机体网络论的自然哲学。

杨： 机体网络论是蒯因本来的提法，还是您对蒯因的解释？

成： 是我对他的解释，不过蒯因自己对此未置可否。后来，我发现他原来是怀特海的学生，他很可能受到怀特海的影响，也许他本身并不自觉，但他所表现的思想方式以及取向，却有怀特海机体网络论的蛛丝马迹可寻。我认为，蒯因也把怀特海的机体网络论的观点，以及对意义和真理值的思想，发展为语言哲学和知识哲学，并在语言哲学的发生和语意指涉的"层级上升"方面，提出了完整的理论，在语言的意义和指涉的发生方面，提出了一套典范，并作了一套具有典范性的逻辑分析。这可说是蒯因对现代分析哲学的最大贡献之一。蒯因又提出了"翻译意义的不定论"，此论也蕴含了"语言意义的不定论"和"语言指涉和真理值的不定论"。这一论说影响极大，从 60 年代到 80 年代，分析哲学的重要论文有一半以上都直接或间接地受此论点影响。我针对这一论点，于 60 年代和 70 年代提出了自己的看法，写了一篇《论指涉性的条件》（"On Conditions of Referentiality"）的论文，发表于《罗特丹形式逻辑季刊》（*Notre Dame Journal of Formal Logic*）。我在这篇论文中指出：相对的翻译可造成翻译的不定，但是在既定的一个翻译当中，意义仍然有其既定的确定标准。因此，我们不能忽视相对系统的不定性与既定系统的确定性之间的差异。蒯因后来又发表了《自然化的知识论》与《本体相对性》两文，都是对意义和指涉问题所作的进一步发挥。在此基础上，蒯因建立了自然主义的语言哲学，既融合了科学哲学，又解释了科学哲学。他在数理逻辑研究上，采取了多元论的立场，来讨论组合论系统，并就本体指涉的标准，以及需要标准，来评价不同的组合系统。这在他的组合论及数理逻辑的研讨课中，发挥得很充分。从这个意义上看，他也是一个实用主义者。也许我们可以称他为逻辑的实用主义者。

杨： 蒯因对您的影响主要表现在哪些方面？

成： 他的哲学思想坚实了我的思考方法，以及深化了我对语言、数学及科学的理性认识；同时，也使我真正地了解了美国实用主义哲学在科学和现代逻辑思考中的地位及其影响所在。我对蒯因的哲学思想有浓厚的兴趣。离开哈佛之后，我教授语言哲学、逻辑哲学和数学逻辑，基本上是以蒯因为起点、为范式，然后求其歧异，求其发展，求其突破。我后来发展出来的"本体诠释学"，也可以说是基于对蒯因思想的批评反省，融合中国哲学以及欧洲诠释学的传统而发展出来的。在这一点上，我认为自己既突破了也扩大了蒯因的哲学体系。举例来说，蒯因只谈到本体论的相对性，我却解释了相对性的本体根源。我把蒯因当作美国当代哲学大师，可是，他却未能对其哲学中的本体论形上学思想加以发挥（蒯因自觉地反对形上学，在这一点上，他是古典实证论者），未能对价值问题加以论评，这些都甚为可惜。在这方面，蒯因与我熟悉的其他两位美国哲学家皮尔士和刘易斯大不相同。再者，必须指出我一方面接受蒯因重视逻辑与语言分析、重视科学知识建构的思想，另一方面我却对他的知识外在主义（externalism）与心灵化约主义或唯名主义的倾向持保留态度，因为这与我在中国哲学中体验到的人的心性内在性与价值规范性有所不合，我必须一再思考与观察来进行一种融合，因此提出知识与价值并重的哲学论题。此一立场国内已有所介绍，但讨论还不够，后来我想这可能与国内学者对当代西方的科学哲学与蒯因哲学的理解不够深入有关。

杨：听说哈佛的淘汰制很厉害。

成：入学第二年有一场很关键的考试，考过了，留下来继续读，考不过，马上走人。我们当时是考四门课，一天一门。四门都过了，自然没有问题。有一门没过，准许再考一次。两门没过，走人。我们那一期进去了15位研究生，一次考试刷掉了一半，剩下的人中有两人还需要补考。我是顺利过关了，当时特别高兴，第一感觉是我可以自由地贪求我想贪求的科目了。后来我能从容地用课余时间搞戴震的《原善》，就是因为没有压力了。

杨：后来在夏威夷大学东西方文化中心出版社出版的英译本《原善》就是那时搞出来的吗？

成：是啊，在我离台赴美前我父亲送了我一套粹芬阁五经读本，大致记得上面写道"英儿今将出国求学，现购得五经读本一套，令其通读一遍，以明我古圣贤为人处世之道"。四书读过，五经除易经知道外，还正是因父亲送我的这套书而渐渐熟悉的。我到了美国后彻底走向了西方哲学，可是心里却经常浮现父亲送我五经的形象，难以压抑心中不能忘情中国哲学的冲动，所以我写博士论文之余就自发地翻译了也诠释了戴震的《原善》，后来在夏威夷大学的东西方文化中心出版社出版了。这是我做的唯一的一项翻译研究工作。

杨：在哈佛期间有没有旁听过别的系的课程？

成：旁听过东亚系的课程。当时东亚系的史华兹（Benjamin Schwarz）教授非常有名，我去旁听过他的中国思想史课程，后来与他很熟悉，介于师友之间，他告诉我他大学本科是学哲学的。后来我创办《中国哲学季刊》请他写论文，他问写什么，我说能否就中国哲学的非化约主义发挥，他就写了一篇重要的论文，发表在 1973 年《中国哲学季刊》创刊号上。

博士学位论文

选定博士学位论文题目

杨：博士论文的选题是如何定下来的？

成：选论文题目，有一段内心思考转折的过程。由于我对现代逻辑有浓厚的兴趣，并由于选修了系里所有有关逻辑的研讨课程，所以就发展出一个对现代逻辑研讨的专题：现代逻辑系统中决定性的推延问题（extension of decidability）。这个题目是我结合现代组合论、当代代数、回归函数论（recursive function theory）而发展出来的。这里，我要特别提出我在哈佛第三年的选课情形。前面不是说过吗，第三年开始时，我已通过博士学位预试，但我仍然花了很多时间选读数学研究课程，并特别受到著名数学家查雷斯基（Oscar Zariski）教授的影响。他的现代交换代数（commutative algebra）一课，讲得出神入化，尤其把 Galois Theory 层层剥笋，清楚明白，令人有豁然贯通之感，从而使我对数学理性如何成为西方知识理想模式和标准的问题，有了一个新的认识。我当时为了思考组合论中的逻辑吊诡问题，已对数学哲学中直觉主义的"建构原则"有极大的同情。在查雷斯基的课中，我即感到"建构证明"的魅力，故拟用代数来反治逻辑问题。这是我思考写上述博士论文题目的原因。可是此时却有两件事令我不得不重新衡量我的决定！一是蒯因不治代数，二是当时对回归函数论有兴趣的Burton Dreben 教授却不一定精于回归函数论，而正处于一种未能证明 Herbrand Theorem 的一个重要的 Lemma 的苦恼中（据我了解，70 年代 Burton 有所突破）。因此，除了我转入数学系之外，就无法合法地在哲学系写这一博士论文。最后我只好放弃这一题目。我当时固然对数学与逻辑有专好，但我对科学哲学和语言哲学的兴趣也日增。盘旋在我心中的，常常不外是科学知识的有效性和可信度问题。为此，我对归纳逻辑涉及到的哲学理论问题也特别关心，想有所突破。在数学逻辑论文题目未能落实的情况下，我即决定，先解决归纳逻辑的有效性问题。加上威廉姆斯教授、弗思教授的一再鼓励，所以决定以研究皮尔士及刘易斯的归纳理论为论文题目。这个题目可以发挥我的数学强项，还用到逻辑，而观照的则是知识论与形上学。我的博士论文指导委员会，有四位教授，蒯因、威廉姆斯、弗思、斯切弗勒（Israel Scheffler）。由于我最后选了归纳逻辑理论问题为研究对象，乃由威廉姆斯教授为主要指导人，因而我与他有密切的联系。但我与蒯因、弗思教授也经常接触，就我的论文内涵向他们请教。蒯因特别关注我论文的逻辑内涵与知识论含义。事实上我的论文显示了有关经验证据必须逻辑地导向有关知识整体的有效性与可信度，这正是后来蒯因所强调的自然化的知识论。

杨：您的题目确定以后他们就组成了这样一个指导小组吗？论文题目第三年就定下来了吗？

成：是的。论文题目第三年就定下来了。我要先写一个开题报告，交给系里面，再找相关的人。他们提议蒯因是搞逻辑的，应该进指导小组，弗思教授的知识论那样的杰出，也应该进去。另外我还感受到斯切弗勒教授科学哲学的影响，所以把他也摆进去了，再加上威廉姆斯主导归纳逻辑，刚好四个人。当时我的方向很清楚，就是以分析与逻辑哲学为基础，运用科学哲学的知识、方法来掌握人类建立知识的基本规则。这个问题，从休谟到现在一直是公认的根本问题。为了完成这样一个题目，我对科学领域的一些研究十分重视，数学自不待言，物理学方面的书也看得很多，我很关心当代物理学。威廉姆斯是兼治形而上学的，形而上学的基本问题，有时间问题、空间问题、物体存在问题，还有一些因果关系问题，这些都是和知识论与逻辑学联系在一起的。

写作论文的过程

杨：您在做论文过程中遇到过什么样的困难？和导师有什么样的沟通？

成：做论文我感觉还是比较顺路的，因为这几位教授对我比较了解，知道我有一个理性的、实在论的、逻辑相关的知识建立的方法论与知识结构。我阐释皮尔士与 C. I. 刘易斯，我把他们所有的书都找来整个研究与深入思考，尤其重视系统与论证的一贯性。我的写作过程中没有遇到太多的困难，所以很快，每写完一章就交给他们看，他们都给我很好的回应。如果说有一点困难的话，就是打字，那时没有电脑，必须修改后重新打字，每天都把手弄得黑乎乎的，凌晨五点钟睡觉，中午起床。现在多好，用电脑，比过去方便不知多少倍！

答辩

杨：接下来就是答辩了吧？

成：我记得我的答辩好像是最后一场，论文的最后一校是拿到外面去打，一块钱一张。打完之后交到系里面，时间已经很紧迫了。我答辩的时间大概是五月二十几号吧。

杨：答辩还顺利吧？

成：很顺利，指导小组的四位教授都参加了嘛，在一个会议室里面，好像还去了几位学生，因为公布出来的时间比较晚了，所以旁听的人不是太多。威廉姆斯做主席，请蒯因先问问题，蒯因很了解我，也很支持我。他说这篇论文在逻辑方面完全没有问题，至于论文研究的内容，即是不是可以用归纳逻辑保证知识的有效性，他表示知识必须建筑在经验的归纳上面，如何诠释归纳却仍是开放的哲学问题，我的诠释他也表示支持。其他详细的细节记不太清了，总之答辩没有感觉到困难，很顺利地通过了，我当时还觉得通过得有点儿太快了。他们觉得我的论文很好，后来推荐在著名的欧洲哲学出版社 Martinus Nijihof 出版了，还在 *Philosophy and Phenomenological Research*、*Peirce Society Transactions* 等哲学专业刊物上发表了几个重点章节。所以我是比较顺利地完成了我的哲学学位。当然，我也注意到他们几位教授的立场不完全一致，有不同的出发点与关注点，而我写的论文是美国哲学主流的当前问题，可以说汇聚了不同的起点与关注点。

杨：有没有答辩通不过的？

成：有啊，我的一个同年，他的论文就被 Aiken 教授给拒绝了。本来他已订好了船票和机票，准备答辩结束后与妻子去外地庆祝，但未料到，答辩那天他垂头丧气地走出来了。我问他怎么回事，他说 Aiken 教授否决了他的论文，要他重写。当时我感到很意外，后来了解到，可能是他缺少和教授的交流和沟通，加之有一段时间他到外面做事。他的论文交上来要求答辩时，Aiken 教授说他可能同意，但不能保证，要他试试看，结果没通过。可见写论文最好专心一致，不能离开学术环境，必须心无旁骛，找书，看书，整理自己的思想。

经验

杨：写博士论文，有什么经验可以总结？

成：这个应该说一下。首先，要掌握你的题目，你打算重点突出什么东西，也就是你的问题是什么，这个问题在哲学史上或者在当今的学术研究中有什么样的地位。我的选题很明确，就是要解决归纳逻辑的有效性问题。任何知识体系只要用到归纳法或者归纳逻辑，必然要面临归纳逻辑之有效性的保障问题，我倾向于把这个逻辑性的保障看成是先验的演绎的逻辑，这是我认为要探讨的，而且我认为有两个前例，一个是1910年代的皮尔士，一个是30年代的 C. I. 刘易斯，他们两个都是逻辑学家，我讨论的问题他们都涉及到了，但没有发扬出来。到了威廉姆斯教授，提到了，而且也写了一部专著，但没有数学的证明。我的目标非常清楚：详细说明这个问题在不同哲学个案里面的发展情形，并对其给予数学的论证。第二，要掌握你做的贡献在哪些方面，你可以有很好的问题要解决，但是还要更进一步了解相对于别人来讲你有没有贡献，别人是不是也有一些同样的想法或者是不同的想法，你的不同点在什么地方，别人和你的不同在什么地方，你需要怎样为自己辩护。第三，在语言上要符合现阶段的用词（概念），用词要严谨。要注意语言的分析性、信息性，要注意在细节上面能不能很清楚地表达，尤其在意义上面要了解其差别，有的地方要对关键词进行很细微的辨析，以保障用词的严谨。第四，注意对所运用的资料要有一个完整的表达，防止在建立注解、参考书，以及掌握当前哲学家相关讨论的论文专著方面有遗漏。

杨： 现在大陆也在强调这一点，并称之为学术规范问题。

成： 这一点很重要，西方很强调尊重他人的研究成果。

博士论文的主要成就

杨： 您的博士论文是 1967 年出版的吧？

成： 是 1967 年在欧洲出版的，刚毕业不久就出版了。论文出版时后面附带了一个定理的论证，我把它叫做 Hyper-geometric Law of Large Numbers，就是大数原则、大数定律。这是我后来把它证明出来的，原来没有证明出来，所以出版时加了这个附录。这个证明很重要，说明我们论述归纳法的有效性保证问题时，必须有一个先验的思维基础，而此基础即在 sampling 能够代表全域 population，而或然率可以是一个逻辑界定的概念。

杨： 可否谈谈您的博士论文的成就？

成： 归纳逻辑的有效性问题，实质上是透过归纳所获得的认识是否有效的问题。比如说，我们所有的知识，都是基于经验而延伸出来的。基于经验延伸出来，就有一个普遍性的问题。那能不能达到普遍？如果能，这个普遍性怎样得到保证？这个问题一直困扰着历代哲学家，我的工作就是解决这个问题。你知道，演绎逻辑和归纳逻辑的差别在于，演绎逻辑是从全面推向部分，归纳逻辑是从部分推向全面。我认为，从全面推向部分，是一种思维理性的逻辑；从部分推向全面也应该是一种思维理性的逻辑，这个思维理性的逻辑，就其是理性的而言也具有演绎的本质，也就是说演绎有两种面向，一种是全体到部分的演绎，一种是部分到全体的演绎。因为我们的理性本身具有这样一种能力，来做这样的推断。它自己能够获得一种自我圆融的、一致的表达和证明。而我的博士论文证明了这一点。这样，我们就没有必要像康德那样用人的心灵上决定好的范畴来规定知识，而是让知识从经验的基础上，从经验的认识上面逐渐展开，完全开放，不加限制，任何经验，只要有经验，我们都可以进行推理，而且这个推理是有保证的。也只有这样我们才可以把现在有的东西，特殊的东西，扩大成为一种普遍性的命题。我的研究表明，从部分到普遍，不是一个任意的行为，它本身具有逻辑性。而这个逻辑性是可以被说明的，我用严谨的方式来说明这个逻辑的合理性，就是为归纳逻辑提供了一个逻辑理性的基础，这个逻辑基础是透过上述的数学定理证明的。

杨：这样说来，您的工作是试图解决从休谟以来的怀疑主义的问题，试图解决休谟以来对知识基础提出的质疑。您的解释如果是合理的，应该说是已经超越了康德所提供的理性基础？

成：你说得很对，在我之前皮尔士和刘易斯这两个人已经做了部分工作，我是完成了这个工作。只要你是涉及到从现在推导未来，从部分推导全体，这个逻辑保证都存在，这样就打消了知识上的怀疑主义。也为康德之后，取消范畴论之后，为知识提供了一个方法论上的逻辑基础和保证。

杨：这样看来，您的论文是纯粹地接着西方哲学讲的。

成：是这样的，我是针对西方哲学中的怀疑主义，对归纳逻辑的有效性进行了逻辑与数学的证明。

杨：维护了知识的尊严。

成：在现有的理性的基础上，维护了知识的有效性，而且知识的有效性是开放的有效性。

杨：或者说维护了人用这种方式获取知识的合法性，建立了尊严。

成：合法、合理，那个"法"是什么、"理"是什么，我证明出来了。

杨：这应该是非常纯粹的知识论的研究吧？

成：但也是对人的理性的先验结构的一种透视。

杨：这可能对您后来研究本体论也有影响。您的研究选题表明您当时不愿意否定人在这方面的能力，这可能是一个根深蒂固的思想倾向。

成：根深蒂固。可以说我是一个批判的或批评的实在论者，也许或应该加上"动态"两字，亦即批判的动态的实在论者。我认为我们所认识的这个世界是一个真实的世界、活生生的世界、生动变化的世界，但也是一个具有理性结构的世界，因为人之为人是有理性结构的，人也有认识这个世界的能力。

杨：自觉也好，不自觉也好，实际上那个时候您对人的生命体验本身是非常地持肯定态度的。从某种意义上来说，尽管它是一个知识论的问题，但这种归纳形式本身也是人的生命体验的一种特殊形式吧？

成：对。我还可以给它一个理性的形式，还可以把它理性地说出来。

杨：已经深入到西方哲学的心脏。

成：可以这么说吧。在西方哲学里面，知识的普遍性问题、逻辑基础问题仍然还是一个普遍性的问题。这恐怕不只是西方的问题，也是人类共同的问题。

杨：西方哲学里的很多问题也都是人类普遍一般的问题。

成：联系到我们中国哲学，那我们有了本体论是不是就可以把知识论忘怀？或者西方人有了知识论是不是就可以把本体论丢掉？我看不应该。

杨：近代以来，由于西方教育体制和先进科技的引进，知识论问题已经普遍地进入到了中国现代人的观念中，中国传统哲学要想发展，不消化这一块，可能会是个缺憾。至少在面对当今中国社会的进步时会有一定的困难。

成：你这个说法非常之对。那样的话，中国哲学就永远没有办法从一个知识系统的建立层面来讲。

杨：事实上成先生在这方面已经做了很多的工作。

成：这也是我当时要深入西方哲学核心的初衷吧。回想起来，当初，西方世界所开拓的知识论领域，真的是充满了各种神奇，充满了各种新的事物，而这些对人类生活或人类社会的发展都有重大的意义。想想看，如果不是科学，我们如何能够更好地解决粮食问题、能源问题……工具理性带来的这些好处是不能否定的。我一直强调知识与价值一个都不能少，只有这样才能实现人的一种完整的整体性的存在。现在有一种倾向，说不需要普遍性，或者说没有普遍性。请问没有普遍性，你怎么解释人与人之间的沟通？怎么解释一般的概念问题？总之，我希望中国的本体论进程，不要妨碍知识论的建构。中国过去的问题是，因为本体论本身的特别发展，反而放弃了知识论。我们应该追求一个更完整的哲学形态。

杨： 分析哲学的研究丝毫没有动摇您对形上本体的追求。

成： 我是把西方的分析哲学看成一种方法论的，我甚至把科学也看成是方法论的。我是用分析哲学的方法和眼光来反思中国哲学的本体论和伦理学的——这是我当初的一个想法——以使中国哲学能够也有西方哲学的那个形式，而内涵不一定要和西方哲学一样。而这种不一样恰恰可以产生一种沟通和相辅相成的效果，这点我觉得是很重要的。

杨： 这也正是您在繁忙的学习之余，翻译和研究《原善》的原因或动力吧？

成： 我不愿意放弃中国哲学本源，我希望回到本源，利用西方哲学来发展中国哲学的本源以及发展它的体系，也就是我说的从本到体的整体。

杨： 您后来所走的路，中西比较和出入中西的路，当时已埋下伏笔了。

成： 可以这么说。当我自己界定我自己的时候，我曾经有一个说法：我的方法论是西方哲学的，我的本体论是中国哲学的，也可以说我是中国哲学的本体论者，是西方哲学的方法论者。我认为这两者之间是可以沟通的，我们可以用西方哲学的方法论来发扬中国哲学的本体论。

杨： 事实上，我觉得从现在来看，您这个说法已经不是太准确了，因为您已经超越了中西，形成了新的体系——本体诠释学了。

成： 是的，这是针对当时的历史回忆来说的。

杨： 您在建构本体诠释学的时候，有分析哲学的基础；您在研究知识论的时候又有本体论的根据，所以事实上在您这里已经不存在"分"的问题了。

成： 对我的后来发展可以这么说。后来我在台湾很多人同意我的看法，也有人反对，认为研究中国哲学怎么能用西方哲学来做。

杨： 现在中国大陆也有人提这个观点，很极端。

成： 很极端，也极保守。我还是要从我可能理解的角度来维护某个程度的观点，不然的话就完全不通了。你可以比较、融合，而不是把他们绝对地分开。比如逻辑的分析、语言的分析，它驾驭的基本上是人的本有的理性的一种应用、一种开发。一个文本，怎样去认识，你不考虑到这个文本包含的语义学的一种原理、逻辑上的蕴含关系，那怎么叫认识？所以这里面不一定要抄袭西方，但却不能不认识到西方在方法学上的发展的精致性而加以学习。

杨： 中国古人做学问，如乾嘉学派也有分析，但是他没有用理性使之上升到一个形式。

成： 对啊，我那时候对墨子很感兴趣，我当时有个计划，要把《墨辩》翻译一遍。《墨辩》研究在大陆也好，在别的地方也好，成果很多，但不少地方讲错了，多数情况是以讹传讹，大家都只是在猜。请问你的猜是根据什么原则，是语音学，还是语义学，还是语用学？你对原则的运用能不能加以说明？这就是分析哲学，分析哲学包括语言分析、逻辑分析、用法上的分析。分析哲学是把逻辑用在概念上所发展出来的系统，我用这些方法来说明我们的本体论的、伦理学的概念的丰富内涵，以及内涵之所在的地方，消除一些不必要的模糊性，这有何不可？乾嘉学派的分析局限于历史资料，对整理国故有极大的用处，但却不足以开发新的知识领域，因为缺乏理论的反思与建构。

杨： 可以是民族的，但不一定是民粹的。您是不是觉得有些人的观点太民粹化了？

成： 不一定是民粹，主要是不了解西方哲学中的经验性与逻辑性，加之文化上的保守倾向。或者说得重一点，是理性上的一种懒惰主义作祟，就是他不想用一种分析的态度来看到事情的真相是什么，然后建构性地说出来。他们担心中西互释会不会失掉中国哲学的原味，或者重建的中国哲学还是不是中国哲学等。这里需要把两个事情分清楚，重建的中国哲学当然是中国哲学，但是它是重建的中国哲学，重建就意味着创新嘛。

杨： 也就是我们的价值取向肯定永远是中国的，但是我们彰显价值的方法可以是多元的。

成：是，多元的意思应该包含加强知识的反思与批判，但我们本体论的方向是不变的。

讲授西方哲学

在夏威夷的感受

杨：本节开始，我要追问您的教学活动，当然主要是追问您讲授西方哲学的历程。

成：这也是一个非常丰富的回忆。从 1963 年 9 月我开始到夏威夷大学教书，到现在已经是 45 年了。中间到过很多地方，拿过夏威夷大学的三个教学奖，还有一个夏威夷州州长奖。现在可以说我是全校里面相当资深的教授之一了吧。但我个人感觉好像并没有那么长久，这种感觉很奇怪。我记得我来夏威夷大学，是当时的系主任 Winfred Nagley 教授直接用越洋电话邀请我来的。我那时正好写完论文，正考虑去处，他经人推荐热情相邀，我考虑以后回台湾改造台湾大学哲学系的承诺，也就同意来了夏威夷。来后发现了它的优点，也发现了它的缺点。优点之一是它让我感觉到很年轻。

杨：心态很年轻。

成：一方面是心态，另一方面可能跟这个地方有关系。夏威夷这个地方好像总感觉到永远都是在一个开始的阶段。不过，我这四十多年也不全是在夏威夷，每六年有一个休假，所以有七个休假。还有一些时间到他校讲学，我没有休假也离开了，比如到耶鲁，到纽约，到中国大陆，还有到台湾，所以大约有十来年是在夏威夷之外，但终归还是以夏威夷大学为基地，度过了一个长期的教学过程。

杨：在您之前有华人哲学家来这里授课吗？

成：夏威夷大学去年刚好过 100 年校庆，据我了解哲学系至少在 70 年前就开设了东方哲学的课程，这得益于 Charles Moore 教授，他很有名，是耶鲁毕业的博士，他专长印度哲学，来这里执教后，就发展了印度哲学。但中国哲学也很早受到重视，最早来这里教书的是胡适先生。胡适之后是陈荣捷。陈先生不知什么缘故后来也离开这里到美国东部的 Hanover 学院了。我是 1963 年夏天来的，我来时陈先生已离开两年了。夏威夷大学哲学系很早就有一个特色，就是注重以西方哲学为基础来发展中国哲学。学生进来之后一定要先念西方哲学，然后才可以选择中国哲学或印度哲学作为研究方向。所以，我的学术背景对他们很合适，他们高兴的是我可以兼教西方哲学，当时他们正好需要一个教当代分析哲学的教师。就这样，我开一门中国哲学导论，开一门语言哲学，教学生涯就这样开始了。

杨：这大概是他们第一次开语言哲学？

成：是第一次。以后所有的分析哲学课都是我开的，我这一块，开过语言哲学、分析哲学、科学哲学、美国哲学、心灵哲学，还开过当代哲学。

在各高校讲座、客座

杨：您 1963 年到夏威夷大学后，有没有动过离开的念头？

成：从 1964 年开始，有几所重要的大学对我很有兴趣。一个是堪萨斯大学，系主任叫 Robinson，是一个老教授。他说我们这个系最需要像你这样的人，既懂西方哲学又懂中国哲学。他每年给我写一封信，一直等了我八年，我很感激。另外一个就是加州湾区南部的 San Jose State University of California 对我表示邀请之意。还有加州大学伯克莱分校、耶鲁大学、纽约大学也都有机会。耶鲁大学的事我稍后再谈。由于我重视夏威夷对我发展中国哲学的需要，也由于我来往台湾与大陆方便的关系，台大的方东美先生等也希望我回台改造哲学系，所以一直没离开夏威夷，或离开了又回到了夏威夷。

杨：后来又分别在哪些大学讲过学？

成：应该是比较多的。耶鲁和纽约我都分别有过两年的访问，德国的慕尼黑大学、柏林大学、艾尔兰根大学、兰斯伯格大学（音）、图宾根大学、波恩大学，英国的牛津大学，北欧的哥本哈根大学、斯德哥尔摩大学、奥斯陆大学、冰岛大学，法国的巴黎大学，中国的北京大学，日本东京的国际基督教大学等。我很感遗憾的是耶鲁大学哲学系对我的器重，在知名美国哲学家 John Smith 的支持下，耶鲁要我长期留下来，给我终身教授的职位。但由于与台湾大学的约定，我却不得不离开，令当时耶鲁大学的同仁十分失望，我也感到抱歉。令我遗憾的是我可以在美国哲学界发挥更大的中国哲学的影响力，但我对母校台湾大学的爱护与承诺，使我不得不牺牲我个人的抱负以及可能的公共影响，回到了台湾。这是人生中的抉择问题，只能从道德的层面来理解。

杨： 在各处主要讲什么课程？

成： 基本上是一半一半。在耶鲁就是教一门古典中国哲学，教一门当代西方哲学。在牛津是讲当代中国哲学。回台湾也是开两门课。在柏林大学我也是讲一部分中国哲学，一部分西方哲学，也是关于分析哲学。后期比较哲学讲得比较多，像海德格尔、怀特海，分析哲学、中国哲学，在比较中凸显中国哲学的重要性。最近讲本体诠释学比较多。

授课与美国的哲学教育

哲学课的目的是启发智慧

杨： 作为资深教授，您在哲学的教学方面有什么经验可以分享？

成： 教学的确是一门重要的学问，尤其是现在的哲学教学和古代不太一样。我们可以想象苏格拉底和他的学生的问答。学生是在苏格拉底的启发教学方法之下，把哲学当做一种爱智之学。现在的教学基本上都是提供知识，而不是启发智慧，这是一个很大的问题。我认为教哲学没有办法脱离启发智慧的要求，哲学课主要在启发智慧，在现有的知识基础上启发智慧。再看中国，孔子作为第一个关心学问的教师，为什么对弟子有那么大的吸引力？我想也是在面对当时知识混乱、价值失落的情况下，他能启发年轻学子追求真实价值，认识正道，为自己的行为找到一个指导原则。但是后来，特别是经学时代，跟从一个经师主要是为了学习一门专业的知识。

美国的哲学教育

杨： 现在美国的哲学教育有什么特点？

成： 现在美国式的教学有它本身的问题，最主要是哲学教学已经职业化了，教学的范围固定在已有的范畴里面，哲学已经划分成各种种类和类别，如本体论、知识论、伦理学，然后就在这个范围里面发挥，就是说已经成为一种范畴化的思考方式，当然这里也有一些专业的理论发展出来。但毕竟分别过多，失去了整体之感，这是坏处。好处是走入专业，可以很细致，如果合作得好，彼此也可以相互激发牵引，形成整体与创意。学生要知道如何组合来达到此一整体与创意的目的，才能受益。因为教学就是怎么样把这些发展出来的理论还原成为问题，怎么样从问题导向哲学理论，使学生受到启发，有独立思考、自行创造的能力。总的来说，也许我们现在所处的时代要求我们去传授知识，这是一个很大的需要，让学生将来在这个专业上有进一步发挥的知识基础，或者有所继承。在美国近代以来都一样，哲学已是一门专业，但通识教育中哲学的地位也很重要。另外可以指出的是：美国教育一方面承传英国传统，重视原典，另一方面却重视创造新意，解决问题。最重要的是严格地执行较多要求的学分制。我于1985年回到大陆，数年后我倡导 EMBA 学位，提出 11 门课 33 个学分的要求，当时国内并无此一制度，可说是我首先引入，几年内就成为大学选课的规范了。英美教育从中世纪的理性主义和经验主义发展出来，认为哲学教育应该是最普遍的，所有的科学都应该有一个哲学的起点。所以他们对柏拉图与亚里士多德都有很大的尊重，并不断学习。在这样的一个背景之下，哲学教育就远比我们中国的普遍多了。为此我认为我们要学习西方，增强我们的哲学经典教育，使其普遍化。这也要求我们从事哲学教育的人，一定要有很丰富的中西传统知识，不是只需要一种专业的哲学思考。作为教学者，你必须能够教授一门生动活泼的哲学概论，以及一门重要的专业哲学。到了研究生层次，你能够教你自己有研究与有创建的新观点最好。以上基本上体现了概论、专业、专题这三个层次。这里顺便谈我的一个观察，就是中国把西方的分科教育制度引进来，并没有考虑到一个基础旁通的问题。中国一开始认为西式教育就是科学分科教育（所谓科学就是分科的知识概念），没有考虑到它是一个整体，后来就越走越专，现在发展到隔行如隔山，不同行不相干的程度。比如一个物理专业的学生，在自己的领域很专业，但对其他领域则恍如他世。但是在西方呢，比如你在某个场合碰到一个医生或者物理学家，他虽然很谦虚，但对哲学会有一定的基本了解，也就是说他至少还能够把自己的传统连接起来。

杨： 您在这里主要是讲专业课，还是同时兼开基础课？

成： 都开。我大概是第一个在美国哲学系教哲学的华人。王浩他比我早毕业，他大部分时间是在专业公司里面做专业研究、数理逻辑研究，后来到哈佛的应用数学系做应用数学研究。据我了解，他没有开过哲学导论的课程。我认识他之后，他说他对中国哲学没有了解，他让我介绍一些中国哲学的书给他看。我开始教书时，开的基本上都是专业课程，对象主要是三四年级学生和研究所的学生。后来学校希望我教些通识课程，也就是面向一二年级学生的课程，我欣然同意，所以后来哲学概论、伦理学概论、逻辑导论等，我也经常讲授。

讲哲学概论

杨： 您的哲学概论主要讲什么？

成： 现在的学生从高中到大学还是一种鸿蒙未开的状态，怎么样去开发他们，的确是一个很大的问题。但是这里我有个最大的心得，比如哲学导论都是从最基础的哲学问题来讲，一般都是从苏格拉底到近代笛卡尔和康德，把概念性的东西交代一下，然后从形而上的哲学慢慢发展到知识论的哲学，然后是伦理学方面，然后是政治哲学这一块，如果还有时间，再讲美学以及当前的一些研究。我也是在不断地尝试中不断改进。你知道哲学导论不好教，因为很容易让学生在一元主义、二元主义、多元主义，然后又唯心唯物等上面失落。后来我想是不是可以把它倒过来，就是完全从现实的批判开始，从政治的行为到道德的行为，然后到知识论和形而上学。哲学是一个圆环，不可能有一个绝对的起点，你可以从任何一个方面去讲，至于从哪一个方面引入问题，要根据实际情况而定。我经常尝试新的授课方法，每次用的教科书也都不一样。而且有时我不是先写讲义，而是有个大的讲纲，讲完之后回来自己写讲义。后来发现有的学生的确因为我的关系，其哲学兴趣被调动起来了，去深入研究哲学或追求专业知识，产生一种热情和动力。

杨： 您很重视与学生的互动吗？

成： 当然，教学相长嘛！我有一套立体式的教学方法：第一，要有比较新的教科书；第二，自己要有一个与教科书不一定完全一样的体系，对教科书本身进行重新组合；第三，引导学生不断地发挥自己。这三个层面有机结合，我称之为立体式教学方法。我一般要求学生在一个学期里面写二至三篇短文，最后写一个学期报告，对通识教育的学生来说这个要求算是很高的，但一旦他们习惯之后，你就发现他们后期的进步会很大。当然，老师的工作量也很大。

杨： 收获也很大？

成： 收获也很大。回想在台湾做学生的时候，老师在上面讲，学生在下面拼命地记。老师讲完课就走了，学生有问题也不敢问。在这样的教育中，老师对你有什么启发不重要，重要的是要记住他在讲什么，要把他讲的东西弄得很清楚。像我当年听方东美先生讲课，每一句话都把它记下来。我是记他的笔记记得最完整的一个，我的草书就是从记方东美的课练出来的。在课堂上从来没有人问过问题，他也没有要求大家问问题。学生中则有两种心态，有的希望多听一会，有的希望赶紧下课，记点笔记就完了。这点和西方的确不太一样，西方的学生自由，不受约束，没有中国式的尊师重道的传统，没有中国学生的那种礼貌与敬畏。当然我们问这说明了什么，是否只是西方的传统和习惯而已，后来我想可能与希腊的传统有关，你看《柏拉图对话录》里面，苏格拉底不会因为学生的问题不好或者问得不当而不高兴。而中国老师就觉得师道尊严，不可忤逆。所以中国的情况是，学生永远都是在重复老师讲的那套东西。我觉得西方的这个传统，今天的中国可以参考采行。

美国教授为何忙碌

杨： 美国的教授似乎都比较忙？

成：是的。美国晋升职称的标准，一个是出版著作，一个是教学水平评判，一个是对社区或者学校有关公共利益的服务，表现在你参加的委员会的活动等。

杨：也就是社会工作。

成：不纯粹是社会工作。比如做过没做过学校的行政服务，或参与工会与校级与院级的审查委员会，为学校服务等。比如我审查公共卫生学院的五年计划，那要花半年时间，组织很多次会议，资料要一本本的看。我做过医学院的一些审查，政治系的一些审查。还有一些是跨校的，很多学校要求有校外人员。如此这般，对教授而言，让你变得非常忙碌。后来我回到中国发现在中国教书特别轻松，做教师随便你开什么课程，要什么时候开就什么时候开，每个人只要他愿意教，他可以教任意一门课程，不考虑他当初的专业或是否有专业训练与研究。比如并不是康德专家的人，他仍可随便开一门课"康德"。这样有一个坏的结果，就是不懂康德的人上了他的课，就认为那就是康德。尤其是研究所的课程，怎么可以随便开？基本上是误人子弟。另外我发现国内的老师随时都可以请假出国，一两年不在国内开课，在美国是不能想象的。

杨：前些年确实如此，现在也比较正规了。

教学方向

杨：您的专业课开设情况是怎样的？

成：通识这一块，我两三年教一次，开的最多的还是研究生的课程和三四年级的课程，属于那种专业性的专业课，我把它叫做专题，比如说任何一种哲学都可以变成一个专题，语言哲学、科学哲学、法律哲学、心灵哲学、环境伦理、企业伦理，专题可以很细。三四年级就是专题课。专题里面有的是比较传统的基础课程，如知识论、伦理学、形上学，我开的最多的就是这类课程。还有专家课程，在美国很强调休谟等古典经验主义，还有希腊哲学，到研究生才专门有柏拉图、亚里士多德、理性主义等课程。在专家课程这一块，我开的最多的是知识论、形上学、诠释学、语言哲学与科学哲学这一类，涉及最新的研究课题。德国哲学我讲的也不少，主要是康德、海德格尔、伽达默尔等，早期我还开过数学哲学。在中国哲学方面，由于在美创建中国哲学研究由我带动与开始，我在夏威夷大学哲学系首发其端，而我可说对所有中国哲学的领域与问题都开过课程，其中必然每年或隔年开的是易经哲学、古典儒家、道家哲学、宋明理学、中日禅学和当代中国哲学。易经哲学是把易经当哲学讲，但却仍重视它的历史与经验事实，可说是在西方开其先河，把易学提升到最高的本体学的地位，也首先创说易经哲学为中国哲学的源头活水的理论，直接影响到中国哲学史的重新写述的问题。已有著作采用了我的观点，而我自己也在构思重写中国哲学史的计划，在 2010 的国际亚洲研究学会年会上正式提出。我注意到在国内有朱伯崑先生在 80 年代写过易学哲学史，对易经哲学的推动发生了很大的作用，基于此我和朱先生建立了共同推动易学研究的伙伴关系。

我在美国做教授，时间真是感到很紧，自己在教学中得到很多宝贵的心得，如果把它系统化就会成为很重要的体系。你看我这些都是讲课的讲义，一本一本的，没有时间去整理。在德国，教授的权力很大，可以指定学生整理讲义，康德、黑格尔的很多著作都是讲义。在美国没有办法这样要求，而且学生也没有这样的能力。

杨：您以后有条件了还是录音比较好。

成：是，但我相信在康德、黑格尔时代都是记的，也不是一个人记。

杨：方东美先生的东西大部分也是靠学生记的？

成：是。有越南来的一个和尚，对方先生的东西很有兴趣，记录他讲的佛学。也有外地的学生来听方先生的课详细记笔记。但我在美国很难如此要求，这是美国教育方式的缺点，真正好的老师或者思考者讲授的东西往往无法保留下来，只能自己整理。自己什么时候整理呢？课程不断在发展，没有助理的话就很难。在国内专业课程开的好像比较少，是不是也缺乏一个系统概念。

杨：也有专业选修课，但是不是开得这么细、这么深入，确实是个问题。

大陆学者的问题

成：是个大问题。还有个最大的问题，就是对现代研究的成果，还没有建立一种互相参阅的意识。我印象中，从 1985 年到 21 世纪初左右，大家向外学习的热情还比较高，好像还更多一点互动。而 2003 年以后，发现大陆哲学界有些人士，自己认为自己很成熟了，喜欢一切自己从头说起。引用一两位名人或熟人，对其他专家的意见基本上不知或不重视，采用了也无注解说明，更不会主动去搜索。

杨：是吗？

成：主要是领域太封闭了，太传统了，不能看到新的成果。不然就是开坛讲法了，做大师状了，写东西也就自说自话了。别人讲过的东西，要么故意忽视，要么是真的不知道，可以说是一种新式的闭门造车，这种学风很不好。在美国有一点好处，哲学专业杂志比较多，全国性的哲学学会的活动，同行之间的批评、交流比较多，这可能是西方学界比较开放的表现。从这个角度看，中国要赶上西方，不只是个硬件的问题，还有很多结构性的问题。关于教学方面的问题，我写过一篇重要的文章，是用英文写的，基本上是讲从课堂的互动到课堂之外的互动等，有五个不同的层次。我也提出来三个不同的教学模型，一个是康德型的，一个是杜威型的，一个是孔子型的，这算是我自己的观想吧。

杨：您上面说到的的确是个问题，原因可能很复杂，比如近些年来，随着中国的崛起，国人的心态也在发生着变化。

成：不管怎么变，也需要与世界接轨啊！这涉及一个典范沟通的问题。从我的本体诠释学的眼光来看，首先你本身是不是健全？从知识结构来说，中国文化内部的整合性还没有发展到很好，因为"古今"的问题至今还没有完全解决。当然"古今"问题是不是"中西"问题还需要探索，但解决"古今"问题需要对西方有个整体的了解，这一点是无法回避的。迄今为止，国人对西方知识系统、价值体系的整体认识是非常缺乏的。

杨：近代以来也有不少学者一直在努力。

成：努力是不假，但仍有很大的局限。比如五四以后到西方留学的学生只是学了一技之长，或者了解了一个学派的思想，像胡适，掌握的西方很有限，也仅仅是专修了杜威的课程，这就难免完全局限在杜威的工具主义、实用主义那个框架里面，反而连美国的实用主义传统中的一些大哲学家如皮尔士、詹姆斯等都忽略掉了。况且，杜威也并没有客观地发展西方的知识结构。所以在中国 20 世纪的哲学家里面，我觉得鲜有人了解整体的西方哲学，当然金岳霖对新实在主义和罗素逻辑实证论了解得比较深刻。洪谦参与了维也纳学派，熊伟是海德格尔的学生，但后继乏人也未能更进一步、更上一层楼。冯友兰是新实在论者，目前大陆许多学者的论文都以冯友兰为圭臬或雷池，完全无视于冯氏以后的哲学研究。宋明理学与其历史的研究我认为较有起色，倒出了不少人才，如陈来。

杨：靠一两位学者来全面了解西方，的确有难度。至于有的学者后来在思想上没有展开，应该另有原因。

成：这个我也很清楚，我也不敢苛求前贤，只是把事实说出来让大家有个清醒的认识。过去我们的先辈没有掌握西方的传统，至少我们的心态还没有进入到那里面去，只是学到了某个方法，不是整体了解西方之后再回观自己，我觉得这是很重要的一个哲学问题。也是造成中国学派分立的原因，如德国学派、美国学派和英国学派等。

杨：我这次之所以选中夏威夷，到您这里来做访问学者，多少也是与您说的这个事实有关。您在美国哲学界主要从事美国主流哲学——西方哲学的教育，在您几十年的执教生涯中，一直到现在，或者说在您退休之前，这一块一直是您教学的重点之一，有您这样背景的人太少太少了。您一开始就插入了美国哲学研究的心脏，后来又随着西方哲学跳动的脉搏，不断调整着自己的步伐，比如 70 年代又开始观照解释学，进而在整合西方哲学问题的基础上提出了自己的本体诠释学。平心而论，谁还能有这样的背景？您刚才说了，王浩，数理逻辑的功底和您不分高下，但是他不搞中国哲学，或者他没有整体地去关注、吸收、分析批判整个主流的西方哲学，他把他的数理逻辑作为工具去公司里面做研究，又去教数学，等于说他一生也没有跳出他这个圈子。

成：也许我还有一个特点就是，一方面我在不断地整合对西方哲学和知识体系的认识，深化整体的理解，而且尽量吸收更现代的东西。我对西方的兴趣一直都是开放的，包括物理学等学科，所以我的旁通性和整体性比较突出。可是最重要的还有一点，就是我一直警觉到中国传统的重要性，在深化对西方的了解的情况之下，也努力深化对中国传统的认识，这个是我自觉的努力方向。

杨：这一点我已经关注到了。从您的中学时代到大学时代，一直到今天，您都是在想透过自己的研究呈现一个整体的人，这也必然导致您后来出入中西之间，并在本体诠释学中安顿了生命和学问。

成：对，你这个抓得很到位。

研究生课程

成：现在回过头来讲一下我的研究生课程的开设情况。我在夏威夷大学教学，刚开始教授西方哲学时，没有特意涉及到东西方或东西方自身的比较，但后来我渐渐形成了一种习惯，即很喜欢把几家之言整合在一起，加以对照性地整合，比如在怀特海这一块，我比较重视怀特海与海德格尔的比较，因为我发现一个很重要的现象，就是怀特海是基于对外在客观世界的知识产生的一种扩大的认识，我们可以就科学知识去思辨宇宙的存在是什么，然后在这方面建构一套哲学。而海德格尔是从个人的内在体验，来肯定具有自我意识的自我存在，从这个方面来构建人的知识，进而去寻找一个更深刻或更广大的存在这样的概念。这种对照性的整合，能让人发现很多东西。

杨：难度也应该很大。

讲授形而上学

杨：您的形而上学课主要讲什么？

成：我看到外面的世界，总要问，这个世界怎么来的？这是本源的问题；为什么有外面的世界，这是逻辑的问题。形而上学就是要回答"从哪里来"和"为什么"的问题。到莱布尼兹，形而上学又出现了第三个问题：对于这个世界（"有"），应该怎么去评价它？以上是首先要讨论的问题，是有无问题。其次，怎么去说明这个"有"，所以接下来会讨论时空问题，要说明什么是时间，什么是空间，时间是不是最真实的。在讨论有无时会涉及到"真"、"假"的概念，什么是"真"的东西？真的东西就是不变的东西，时间是变的，西方人追求"真"，所以不要时间，只要空间，到现在还有这种空间论，把时间看成假象。在这里可以看出两个形而上学传统，一个以时间为主，那就是中国的本体宇宙论；一个以空间为主，那就是西方的存有论。西方人虽然也看到了万物的生化，但因视时间为不真实，为假象，于是便从时间里面引申出了上帝的概念，当然，在有无里面就有上帝存在的问题了，只是到时空里面，在经验上更觉得有上帝的需要。什么是上帝，西方一直要证明上帝，利用有的概念来证明上帝，叫做本体论的证明。这个从康德以后，就被否定了。何以故？因为上帝存在如果有位格的话，就无法从我对上帝的概念中推出。也许只能从因果关系中提出第一因的存在，并以之为上帝。时空中事物的起因与后果关系，就是因果论。什么叫因果论，这个问题从亚里士多德主张因果（他有四因说），到休谟否定因果论，谈论得很多。这里面还有普遍性的问题，什么叫普遍性，有没有普遍性，普遍性怎么来。这里又涉及所谓个体、个体化或个体同一性存在的问题，个体怎么成为个体，这些都是形而上学的问题。尤其在个体问题上，我们可以问一个个体的内外的问题。这个问题是我提出并十分关注的：什么是物，涉及到什么是物的个体问题。个体是整合的存在，不是分散的存在，近代物理学一直在找寻一个分散的非个体的存在，也许见诸重力场、量子立场、光波等概念。但物质个体化是存在的一个基本方式，有个体就有内外之分，一个原子有原子核，所以有内，因有核子力的内聚，可以抗拒外力的分化。从物理的基本物体的存在内外，我们可以理解到生命是一个体的存在，也有其内外之分，其内其外都比物体复杂多了，但作为体的基本组织，就是有内向的整合与组合的力道，与外力或离心力取得动态的平衡。同样，我们问人是什么，是否整体。回答是人是最具整合性的整体，其内敛力更有一个复杂的结构与活动，表现为心灵的直觉、认知、情感、思想、主宰等方面。在此等方面，内外性的区别与关系就很显然了，而维护此一内外的差别与关系是非常重要的。什么是人？人就是能合内外之道的生命体。到此我们要问人是何种因果所决定或形成的。这就涉及内在性所表现出来的自由意志问题。此处我提出本体的概念，从本到体，亦即从无个体或无体的存有转换为有体的存在是一个创造性过程，需要从本体论的说法开始讨论。你看，有无、时空、上帝、物质、生命、人的存在、因果、普遍、特殊、个体，还有一个是总体或群体的问题。这些都是我的形而上学考虑的问题，强调一个创造演化、内在超越的过程。从量子到物质，从物质到生命，从生命到性灵，从性灵到精神，都是比较新的东西。

杨：您的这套形而上学，有没有形成一个教材？

成：有笔记，用英文写的。

杨：大陆的哲学界缺乏系统的形而上学的著作。

成：我可以回去讲，如果有条件的话。

教材

杨：作为资深教授，可否谈谈教材问题？

成：首先，就西方哲学这一块来说，基本上分成三个阶段、三个层次的课程。一个是基本层次的，一二年级的课程或通识教育的课程，是关于哲学概论、西方哲学史或者逻辑的，这些课都需要一些基本的教材，哲学概论性质的教材在美国特别多，叫做《哲学导论》的至少有十几种，有的叫《哲学问题》，有的叫《哲学基本问题》。这些教材每年都有更新的，也有新的教材出现。我觉得从中西哲学的发展来看，可能需要编新的教材，我这里提一下，将来假如我在国内有时间，我想组织大家来编一些教材。我在台湾大学任职时曾编过一本当代逻辑与方法学辞典，在当时发挥了很大的作用。我们现在并不需要很大型的逻辑辞典或哲学辞典，我们需要非常具有针对性的东西，如西方哲学史，可以分为几个阶段。这里还要补充出来一些相关的重点读物，比如讲古代西方哲学，大家喜欢选柏拉图的《理想国》作为教材，或者选一两篇如 *On Nature*，这些对学生来讲还是很有用的。当然现在我们比较倾向于中西都包含进来的哲学概论，这样的教材在西方就是加上一两本中国读物，就是把英文的《论语》摆进去，《道德经》稍微难一点，也有人加上《道德经》，这两个是最流行的。有些通识教育课程偏向于实际的问题，比如道德与社会这一课程，我教了很多次，主要是针对如堕胎问题、安乐死的问题、克隆人的问题、政治上是否取消死刑的问题，还有就是种族歧视问题、色情文学问题、良心问题，等等。这是低年级的课程，教程很多，可以选择运用。

杨： 三四年级的情形如何？

成： 三四年级的高年级课程比较专业化，比如说英国经验主义，从洛克到休谟；又如大陆理性主义，就是笛卡尔、斯宾诺莎、莱布尼兹。四年级可以有康德，康德导读或康德导论，有的学校也开黑格尔的课，但大部分学校都不开，对黑格尔不那么重视。美国的大学偏向于英国传统，对欧洲传统则偏向于现代。专家课程基本上就这些人。专题就多了，很多专家都是在专题里面开，专题都属于比较现代的东西，比如现象学，会包含胡塞尔、海德格尔等一些现象学家，也可以包含梅洛·庞蒂、德勒兹，以及德里达。还有存在主义，比如萨特、海德格尔还有几个比较少见的存在主义者如 Camus。关于社会哲学，就会涉及到新康德学派，如哈贝马斯这些，这里还有现代分析哲学发展之后的专题，比如说语言哲学，这是一般学校都开的。必须涉及当代分析哲学家，基本上从德国的弗雷格谈起，通过罗素谈到蒯因和蒯因下面一代。新开的哲学课里面还有哲学诠释学，在夏威夷大学，有的人对伽达默尔不了解，我开了这个课之后，大家对这个课有了更多的兴趣，这种课程也属于三四年级。

研究生课程与教材

成： 到了第三层次，就是研究所的层次。研究所的学生，因为已经念过哲学了，所以都属于专题或专家课程，比如开亚里士多德，就是要把他整个掌握或掌握一个专题，亚氏的著作很多，英文基本翻译也都有，是基本的课程。有人讲康德，一般用英文版，当然懂德文更好。读物就是他们的原著。

杨： 讲原著，作为老师来讲，不可能像读古文那样，一字一句地讲吧。

成： 比如有人开康德，就读第一批判，一章一章地读。研究所的课每次基本上是三个小时，16 个星期，至少 10 到 12 个星期是我在讲。假如我讲康德，我把我对他的认识加上他的原著以及对原著的要求和认识，按照一个进度讲出来，要求学生至少有两个或三个读书报告，读书报告如果有时间也让他在课堂上讲，没有时间的话就给他手改，最后一定让他在课堂上讲一次。他们写报告，基本上都是讨论，提出问题，读原文，怎么读法，要求多少，由老师来定。但一般研究所的课程可以有讲课的重点，比如康德可以重点学习第一批判、知识论，下次开课的时候再加进美学问题或者伦理问题。但是一般没有那么快轮回，所以对康德哲学的论述还要面面俱到一些，但你可以突出你所看重的。读物还可以辅助一些新发表的文章，有不同的杂志，提醒大家去看最近动态和成果。讲授时可以强调你的看法和批评，你的观点和论证，你的问题及学生的反映，甚至你有什么好的文章给他们看，让他们提出问题，然后对他们的问题要仔细回答，一定要加以回应，他们也可以和你论辩，你不一定要学生同意你的观点，你可以鼓励学生不同意，但他们不会完全不同意，或者完全同意。看看他们分析问题的出发点，有的学生也没有什么出发点。

学习西方哲学的重点、必读书目

杨：您认为学生在学习西方哲学的过程中，应把重点放在什么地方？

成：针对学生来讲的话，应该从资料、观点、方法、问题等方面来认知西方哲学。就西方古典哲学而言，无论如何，阅读柏拉图和亚里士多德是无法逃避的。中世纪 1 000 年，有两个人物很重要，就是奥古斯丁和阿奎那。美国人不太重视中世纪，认为古代的柏拉图和亚里士多德最重要，然后马上跳到近代。当然近代很重要，近代有特殊含义，哲学上的近代是从笛卡尔开始的，到康德与黑格尔算是终点。笛卡尔是要知道的，他的《沉思录》还有《方法论》需要看。其次是斯宾诺莎，他的伦理学和他的本体论是联系在一块的，他的《伦理学》要读一读。接下来是莱布尼兹，他以启蒙心态重视理性和必然的运用，甚至提出"充足理由原则"，对后来的康德和黑格尔都有很大的影响，他的东西不能不看。在英国这一块，洛克很重要，他对美国哲学很重要，休谟的《人性论》与《理解论》两书也要看，他在英美世界很受重视，因为他是经验主义的开始。他之后就是贝克莱，讲"存在就是被知觉"这样一个命题。所以，这边是洛克、休谟和贝克莱，那边是笛卡尔、斯宾诺莎和莱布尼兹，然后都集中到康德。康德被认为是集大成者，被认为是理性主义的最高峰，所以康德的书一定要读，这样你的知识面就比较开阔了。然后就是黑格尔，美国比较重视他的《精神现象学》，但零星地也提到他的历史哲学和美学，对他的逻辑哲学倒没有强调，对他的辩证法则不是很感兴趣。对西方来讲，20世纪是一个很重要的分水岭，它的意义不下于近代哲学超越中世纪哲学，也可以说是一场哲学革命，它从欧洲开始，如维也纳学派，逐渐延伸到英国和美国。维也纳学派否定过去的形而上学，过去的价值论、知识论，他们要找新的方法，基本上就是科学的和逻辑的方法。在这个方法观照下人是没有任何地位的，人只能是科学研究的对象。近代西方的主流走的路就是实证科学的路、唯名主义的路。这个影响非常大，导致西方语言哲学、分析哲学、科学哲学、数学哲学和社会科学哲学等的产生。

杨： 20世纪的德国哲学也很有色彩。

成： 是的，德国的另外一个形而上学的革命，就是胡塞尔到海德格尔的革命。这个革命是要把知识逻辑化。在胡塞尔是重视知识对象和知识主体的关系，他没有完全否定主体，但是对主体的关注不够，导致海德格尔的回到主体的思想，人的主体不只是认知的，还有体验的感受，对存在的一种体验就是对存在的一种质问或质疑，导向一个新的形而上学，就是以人为主体的形而上学。

杨： 20世纪西方哲学界的两场革命？

成： 这两场革命一前一后，也可以说是两大支。我上学的时代，哈佛是笼罩在分析哲学的氛围中，以蒯因为代表。当然海德格尔这一支影响也很大，尤其是在欧洲，后来也透过很多人影响到美国，不过那已是七八十年代的事情了。

杨： 从您的介绍看，基本上是三大块：古典、近代、当代？

成： 从中国哲学的观点来看，最主要的就是要掌握西方这三大块，古典、欧洲近代和从20世纪开始的当代。

研究西方哲学

非常重视柏拉图

杨： 关于教学，我看差不多了，接下来是不是谈谈您对西方哲学的研究？

成： 我的西方哲学研究应该说面是相当广泛的，古代、近现代、当代，英美的、欧洲大陆的都很关注。

杨： 这一点我也感觉到了。

成： 在早期受方东美先生的影响，用力最多的还是柏拉图。大家都不知道，我是把英文本的柏拉图全集一字不落地看了一遍的，我曾经想为此学希腊文，虽然因为时间的关系没有做到，但我认识了很多希腊文的字根字母，这使我对英文的形成、字形分析有了长进，我看到英文单词，不用查字典就知道它的原义，这有点像汉字。

杨： 这很有意思。

成： 确实，古典哲学有两个古典语言表达，一个是希腊文，一个是拉丁文。有趣的是，每一个拉丁文都有希腊文与之对应，为什么会这样呢？有学者推测拉丁人（罗马人）和希腊人是两个部落，最先发展出来的是希腊，后来跟进的是罗马，极力透过模仿吸取希腊文明。因之看到这两个民族具有的基本观念。但罗马人尚武精神很强，希腊人则重视文明。我觉得这也是环境造成的。因为希腊人本来是野蛮人，埃及人是文明人，希腊继承了埃及，消化了埃及文明，创发了自己的文明。他们住在岛上，必须航海，为了求得航海的经验，他们希望找到变化后面的不变：宁静、超越、永恒，这就是柏拉图哲学。柏拉图的哲学，从本体论上来说，有二元论的嫌疑；但从人的来源或追求的目标上来讲，它其实是一种价值哲学，即理念世界如何与现实世界完美结合。不过柏拉图解决得并不圆满，到亚里士多德才在知识论、方法论和存在论上给补充起来，这就是希腊人的精神。罗马人继承了希腊精神，但他们为了征服他们所谓的野蛮人，所以很尚武。他们本来有一个共和的政治体系，后来因为四处征战，到恺撒大帝，逐渐形成了庞大的专制帝国、集权帝国，成为西方文明的一个新的资源、起点：重视权威、权利和现实利益，为了统治目的，发展法律。但后来却又结合了道德与宗教，形成了近代欧洲的文化传统。

杨：您对古希腊罗马的历史也有很好的研究？

成：谈不上很好的研究，在传统哲学这一块，我重视柏拉图，也喜欢读古代西方文化史与哲学史，有不少感思，但对之实在没有时间进行更多的研究。

亚里士多德是分析哲学的鼻祖

杨：在柏拉图与亚里士多德之间，您对谁更有兴趣？

成：倒谈不上对谁更有兴趣，你知道吗，亚里士多德是分析哲学的鼻祖，所以对亚里士多德我也很重视，不过这不是读希腊哲学引起的，而是后来读现代哲学引起的，从分析哲学中引起的。我们看分析哲学，它似乎只是现代哲学的一个形态，或者是现代哲学发展出的一个新方向。我原来也以为只和科学哲学有关系，但后来我发现分析哲学有它的历史根源，那就是亚里士多德。亚里士多德是第一个在语言中寻找范畴的哲学家。分析哲学和本体论结合，在亚里士多德那里是最好的模型，在这个意义上讲，西方哲学一方面体现在柏拉图的形而上学的理性主义二元论，另一方面体现在亚里士多德的知识论和方法论上的分析精神。

近代西方哲学重视三大家

杨：近代您谈得较多的好像是笛卡尔、莱布尼兹与洛克？

成：在近代哲学里面，我研究较多的是斯宾诺莎、莱布尼兹和休谟。我在这里只谈我对莱布尼兹的理解。我对莱布尼兹的理解，还是比较早的，我重视他，有一个原因：是他开启了西方人对中国哲学了解的兴趣，并直接影响到康德。另外还有一个原因，莱布尼兹提出了一个很重要的问题，本来也许不是个问题，但我把它转化成了一个问题，就是他说"我们的世界是上帝创造的最好的世界"，作为研究，我要了解他说这个话的意义何在，为什么说这个话，有什么样的意义和启示？莱布尼兹也是科学家，发明了微积分，和牛顿打官司争第一，他是一个有广泛知识兴趣的人，最后却受到易学与朱熹理学的影响，在他的单子论中提到上帝，说上帝是单子的单子，包含一切，有点类似太极。在他最后一篇文章《论中国人的自然神论》中，更明白地说太极就是上帝。他又认为这个世界是可能中最好的世界（the best possible world），什么是最好的？好不好怎么决定？假如上帝是人的价值的根源和创造者，那他没有理由不创造一个最好的世界。所以他说这个话等于是在界定上帝是什么，同时也在说明人存在的意义何在。透过他的问题，我对宇宙的善恶和人的善恶等问题有了一个透彻的理解：宇宙的善恶与人的善恶是两回事。什么是纯粹宇宙的恶？它不是道德上的恶，它只是存在的不完美。宇宙中并没有真正的恶，如火山爆发、一棵树的枯死、动物界的厮杀等，这些都不必然有道德含义，也不需要和人的道德混而为一。程颢说在气的宇宙里面有恶的因子存在，这应该看成宇宙的不完美性。人可以把宇宙道化与德化，但却不可以把宇宙狭义地道德化。从人的价值标准来看，气化的宇宙只是不完美的宇宙。正因为不完美，所以人的存在有个重要的意义，就是帮助改善宇宙的存在，这就叫"参天地之化育"，我们灌溉花草，布置庭院，治理沙漠，都是在帮助改善宇宙的存在，使之更完美。这一点，宋明理学没有讲清楚，从而导致了很多混淆的结论。天理固然很森严，但却脱离不了自然与自然的规律来说。2001 年 9 月 11 日下午三时我在德国的柏林大学开莱布尼兹会议，正在讲我的论文莱布尼兹与易学的关联问题，有人进入讲堂，宣告美国正遭受到攻击。主席表示不必理会，要我讲下去。讲完还进行了讨论。然后散场走入大厅，映入眼帘的正是纽约双子摩天大厦在燃烧中的崩塌。我心中一惊，因为我刚才还特别注意到大会的主题莱布尼兹的话 "Nihil sine ratione"（无事无理）与朱熹说天下万物万事皆有理的话相应。具体的原因与理由是要具体地探求与格致的，但天下发生的事必然有其发生的原因与理由，却是中外一致的认识。当然莱布尼兹这句话也可能反映出朱熹对他的影响。

对康德的新认识

杨：您的西方哲学的研究基本上都是在比较的视域中进行的吗？

成：是啊，你这个访谈章节分得很细，中哲、西哲，我们也只能是相对区分吧。在研究西方哲学时，可以对中国哲学有一些启示，这些启示，对于我们更好地发展中国哲学有所助益。但所谓比较是就一个西方的专题有所理解后或获得有关的结论后激发对中国哲学的新认识而言。我很少就比较而比较，而是首先要掌握一个问题的深入回答后找寻他者另行的答案，或对有关他者进行评论，然后评价两者或多者的优劣，不然将无标准可循。

杨：莱布尼兹之后，重要的就是康德了，这些年研究康德似乎成了您的一个重点。

成：对于康德，我下的功夫也非常之大，长期开设相关课程。近年来大家比较关注一个现象：就是中国人为什么特别喜欢康德。一位德国学者曾经做了个调查，中国学者从王国维以后，对康德的引用比对任何其他西方哲学家的引用都多。这是为什么？我的研究表明，康德能引起中国人的兴趣，是因为他有儒家的一面，这就是他重视人的自主性和主动性，重视道德性和道德的普遍性，重视知识的主体性，重视美感和生活上的价值。总之，康德强调人的生活世界、人的知识世界、人的道德世界，而且这些都在人对自我心灵的理解中发生。这些似乎提示人必须回归自己，从反思中批判与建构、彰显人的内在性的真理。此一思考方式与进程显然契合儒家的"反求诸己"、"反身而诚"的精髓与感受，从而激起深度的共鸣。所以中国人对康德有这么大的兴趣，不是偶然的。康德不只是一个系统哲学家，而且是一个整体哲学家，不管他如何分析，他的思路也总顾全整体性与全面性，也要寻求一个对人的整体存在与命运的理解。这自然也是引起中国学者共鸣的另一原因。基于此，我提出了一个假设，康德哲学是受了儒家的影响的。当然这一观点，作为历史的陈述，需要证明或论证，但有一个事实是不能否认的，那就是康德的理论架构和儒家的理论架构有着惊人的相似之处。

杨：这方面能否详细谈谈？

成： 研究西方哲学不能回避康德，客观地来说，康德是亚里士多德之后最大的具有科学知识和道德理性的哲学家，到今天他还是西方哲学的一个重镇，他的地位就跟古代的亚里士多德一样，在中国的地位有点像中国的朱熹，一个集大成的理论提出者。对于康德，前面讲到，我最早接触的是第三批判。在台湾读书阶段，方东美先生很少谈到康德，方先生是一个具有浪漫情怀，具有一种审美心态的情性哲学家，他不喜欢死板的理性，所以他早期就批评朱熹，他不喜欢那种拘谨，觉得很妨碍生命的成长，违反生命的情调或者审美的心态。那这个康德呢，从他的纯粹理性批判看，或者从实践理性批判来看，的确对生命情调是有影响的。不过很奇怪，方先生很少提到第三批判，相对来讲，他比较强调柏格森或者是怀特海的创生哲学。我在华盛顿大学接触到第三批判，对康德强调美感的普遍体验以及对艺术家创造艺术的天才的说明，都留下非常深刻的印象。到哈佛后，读了第一批判和康德道德哲学的《道德形上学基础》与第二批判，对康德的系统哲学思想及其方向有了基本的与较全面的认识，对他的思想渊源与面临的潜在问题也有了基本的了解。知道康德进行他所谓的"哥白尼革命"绝对不是偶然的。他所谓的哥白尼革命是指把知识与道德以及其他价值都从一个外在的观点转移到一个内在的观点。从一个超验条件规范的要求，在知识范畴上，显示人的能知的内在所以然。在道德律则上，显示人必须正视人的实践理性的自主性与独立性，人有自由意志能为自我立法，适用于所有人。这一认识不就是孔子的人的自主性的认识吗？"我欲仁，斯仁至矣"、"仁以为己任"、"修己以敬"不正是人的自主性吗？当然这是从理论上说的。对此我已发表了正式论文，并于2006年组织了《中国哲学季刊》的康德与儒学专刊，发表了十位德国与美国康德专家的探讨论文。

杨： 这方面的历史证据如何理解？

成： 首先要指出的是：耶稣士教会组成后第一个来中国传教的是利玛窦，其时在16世纪末，随后有大量耶稣士神父来到中国，他们一方面在中国传教，另一方面也进行了中西文化与哲学思想的交流工作，把古典儒家及宋代理学的思想也传递到欧洲各国，尤其在理解《论语》、《大学》、

《中庸》与《孟子》方面，他们用拉丁语进行了介绍、表述与翻译，在17世纪80年代出版了《中国哲学家孔子》一书，此书影响甚大，在此影响下逐渐激发了欧洲大陆及英国的启蒙运动，德国的莱布尼兹更明白提到易经与朱子，又明白地倡导中西的联合与文化互补。到了康德，难道能忽视这样巨大的启发吗？康德对天文物理都有兴趣，他深受莱布尼兹的影响，透过莱布尼兹，难道他感受不到儒学与中国因素的影响吗？莱布尼兹是明白表述了朱熹的影响，康德是透过莱布尼兹及其弟子 Christian Wolf 以及 Wolf 的弟子而受到影响的。莱布尼兹的学生 Wolf 倡导儒学，主张理性自主，触犯了天主教会，被革职而几乎坐牢。据当代德国学者 Martin Schoenfeld 考证，Wolf 的一个学生 Bellinger 则成为了年轻康德的助教。这样看来，这个来龙去脉是很清楚的。你说为什么中国的一般哲学家容易受到康德影响，读了康德会觉得康德很熟悉？包括后来牟宗三、唐君毅都是如此，都讲道德理性。可以说第三代新儒学基本上都有康德的影子。牟先生更下了功夫，对康德三大批判都进行研究，还作翻译，尽管翻译得不正统，但应该是带动了当代中国哲学对康德的兴趣。但他的目的在借康德的道德形上学来发展儒家的道德形上学。近年来，康德的中文翻译有不少版本，邓晓芒的、李秋零的，显示了中国学者自王国维首先介绍康德以来对康德的兴趣持续不断，而且与日俱进。

杨：康德是如何成为您研究的重点的？

成：我对康德的兴趣本来是潜在的，后来突然变成了研究的重点，一方面当然跟研究儒家有关系，一方面跟我的一个重大的发现有关系。我认为，过去人们讲康德是所谓自由主义的发展者，他提倡几个东西：公共责任、自由权利、个人权利。所以他是最讲权利和道德责任的。这两个可以说是现在道德哲学和政治哲学的基础。例如英美自由主义派就深受其影响，但自由主义派并没有康德那种内在的道德主义，他们把道德提升成为法律，然后在法律的范围里面来争取保有自己的权利，这是康德对政治哲学的重大影响。在哲学本体上呢，康德打破了传统形上学，追求未来的形上学。这一点开启了黑格尔的辩证哲学、胡塞尔的现象学，甚至影响到海德格尔的存在论。他的知识论也很重要。所以他开拓了很多问题，对人的根本问题具有永远的启发作用，对我来说，这也是儒学的启发力之所在。

杨：那您的重点在哪里？

成：我的重点在借康德说明儒学中人的自由与价值所在，又借儒家评论康德的成就与缺失。康德强调建立人的主体性和人的自主性，尤其是意志的自主性，也可以叫做自由性，也就是意志自由。那么这个意志自由从哪里来？西方的传统早就有这个意志自由，是上帝给他的，既可以选善，也可以选恶。但是中世纪从奥古斯丁一直到托马斯·阿奎那，实际上并没有解决这个问题。到康德的自由意志，在某种意义上解决了这个问题。因为上帝的存在事实上也仰赖这个自由意志。康德不承认有一个绝对权威的上帝，他认为人的基本信仰来自于内在的一种自我肯定。我认为这一点跟儒家内在超越的心性有关系，所以我就在这一点上做了一个假设：康德讲自由，讲权利，讲自由意志，讲宗教信仰，可以引入儒学，康德有最大可能受到了儒家的影响。

杨：一个大胆的假设？

成：这个我也在小心求证，求证包括两个面向：一是理论求证，一是历史求证。很有趣的是，2003年美国哲学学会开会，我认识了一个德国学者，他是研究早期康德的，他给我讲早期的康德，我问他早期是个什么程度？他说从20岁进入大学到写第一批判之前这样一个时期。我问他康德为什么后来转向第一批判，然后又为何转向第二批判？他说这个可能是道德的兴趣。我说这个道德的兴趣是不是可以用儒家来解释？他说有这个可能。我说因为我不知道他当初的学术背景，比如他读书的时候，他的助教或者他的老师是谁，他受了谁的影响等。他说这个我知道，他说康德的助教是 Bellinger。我说 Bellinger 跟莱布尼兹有没有关系？他说 Bellinger 是莱布尼兹学生的学生，后来因为威廉大帝的迫害，跑到彼得斯堡成为汉学的创始人。我说如果是这样的话，那我很坚定康德是受了儒家的影响。他说你这个有道理。

杨：德国学者也觉得您有道理？

成：是啊！后来我还做了一个假设，因为我对所谓"礼仪之争"（rites controversy）之后的欧洲教派的相争很了解，南部的教会是天主教，北边是路德教，这两个教派争权，但他们对人文主义都非常反感，要压制，他们反对人的自主性，强调上帝绝对的权威、绝对的超越、绝对的神圣。所以他们不能容忍有人的任何决定，康德后来受制于威廉大帝，不准出论宗教的书不也是基于这个理由吗。我说康德为什么讲人的权利，讲人的责任，讲人的自由，绝不是偶然的，一定是受到中国儒学的启发。他说你说这个有道理。我说假如这个是对的话，那可以断定，不是中国没有自由民主，西方的自由民主还是从中国引进的，因为它来自于儒家的主体性嘛。他说你讲的这个太重要了，会造成康德研究领域的革命。我问他认为怎样，他说绝对有可能。他研究早期康德源于火的成分的认识，当初莱布尼兹就考虑过这个问题，莱布尼兹比较接近中国的自然哲学。莱布尼兹的一生怎么受中国哲学的影响，这个有很多议论，我在 2008 年的世界哲学大会上指出，莱布尼兹的单子论，属于中国气论的一部分。丹麦大学的一个年轻教授写了一篇文章提出问题，但后来又跟我进一步讨论。他们不能完全接受我的这个说法，但我的说法成为他们关注的焦点，这个还是很重要的。

杨：您关于莱布尼兹的观点是不是比关于康德的假设证据更多些？

成：莱布尼兹的时代，《周易启蒙》和理气哲学都全部传到欧洲了，当时莱布尼兹对中国非常敬仰，他写的最后一篇文章中说"太极就是上帝"（Taiji is God），他认为 God 也就是一个太极，这是个非常重要的论述，因为这涉及上帝概念在西方思想史中的挣脱了天主教会神学的改变。而且，后期的莱布尼兹也很重视气的认识。所以我觉得我可以这样解释康德：康德早期的哲学是气的哲学，晚期的哲学是理的哲学。

杨：您这观点出来以后，估计在康德研究方面会引起震撼，迫使西方研究康德的专家去了解中国哲学。

成：必须如此了解，别无他法。我说我可以用中国哲学解释康德，也可以用西方哲学解释中国哲学，我不是有相互诠释论嘛，我的本体学就包含着中西互相诠释的可能与必要。

杨：对西方哲学是一个冲击？

成：巨大的冲击。现在有些人搞哲学，要么吹捧西方贬低中国，要么吹捧中国贬低西方，我不是这样，我把中西哲学摆在一个更高更大平台上，彼此去较量，最后彼此学习，相互发明，相互补充。我认为这样比较好。

杨：这是知识结构的问题，同时对中西哲学都有深入的理解，谈何容易？

成：后来我和这位德裔教授谈得非常投入，我就说，这样好了，我来策划一期康德与儒家哲学的专刊，你帮我去找康德研究专家，我写我的观点，你找人来反驳我。他很爽快地答应了。经过一年半到两年时间的努力，2006 年专刊终于出来了。

杨：他找了几位康德研究专家？

成：居然在德国找了六七位，其中还有一位学者，专门用统计数字来说明康德在中国被接受的程度。

杨：这一期的影响如何？

成：下载率非常之高。这对我也是一个大鼓舞。今年我到美国东部区开会，提供的论文就是讲，孔子所谓的仁是不是也可以说是一个完美的责任。康德在他最后的形上学基础上面谈到的责任有几种：一种是完美的责任，一种是不完美的责任，他把仁看成是不完美的责任，而把守信看成是完美的责任。我觉得康德这个可能有点问题，他是把德性变成责任，而儒家刚好相反，是要把责任变成德性。不过我们也不能说他讲的德性论责任没有道理，他可能是受到宋明理学的影响，特别是受到朱熹性即理的影响。你看康德讲人能够有一种无限命令来规定，就是性用理来规定嘛。所以我认为康德是顺着宋明理学讲的。我现在有一个古典儒学的基础，还有一个《周易》的基础，所以可以把康德理解得更灵活，这样的话也就把康德变得更本体化、更人性化。而且这个研究也可以解决超越和内在的问题，这个是我的一个研究重点。

杨：那您这是新新康德主义吧？

成：甚是，整个是一个新新康德主义的说法，而这个也彰显了我的本体诠释学的方法论，同时还表明中西文化可以共同对话、相互发展的一个方向。另外还昭示西方哲学界，要认识到康德哲学有一个前理解的儒家人性论。

杨：您已经深入到了康德研究的最核心的地方了。

成：最核心，这点是我最近这十年来一个重要的开发吧。

努力打通蒯因与伽达默尔

杨：您的工作总是那么具有挑战性，现在您似乎又在分析哲学与诠释学之间"走平衡木"？

成：我现在正努力把伽达默尔和蒯因打通，就是把哲学诠释学重视人性和蒯因重视语言性这两者结合在一起，由分析的诠释学和理解的诠释学，形成一个本体性的诠释学。我最近一直想在一个本体哲学的框架下重新解释一下中国哲学史，可惜目前尚无时间去做，但会找时间去发展。目前关于《周易》哲学研究的英文集稿有两大本稿件。

杨：还没有出版？

成：是的，准备在美国出版，然后再把它翻译出来。这是两本稿子，还有就是康德与儒家的整合，重新诠释康德。我现在的写作方式是强调重点与体系，由于时间因素，不去历史地从头说起。我研究康德有两个重点：一个是为了开辟中国哲学的新境界，一个是为西方哲学提供新的观点。因为我认为西方哲学走到今天这一步，已经有所迷失，他们的分歧很厉害。他们本来是重视整体的，但因为黑格尔主义在英美世界给人的印象不好，被认为导向了一种集权和专制主义。因此，大家只想讲分析，不讲求综合和整体。我觉得这是有所偏颇的，如何提醒西方人重视整体，弥补这一块，这是我的工作。从这个意义上说，对当代西方哲学的批评，是我学术研究的一个重点。当然，不是为批判而批判，是为了发展更好的整体性的伦理学和整体性的本体诠释学，本体诠释学把传统的知识论、分析哲学纳入到了里面；整体伦理学则整合了德性伦理学、功利伦理学和权力伦理学。这反映在我数篇讨论当代西方哲学家的论文里面，其中包含了对哈贝马斯、罗尔斯、舍勒、戴维森及罗蒂的研讨。

还有，我对实用哲学也很感兴趣，我比较关心实际的应用问题，应用问题就是改变世界的问题，假如我们只是在一个安乐椅上面思考或只是在哲学小径上沉思，那我们怎么去改变世界？改变世界要透过政治的领导和管理的发挥，我在很早就注意到了这一点，就是哲学还是要致用于人生，对个人而言，是如何更好地走向一个实践的自我；对群体而言，是提供一个文化发展的方向。所以我很关心中国文化和国家的发展。这一点我受我父亲的影响很大，我父亲就是这样的人，他的传统士大夫的"先天下之忧而忧，后天下之乐而乐"的心态让他时时刻刻关怀中国人和中国文化的命运，这就是中国知识分子的忧患意识。我之所以重视管理哲学的建构也与此有关。

杨：这些可以在第五章里谈。

成：我研究西学，很多思考都是以西方为背景，我研究柏拉图和亚里士多德，也看神学和原始经典，包括《圣经》，但是更看重当代西方哲学的本体学和方法学、理解论和分析哲学。我现在有一个完整的西方哲学观，对它的发展的体系有一个深刻的理解与看法。我认为，相比较而言，当代西方哲学这一块是最宝贵的，分析哲学里面有很多非常好的哲学家，正是他们的分析，彰显了西方哲学最大的特色。欧洲大陆哲学这一块我也很重视，我在台湾大学读书时就接触到了海德格尔。在美国的六七十年代海德格尔不被分析哲学家们重视，但从60年代后期到90年代，欧洲哲学开始发展，分析哲学开始给了它一点空间，从事这方面研究的人也渐渐出现，现在海德格尔在美国越来越流行。我对海德格尔关注之余，逐渐对伽达默尔、利科、德里达等德法哲学家与欧洲哲学发生极大的兴趣，对他们的哲学我一直保持着一种开放的态度，想借重它们来丰富中国哲学的眼光与内涵及其语言表达方式，推动世界哲学的发展。我在学科上面建立的本体诠释学可说具有一种世界性的知识哲学框架。

与伽达默尔的对话

杨：提到伽达默尔，应该谈谈您二位的对话。

成：那是2000年5月17号。

杨：当时去那边开会还是？

成：没有，我是专程去的。因为伽达默尔有一个学生，关门弟子，叫帕莫尔（Palmer），他知道我发展了本体诠释学，所以就建议我跟伽达默尔见个面，谈一谈与哲学诠释学的关联。伽达默尔晚年出入不方便，是很难见得到的。我当然很高兴此一安排。就这样，在帕莫尔教授的安排下，我和伽达默尔有了一个重要的谈话。时间是在 5 月 17 号的下午三点钟。本来决定是谈 40 分钟或 30 分钟，结果谈了两个半小时以上。伽达默尔的夫人进来，问伽达默尔教授会不会太累，伽达默尔虽表示很好，但我仍起身告辞。临走前我送他我编辑的《中国哲学季刊》一本，内有一篇有关本体诠释学的文章，他也送了我一本他的最新文集。

杨：他那时候已经一百多岁了吧？

成：刚好一百岁，他的生日在二月。本来跟他讲好 2002 年暑期再来看他，可惜他于 2002 年生日后过世了。虽然我就那次会面写了个谈话录，但总觉得还是没有畅所欲言。他过世之后，同年九月他的弟子们在纽约州一个大学举办了一个盛大的学术纪念会，也是学术研讨会，邀请我参加。到会后发现我是唯一的一个东方人。大会主席伽达默尔的弟子 Andrzej Wiercinski 还特别向与会 100 多位伽氏传人介绍了我，强调指出我是曾经在 2000 年跟伽达默尔教授建立关系，作为东西方诠释学会谈的首位学者。

杨：对伽达默尔来说，那可能是他晚年最重要的一次活动了。

成：应该是。有意思的是我的这次活动也引发了中国大陆研究中国诠释学的兴趣，山东大学成立了一个研究中心，并出版刊物。让我想起在 90 年代我和汤一介先生讨论创办一个诠释学杂志的情形，当时因未有机构支持而作罢。当时也突出了一个翻译问题，我在 60 年代在台湾就把 hermeneutics 翻译成诠释学，而大陆的百科全书却翻译成解释学。我指出诠释与解释的不同，但在大陆却仍然两词并用。一直到最近我注意到诠释学一词已成标准。

与卡尔纳普的交往

杨：谈谈您和卡尔纳普的交往吧。

成：我与卡尔纳普交往时，他已经年纪很大了，住在洛杉矶，我到他住的宾馆去看他，和他很谈得来。他也告诉我他认识中国的洪谦，我后来见到洪先生还提到此事。卡尔纳普也提到他与维特根斯坦的交往，他说他曾向维特根斯坦提了很多问题，维特根斯坦很讨厌他。卡尔纳普属于那种很细心，喜欢把事情搞得清楚得不能再清楚的那样一种人。卡尔纳普也算是蒯因的老师，蒯因曾到维也纳大学，在那里认识了卡尔纳普，对蒯因的思想产生了极大的影响。蒯因经常提到卡尔纳普的 *Aufbau de Welt* 一书，此书首先尝试用最基本的感觉相似性经逻辑界定法来构建我们客观的世界共识，但却不成功。不过这启发了蒯因批判感觉主义为两大独断之一的思想。那是 30 年代，后来因为纳粹的原因，这些哲学家都跑到美国去了。

杨：卡尔纳普来过夏威夷大学吗？

成：我到夏威夷大学后，1965 年曾邀请他来夏威夷大学开会，因为他年纪大了，没来成，他推荐了他的年轻同道 Herbert Feigl 教授来参加我主持的“心身同一论”（Identity of Mind and Body）的哲学会议。

杨：开的什么会？

成：关于心身同一关系的会。由于我的分析哲学的背景，初到夏威夷大学时，我很关心心物与心身关系问题。这个问题也是认知科学通常所说的心与脑的关系问题。当初我试图从语言分析的视角，证明在知识活动中心脑存在的同一性。为此我特于 1965 年发起与主持了一个心身同一问题的研讨会，当时受邀的学者中，卡尔纳普本来答应要来的，因为身体不好，没有来成，但却为我邀请了维也纳学派里面一位有名的较年轻的学者 Herbert Feigl。Feigl 在明尼苏达大学教科学哲学，也关心心身同一性问题。与会发表论文的还有那时在西方最有名的讲科学哲学的 J. Smart，还有加州大学著名的 Stephen Pepper 教授都来参加。Feigl 的同僚 Maxwell 是明尼苏达大学哲学系的科学哲学中心主任，也都来了。

杨：可以说是一个盛会吧？

成：是的。当时主流的意见是认为心身应该是一回事，心的存在必须要用脑的存在来说明。Maxwell 甚至设计了个想象实验，就是想象中把一个人的大脑打开，来观察它的活动。当人在讲话或者思想时，看他的脑袋里面的电波反应，那个电波反应就是他讲话或思想的内容。我的论文认为这还不是心身同一的问题，同一是我们人给它一种知识的要求，把它看成是同一的。换句话说，是我们把心的这种活动看成就是脑的活动，把脑的活动也看成是心的活动。但脑的活动却不一定有心的自觉，但凡是有心的自觉的那种心的活动都可以看成是脑的活动，这样心脑之间的关系也许就可以建立起来。这样心的活动便有了一个物质的基础。有些逻辑实证论者坚持认为这是同一的关系。我们的知觉、思想都是脑的活动。但我认为，在心物关系上要排除绝对同一的说法。同一是一种知识论上的要求：我们要求同一性是基于对知识及知觉的基础的要求，在一个知识体系中说明它们之间的密切关系。但这种关系不一定刚好就是逻辑上的同一性或认同上的同一性，如天上晨星与夕星都是金星一样，而可能是因果上的规律性，而这种规律性也是整体的规律性，不是一对一的规律性。这样来看，我当时的研究很正确，也为后来哲学家所认同。开完此一重要会议之后，我把重要论文积集成一本书名为 *Aspects of Identity of Mind and Body*，于 1967 年在夏威夷大学出版社出版，其中有 Feigl 的序与我的导言，以及上述诸人的论文，也包含我的论文。这一哲学活动说明了我与维也纳学派的关系。我后来省思，觉得英文的 "mind"，实在不等于中文的 "心"，中文的 "心" 除有认知性与知觉性的 mind 的意义外，尚有情感意义的 heart 的意思。而且在日常用语中此一意义还十分突出。我后来到耶鲁大学教书时写中庸哲学中的中和问题时就用 "heart-mind" 一词来表达中国哲学中所谓心的内涵，强调中国心灵哲学中 heart 即情感与 mind 即认知的统合性。最近讲授朱熹哲学，我提出了朱子新旧中和说中的有关心的五种意义。这种认识在传统中国哲学中是没有讨论的，对朱子的认识目前也未及于此。我的所见得力于西方的分析哲学以及 1965 年我主持的心身同一性会议。

西方哲学的核心

杨：西方哲学，有没有一以贯之的核心问题？

成：哲学是面向最根本的真实而不断得以发展的。但真实的东西往往被不真实的东西所掩盖，所以人们常常有这种警觉，即追求真实，这就是哲学为什么要在一种自觉的情况之下才能出现的原因。不是每一个民族都具有这种自觉，例如很多安于某种宗教形式或生活方式的民族，就很难进行反思，因而也很难发展出一套哲学。要说西方哲学有没有一以贯之的东西，那当然有，传统西方哲学总是以形而上学作为基础，或者是以上帝概念作为基础来发展。整个中世纪哲学可以说都是在追求上帝的真理，甚至要追求上帝的存在。近代哲学就是要找寻一个认识上的基础，如何去认识自己知识的能力，知识如何可能，证明知识之为知识，这也是现代哲学很重要的一个思想面向。西方哲学的现代性就是对语言、知识和方法的看重。在建立中国哲学的现代性问题上，我觉得很需要这种认识。

求新求变，日新其德，是一种哲学的精神。同时，哲学还有一个追求整体性和统一性的要求。西方哲学的方法意识充分展示了这一点。

方法意识与理论转向

杨： 您好像一直很重视西方哲学发展中的方法意识？

成： 方法是为解决问题服务的，而方法又是从经验中归纳出来的、可以操作的一种程序，以便于我们更好地解决问题。问题之解决，则意味着产生新的理论，而新的理论又会产生新的方法，新的方法又会导向新的理论。例如，苏格拉底提出助产法，用诘问的方式启发人们产生一个新的认识。希腊哲学基本上就在这种方法的引导下慢慢产生出新的理论。柏拉图将此方法抽象地提高到理念世界的层面，促使亚里士多德产生了一种系统的解释方法，与逻辑语言的思考方法。中世纪神学发展了文本（《圣经》）诠释法，意味着从古希腊的理性主义走向了信仰哲学。但信仰哲学又无法面对世界的改变。基于新的生命体验，文艺复兴要寻求新的世界观，要从地球中心走向太阳中心，要从中世纪的神学的牢笼里突破出来，于是又一次面临着方法的更新。近代哲学更是如此，笛卡尔要建立他的基础哲学，提出了一种分析的追根究底的原子论的方法论。其他如理性直觉的方法论、语词意义分析的方法论，一直到康德概念批判的方法论、黑格尔的否定之否定的新辩证法，到胡塞尔的现象学方法、海德格尔存有情态反思法等，可以说，西方哲学的方法意识不但十分突出，而且随时提出，反映了思想的活力与哲学思考的问题性。

杨：这样说来，正是由于方法的不断更新，西方哲学理论才不断出现转向？

成：也可以这么说，与方法的不断更新相关的，是西方哲学理论的不断转向。古希腊建立了一套形而上学系统，后来由于信仰的需要，形成了中世纪的哲学，这可以说是神学的转向。到启蒙时代，是理性的转向，具体又表现为大陆理性主义和英国经验主义的分野。当然，这里的问题很复杂，比如民族习惯问题，英国人重视实际经验，大陆尤其是德国人重视先验理性，法国人重视数理和方法论的思考。到了20世纪，西方哲学可以说是古代哲学的一个缩版。最早的转变是逻辑实证主义，它要打掉传统的形而上学、传统的知识论、传统的伦理学，但保留了对语言的重视。但煊赫一时，又开始了一种内在化的转向，在德国就是胡塞尔和海德格尔，从直觉的现象学走向存有的现象学，基本上是从客观知识的外在主义转向主体思想的内在主义。

杨：英美、大陆两条线？

成：是的。对语言的重视，我认为是从实证主义开始的，蒯因甚至推到洛克与Tooke，经验主义很重视语言。整体来说，这个转向的目标在于建立知识，从本体论走向知识论，从知识论又慢慢走向语言哲学、伦理哲学、实用哲学。对欧洲大陆来讲，从30年代实证论走向内在的存有论，是很重要的转向。但转向并不表示否定过去，而是面对和解决问题。这个转向在美国来说，是逻辑实证论慢慢转向为新实用主义（new pragmatism）。美国在19世纪末20世纪初，融合理性主义和经验主义，建立了实用主义。整体来讲，这个转向就是逐渐摆脱传统形而上学。现代语言哲学的转向和伦理学的转向是要逐渐摆脱传统知识论。在这一点上，所谓诠释学的转向最为明显，诠释学转向就是要取代知识论。转向并不是要放弃那些问题，而是要化解成现在的问题，变成语言诠释的问题，使认识变成一种理解，形而上学变成一套语言的游戏或者语言的认知方式。

哲学追求

杨：成先生，这一节我们主要是谈您的西方哲学研究，可以说是挂一漏万。您一再强调西方哲学的方法论意义，在本节也是本章的结尾，您是不是简单说一说西方哲学激发了您的什么思考？

成：可以先从分析哲学说起。分析哲学要找寻客观的自然宇宙的知识的有效性与逻辑性。它甚至预设了一个可以呈现在语言概念中的存在结构，它包含了一个根本的存在层次。分析哲学家在预设或者假设这样一个整体知识观下运用分析来呈现来论证。他们做的是概念分析与其呈现的语言与逻辑关系的分析，但是他们不知道他们已经预设了基本存在的世界及其层次。分析哲学通常被认为是一套方法，但在我看来它仍然有一套可以构建出来的本体论，又可以经过化约，走向基本现象学的本体世界或科学知识世界，肯定世界的事物及其应有的关系。但分析哲学的基本现象学仍然不等于胡塞尔那一套，因为胡塞尔所从事的不是现象分析，而是意识分析。比如"桌子"，他不是用这个词来分析意义，而是注意桌子概念出现在我的意识当中，我要把这个意识加以分析，找寻其本质的构成成分。他对时间意识的分析也是如此的。但对分析哲学而言，理解时间是要就现象与概念的经验进行分析，其目的在确定一个客观实际及实用的本体观，如蒯因；或依据日常语言的用法，展示一个生活世界的结构与模式，如维特根斯坦。我的方法是，我不否定分析哲学是个思考的起点，但我不满足于分析方法往往导向或找寻一个外在的根本化约的存在。我也不满足于现象学的个别概念的本质性与原初性，而缺少整体意识与关系意识。我要从现象当中寻找出整体的动态的本体，要走向一个以本体论为基础的诠释哲学，来彰显一个动态的宇宙观。但我可以用分析哲学来厘清概念，用现象学来建构整体。这是我和别人不一样的地方，这是因为我也继承了中国哲学的思想重本源与重整体的精神，可以同时用分析方法与直觉体验来建构或重现真实与动态的本体世界，尤其是易经哲学的本体世界，这我叫做分析的重建。其实是以体验为基础的，而所谓体验往往是长期反思的结果。一定要有自己的感受，我的生命体验是对天地之间大自然的体验，是对四时流行花开花落的体验，是对源出的善与深处的美的体验，是对战乱中生命变迁与坚韧的体验，是对父母之爱、兄弟之情、朋友之义的体验，是对历史与缅怀历史、怀念过去的体验等。这些都是真实世界的一部分，本体的东西是和人的生命联系在一块的。分析是知识的事，而非感受自然与生命之事。

杨：也就是说，西方的本体不关乎生命，所以您一方面认同西方哲学的方法，一方面又要突破它的"不关乎生命"的本体。因此，您的西方哲学研究表现出了一种不同寻常的发展思路：对西方哲学方法理解越深，对中国哲学的本体越渴望！

成：诚然，我就曾经说过"形上学与价值论我更属于中国传统，方法论与知识论我更看重西方与现代"。

第二章 反思天人：中国哲学的探究历程

回到中国哲学

不能忘情中国哲学

杨： 从今天开始，我们讨论您的中国哲学的研究及推介工作。成先生，我一直有一个问题，透过您的博士学位论文，您已经深入到当时美国哲学研究的主流世界，为什么仍然不能忘情于中国哲学？

成： 这个很容易回答，在那个年代，我研究哲学，有两个动机：一是探索中国落后、受欺侮、不被尊重的原因。当时我有一种强烈的感受，就是认为中国的文化包含了深刻的价值，完全可以成为人类和平发展与和谐共处的基础。二是为了彰显中国哲学的价值。我研究西方哲学，就是为了发现它的长处，为重建和丰富中国哲学服务。当然在这个过程中，又激发了我的一个新的认识，就是结合中西，为人类的精神境界、理性境界寻找到一条根本的出路。

杨： 您始终是把中国哲学放在一个十分重要的位置上来考虑的吗？

成： 我是在中西比较的过程中认识到了中哲和西哲具有同等重要的意义的，中国哲学整体的宇宙观和整体的生命体验，是西方哲学所缺乏的；而中国哲学在整体的宇宙观和整体的生命体验中所展现出来的伦理的、道德的甚至是宇宙的价值哲学，也是西方哲学所比较忽视的。另一方面，西方哲学,它的知识哲学、方法哲学、分析哲学所呈现的一种系统化的精神,又是中国哲学所欠缺的。当时我就意识到,在本体论上,根源意识上,我是以中国传统作为基础,我认为这是中国哲学的长处;在方法学上,在知识的认同上,西方有着灿烂卓越的成就。

杨: 一个是知识,一个是价值,二者可以互补?

成: 二者需要互补。西方开辟了非常灿烂的科学文化,但在它的发展历程中,基本上是一种权力性的意识在作祟,科学往往只被当做是一种工具。现在也仍是这样,大国兴起,就是要寻找财富来发展自己的科技,然后用科技来创造更多的政治权益,然后再推广和扩充自己的政治权益,达到一种主宰世界的目标。而我认为,价值跟知识应该相互为用,是一种本体性的诠释循环,价值应该带来更多的知识,知识应该带来更多的价值,知识与价值如车之两轮、鸟之双翼,共同推进人类的发展。

杨: 您出版过一本专著,书名叫《知识与价值》,可见在这方面您的探讨很深入。那实际上,你不能忘情于中国哲学,是因为想要为人类提供一个完整的哲学基础。换句话说,在学习西方哲学的过程中发现了它的缺点,透过西方哲学的学习,又认识到了中国哲学的不足,从而意识到两者应有合理的沟通、互释,用您经常说的一句话来概括的话,就是"在诠释中互相挺立",以为人类的整体生命呈现一种"完整"的哲学。

成: 也可以这么说。

西方的形上传统满足不了自己的需要

杨: 西方哲学,有自己悠久的形上学传统,它这里面也有本体和价值的关怀。那为什么这个东西代替不了您对中国哲学的看法?或者它的这一部分内容在多大程度上,能满足您的哲学需求?

成: 你提的这些问题都很重要,很锐利,你看得很清楚,很有哲学眼光。那么我想对这个问题,整个来说的话,西方哲学的整个发展,上次我提到过,是方法与理论的相互推演,在这个意义上讲,它的发展规律是:理论上有奢求,所以新的方法必须出现;新的方法带来新的理论,新的理论再有新的奢求,于是又有新的方法。所以它的这个形上学在某种意义上讲，往往存在断裂的痕迹，或者是两难的局面，因而不断地走向一种凝固性的闭塞。那么在行为上也就会显示出一种偏颇、一种极端。它要变革的话呢，又会有很多因素造成某些分裂和冲突。

杨： 断裂，两难？怎么理解？

成： 理论和方法的相互推演，也是一种进步，进步的方向基本上是走向一个更为重视客观知识的形上学，或者伦理学，包括知识论，这是一个方面。另外一个方面呢，由于走向更客观的知识论、形上学或者是伦理学，它也会造成另外一个反弹，就是对主体人的存在的认识要求的排斥，所以造成形上学反击形上学，或者是形上学里面的新形上学。像实证主义反对形上学，也有反实证主义的主体主义；或者从胡塞尔到海德格尔的现象学，本身就是在反一种形上学，他们在寻找一种新的形上学。伦理学也是一样，像我在上章讲到的，从德性伦理学到信仰伦理学，再到理性主义的伦理学，再到义务或责任伦理学，以至于现在的权力伦理学，你看这些发展，它有一个动的方向，而动力则来自于伦理学与宗教的矛盾、知识论与形上学的矛盾、知识论与伦理学的矛盾等，总之它们之间错综复杂。比较而言，中国哲学的最大特点就是它在知识和价值存在方面有一个根源上的统一性，它这个统一性，其好处是可以维持一种基本的和谐，因为它具有一种整体思考的能力，这种整体思考是受《周易》哲学的影响的，因为《周易》观时、观事、观人、观天地，它能够形成一个整体的宇宙观、人生观、历史观。

在西方，这个就比较缺少，为什么？西方历史上是一个多族群的社会，各种族群之间相互是不统一的，是冲突的。到了中世纪，这些民族慢慢成为现代意义上的保留着自己的传统的民族国家，虽然他们也都还重视来自希腊文化的共同资源，但彼此在这个共同资源中得到的东西并不完全相同，所以才有新教国家和天主教国家的差别，有理性主义跟经验主义的差别，甚至有各种不同的上帝观、知识观、价值观、生命观的差别。因此，它总是有分裂的因素，有冲突的倾向。

杨： 这实际上是说，我们通常所谓的"西方"文化、哲学等，其所包含的内涵并不是单一的，而是具有多样性和多元特征的？

成：也可以这样理解。但中国呢，一开始就表现出了一种融合的状态，如在中原地区，很早就发生了神农、蚩尤、黄帝的融合，这使得中国文化一开始就具有了统一性和开放性两个面向。所以我从分析的角度，掌握了中西两个系统的特点之后，强烈地感觉到，只有通过中国哲学的整体意识，才能解决西方哲学中的冲突、分裂问题。当然，这种解决不是要把一方变成另一方，而是如孔子所说的"和而不同"，或者用我的说法就是"不同而和"。因为它本来是"不同"，我们要想办法给他一个和的方式。中国哲学的长处就在于它能在不否定差别的前提下产生一种和的力量。我很强调中国哲学的这种趋和的创造性的思考，就是在"和"中认识"不同"，或者在"和"中去逐渐"不同"地发展，同时又在"不同"中带来一个整体的"和"的发展。我认为这是中国哲学内在的一种辩证法，是文化意识的辩证法，提高到哲学的层次，就是我提出的"和谐化辩证法"。

杨：看来，您提倡和谐化辩证法，不只是基于哲学的思考，还是基于文化人类学的比较研究？

成：是这样的，但我的研究主要是在哲学的层面上。这几十年来，越是了解西方，越能够感觉到掌握中国哲学的重要性。

杨：这一点很值得玩味，在国内有不少人因为了解一点西方哲学，因而很瞧不起中国哲学，甚至认为中国没有哲学。

成：这种认识其实是有其背景的，即使是在今天的西方，也流行着这样的认识，即基本上否定中国哲学、东方哲学。

杨：可能觉得中国哲学中的形上学不纯粹，知识论不发达，没有逻辑的基础？

成：中国哲学里面有很多东西还有待开发，而中国的形上学思想一点都不比西方少，一点也不比西方差。事实上，中国的形上学是一个活生生的形上学，是一个既包括超越面，又包括内在面的人与世界交流的形上学。人是世界的一部分，世界也是人的一部分，这样的一种形上学，我称之为本体学，本体学既有形上的部分，又有形下的部分。

杨：是不是可以这样说，在中国哲学里面，形上学和知识论是贯通的，不像西方哲学那样，知识论越发展，与形上学之间的关系越紧张？

成：是越紧张，所以要取消形而上学。

杨：所以，在西方要么是大陆德国的路子，要么是英美路子。

成：就是这样，要么走海德格尔的路子，要么走科学主义的路子，这个问题远远没有解决。

杨：透过中国哲学，是可以找到解决这个问题的出路的。

成：但是我们又不能简单化，不能简单地回到过去。

杨：还是您讲的在相互诠释中挺立？

成：是啊，现在有一些搞西方哲学的学者，常常用一种简单化的方式，说中国哲学不够哲学；也有一部分搞中国哲学的学者，又不去了解西方哲学，固执地唯我独尊，这都不是正确地研究中西哲学的方向。

杨：近些年，我也发现了大陆中国哲学界的一些尴尬，包括我本人在内，我们讲哲学讲不过搞西方哲学的，讲史料讲不过搞文献的，在国际交流的场合只能与东亚系的汉学家对话，实在是有点……

成：这个不行，不利于中国哲学的发展，更不利于中国哲学的世界化。

讲授中国哲学

杨：您的中国哲学的学习和研究，应该说从台大就开始了，在哈佛大学读博士期间，时间那么忙，你还是抽出时间翻译、研究了戴震的《原善》，执教夏威夷之后，长期以来，您一直是同时开设中哲、西哲两方面的课程。您能否结合着您的开课情况谈谈您的中国哲学的教学和研究？

成：关于教学的情况，上一章中已经谈了不少，这里可以先结合一些课程的建设来补充一两点吧。我教书那么多年，深深地感觉到，东方哲学和西方哲学是哲学的两大部门，因为两者的背景和重点不一样，所以它们的问题也不一样，如何整合这两大部门，是人类面临的现实问题。但整合这两者，涉及到广义的方法和广义的真理这两个方面的问题。这些年来，我所发展的课程基本上与此一问题有关。我说过，西方哲学重视方法与知识，中国哲学重视认识真实或追求真理。注意，我用"真理"这个词好像偏向于西方哲学的范畴，但要知道真理就寓于我们的实际生活经验中，就在我们人的心灵活动中。如此，西方哲学更具有方法性和知识性，可以说较为基础。在没有达到中国哲学的那种高度之前，能不能就不要照顾西方哲学，不学习西方哲学？恐怕不能这样，所以我认为研究中国哲学的学者同样需要学习西方哲学；反过来，研究西方哲学的学者也应该研究中国哲学。至于教学，我到夏威夷后，学校希望我不但开中国哲学，还应该能够发展中国哲学，所以我就开了一门儒家哲学，后来又开设宋明理学、《易经》哲学、老庄哲学、佛学等。

发展《周易》的课程

杨： 您是在美国开设《易经》课程的第一人吧？

成： 是的。

杨： 我知道您一直很重视《易经》，这方面您有没有师承，或者受了什么人的影响？

成： 大学时期，有三个人在易学方面对我有影响，一个是我父亲，他坚信传统经学派的说法，认为《易》为六经之首。一个是方东美先生，他是把《易经》哲学化了。第三个就是屈万里先生，他讲两汉魏晋南北朝易学，重视易学家的解经体例，也比较重视象数问题，用以解易。而我觉得其实那些体例也都可以给它一个哲学的解释，像飞伏、纳甲等。我是哲学的路子，要把《易经》转化成一个哲学，或说把它的哲学意蕴挖掘出来，使其得到本体性的彰显，然后才能说明易传中的本体思想。这方面我想了很久，最后发现《易经》的思维方式应该是中国哲学开始的一个方式，直到 1988 年，在山东开易学大会，你不是去了吗，我就开始提出了《易经》是中国哲学的源头活水这样一个重要命题。

杨： 这个我印象很深刻，在后来的学习中也认同了您的这一观点。那成先生当时为什么会想到在大学开设《易经》这门课程呢？

成： 你知道，我在美国教书，西方哲学这一块，一直在讲授分析哲学、美国当代哲学，加之我对蒯因很有研究，受他的影响也非常之大，但我却不愿意走蒯因那个唯名主义的路线，把他的存有论的承诺 ontological commitment 作为本体诠释学 onto-generative hermeneutics 中的本体的诠释 onto-generative interpretation 的一个方式。再者，我还是偏向于动态的实在论。我把本体看做是一个整体机体性的东西，但从发生学的角度讲，本体涵括一个从本到体的发展过程，就根源的"本"而言，客观的世界和主观的自我都是合一的，然后经过一种存在的分化，实现为一种主客相应而不必对立的世界真实性。分化——整合——再分化，表现为阴阳互动的一生命化的存在。我之所以有这样的认识，得益于对《周易》的研究，所以那时候我觉得应该把《周易》当做一门哲学课来开。

杨：第一次开课的情形还有印象吗？

成：当然有，那是 1967 年的事吧，是一门研究生的课程。第一次上这个课，教室里挤满了人，有的人坐在地上，窗户外面也都是人。来的学生也五花八门，有的蓄着长发，有的带着小狗，嬉皮士式的人物。

杨：盛况空前？

成：我知道他们是冲着学卜卦来的，不过我开宗明义，告诉大家这是一门哲学课程。我说，卜卦我可以做示范，可以教大家怎么卜筮，但这不是《周易》哲学的主要内涵，更不能离开《周易》哲学的框架来理解。《周易》哲学重在知识理解的问题和本体化的问题，是人在世界上的定位问题和人在时间中的发展问题。我这样一讲，到第三个礼拜，我的学生少了一半。后来还不错，一直都维持在 17、18 人。

杨：最后的效果如何？

成：这个课程的成果是蛮大的，因为后来四五个学生写博士论文都和《周易》有关，一个美国人，三个韩国人；一个是用符号论来写，一个是透过张载易学来写，气学的眼光，还有一个是透过朱子来写。

杨：您如何看待占卜？

成：在我的研究过程中逐渐体会到，如果只是把《易经》停留在占卜的层次，或者只把它当做象数体系，它的意义就不太容易彰显出来。我们要从一个潜在的义理系统来讲，潜在的义理系统为何会导向一套占卜是有其道理的。这是我一直努力说明的道理所在，希望深化我们对《周易》的理解，而不是把《周易》工具化。这涉及到人和宇宙交往时的那种意识，它是蕴藏在人的心性中但却需要整体地发展出来的一套宇宙意识。

杨： 您讲《易经》用什么教材？

成： 就是用卫礼贤（Richard Wilhelm）那本，他翻译成德文后再由人翻译成英文的《周易》。那时候有两本翻译，一本是英国传教士 James Legge 的英译本。那是 19 世纪后期 20 世纪初期翻译出来的，中英文对照，翻译的文字比较死板僵化，读起来也很诘屈聱牙。另一本就是上述 30 年代德国汉学家卫礼贤翻译的德文本，到 60 年代则由美国学者翻译成了英文。为什么卫礼贤的那个翻译本反而流行呢？因为他把《易经》篇章重组了，当时看来条理分明，译文也比较活泼。由于我讲的是《易经》哲学，这两个翻译本也仅是作为文本与参考书看待而已。老实说，西方文字中迄今尚未出现一本真正解《易》的书，后来新的翻译本也只是翻译本，翻译者多是汉学家。

杨： 那时比较适合的教材还没有出现，现在好像也还没有出现？

成： 最好的教材就是文本本身，有好的翻译本就可以。那时候流行的书里面，都有一部分内容是教人怎么去卜卦的，但没有深入到哲学研究的层面。我把《易经》跟哲学连到一块，又特别强调《易经》对道家、兵家的影响。这个观点后来影响到了美国的战争学院，他们本来只教《孙子兵法》，据说从我的周易研究与倡导中得知孙子主要是受了《易经》的影响，于是加开了《易经》一课。

杨： 源头活水嘛。其他的中国哲学类课程的教材建设也大致如此吧？

成： 在开课方面，除了学校的一般要求外，教师的自主性也较大，比如老庄哲学，有的教授就是让学生读点《道德经》和《淮南子》，一边读一边翻译，研究生的课程和授课者的研究方向有关系，所用的资料不受什么限制，有的教授直接讲自己的东西，也是可以的。所有大学部的课程都可以深化为研究生的课程，只要把它更专业化、更深入化了就可以。美国大学的哲学系都有自己的特点，夏威夷大学的特点是重视中西方之间的比较。国内的情况我不是很了解，但是感觉到缺乏好的教材或教科书，现在好像每个大学都有自己编写的教科书，比较庞杂。

对牟宗三的回应

杨：宋明理学这一块，现代新儒家都很重视，他们一直都是在接着宋明理学讲，您的这一方面的课程有什么特点？

成：我开宋明理学课，原想整合出一套书出来，但因为时间关系，只是完成了很多笔记，还没有办法整合成为一个完整的资料。但是有个好处，通过对宋明理学的个别探讨，对牟宗三先生的哲学有了很好的回应。牟先生写的《心体与性体》在台湾很风行，他认为宋明理学有三派，对这个问题我有自己的看法，与牟先生不同。牟先生那个时候还谈过儒学三期说。

杨：您对朱子怎么看？牟先生对朱子似乎很不感冒。

成：我那时候开宋明理学，也在探索如何对北宋五子做一沟通、使其整合为一大体相关、多元发引的体系。五子各自成家，同异之间，十分复杂。所同者，均未离开自《周易》而孔子、由外观而内省的基本路数，但基于各自的体验与对整体的道体心性认识的重点与偏向，反映了不同眼光与个人气质，遂有周濂溪的太极诚体之说，基本上是藉太极图说以开显《中庸》明而诚诚而明的圣知境界。至于张载则上承《易传》下缘孟子以彰显人之大其心的天地同体的体验。二程我认为还是受到张载的影响，对太虚与太和的本体进行了感通的体验，取得天理的深刻灼见，以此圆融孔子的仁德，达到以人弘道、以天著人的互通境界。但二程如何差异以及何以差异则需要一个合理的解释。传统以为两人气质之异，形成了重仁性与重理性的差别。牟先生却从判教的眼光把伊川看成偏离正道的发展。我对此有新的看法：明道殁后，如何进行一个解说本体与仁道的论述功夫成为必要的工作，故而伊川乃有知识论的转向，一切从理气说明。朱子继承下来，更为系统地从理气的关系与观念中加以说明。牟先生对伊川与朱熹的刻画包含了一个模糊：是伊川、朱熹重视存有而不重视活动？或是他们的理的概念因不慎陷入存有而不活动之中？我的认识是程朱说理可能把理超越化了或境界化了，而丧失了理的原义，在经验基础上未能更好地说明理的重要性与其本体性的功能。这是可能的。但我们却不能否定他们哲学创建的适时性与知识性的贡献，成为更好发展的本体理学的重要方法与理论。我甚至认为朱熹的作用就像亚里士多德和康德一样，把气学和二程的理学结合在一块，形成了一个宏大严密的系统，但却不必是完备融通的体系。因此我们不必责成朱子，当然也不必责成牟先生。我的看法是我们承继他们的精华，认识他们的时代功能与贡献，基于我们的悟力，发挥我们的创造力。

杨：接着讲？

成：对的。我的体系是把周敦颐、张载、二程、朱子、陆、王再往前推一步，他们各自怎么来的，然后再考虑气学、理学与心学本体的发展，定位宋明诸子所扮演的角色。所以我后来引进朱子和阳明作为研究生专业课程。这个课也是每两三年开一次。

整合中西哲学

杨：您是在研究儒家的过程中开始整合康德和儒家的吗？

成：认识上当然有个过程，一直开设中国哲学和西方哲学，自然会走向整合中西，而我兴趣最大的则是康德和儒家。康德和儒学联系起来是理解中西方哲学的人会自然想到的。你知道牟宗三先生是把康德和儒家结合在一起的，开了风气之先。但我对他的说法有很多不尽同意的地方。第一个他没有贯通地去讲康德，对康德本身的掌握是不够的，这也涉及到对西方哲学发展认识的问题。他一边翻译康德，一边评，主要是在发展自己的哲学。当然在他那个时代这样做已是很了不起了。但后来者应该比他做得更好，我们还需要重新认识康德。我和你讲过了，在哈佛求学期间我有两个老师，一个是 Williams，一个是 Aiken，一个讲休谟，一个讲康德，互相辩难，我们班上的同学对此很有兴趣。我注意到我的美国同学偏向于休谟，而我却是偏向于康德。近数年我在夏大大学部开了康德的课，在研究生课程中则开了康德与儒家。一路研究下来，我更坚信康德在理论上和儒家是相通的，这一点后面再谈。

杨：您开设有关佛学的课程，有没有整合宗教哲学的计划？

成：有的，那时候在大学部里面我引进了禅宗和中国佛学，这个没有变成研究生课程，因为这方面有了印度哲学的课程，系里认为佛学属于印度哲学，我要引进中国佛学，他们觉得没有必要，但这一直是一个争论。这一块其实还涉及到日本，日本人研究禅学很有名，加上日本基金会的讲座设置，所以一提到禅，人们就想到日本的 Zen。我纠正了这一个现象，定名为 Chan，并把它恢复到中国的思想体系之中。但值得感慨的是，又有几个中国企业家能为传统中国哲学在海外做出讲座的设置呢？

杨： 正本清源，筚路蓝缕。

成： 也很有挑战性。事实上我还想引进天台和华严，假如我愿意开也可以。我还想开一部宋明美学，对我来说这些研究课程很重要。总之，围绕我的兴趣，我开发了很多中国哲学的课程，像道家哲学就是我开发出来的，基本上讲老庄到淮南子。

杨： 这大概也成为了夏威夷大学哲学系的特色？

成： 是的。尤其是这里特别重视西方哲学的训练，大家学习中国哲学之前已经打下了较好的基础。

学习中国哲学需要长期磨炼

杨： 在您看来，学习西方哲学对于理解中国哲学是不是特别重要？

成： 我的意思是，我们还是要打下一个西方哲学的底子，中国哲学的境界很高，但需要长期的磨炼，如果没有长期的生活磨炼和对生命的反思，只是从文本来理解，还是不完全够的，因为文本的理解毕竟没有办法取代真实的生活经验。像中国早期哲学家里面，包括孔子和后来的孟、荀，都有深刻的实际生活磨炼，而在生活的遭遇中觉察与体验生命的精神、意志与价值，做出黑白分明的选项与生死一线的抉择。我认为宋明儒学诸贤也都看到了此一生活与生命的智慧，因而要以己善于察识，精于体验，在宏大处，在精微处，在关键时刻，在日用平常。这就是功夫，这就是实践，是知也是行。用此精神，检查西方哲学大家的理性精明的应用，何尝不是追求真知真信真行，何尝不是磨炼自己，为了认识这宇宙的大广深邃，品物的多样一体，生命之树的流衍变化，甘冒风险，敢吃大苦，甚至犯众难，做出明辨、审问、博学的理智事业，创造出高明细密且有实用价值的数理、逻辑与科学理论的思维结构。再用西方的求知精神来看《大学》里面，也能发现三段论法以及明显的逻辑规则，如"道也者，不可须臾离也，可离非道也"，就涉及后件与前件的关系。如无西方逻辑的训练或深刻的理性密察，如何立刻见而知之。我曾写过这方面的文章。正是因为有这样的理性知识基础，所以才会有墨家的逻辑、名家的逻辑的提出。难道我们能真的视而不见吗？如果我们可说西方哲学强于理性与方法训练，中国哲学则强在道德磨炼，两者均关乎本体，何能自限于小呢？

杨：您有语言分析的功夫，所以能读出文本里面的逻辑。

成：那本来也是事实嘛。后期的朱子也还是有思辨精神的，二程也有，虽然二程气质不一样，如对性与理的论辩，当然这个论辩在孟、荀那里就已经开始了。所以并不是中国没有这个传统，只是后来没有得到开发，因为后来强调直觉主义，觉得好像可以一下子抓住本体之道，哪那么简单？圣人讲了那么多性与天命的话，不经过长期的思辨和生活实践，怎么可能一下子或"当下"就能达到呢？所谓"一下子"或"当下"，只是个结果，过程复杂得很。比如陆象山说"吾心即是宇宙，宇宙即是吾心"，这是一个结论，他没有给出论证，没有论证就往往只好看做是一个假设的结果。现在年轻一辈的学者，动不动就说"当下呈现"，又喜欢引用牟先生"逆觉体证"的话，就是不知道能否做出合理的陈述与论证。所以我现在觉得，再不讲究思辨的分析的过程的话，中国哲学很难真正发展得很好，那就只有注解经典或在那里人云我云，一味空谈了。

杨：这个问题确实复杂，我们常常讲灵感，但其实灵感的出现是基于丰富的知识和厚实的生活基础的，当然也不能忽视主体本身的悟性。

成：读经典，读到的往往都是结论，这个结论是怎么来的，这是关键点。我常常说本体，本体的体验是从观察反思得来的。必须有一个真实反思的过程，必须有一个反复论证的过程，必须容许提问，必须容许辩难，必须善听论说，在学术上尤其不容排除异己。否则儒学的生命，新儒学的新生命就为了一己之私断送掉了。

杨：所以您特别强调西方哲学之作为哲学训练所具有的功用。

成：如何用你的语言来表达你的思考，以让别人能够看到你思维的结构和方式，最后来认识到真理，这是西方哲学作为一个方法所具有的最大的功用，这一点很重要。

中国有没有逻辑

杨：成先生，刚才的讨论涉及到了逻辑学的问题。在大陆很多研究西方哲学的专家之所以瞧不起中国哲学，就是因为在他们看来中国哲学缺乏逻辑性。作为一个在哈佛大学受过专业训练的逻辑学家，您能不能非常简单地谈谈这个问题，别复杂，复杂了我听不懂。

成：有人认为中国没有逻辑传统，我的研究结论不是这样的，我认为中国有逻辑，而且也和语言有密切的关系，这一点与西方没什么区别，所不同者在于中国逻辑没有完全形式化，就是说可以在生活中应用，但没有办法变成一套抽象的逻辑规则，来做自觉的逻辑推理。从中国逻辑的早期发展来看，最著名的是公孙龙子、《墨辩》和荀子，其他各家虽然不像这三家这么自觉，但也都有对名的认识。我写了很长的一篇文章，约七八十页，来谈中国语言中的逻辑问题，这篇文章在欧洲发表过两次，后来被收入"语言与逻辑"百科全书，代表中国的声音。

杨：七八十页，附上几篇论文可以出一本书了。

成：我也想把它抽出来，编成一本书，但需要有合适的人选来帮我翻译，我有很多英文的成果，都面临着这样一个问题。在那篇文章中，我对公孙龙的指物论有一个解释，我指出，指物论并不是只谈语言的用法问题，指还是有所指的，不能当做一种唯名论来理解。香港大学的 Chad Hansen 教授就是这样，我们两个互相批评，几次开会都展开辩论。他从唯名论的立场，认为这只是中国人的一种用法、一种态度，没有实质意义，没有办法指向一个真实世界。他这样是在尽量把中国哲学本体论的意涵打掉。而我则是尽量彰显具有形上学意义的本体论的思想。我花了很多的时间做这方面的研究，一直在努力把中国哲学提升到现代哲学的层面。最近我们这里博士考试建立分析哲学专业，我是考官，我就让学生念《公孙龙子》、《墨辩》、《荀子》、《庄子》、道家无名论，让他们探讨诸家的名实论，甚至孔子、法家也都提到了。

杨：您的关于中国哲学或文化的研究，放在中国大陆，可以说都内含着爱国主义的情愫。

成：我经历过抗日战争，见过血腥的场面，深恨日本的侵略行为与言论。在美国这个地方研究中国的学问，当然非常希望把它推向世界，让它的价值为世界所知。但这还不是爱国主义的因素，我认为是对真理的发掘与维护。

杨：这一块我们在后面还会专门谈到，还是接着谈中国逻辑吧。

成：我很看重《墨辩》，也曾把《墨辩》的一篇翻译出来。所以我和西方人不一样，这也造成了我和一些学者的辩论，直到去年，《中国哲学季刊》还出了一期公孙龙子，进行深刻的本体论的探索，我不能接受把中国语言变成一套无本体的语言，把中国的逻辑看成是一种类比逻辑或具象思维，没有抽象意识，没有演绎结构。你不能拿亚里士多德的逻辑论来涵盖一切，其实有很多种逻辑，亚里士多德那里也没有的。这些西方人很难理解，比如墨子讲兼爱，并不表示说不能惩罚一个恶人，所以他说"杀盗非杀人"。西方人按着他们的思维习惯就认为"盗"也是人，杀"盗"就是杀人。但在中国的语言当中，人是有内涵的，不是一个抽象的名称概念，所以"杀盗非杀人"。所以语言本身彰显了一些基本的前设，不了解这一点，很难对中西哲学作出比较。我写了有关中国语言的解释问题的文章，和西方人的解释都不一样，我认为我更切近事实。

杨：这方面也可以说您是在和西方学者辩论过程中展开自己的学术研究的吧。

成：是这样的。关于系词的问题也是在辩论的过程中展开出来的，辩论到现在还没有结束，主要是一部分汉学家，他们没有对中国名实关系的思想表达出正确的看法，他们把"正名"翻译成"正确的词序"。正名当然不是如此。在比较研究当中，有一些不同意见，但是最后总是有些好的结果。

杨：如切如磋，如琢如磨？

成：哈哈……

中国哲学不关注何以可能的问题

杨： 成先生，您一直在为中国的逻辑学辩护，但有一点您不能否认，就是中国的知识论不发达，而知识论与逻辑的关系十分密切。

成： 这和中国人的生命体验有关。中国的知识论确实不发达，对于一些问题往往直陈结论，没有细致的论证，甚至在佛教因明学进来以后，也是这样。佛教唯识宗否定世界的真实性，其他宗派如天台、华严与禅倾向于肯定世界的真实性，两者都没有给出一个经得起知识证明的理由。两方面都用现象学的描述呈现真理，而非论证真理。我特别注意到《金刚经》、《大般若经》中的论证形式为"无智亦无得，以无所得故"、"色即是空，因色即空故"或"所言法相者，如来说即非法相，是名法相"，均是重述一种否定的灼见，而非现实语言应用中的意义或事实蕴含。

杨： 信仰不需要证明，但中国哲学确实不太思考"如何可能"一类的问题，换句话说，也就是不从知识论的角度去思考问题。

成： 应该说古人还是讨论了不少"知"的问题，但对知识或对知本身，对知的有效性问题未能进行深入的反思和探讨，故未能注意到概念间的意义蕴含关系，或语言所指的组合论的"属于"关系。

杨： 还是您一直讲的，中国哲学，它一直采取一种本体论的进路，所以把这些问题都撇开了，或者是认为这些本来就不是问题，而是本体知用行中的生化关系。

成： 直接跳到伦理学或本体认知上去了。

杨： 那在今天这个时代，如果撇开知识论这个环节，恐怕作为一种哲学形态来讲，作为人的存在形式来讲，是不全面的。

成： 是这样的。就个人的体验来说，从本体论直通伦理学，直通行动伦理学，或者说由本体直通行动，这是没有问题的。但你若没有一个知识的表达方式，就无法传给别人，别人也可能有相反的感觉，或者怀疑主义的感觉。

杨： 中国传统的东西之所以要口传心授，要会意，可能和它缺乏知识论的描述有关。没有知识论的框架，人的思维很自由，有很多发明；但没有知识论的框架，很多发明没有办法理论化，没有办法传，师徒之间也只能靠心心相印来传授，所以失传了很多东西。

成：这是个很重要的问题，你没有论证，你也不重视论证，老是讲相信就好，西方的逻辑是不认可的。

杨：不能把自己的感受客观化、普遍化，无法让别人了解、接受。

成：对，缺少这个就很麻烦。

杨：这也是一个很现实的问题。比如中医就是这样，不同的大夫面对同一个对象的时候，可能开出来的药方都不一样。而每个人的方子可能都有效，但西方人可能就接受不了这个事实，这个也限制了中医的发展。

成：对，因为你无法找到一种共同的形式或者标准嘛。

杨：那么，在可以预见的未来，这个共同标准和普遍有效性，恐怕很难被人类放弃？

成：永远不会放弃，只要有沟通的必要、有发展的必要，就不会放弃。现在是什么时代？全球化。当然，我也反对脱离具体性、特殊性来谈理性的普遍性，我也反对把普遍性看成完全先验、脱离情景的东西。所以我一直强调重视普遍性或者先验性，目的正是为了更好地发展经验性、更好地说明特殊性。但是在后现代那里，普遍性可以完全不要，没有什么普遍性，没有什么共同性。维特根斯坦认为普遍性只是"家族相似"，没有什么真正的普遍性。我说"家族相似"也没有关系，"家族相似"本身也是一种普遍性，"家族相似"至少也可以证明有相似的理性嘛，这样沟通起来就比较容易嘛。

西方有怀疑主义传统

杨：按照后现代的观点，人们之间恐怕很难沟通？

成：他们就不要沟通了，很极端。相对主义、怀疑主义、虚无主义、特殊主义、多元主义，都属于后现代的极端个别化或特殊化的解构主义，照他们的理论，人们如何在同一层次上沟通？

杨：这是不是跟西方的怀疑主义传统有关？

成：的确如此。我写过一篇关于怀疑主义的很重要的文章，西方确实有怀疑主义的传统，在希腊、以色列或印度，思考者总是觉得现象背后有个真相，现象是假的，真相是真的。所以早期的柏拉图或者更早的巴门尼德就在追求现象背后的真相，在真相中把握永恒和安定，所以最后一定要走向对现象的虚无主义，或者现象与真相的二元主义，或者走向超越性的二元主义。比如在希伯来人的经验里面，认为人生是上帝惩罚人的一种方式，因为人被上帝从伊甸园中放逐出来后生活非常艰苦，是上帝让人们受这样的苦，最后必须要回归上帝，信仰上帝，这是西方的宗教。希腊人追求科学知识，看到现象变化多端，没有安全感，所以要寻找真相，首先找到有规则的东西，包括数学的规则，包括物理上的规则，所以他们产生一种科学精神。印度人也有这种倾向，如大梵天，印度人在热带的森林里面，像泰戈尔所描述的，他们有一种迷茫，觉得生命变化无常，早期就有，不是到佛学才有。印度人觉得生命短暂、空虚，他们把变化看成像戏法一样的东西，他们要找寻现象背后的像大梵天那样不变的东西，这样慢慢就导向佛学的那种离凡主义、寂灭主义。

中国没有怀疑主义传统

杨：中国没有怀疑主义的传统？

成：只有中国人把变化看成是现象跟真相之间的一种关系，不化约，也不把它二分，而是真实地、勇敢地去面对现象，勇敢真实地去体验现象中所包含的变与不变的关系。这样的话就产生了《周易》，在我看来，《周易》具有一种解决现象跟真相关系的哲学含义。这是我推断出来的。这样的话，可以看出何以中国有一个生命真实主义的传统，对经验的把握很执著，也很有智慧，因为这个世界本来就有很多模糊性或动态性，不必强分为二。这里你可以看出来，希腊人分析了现象，以色列人超越了现象，印度人把现象变成虚幻，只有中国人在其自然环境里面真实地、如实地掌握了现象、真实和自然。当然，并不是没有问题，他的沉重的负担在于他要不断地去调整他自己来面对变化的万物、来不断地掌握自己的生命来发展自己。这就是为什么儒家能够在《周易》的这种本体论的氛围里面发展出一种积极的生命哲学或智慧、从道德的眼光来诠释乾坤二卦的原因。

教授中国佛、道教

杨：听了您的解释，茅塞顿开，可否再谈谈您的中国宗教方面的课程？

成：可以，起初这边教佛学的只有 Inada 与 Saksena 两人。前者侧重日本佛学，后者只讲印度哲学或印度教哲学。Saksena 书教得非常好，他知道我在研究中国逻辑，就从印度拿回了一些因明学的书给我，要我参考。我说这个很重要，因为中国佛学中有唯识一支讲因明学的。而在此之前，我进台湾大学第一年就有一位逻辑学的教授陈大齐先生，兼搞因明学。在夏威夷大学我开发了中国佛学的课程，主要讲三家，华严、天台、禅宗。再后来便集中在禅上面，禅学这门课迄今还不时开设。本来在我们这里就分印度佛学、日本佛学和中国佛学三部分，其中中国佛学最弱。我曾建议系里引进一个搞中国佛学的人，但没有成功。目前印度佛学有一位印度教授在讲授，日本佛学则有一位美国教授关注。中国佛学最弱，我虽开设禅学的课程，但也不是年年开，基本上隔两年开一次，较难带动研究生。

杨：禅学主要讲什么？

成：慧能的《坛经》，我是一章一章地为他们讲，然后再归纳成一个体系。

杨：当时要录下来，就是一个解释文本了。

成：非常好的文本，可惜没有这个条件。

杨：道家或道教方面呢？

成：起初是张钟元，后来是安乐哲，安乐哲一开始是讲道家哲学的，后来他慢慢发展，也开设儒家哲学的课程。

解放中国哲学

杨：总结您的中国哲学教学，您有什么心得感受？

成：我的教学和我的研究是分不开的，我们为什么要学习中国哲学，因为中国文化是活的文化。我在 1970 年代创办国际中国哲学会时，就反对用中国思想这个概念，我也不主张中国哲学只是中国哲学史。1985 年我在北大做客座教授，发现那里根本没有中国哲学这个概念，哲学就是马克思主义哲学原理，中国哲学就是中国哲学史。它之所以如此，当然我也理解，在大陆从 50 年代开始，已经把中国哲学打掉了，大家都活在马克思主义的信条之中，中国哲学当然只能是哲学史了。可喜的是，近些年来中国哲学还是走出来了，开始谈熊十力哲学、唐君毅哲学了。人们慢慢也了解到中国哲学还有它自己的生命。

杨：应该说越来越好了。

成：但我还有更大的期待，中国哲学由于受到近代以来各种条件的制约，一直都没有很好地彰显出来。所以我希望把中国哲学解放出来，把它内在的活力透过理性的思考重建起来。你看西方哲学，从古代希腊到现代分析哲学，它的逻辑分析越来越细微，无所不到，把可能性全部说清楚。这些都可以成为我们重建中国哲学的方法。你知道我不是写了一篇《创造和谐》吗？和谐是什么意思，我从哲学最原始的基础上整合，这个"和"作为整体宇宙的一个起点，或者是一个根源的创造力，持续不断地发挥和的力量，这就是太和，这就是生。创造新的东西，却不否定差异，更能使体用、阴阳、同异之间相得益彰，形成一个丰富的宇宙。我就是要从分析中提出一个体系出来，然后整合成为一个本体知用行的概念内涵理论，构成一个体系。

中国哲学的研究历程

杨：教学方面我们在第一章已经谈得不少了，这里又针对中国哲学的教授做了补充，下面是不是集中谈一谈您的中国哲学研究？

成：可以。

杨：第一个问题，因为您在夏威夷，所以对中国哲学研究既有独立开创的一面，又有开拓世界格局的一面，还有回应国内学术界的一面，那么您能不能结合这三点，谈谈自己的中国哲学研究？

成：中国哲学方面，在台大念书时已经打下了一些基础。到美国学西方哲学，就是 1959 年到 1963 年这段时间，我基本上是全心全意投入在西方哲学上，但偶尔也会看看中国哲学的东西，偶尔也会思考这样一个问题：当初胡适先生是怎么影响到中国哲学的研究的。尤其有一年，大概1960年吧，我做了施友忠教授的助教，开始关心五四时代中国哲学的发展的一些问题，再加上要回应方东美先生"没有头"的"半头"的中国哲学史的说法，所以当时就很关心中国哲学到底有没有一个起点，如果有，为什么是那样一个起点？还有，它到底有一个什么样的终极理想？在中国哲学中，伦理学、政治哲学比较发达，大家都看得到。然而我要问是不是也有形而上学、知识论？假如有的话，它是用什么样的方式来表达的？假如没有的话，为什么没有？中国哲学有没有希腊意义的逻辑？中国人为什么没有发展逻辑的问题？我在哈佛念西方哲学时，不时感到西方哲学有的东西基本上中国哲学好像都没有，如高度的逻辑思考、高度的数学思考、高度的分析哲学的思考，这些东西显然都是西方的，中国哲学究竟包含什么内容？这些都是存在我心中的根本问题。

杨：确实都是中国哲学研究中很重要的问题，也是很棘手的问题。看来，虽然您在念西方哲学，骨子里还是在关心中国哲学。

关注善的问题

成：我在中国文化这样一种大环境里长大，总觉得中国的文化与思考方式有它自己的价值，有它自己的基础，有它自己的重要性。我从未认为西方的东西是最好的，在美国学习生活，我发现我不可能像美国人一样，认同某些行为方式。我可以欣赏差异，但却不能认为每一差异的价值都相等。因为差异本身并非单纯的存在或习俗问题，而表现了价值观与价值定位的问题。所以那个时候我常常思考到底什么是一个根本的"善"的问题。事实上早在台大时期，念柏拉图，我对他关于善的理论就非常的激赏，当时在方东美先生的指导下，还写了一篇《柏拉图哲学的善》，讨论的就是柏拉图关于至善的问题。到美国读书后，我一方面研究西方哲学的方法论、知识论、科技哲学、语言哲学，另一方面又很重视价值的思考。我常常想，宇宙有没有一个善的目标？有没有一个善的内涵？1963年，因为我的博士论文已经顺利完成，我就想拿出时间来对善这个问题加以探讨。要探讨，总得有个起点吧，所以那时候就注意到了戴震的《原善》。

杨：您对戴震的重视原来是基于这样一个思考的背景？

成：是啊。《原善》，就是要探究善的源头，善的基础嘛。而且，"原"还与后来人们所说的"本质"有相近之处。所以，"原"涵盖了源头、基础、本质。由于是源头，所以这个"原"又有发展、展开的意义，也就是说有时间性和历史性。由于是基础，是本质，所以这个"原"可以发展为体，形成本体。它有作为形上学或者本体论涵盖存有论的基础的意义。另外，戴震还有吸引我的一点，就是他的《原善》是从人心来讲的，从人的基本情感和欲望感受来讲的，这种当下性的体验我当时也很感兴趣。

杨：历史的、当下的、本源的、本质的。这应该是您的诠释吧？

成：是我的理解。善的问题提出来了，很多问题都会慢慢发生，比如善涉及人的心性问题，这也是儒家的根本问题。到底人性是善还是不善？是善的话，那善是怎么来的？假如是善的，那它是什么意思？因为我还需要一个善的意义的参数，没有这点，说人性善或人性不善，还是不知道怎么去决定它是善还是不善。那个时候，可能是受什么影响吧，潜意识里总有一种性善论信念，所以总觉得荀子的讲法有点问题。我当时的认识是，从人的整个行为层面说，可能很多人会倒向恶或者倒向善；但从人的最基本的内在的，或者最原初的一种倾向说，还是倾向善的多一点。

杨：根深蒂固的性善论？

成：当时就是这么一种感觉。但当时我也意识到，讨论性恶，其目标也是在启发人的更深处的一种善。所以我对中国哲学的思考，并不是到夏威夷才开始的，而是长久以来的一个连续思考的方向，甚至可能要追溯到八年抗战。小时候我父亲就给我讲过韩愈的《原道》，在这样的一种气氛之下，我对中国哲学的认识和兴趣很浓很浓，而且正因为如此，也就是正因为对中国哲学有很大的兴趣，才来重视西方哲学。

翻译《原善》

杨：看来，您对中国哲学的兴趣与你的儒学背景的家庭、抗战期间颠沛的生活、个人生命的体验是有很密切的关系的。所以在哈佛攻读博士学位，那么忙碌，一有空，还是翻译了戴震的《原善》。

成：当时我特别想把"原"和"善"两个概念的意义说清楚，特别是要用英文把它说清楚，这样就可以与西方的伦理学联系起来。但要把这个文字变成现代文字，就需要给它一种论证上的充实。因为中国哲学的论述都是假设的一些前提，或者预设了某些结论，所以它的论证并不表达非常细致的逻辑结构，而是具有直觉性，但又反映了一种非常深刻的思考方式。

杨：这也就意味着翻译工作很有难度？

成：要拿捏准确实不容易，所以我翻译"原善"为"Inquiry into Goodness"，重点放在两个方面：一个是翻译原意，即把我对它的理解表达出来；一个是诠释内涵，即给这种理解一个哲学的论证或说明。

杨：理解它，它的意思何在；然后诠释它，把它的论证搞清楚？

成：对的，从中国哲学研究的角度说，还要加上一点，就是要把中国哲学意识上的前因后果和思想渊源上的前因后果搞清楚，前者是理论的，后者是历史的。在此基础上再来跟西方哲学进行比较，看它能不能够吸收西方的观念来予以说明，看它能不能够说明西方的某一观念。最后看它能不能够让我们整合成一个更完善的系统。所以这里面就变成五个，我崇尚五，因为五代表了一个事物起承转合的发展过程。这也就是我的中国哲学的治学方向和方法。

杨：您所谓的"五"，就是理解、诠释、梳理前因后果、比较、整合？

成：对极了。但此五者的排序并不一定很死板，有时先梳理前因后果，然后进行理解、诠释、比较与整合也是可以的。再者，每一环节都与其他环节有机体性的关联，故具有某种同时性或启发性，也就是本体性（onto-generativity），应该循环运用，以求最大的意义表述及其一致。我翻译《原善》原文后，写了一篇很长的导论，该书 1967 年由夏威夷大学东西方文化中心出版社出版。由于这个机缘，后来我还特别留意戴震的墨宝，我到台北的历史博物馆，把它影印出来。戴东原的字写得很好。五年前，安徽社科院哲学所请我去开会，我特别绕道屯溪探访了戴东原的故居，但故居已经没有了，只剩下几块石头，我觉得很可惜，没有能保存下来。

杨：战乱所致？

成：未必吧，戴震在《地方志》里是很有名的，他出生在 1724 年，到现在也不过两百多年嘛，但是只剩下几块石头了，反而是那些徽商的大型建筑还都保留在那里。

杨：有钱好办事。

成：哈哈……

杨：这样看来，《原善》的研究，算是您的中国哲学研究的一个起点了？

成：可以这么说。《原善》分为三部分，原善一、原善二、原善三，这三部分是有逻辑的。戴震很有逻辑头脑，他基本上就是从宇宙、天命这一块，讲到心性、伦理，讲到社会与政治，很系统，虽然字数不多，但言简意赅。

中国哲学的分析重建

杨：《原善》的研究工作主要是在哈佛大学完成的，到了夏威夷……

成：到了夏威夷，我对中国哲学的认识可以说是更加自觉了，这中间当然经过了一个发展的途径，对西方哲学的认识，加深了我对中国哲学的认识；透过中国哲学与西方哲学彼此共创互释，加强了我对中国哲学新的一种诠释，或者新的一种创意、一种建构。所以那时候我就认为，西方哲学的重要性在于提供了一个分析的系统的思考方法。到 1975 年左右，我提出了一个方法，叫中国哲学的"分析重建"（analytical reconstruction），我在《中国哲学的现代化与世界化》一书中特别阐述了这一命题。80 年代，中国哲学的现代化与世界化的话题特别时兴，1985 年我回到北京，汤一介教授主办中国文化书院，很重视这一话题，一定要我出一本有关中国文化的现代化与世界化的书。

杨：这样说来，从 1963 年哈佛毕业到 1975 年，您关于中国哲学的研究方向和研究方法的基本观念已经形成，就是"分析的重建"。

成：是的。

什么叫分析的重建

杨：能不能具体谈谈您的"分析的重建"？

成：分析的重建，首先是要把一个文本的基本概念抓清楚，然后给它一种界定的说明。实际上就是搞清楚它是表达了一个或包含了一个什么意思，它有什么样的经验基础，也就是说在人的感觉和经验中，它有没有一个存在的理由，然后再问它的"好"与"真"。具体来说，就是要把你理解的意思清楚地掌握，转化成一套可陈述的语言。尤其是要把它当做句子来看待，这在当代语言哲学中是一个很重要的原则。在当代语言哲学中，语言的单元不是单独的字，而是表意的句子。表意的句子是要表达现实的状态的，它需要用适当的字联系主体与客体。从这个角度看，句子才是意义的单元。为了表达更完整的意思或思想，单一的句子再整合或组合为一个段落或一个章节，然后再扩大成为整个的表述或论述（discourse），最后形成一个文本（text）。文本因之应该看成一个动态发展或能够不断发展的符号实体，因为它的意思是可以延伸的，它也可以有意犹未尽的潜存意思，需要补充等。但我所说的分析的重建，是把文本中的重要意义或概念结构成为一个清晰的概念体系，从此一发展的文本中体现或呈现出来。在这样一种意思理解的情况之下，我们怎样表述字句的用法，或说明它所以然的先决条件或历史背景或处境。此一先决条件或历史背景是用法与意义发生的情况，可以叫做 context，或者叫做文本的外在网络结构。后来我把它细化为两个层面：一个是语言层面，指的是决定它意义的语言关系与条件，如在哪类文本里面出现，指向何物，发挥什么功能，因涉及或旁通其他文本，也许是一种文献中意义的训诂，因为它是文本与文本之间的沟通关系。另外一个在实际层面，在生活中，涉及我们怎么去感受它，感受到什么，有无所指，或者有无代表意义。我说的所指不但是一个对象，也涉及价值标准、规范以及对行为的导向，或者提供什么样的目标。有了此两层面，我们才能表述一个文本内的意思或其总的意思到一个合乎内在与外在意义建立标准的原则，表达的结果，就是分析的重建。运用此一分析的重建，才能把中国哲学重要经典的意识命题化与明朗化。

杨：请举例说明一下。

成：拿孔子来说，与孔子有关的问题在当时曾引起过不小的争论，那么根据我说的分析的重建，孔子的话虽然很短，但背后却有很多东西，我所谓的背后的那些东西，除了历史背后的那些具体史实外，还包括他那种思想中的整体的思考或者体系。孔子说"吾道一以贯之"，他一定有一个整体的概念的体系在里面，虽然他也许没有把它全部表达出来，或者他认为没这个必要。所以我想一个人可以成就一种理解，他可以是很整体的，但是他讲出来可能就是一句话，或者几句话。对于诠释者而言，这一句话或几句话就好像是冰山一角，诠释者应该把冰山下面的东西挖掘出来。所以我不同意西方人对孔子的看法，认为孔子是一个社会伦理学家。为了消解西方人对中国哲学的一种误解，为了减少西方人对中国哲学的一种因为误解所产生的一种不正确的批评，我们应该把中国哲学文本的内在的基础推理出来，也就是分析地重建出来。

杨：也就是说，在分析的基础上，还原它内在的体系。

成：就是这样，分析是一个重要方法，它的目标是要建立中国哲学的整体性和系统性。我对中国哲学各家及其历史进行了一种语言的分析、逻辑的分析、概念的分析，然后表述出来，显露它内在的哲学思想及其体系，然后才能够供现代人学习、思考，启发人们的思维，同时也带动人们对哲学的一种兴趣，对智慧的一种追求，并对人们的做人处事或者行为有所帮助。

中国逻辑的研究

杨：这段时间，您好像经常往返于台湾与夏威夷之间？

成：1966 年之后我差不多经常回台湾，因为台大师长同仁对我有所期许，我心中也觉得对台大哲学系有一份重建的责任感，要帮助台大发展哲学系，在此发展的过程中我也想把中国哲学重新建立起来，同时也开发西方哲学，尤其是西方当代哲学。

杨：上章曾经谈到为了台大，您放弃了很多机会。

成：是啊，1969 年耶鲁大学请我去教书，到 1971 年，台大哲学系的发展非常紧张，差了两代没有人带动，起初我只是利用休假帮他们去讲课，到这时他们要我去改造与发展整个哲学系。在这个背景下，我不得已辞掉耶鲁的教职，耶鲁同仁非常失望，极力挽留我，允诺提供一个终身的职务给我。

杨：就您个人的发展讲，应该算是一个损失？

成：君子重诺。我已经答应了台大，所以就义无反顾地回去了。我的目的很明确，一是发展西方哲学，一是重建中国哲学。这个时候我谈中国哲学没有忘掉西方哲学的相关性，谈西方哲学也没有忘掉中国哲学的相关性，已经构成了我的中西交叉平行思考的习惯。

杨：出入中西，开始进行中国哲学的重建工作了。

成：所以，总结来说到1975年，大致做了以下几个方面的事情：戴震的研究，"分析的重建"的提出，《台大哲学评论》的创建，《中国哲学季刊》杂志的创建，国际中国哲学会的创建，中国逻辑学的研究，等等。就学术的研究而言，那时候我考虑最多的一个是中国逻辑的发展，一个是中国哲学思想源头的发展。

杨：关于中国哲学中的逻辑问题，前面已经涉及，还有什么补充吗？

成：还要补充几句。那个时候刚好读到李约瑟的《中国科学技术史》第二册。这一册就是讲中国哲学思想的，我很感兴趣，想看看他是如何讨论名家等中国古代的逻辑思想的，但结果很令我失望。在我翻阅研究资料的过程中我发现有一个波兰人在波兰社科院哲学所刊物上面发表了至少五篇与中国古代逻辑有关的论文，他直接就叫中国逻辑，这很出乎我意料，以前没有人称中国逻辑。这个学者我一直未能与他取得联系，很遗憾。

杨：当时的通信条件不发达。

成：这是其一，也许他过世比较早，所以没有机会。还有当时波兰是社会主义国家，似乎难以通信。该学者讨论了公孙龙的《白马论》，激发了我对相关问题的极大兴趣，我那时候想整体地来了解中国逻辑，整体地来认识什么叫中国的逻辑，所以写了一系列的文章，记得有一篇谈到了两种逻辑的概念以及它们在中国哲学中的运用等问题。所谓两种逻辑，一种逻辑叫做 logica utens，一种叫做 logica docens，即是 logic in use 及 logic in rules。我用的这两个词来源于美国哲学家皮尔士的逻辑著作，对我很有启发性。这两种逻辑，一个是文字应用的逻辑，一个是法则规范的逻辑。西方的逻辑已经形成了一种规范，我想这种 rules 中国也不是完全没有，但更重要的是中国语言及其实际应用中却具有普遍及特殊的逻辑性。所以那时候开始对中国墨家很感兴趣，写了一些关于《墨辩》及《小取》篇的研究文章，但由于后来关心到《周易》，所以这些稿子还保留着，没有发表。其中有一篇论述中国语言中的主词结构及其指涉功能，涉及逻辑形式（logical form）与转型文法（transformational gramma）的讨论，则发表在当时的《东方学会学报》上面。我计划继续写中国语言中的数词结构的文章，以及否定词的结构问题与含义的文章，目前有手写稿，却未能整理发表。

杨：我看您的著作目录，这一时期发表了不少逻辑学方面的学术论文，包括语言哲学方面的。

成：我一直想把语言与逻辑结合在一起，把语言的逻辑导向作为逻辑的逻辑。所以这一时期对中国语言中的主词、数词、否定词等进行了深入研究，写了很长很长的文章，都是手写的，手稿还保留在那里，一直没有打印出来。我翻阅了大量的典籍，找句子中的否定用法，像"无"、"勿"、"非"等，后来还对"指"、"故"、"则"、"及"、"而"等词语进行了研究。我曾经写过一篇很长的文章，讨论中国典籍中主词结构的问题，在美国最著名的《东方学会学报》上发表。中文里面可以不需要主词，"下雨了"，不需要说"天下雨了"。中国人用自己的语言的时候，包括过去的古文里面，句子不是那么完整。我分析它的深层结构，解说它的推理法则。你看孟子的论辩，也是可以把它扩展为一套推理的。我对白马非马和公孙龙的其他篇章则做过完整的现代逻辑的分析。其中的《指物论》我把它用数词逻辑符号表述出来，然后进行严格的逻辑演绎证明，严格地说明了"凡物皆指，而指非指"涉及的二阶所指问题，不能不说公孙龙是一个柏拉图主义者。这是一个分析重建达致一个重要哲学结论的最好的例子。这也说明中国人的思维不像西方学者 Chad Hansen 或日本学者 Hajime Naka-mura（中村也元）所强调的只是具象或形象思维。

杨：根据您的研究，为什么中国人说话，句子不那么完整，或者像您以前说的不需要系词?

成：中国人把它作为现实，更重视它的运用。要反思的话，仍然有它的结构。至于为什么不需要系词，因为中国语言基本上是动词结构，任何字都可以动词化。这与我们的经验有关。我们的经验是：这个宇宙是动态的，我们的世界是个变化的世界，任何东西都在动。《周易》就是这么讲的嘛。系词是联系一个静态的宇宙和一个结构的形容词，希腊人看到了宇宙是变动的，但一味要追求一个永远不变的世界，那就变成静态的了。要联想起来就要用系词 verb to be（being）。而中国哲学追求的是生生不息的世界，所以就没有必要出来一个 being 的概念，being 就是 becoming，即不断的变化。对于中国人来说，这完全没必要。近代以来由于盲目崇拜西方，不少学者下功夫在中国典籍里找系词，并不成功，因为并不完全符合中国的语法。中国人说"花红"，那比现代化的或西方化的"花是红的"内涵要丰富得多。因为花红并不等于花是红的，它不是陈述而是呈现。

杨：西方呢，是把所有的呈现变成陈述以后才能表达?

成：陈述只是静态的宇宙，用逻辑表述的方式。我们可以用它的动态逻辑，也可以把它陈述成一套动态的东西。你看孟子或庄子，他们都是在陈述一个动态的世界嘛，孔子说"我欲仁，斯仁至矣"，尤见精神。我不否认，人们可以把动态的东西静态化，但静态化的世界并不等于原来的动态的世界，是为了另外的需要。静态化很重要也很需要，但不是最原始和最标准的表达。中文没有系词，但已经包含了系词。表现静态结构或已经完成结构化的字在中文不是以"是"为"to be"的是，而是以"to be"为"to become"的"即"，如说"即体即用"、"心即理"、"性即理"等。与此相关的"而"字，则表示变化的婉曲，而非如"即"所表示的变化的直截了当，故有"无极而太极"、"太极而无极"的提法。

杨：您的这种研究对于彰显中国语言乃至中国哲学的特点很有意义!

成：就是嘛!不了解这些特点，就是中英之间的对译，也容易发生误解，我就曾与陈荣捷先生就周敦颐《太极图说》"无极而太极"中的"而"字的翻译进行了辩论。

杨：辩论的结果怎样?

成：当然是谁也说服不了谁。这里我要附带说一句，早期搞中国哲学的学者都是搞中国哲学史，对西方哲学缺乏了解，即使像牟宗三先生，对康德比较关注，对近现代西方哲学则比较隔阂。我觉得研究中国哲学，要有一个世界的眼光，要有一个中西沟通的视角。

杨：这很难，出入佛老容易，出入中西很难。

成：确实难，可是不了解西方哲学，中国哲学中的有些问题确实看不清楚。我当时就想，是不是可以从逻辑的角度来看待中国古籍里面的虚词，也就是王引之所说的虚词。我去耶鲁大学教书那两年，就开设了中国逻辑的课程，如上述，还把公孙龙的《指物论》翻成英文，变成现代符号逻辑，证明它的推理是正确的，并且还反证他这个《指物论》的"指"具有一种超越实在论证的意涵。当时在耶鲁大学有一个研究生叫理查德·斯威恩跟着我学中国逻辑，文章发表时也把他的名字摆上去了。所以从这里你可以看出来，早期从 1965 年到 1975 年这段时间我做的有关中国哲学的一些重要的课题。

杨：是不是您的著作目录中《公孙龙〈指物论〉中的逻辑与本体论》这篇文章，发表在《东西哲学杂志》上？

成：是的，那是 1970 年。1975 年以后，我的重点慢慢移到《周易》上来，但并没有放弃对逻辑问题的思考，90 年代后期我还分析了整个公孙龙，到了本世纪，我在英文《中国哲学季刊》主持的中国逻辑与公孙龙的专刊上发表了一篇公孙龙与实在论的论文。

转向《周易》和宋明理学

杨：您的《周易》研究在美国很有名，我联系赴美访学时，曾与夏函夷先生通过信，他得知我是搞《周易》的，告诉我研究《周易》得去夏威夷大学。

成：呵呵，夏先生我很熟悉。那么 70 年代中期，我想更系统地认识中国哲学的内涵，尤其是它的形上学这块。这个时候，《周易》已经开了好几轮课了，还指导了一位研究《周易》的硕士研究生，名叫 Michael Sector，他上了我的研究课，翻译了易经经文，并在德国出版，我为他写了序。他的硕士论文后来发表了，还挂上了我的名字。他对《周易》的卦象系统进行了研究，颇有深度。但我不完全同意他的做法，就是用非常复杂的数学方式说明六十四卦卦序的合理性，说明为什么《乾》、《坤》后面一定是《屯》、《蒙》……我告诉他，他的这个数学推演太复杂，有点不自然，卦序不一定都要有一个逻辑的数学的证明。

杨：不同意他的做法，但还是支持了他的研究。

成：对，这很正常。

杨：您对占卜这一块怎么看？

成：这也是我所关心的问题之一，你说占卜有没有价值？当初在台湾时，我跟屈万里先生讨论过这个问题。我反对迷信，但很重视占卜的逻辑，占卜是人在无知的情况下去做的一种推测，这种推测是透过经验的符号化来进行的，因而表现了对经验的尊重。那为什么要把经验符号化呢，因为符号对经验有超越作用，可以导向一种对普遍意义的理解。我曾经指导一个学生写了一篇很重要的论文，我说你能不能用数学证明一下《周易》符号系统中的基本定理，什么定理呢？就是从任何一个卦象里面，经过有限的步骤，推出其他卦。从直觉上讲，这是非常可能的，理论上也说得通。因为卦爻的变化，可以有不同的组合，所以任何一个卦都可以变成另外一个卦，但真要论证的话却不容易，因为这是在做一种数学的转换。我提示了他一些传统易学解经的体例，像错综啊、飞伏啊、卦变啊，等等。他证明了，这个学生很聪明，叫 Goldenberg，我把他的文章发在了《中国哲学季刊》上。

杨：做这种论证，数学的功夫比易学的功夫还要厉害才行吧？

成：呵呵，数学的功夫、逻辑的功夫都需要。

杨：这期间您的《周易》研究还有哪些重点？

成：对于《周易》的认识，这个时期还是停留在《周易》内在的结构和占卜的逻辑的探索上，但一个全新的观念正在我的脑子里盘旋，思考成熟并公布出来，则已经是 80 年代中期的事了。

杨：是什么？

成：不忙，我还接着谈 1975 年到 1985 年这段时间的研究。那段时间也是我对宋明理学最感兴趣的时候，除了开先秦儒家哲学之外，就是开宋明理学。宋明理学嘛，陈荣捷翻译的《近思录》和《传习录》是很好的教材，还有他的一本《中国哲学资料选编》，作为中国哲学文本的选译，从孔子、老子，一直到熊十力。我必须说陈荣捷先生做了很重要的工作。

杨： 资料选编性的？

成： 对，资料选编，哥伦比亚大学出版。那个对教学很有帮助。另外作为学术研究，比较重要的是《传习录》的翻译，他先翻译《近思录》，再翻译《传习录》，后来他专门研究朱子，这位先生做了很好的贡献。而那个时候哥伦比亚大学的 De Bary 教授也在研究宋明理学，他的研究成果发表得很早，他是比我们更长一辈的学者，他专门研究黄宗羲的《明夷待访录》，对宋明理学也很有兴趣。他自己是天主教徒，很想在宋明理学中找出中国人的宗教信仰，尤其是在理学方面的宗教信仰。他那个时候举办了很多会，他经常隔两年就在意大利北部的 Lago di Como（科莫湖）开会，那个湖旁边有个别墅，达·芬奇曾在那里居住过。这个别墅原来属于一位公爵，达·芬奇是公爵下面的一个艺术家。在那里开会很爽，我们可以住在里面，风景非常好。到 1982 年，陈荣捷先生发起朱子会议，在夏威夷举办，我是执行委员会的成员，大陆请了包括冯友兰在内的七八位专家。

杨： 这个我有些印象，看到过有关的报道。这个时期您的朱子研究很有特色，梁燕城在一篇讨论孔子思想的论文中，曾提到您在此次会议期间的一篇关于朱子的论文，并表示自己曾受到这篇论文的影响。

成： 是吗？这一时期我对朱子有了新的认识，因为那时候我很想解决在知识论、方法论的层面怎么理解朱子的问题，所以写了一篇这方面的文章。后来我又对朱子与阳明进行了比较研究，其实我对阳明的认识可能比朱子更早些，我在 1968 年就写了《致中和与致良知》这篇文章，后来发表在台湾的《孔孟杂志月刊》上。当时我很关注朱子跟阳明之间到底是什么关系。另外，我对学术界流行的朱子的思想有二元论的倾向的观点也进行了澄清。我认为朱子的问题不是二元论的问题，而是他本人对于理气之间的关系没有再进一步的澄清，所以造成了很多人，包括牟宗三先生等的误解。

杨：您的观点与牟宗三先生的观点不一致？

成：那时候实际上我是站在与牟宗三先生相反的立场上的。当时牟先生出版了《心体与性体》，把宋明理学分成三派。他这个分法，我没有根本的反对，但是他因此得出结论，认为朱子这一系只重存在不重活动，理气分为二橛，并据此判定朱子是"别子为宗"，这个结论我却难以接受。如我上面所述，我对程颐与朱子所代表的转向有更贴切的解说，不能只就性格或抽象的偏离来论证。1985 年在台湾开当代新儒家会议之时，我对牟先生的"坎陷"说和"别子为宗"说提出了文字上的批评。

杨：牟先生接受吗？

成：并未表示接受，我想他也不会接受的，因为这是他的系统所系的一个重点或特点，也应该是一个灼见。不过牟先生本人很和气，我们很谈得来，倒是他的有些弟子很有些"护法"的气概。

杨：现在总结一下，就是您 1975 年到 1985 年这期间，中国哲学的研究有两个重点，一个是《周易》，一个是宋明理学。

成：就大的方面，可以这么说吧。

中国哲学的源头活水与本体诠释

杨：前面您提到，从 1975 年开始，研究重点慢慢转向《周易》，到 1980 年代中期，想通了一些重要的问题，是什么？

成：这就过渡到 1985 年到 1995 年这十年了。这段时间最主要的就是发展了本体诠释学和探讨了《周易》是中国哲学的源头活水这个问题。一个是从中国哲学史来看《周易》，一个是它逐渐走向一个体系化的发展。

杨：也就是说，现在开始解决"断头"的哲学史的问题了，您找到这个"头"了，在对"头"的研究的过程中，您的本体诠释学也浮出了水面。

成：对。

杨：关于本体诠释学，我们会专章讨论，这里还是谈谈您的新发现吧。

从"羲"字悟到《易》的起源

成：这个时期我很关注《周易》的来源或根源问题，自然我就想到伏羲，但以前并不特别重视伏羲画卦的说法，认为只是一个传说，没有实质的意义。但是在 1985 年那段时间，我突然想到，伏羲的"羲"字会不会跟羊有关系？为什么没有人提出并解释这一问题？是不是在中国文化里面，有一段被人们忽视了的历史？谈到思想的起源，人们都喜欢引述雅斯贝斯的"轴心时代"的观念，但在轴心时代之前的发展是什么样子？我认为在轴心时代之前应该有一个很值得重视和认识的时期，所以就想到伏羲是不是与羊有关，于是提出了一个"羊文化"的假设。我当时在想，有没有羊文化在养马、养狗、养牛、养猪等的生活实践中自然出现？羊这一物种处于怎样一个地位？另外我注意到一些平常跟羊有关的字眼，基本上都是好字，像美、善、羲、祥、养、样、徉、群等。如果羊代表一个价值链的标准或标志，那达不到这个标准的羊则有差、佯、痒、恙等字。这些文字都是跟羊有关系，于是我推断可能有一个阶段，人们对羊有一个特殊的关照，羊的地位可能是介于马、狗跟牛、猪之间，是从渔猎文化向农耕文化过渡的一个文明发展阶段。而且如无此一羊文化的发生，渔猎文化也难以向农耕文化过渡，所以羊的出现也就是羊的豢养是人类文明进步与转型的一件大事。在上述五种动物马、狗、羊、牛、猪排列的系列中，羊居中并非偶然，而是代表了一种承先启后的生产力量，以及从此力量解放出来的人的智力的发展。我还推想伏羲一族是以养羊为生的族群，可说为羌族的祖先，建立了畜牧文化，当时机成熟环境有利之时，遂导向了农耕文化。在羊文化的发展中，乃出现了姜的姓氏，古代有名的姜氏人名有姜嫄与姜太公，说明羊文化已经发挥了重大文明创建的影响。伏羲氏者，即首先豢养羊的族群，也就是首先发展新的生产力的族群，当然也是首先开发了智力的族群，有时间自觉地面对天地宇宙变化而观察之、思考之、解说之，形成新的知识体系而运用之。

杨：您的观点很新颖，但为什么考古界、史学界这方面的探索一点都没有呢？

成：是啊，你的为什么很有意思。一个专业也会忽视一些最基本的概念或事实，形成了典范之后，就很难更改，必须有待未受制于典范的后来者或外行人基于其他考虑提出新的典范革命。我不是人类考古专家，但基于好奇我一直对考古的发现有特别的兴趣，与我对天文的兴趣一致。那段时间我一有机会就去参观博物馆，1986 年吧，我去了赤峰，参观了红山史前文化博物馆，之后几年还有机会参观了大汶口文化、河姆渡文化，西安的半坡文化以及浙江的良渚文化，每次参观我都特别关注羊骨的遗迹以判断羊文化发展的程度。由于羊骨出现在新石器后期，羊文化当在纪元前6 000 年上下发展起来，这也构成我可以认定或确定伏羲这一氏族是那个时期建立了以观察天地为基础的新知识体系，也就是易学的开始。从这个观点来说，我找到了中国文化的源头，易学的自然观察思想的起点，也就是中国文化创新的源头活水，如我在 1988 年首先在第二次易学大会上所宣称与说明的，引起了广泛的响应，也为中国哲学史找到了一个起点。

杨：有没有和相关专家讨论过您的观点？

成：曾与哈佛同学年长于我的张光直学长谈过，那时候他还在哈佛，开会的时候我去看他，我问他为什么不把羊独立出来研究，他说还没有人注意到这个问题。我说这个倒可以注意一下，大家注意到马骨头、狗骨头、牛骨头，羊的骨头也应该注意。他说这个问题提出很好，也很有意思。他提了众多史前文化的羊骨存在，我认为是对我的发现的一种肯定。但由于我是从哲学的眼光看羊文化的深沉意义，并与易学联系起来，我的羊文化之说，在我则更重视其开拓知识体系与易学思想的意义。

杨：张先生是很著名的考古学家、人类学家，他有没有给您提供什么线索？

成：我记得他提起同一时期中国玉文化的发展。对我来说，细石或玉石的发展代表了新的技术的发展，当是与羊文化的生活解放力有关。可以想象由于羊提供的丰富的衣食与安定与安全的环境，人们不但可以观天察地，而且也可以改良工具，甚至制定价值标准，因之玉石文化应是羊文化的一个自然延伸。因为有这样的史实，经过了 3 000 年的发展，经过农耕文化的积累，所以到纪元前 3 000 年轩辕氏皇帝的时代，仓颉造字就把那段古老但却光辉的历史记忆浓缩到文字里面去了：羊大为美，羊可食之为善。每个个人都有羊肉可食、羊毛可衣，那就是义了。那段时间我跟彝族的一位老学者交往比较多，他计划写一部中国文化的万年史，他听了我的观点，立刻就采用了，并与我通信讨论。我一时说不出他的名字，但他可是 80 年代后期知名的学者啊。

找到中国哲学的源头

杨： 传说中的伏羲离现在大概 7 000 年左右吧？

成： 应是 8 000 多年，那就是羊文化时代嘛。1988 年去山东开会，我就提出了羊文化，我说《周易》的发展是从羊文化开始的，《周易》是对中国哲学的思考的开始。那是我去过赤峰之后，在草原上看到天苍苍，野茫茫，风吹草低见牛羊，真是天地一体的感觉，古人的那种原始的天地生命的智慧，只能在实境中去体验。朱熹没有这种感受，但却能运用他的想象力，提出了伏羲易的说法。但他却未能与羊文化联系起来，不能舍身处境地思考伏羲这一氏族如何生动地发展了易学以及何以易学来之于我说的观的活动与感的发挥，如我所指出的那样。

杨： 朱熹讲的伏羲易可能只看到了"清如许"，没有看到"源头活水"。

成： 我觉得这个源头活水很重要。《周易》起源于占卜，占卜需要一个宇宙图像作支撑。而对占卜的解释，必然涉及什么是吉，为什么是吉；什么是凶，为什么是凶等问题。这样就产生了卦爻辞。当然卦爻辞的出现比较靠后，至少到夏以后，但这之前可以合理地假设已经有一个潜在的宇宙观在发用了。我认为它是认识及解读《周易》必须要认识的一个概念与价值基础。1988 年我在山东讲《周易》，为《周易研究》杂志写了两篇文章：《周易哲学的意义和未来》与《象术义理一体论》。后来又为《国际易学研究》写了《观的本体诠释》的长文，我认为我把中国哲学起源的问题解决了。而人们所谓的轴心时代的各家各派，尤其是儒家、道家，他们分别从《周易》里面吸取营养，来展开自己的宇宙观跟人生观，那是后

《周易》时代的发展。当然比较而言，道家侧重说明宇宙价值，儒家侧重说明人的生命价值与伦理。

杨：源头活水？

成：源头活水！你看中国文化中的一个现象：中国人在最危亡的时候，要回到《周易》；面临各种新的文化传播进来的时候，要回到《周易》，《周易》永远是一个诠释的基础，一个支撑点，一个参照点。为什么会是这样？因为它在生命的深处有一种重要的意涵，即是人在天地之中，秉持天地的创造力而进一步发展为人文价值的创造力。这个意涵说明人的存在有宇宙意义，不可把人孤立成一个僵化的文化体系，要与时俱进，日新又新，方能持续发展。《易》之为《易》，乃在于它是一个开放的有生命的体验，是一种宇宙经验。回到《周易》，并不是要回到古代，而是透过《周易》的思考回到宇宙、回到人的根源来解决人的问题。

杨：透过《周易》的思考回到宇宙、回到人的根源来解决人的问题。您的这个说法很有启发性，也说明了哲学工作的本质。常有人问，《周易》是几千年前的东西，现在学它究竟有什么用？您这个说法是一个很好的解答，是一个彻头彻尾的解答。

成：你能理解到这一点很重要。

关注儒家伦理

杨：这一时期，您对儒家伦理好像也很重视？

成：我从来都对儒家的伦理学非常重视，但过去的研究一直没有找到儒家的伦理学跟西方的伦理学进行比较的一种好的方式。比如说，西方的伦理学是什么时候开始？后来又怎么发展？有些什么样的特征？这些问题很多研究成果都没有说得完整、清楚。我的考察是，西方是透过逐渐走向更分化的个体，来实现人的内涵的。为什么这样说呢？我把西方的伦理学史分为五个阶段，第一个阶段讲的是德性，是希腊哲学；第二个阶段讲信仰，因为到了基督教的中世纪；第三个阶段呢是讲责任，就是康德讲德性的理性化；第四个阶段讲功利，功利主义，因为自19世纪以来科学发展了，科技进步了，社会也发展和进步了，要考虑到大众的利益；第五个阶段呢开始重视基本利益与福利，讲到少数族群和多数族群的利益分配问题，走向权利伦理学。所以西方的伦理学的发展就包括了德性、信仰、责任、功利和权利这五个阶段的发展，那我怎么解释中国伦理的发展，这成为我一度关心的重大问题。

杨：成先生的研究面很广，像您这样在哲学的诸多领域都很活跃的哲学家在美国恐怕也不多见。

成：大多数人搞得都很专，一辈子就搞一个很窄的领域。我可能是由于早期受到方东美先生的影响吧，比较喜欢整体地考虑问题，大家认为我是搞逻辑的，可我不是只搞逻辑，我还搞科技哲学、知识哲学，还搞价值哲学、宗教哲学、形而上学、美学。2007 年我不是在杭州中国美院讲了十讲美学嘛，所以中国哲学，从本体学、伦理学、知识论、美学、伦理学到宗教信仰、政治哲学，所有这几大块我都写过文章，都是从深处看问题，整体看发展，不是泛泛而谈，都是从根源上、体系上，从根源到体系的发展上分析问题，找寻解答，这也可以说是我的本体诠释的实践与应用。我从来不做没有想通、一知半解、崇尚权威而不知所以、哗众取宠的文章。

杨：是哲学家的研究，是对各层面问题进行的哲学的研究。

伦理学的重建

成：就是说我思考的都是根本的整体问题，所以伦理学这块，我就想中国跟西方不一样，比较不重视方法论，而是重视修养，这种修养是本体性的。我们所谓的功夫，实际上就是一种本体性的行为，回到本体，就像朱子说的涵养本体，收拾精神，敬而勿失，或者像孟子说的"求其放心"，或者像孔子说的"克己复礼"、"志于道，据于德，游于艺"，这些都是生命的一种自觉体味、一种充实和丰富。所谓功夫就是这种致知于行、开发心性、创造自我的过程。所以我定位中国的伦理学是本体伦理学（onto-generative ethics 或简称 onto-ethics）。

杨：本体伦理学与牟先生的道德形上学有什么不同？

成：做了这个中国伦理学的定位之后，我突然发现跟牟先生讲的不太一样，他讲的是道德形上学，我倒过来讲了，变成本体伦理学。道德形上学从一个道德体系的形而上的条件来说，基本上是康德的概念。从康德来说，道德的超验（transcendental）条件并无本体论的含义，道德是自由意志自我立法的决定与实践，是否体现本体是一个阙疑，若以幸福对善行的回馈而言，康德在实践理性批判中提出了上帝的假设。牟先生想把物自身的假设转化为终极的存有，论证中国儒道释均有智的直觉的能力，不必假设上帝而可在心中呈现本体。从这个变化来说，牟先生事实上已把康德道德形上学的道德含义转化为我所界定的中国本体学的本体伦理学了，亦即道德是生命本体的实践与体现。就学术言学术，我质疑牟先生对此转化是否自觉，但他用"道德形上学"一词的含义却是不十分清楚的。说明他的思想的后辈也往往意义不清。问题出在是从道德的体验来掌握本体，还是要从本体的体验来掌握道德，要理解此就首先要对本体、伦理与道德的概念与体验有一个清楚的认识，这当然也就不能不涉及道德名词的分析与整合，是 meta-ethics 中的重要工作。从儒家来说，恻隐之心的善有不容己者与不忍人之心的情感在，与康德的意志命令不相一致，在我论康德与儒家的如何统合的长文（英文）中对此有深入的发挥。实际上中国伦理学开始是从心性本体走入伦理，然后再发为理智的规范，才可以论证道德形上学的认知，但它仍然要回到心性的修持功夫上去，因而构成了一个本体的回归与更新，从整体的体验中损益与变革规范和制度，孔子所谓"虽百世可知也"，我称之为"本体诠释循环"。总的来说，重新诠释牟先生的道德形上学是我的本体伦理学的一个部分。

杨：您和牟先生都受到康德的影响，彼此的不同，是不是跟对康德的理解不同有关？

成：有这方面的原因，我认为，中国的伦理学，它既是责任论的又是目的论的，所以我是把亚里士多德和康德全部涵容进去了。我就此写过一篇很长的论文，这是我很重大的一个发展或发现。

杨：可否说得详细些？

成：中国伦理学是本体伦理学，所以它能够从原来的德性的目标走向一个责任的自觉，"仁以为己任"的责任伦理。在这个自觉的自我规范、克己复礼的过程中，它也呈现为一种信念。这里面最深刻的意义就是主体把主体自身承诺在里面了，我投入其中，融入其中，让它成为一种内在的生命的动力，具有自知以知人，自主以尊重他人主体的忠恕之道。所以你在孔子、曾子、子思、孟子那里都会看到这样一个基于自知的信仰伦理，都不排除它自身，因为它本身是本体性的，所以它可以从德性变成信仰，信仰又可以变成责任。就这一转化来说，康德的道德形上学就有了本体的基础与源头。

杨： 不太讲"利"？

成： 利可以讲，但不能与义（应做的事或责任）冲突。义利之辩说明必须在义或公益的基础上讲利，如此讲还是有很多大小利益可讲的，利受制于义，而个别的义又受制于整体的或公众的大义与正义或公义。功利主义也是先定下义的原则来讲利，所定下的原则是否真的合乎义那是另一个问题，因此功利主义不管从现实或后果看都有值得批判的地方，其结果就是权利主义伦理学的诞生。十年前我指导了一篇博士论文叫《孟子哲学中有没有功利主义》，这个学生分析的结果是，义利之辩的那个"义"其实就是利。这个学生有探索精神，现在是韩国光州大学哲学系的教授。

杨：《易传》讲"利者义之和"。

成： 就是这个意思嘛，义就是利之和嘛，大义就是大利嘛。孟子关注民生，甚至有一种福利计划，带有理想国的趋向，你说这是不是功利？因为大家对它的了解有偏差，所以历史上就不敢谈这个"利"。其实你说儒家里面有没有功利哲学？上次浙江社科院举办关于宋代哲学家陈亮的会议，我写了两篇文章，重新评价陈亮，就讲到了这个问题。我觉得，"利"的问题一直被忽视，一直不敢被正视，主要是对伦理的本体基础认识不够，一方面是理性的分析的思考未能发挥。制定国家经济或社会政策，必须要把义的本体原则掌握好，然后基于知识，做出有关利益的分析与理性说明，没有对西方伦理学发展的历史以及不同伦理学的判准有根本的理解，也就无法做出合理的经济伦理的判断。每一判断都有道德的冒险性，合理的以及合于本体的判断是必需的。今天中国要发展经济，不得不面对和运用市场这个大工具。用市场，就必须要强调个人利益、公司利益、国家利益、民族利益，如何损益，如何订正，目标何在，都必须考虑到位。

这方面，传统文化中的资源有待进一步开发。

杨：1980 年代，搞市场经济，我印象中学界好像讨论过这类问题。

成：儒家既讲责任又讲权利，讲责任，不可能不讲权利，在权利伦理方面，我也很早就写文章了，不但谈权利，还谈人权。所以 1996 年，在美国人权的讨论很多，我参加了几个涉及伦理与人权的会议，尤其涉及到儒家如何看待人权问题的会议。

杨：讲儒家的人权观？

成：就是嘛。你说儒家有没有涉及到人权的问题？我写过一篇很重要的文章，就是把德性论转变成为人权论。所以我发展了一套中国儒家伦理的"明义潜利论"，这一理论建立了中西人权理论的历史渊源与理论共识。包含在儒学的本体伦理学之中。今天儒家该如何发展，就是要就它内在的潜力来展现它内在的人的价值，来厘定人权之为人权。

杨："潜利"的展开要不要中西比较做基础？

成：当然要了。儒家伦理跟西方的五种伦理都不冲突，不但不冲突，儒家伦理还有一种包含性。但这种包含性因为没有被展现出来，反而可能表现为一种局限性。假如能展现出来，并能从整体的本体论的层面彰显的话，对西方伦理将会有非常重要的意义。现在西方伦理最大的问题是不同伦理之间的相互矛盾，中国的本体伦理学则可以对他们的矛盾起到调节的作用。因为本体伦理学是站在人的本体上来讲的，这个本体性的整体性，展现了它的包含面和应用上的灵活性。

杨：您好像也很重视开发道家的伦理资源？

成：我也强调了其他中国哲学文化传统里面的重要的伦理资源，在 15 年前就写了有关道家与环境伦理方面的文章。前几天在中国开会，我又对环境伦理学进行了探讨。我认为，道家的资源，作为一种本体的表达方式，更重视生命的保全。这一点如果能与儒家加以整合，中国的伦理学的重建和发展就可以开拓出来。

杨：新开拓出来的伦理学是不是更具有世界的面向？

成：更具有全球意识。很长一段时间以来，我一直关注全球伦理（global ethics）问题，我可能是最早谈全球伦理的学者之一。全球化需不需要共同伦理？有没有共同伦理？1993 年，汉斯·库恩教授开全球伦理大会，他的一位助手，宾州的，来找我，我没有去参加这个会议，但我的老友刘述先去了。这个会主要是把世界各大宗教的信条组合起来，来找寻一个普遍伦理。我说这是一个外在的出发点，伦理学还应该有一个内在的出发点。在这方面我可能更趋向于王阳明，王阳明凭着良知，用一种诚信的态度来跟苗人打交道，与他们沟通，这个事例很有启发意义。所以在我看来，伦理不只是综合出来的规则，还有一个内在的本体问题，凑几个信条不解决什么问题。

杨：照您的意思，是不是可以这样认为，王阳明的事例印证了先哲"东南西北有圣人出，人同此心，心同此理"这样一个体悟？或者换句话说，从本体上开发全球伦理，才能找到本，找到根，才能使之真正具有力量？

成：可以这样理解吧。我不否定外在归纳与认识，但我还要强调一个内在本体体验的良知伦理，应该这样来说。

儒家人性论与禅宗

杨：您一直很重视儒家，因而很重视伦理，这有其思想的一贯性。但我记得您曾经说您对禅宗的兴趣也是来自于您对儒家的理解，不知道为什么？

成：我研究儒家，为什么后来又对佛学产生了浓厚的兴趣？儒家谈本心，谈本性，我是因为想把这类问题搞清楚才转向佛学的。

杨：因为儒家的心性问题？

成：是的，我很早就关心人性问题，我认为"性"的概念可能很早就有了，从宇宙发生论的观点看，"一阴一阳之谓道，继之者善也，成之者性也"。这个"性"就是潜在的一种成就万物、品类万物的基本能力。这个"性"还没有涉及到道德的问题，还没有涉及到善恶的问题。在《周易》来说，"性"是一个吉凶问题，假设你与世界配合得好的话，你的行为的方式能够继续下去的话，那这个就是吉，反之则凶。吉就是能够持续地繁荣发展下去，或者说能够持续地存在。照此说来，任何存在状态，它行动的时候都有这个吉凶的问题，那种危害到人或物的存在的都是凶。从这个意义上看，对于吉凶，人并不能完全控制，但随着人们慢慢提高自己的意识，慢慢自觉到调节与适应的必要与智慧，就会化凶为吉。当然，如果对很多事物理解不深，有错觉，也会转吉为凶。所以《周易》特别强调君子要重视自己的行为。我这样说，是要把性的本质，存在的意义与"性"的善恶问题分开，先问何为"性"，再问"性"有无善恶。"性"的问题的出现与展开，我想与儒家有关，基本上可以划分为几个阶段，开始孔子提出来的"性"，就是人的"生也直"。也就是说，人只要有生命，就有这个"性"，"性"就是生命的一种自然的表达，自自然然，所以它能够继续发展下去。这样继续发展之后就形成一种善，就是那个"性"。"性"就是保存了那种存在的能力、潜力。所以在某种意义上讲，这个善的原始意思就是能够发挥一种存在和繁荣的能力，但仍是自然的。也不单是人，可能任何事物存在和发生或者创生，都有这样一种继续存在的机会，它只能就它本身的那种潜力来表达。

杨： 那"罔之生也幸而免"呢？

成： "罔之生也幸而免"，你不"直"的话，那这个泛泛地说有两方面，一是指外在的原因，比如说身体有缺陷，这样的话就很难存在下去，或者说他的存在会面临一定的困难。一是指内在的原因，比如你有意识地选择走一个非直的路，你也会遭遇一些困难。

杨： 那如何理解孔子对人性最经典的表达"性相近，习相远"？

成： "性相近"，是原始的共性嘛。受后天环境的影响，使你原来的"直"慢慢发生"文"的状态，这个"文"，也可能是一种规范或者荀子说的一种"伪"，一种习惯。这就形成一种新的存在的方式，然后持续下去，就是所谓的习俗。这就是儒家第一阶段关于"性"的认识。

杨： 第二个阶段是？

成： 第二阶段主要反映在郭店楚简中，"性自命出，命由天降，情出于性，道生于情"。道之善或善之道又是由情而来，等等。这个我觉得很重要，你看它整个《性自命出》里面，"性"是什么，"性"实际上是一种潜力，"性"有了之后，产生一种心，心又怎么去发展这个"性"。这个"性"里面包含了各种原始的可能发展的状态，那就是情，各种情，十几种，我在文章中把这叫做性情论。从性生论到性情论，是一个重要的发展，竹简显示出了这样一个发展的方向。

杨： 第一到第二，主要是从性生论到性情论？

成： 是的，第三个阶段就是《中庸》的说法，所谓"天命之谓性"。从孔子生之为性，到性情论，"性"是一个受体，心是一个动体，那么这两个当时在存有上面是一贯地自觉的，人可以选择，心对外面的感受也会造成性有某种反应，它反映出来的一个状态就是一种情，情是性实践出来的一种状态，"性"是一种集成的模式、存在的模式。然后到子思那个时代，当然这里面，从实践论来讲先后也差不多，从孔子早期到子思六十年的话，那中间的时间里面讨论了很多东西，从性情论到天命论，这个我觉得是非常自然的。最后总结起来就是天命之谓性。《中庸》跟《性自命出》不完全一样，它里面讲的是"天命之谓性，率性之谓道，修道之谓教"。但它这个"率性"跟这个"情由性生"是可以沟通的，相对而言，《中庸》说得更清楚一些。而两者开出的通道，都能指向人心可以反身而诚这一点。反身而诚就是从人的心可以反身到、深入到人的"性"，一种真实的生命的潜力。在这个反身而诚的过程中，"诚者天之道，诚之者人之道"，说明你内在的生命的主体还是天道。那么怎么去掌握这个天道，而且能够在生活上实现出来，就变成儒家一套基本的本体性的人性论，或者本体论的人性论。人性实际上就是本体，本心也是属于本体的一部分。扩充这个本心，就能和天地万物融为一体，达到一个更高的境界，尽物之性，尽人之性，尽己之性，赞天地之化育。然后到孟子。

杨： 孟子是第几阶段？

成： 第四阶段。到孟子，他干脆说人性是本善，本心就是本性。其实从某种意义上讲，心性是很密切地联系在一块的，心就是性之发动，这个发动，也叫做情，乃若其情，这个心它可以自然地发动，而且这个"性"呢，是通过人的感觉，对外面的世界产生一种感应，所以它是一种感应，甚至它能够寂然不动，浑然贯通，对任何事物，它都能够有一种深刻的感觉，所以你的心保持一种修养，你的性假如说在心的一种冥冥的指导之下，能够开放到这个世界，那你就会感通万物，这可以说是一种天人合一的状态。所以孟子讲养气，以养气的功夫，让我能够接受宇宙的浩然之气，能够和它相往来或者相沟通，以实现一种人的精神的提升。这样流露出来的人的感情，或者说在这种状态下对外界感应的回应都是善的，也即是符合我们认知到的善的标准。你看，在原始儒家这里，情这个东西是天地之道，是天地之理，它表达出来就好像阴晴圆缺、云来云往一样。

杨： 自然性的特征比较明显？

成： 比较明显。所以我认为到孟子呢，他的性善论是个本体与整体的性善论，他要求你自然地发挥和推广。善的问题在过去也没有界定，我注意了，孟子表述或指出"可欲之谓善"，这个很重要，这里需要注意一下"谓之"与"之谓"的区别，这个区别，前人包括戴震都没怎么讲清楚，我认为，"之谓"是给它一个新的定义，"谓之"是转述，即承认一个已经存在的定义。"可欲之谓善"，就有自然性嘛。孟子讲性善，那怎么解决恶的问题？孟子是从"心"上下手谈这个问题的，恶是因为你已经放心了，这个心一放，就不能控制。心是用来克己复礼的，你如果没有这个心，你怎么去克己复礼？所以，心一放，人就不知所向，无法立志，无法求善。有鉴于此，孟子很重视求其放心。孟子这里讲的心，指的是一种控制能力、选择能力、定向能力、主宰能力。这样就解决了道德上的恶的问题。

杨： 第五阶段应该就是荀子了？

成： 第五阶段是荀子，传统儒家常常忽视荀子，其实荀子是很重要的。确实，他对性把握得还不是很全面，但不能说他没有贡献。人的欲望没有先天理性的节制，很容易发展成为一种自我中心的一己之私，荀子举了三种类型的例子，其实还可以举很多，这些说明人们的欲望有时候确实会把我们导向一个极端的自私、贪欲，甚至反社会的情绪。荀子认为这就是人性。那怎么办呢？荀子说要学习，他抬出圣人，要人们学圣人之道，用礼节、礼制、礼法来控制人的行为。所以在荀子看来，教育很重要，学习很重要，社会规范很重要。当然，荀子还提供了一些方法，比如解蔽。他认为人要是能够去蔽的话，就能够知"道"。他讲了十种蔽，其实何止十种，任何一种状态都可以变成一种蔽，执著两端就是蔽，君子去蔽，要超出两端而取其中，这就是为什么要用中，要掌握中的道理。"中"是什么？就是中道，就是正确行为的方式，简称为"道"。怎么去蔽呢？就是使自己的心维持一个清明的境界。心不清明，对事物道理的认识就不清明、不完整。可见，荀子并没有否定人内在的深处有一种清明之性，也可以叫做理性。正是基于这个，他才可以设计人类、社会或者社群需要的一种制度、一种礼法，才能够规范人跟人的关系，才能够为人跟人的关系建立一种正名的关系。

杨：以上所谈就是您所谓的早期儒家人性论发展的五个阶段？

成：是的，我写过一篇文章叫《人的性情的五个面》，在我的书里面也谈到过，我认为人的性有所谓感性，有所谓情性，有所谓欲性，有所谓理性，还有所谓悟性。欲性是因身体而来，感性也是因身体而来。这在我的管理哲学的书《C 理论：中国管理哲学》中也提到。

杨：为什么会提出"悟性"？

成：我把这个悟性提出来，是因为我从整个儒家里面看出这个悟性的存在，这个悟性很重要，因为悟，才会对内在的真实存在的自我有所体认，才会对这个真实存在的自我与天道合一的状态有所体认。所以，悟是种天人合一的状态，超脱出人的感性、情性、欲性甚至理性，回到最原初的一种人与天地浑然一体的状态。与悟性比，其他这些性可以说是悟性的一个发用，也可以说是恢复悟性的机缘。所以，有悟性也并不能否定其他性的存在。

对佛教的兴趣

杨：悟性，与禅宗挂上了钩？

成：我对禅宗的兴趣就是从这里开始的。另外当然还有一点，是中国佛学在中国哲学史上的重要地位。

杨：理性和悟性是什么关系？

成：在英语里，理性和悟性的翻译比较混乱，我得解决这个问题。在英文里面刚好这两个字都是用一个词来表达，就是 enlightenment。但是要把它区别开来呢，需要说明：一个是理性主义的启蒙（rational enlighten-ment），一个是超越理性的启蒙就是悟性（trans-rational enlightenment），即理性的悟性。禅宗认识的这个生命的本体，原来的自我，把这个超越理性的悟性叫做精神的悟性。悟性与理性都是启蒙与觉醒，似乎联系不起来、不相干。但我认为这两个可以用一个新的理念把它发展出来，那就是本体的体现，本体可以回归到本源，亦可以瞩目于体，理性的启蒙或理性是由本到体的事，而悟性则是由体回到本的事，两者互通而不碍，并且可以相得益彰，只是人们得到了理性就不能有悟，或因为悟而扬弃了理。其实两者的目标不一样，但却融合在我的本体的诠释循环之中。我之所以对禅宗有兴趣，也是因为要追寻中国哲学发展的整体性，所以，就从原初的唯心论慢慢发展到了悟性论。所以我把佛学看成是一种更深化的中国哲学的发展，给中国哲学提供了一个深刻发展的机会和管道。当然，也是对中国原有的本体性范畴的一个整合，要不然我们没有办法说明天人怎么合一。天人合一绝不只是在原始点上的合一，天人合一还有一种终极意义的合一，天人合一也可以有个发展过程中的合一。我觉得天人合一包含三种意义：开始义、过程义和终极义。我对佛学为什么有这么大的兴趣，原因就在这里。从中国佛教的发展来看，从早期的三论宗，然后发展到天台宗，然后到华严宗，然后到禅宗，时间都差不多，都在第六、第七世纪，那些大师都是那个时候出现的，当时是一个心灵活动很大的时期，大家都追求融会贯通，不但在理论上融会贯通，而且在实行上要简易通行。而最终做得最好的当然是禅宗。我的理解，禅宗应该是综合了天台、华严。方东美先生重视华严，华严强调人已经达到悟性的最高实现，而牟宗三先生则强调天台，认为人的本性走向悟性是一个过程，人人都可以走向悟性，人人都可以得救。禅宗就是结合了天台与华严，即始即终，即思即行，即心即性，即体即用，非常灵活。

杨：因此，在哲学系开设了禅宗的课程？

成：是的。我建议并说服了系里开设了一门禅宗哲学，我每两年开一次，每次至少讲两本书：《大乘起信论》和六祖的《坛经》，一节一节地读，非常细地读，时间允许的话，再选一些唐宋时代禅学五宗的语录来读，尤其重视临济与曹洞两宗。

杨：您的佛学研究，学理之外有什么收获？

成：学理方面我还得补充，我的研究说明了两个现象，一是为什么印度佛学能够转化成中国佛学，二是转化后的中国佛学有一个什么样的发展过程。当然同时还要说明中国佛学里面最根本的一些基本问题和它的成就。中国佛学我一般讲天台、华严、禅宗，或者再加上一个净土。你说学理之外的收获，那因为讲佛学的缘故，我引起了印度人的兴趣。印度人总觉得佛学是偏支，不重视，不只是不重视中国佛学，连他们自己的佛学也不重视。1988 年，我和我们系里面的几个教授一起去印度的马德拉斯大学开会，在印度南部，我们先到加尔各答住一晚，第二天再飞马德拉斯，在马德拉斯住了四天，他们带我们参观了很多庙宇，还看了很多大 Maha Guru，印度教的，可以看出来他们对于佛学基本上没有兴趣。我为了满足自己的兴趣，特别参观了菩提达摩的故居。

杨：一定很有意思？

成：南印度那一块很有意思，去那个故里花了一天的时间，汽车沿路不断地停车，因为要给牛让路，牛是圣物嘛。人们头顶罐子啊在那里买卖，别有一番情调。我一看觉得印度人他们很难从事佛学，因为他们都很热爱生活。但他们又很相信三世轮回，所以很多人生了病，就躺在路上，加尔各答更是如此，小孩子脱得光光的就在那里躺着。他们说这是在慢慢地消孽。所以印度很奇妙，他们似乎有无限的忍耐力。

杨：很有民族特色。

成：很有特色。那不管怎么样，我对印度佛教是从中国哲学来了解的，所以他们没有兴趣，那次会议之后，有一个大学请我去参观访问，在加尔各答中印度那里，我没有去。我想这个也不重要，他们对中国哲学没有兴趣，对中国佛学没有兴趣，就只好如此，因为这不是我的问题。但是到前年，也就是 2006 年，情况有所改变，孟买大学，一所有一百五十多年历史的大学，他们成立了一个佛学研究中心，邀请我参加。其实它邀请我也不是很突然，因为我有一次在韩国开会，一位印度教授，新德里大学的，他是从事佛学研究的。我在那次会上对中国佛学和中国哲学的重要性进行了一个阐述，他听了大为感动。他说你要不要到印度开会，那里成立了佛学研究中心，我说你这个很有意思，我可以考虑。他说好，我们发邀请。他在新德里大学的哲学系教书，但他协助孟买大学成立了佛学研究中心。于是在 2006 年 3 月我应邀去那里开会。他们请我写 "法" （dharma）的哲学，我写了一篇名为 "On Dharma as Dao in Chinese Buddhism：Study of Transformation" （《中国佛学中作为道的法：转化的研究》） 的很长的论文。我从印度为什么有 dharma 概念，中国为什么有道的概念说起，讨论 dharma 跟道的逻辑上与本体上的关联。

杨： 是一个比较哲学的问题？

成： 是的。比较，其实就是《周易》说的旁通，许多问题很复杂，只有在整体的一种旁通系统里面才能搞清楚。我的文章，引起他们很大的讨论，也给他们造成了很大的冲击。他们说你下次一定还要再来，我们要交流。他们说他们要发展佛学，为什么，因为印度要现代化，要跟中国竞争，要把孟买变成上海，把新德里变成北京。他们说印度文化里面只有佛学有世界性，推印度教肯定不行，大家不相信。

杨： 佛教若能慢慢变成印度的显学，那您也是有功劳的。

成： 呵呵，是啊。

杨： 他们对中国佛教怎么看？

成： 他们以为中国佛教只是印度佛教的中国化。我告诉他们不是那么简单，我说中国佛教是提升了印度佛教。为什么，我说你要知道印度佛教从小乘佛学到龙树大乘佛教中观论，然后再到唯识，主要就是在说明现实世界的不真实性，但这不能解决问题。如果这样的话，这个世界的真实性，以及它积极存在的意义谁来说明？只有靠中国哲学，只有靠中国佛教，虽然中国佛教还没有做到像道家、儒家那种参与性，但与印度佛学比积极多了。我具体给他们讲了华严、天台、禅宗的思想。他们听了之后很认可这一点。我说这就是为什么中国佛学是印度佛学的一个质的提高和必然的发展。我告诉他们，不能把中国佛学只看成是佛学的一部分，中国佛学有它特殊的世界价值，非其他佛学如藏传、南传之所比。今年孟买大学又邀请我去开会，讲佛教对世界的贡献，并请求我从中西印佛学融合的角度讲，我写了一篇很长的文章。会议结束后他们又邀请我作为他们的代表之一去出席在韩国首尔召开的第 22 届世界哲学大会。

杨：韩国的那次？

成：韩国的那次。我是德国莱布尼兹学会的代表、印度佛学研究中心的代表、中国社科院哲学研究所的代表，还是一个道教单位的代表，分析哲学的代表。

杨：您是这几个研究单位的代表。

成：对。

杨：分析哲学属于哪个部门？

成：属于莫伯之，美国这边，美国找了好几个人，编了一套分析哲学的书。

杨：分析哲学在美国有个圈子？

成：对。

杨：您经常参加这个圈子？

成：不是，他们邀请我当评论员并发表文章，我以前也参加，我就变成六个单位的代表，我的代表面很大。

杨：世界哲学？

成：世界哲学。所以后来为什么韩国的主办单位汉城大学给我安排了一个电视采访，就是由于这个原因。总之呢，我的佛学的研究相对于梁漱溟、牟宗三，跟外面的世界接触是更多了，这也应该是一个进步。禅宗这块，我写了很多文章，基本上是从哲学的观点来谈佛学本身的悟性的问题，我为什么刚才花很多时间谈性论呢？因为性论很重要，在这个意义上讲，佛学在中国哲学中有它一定的地位，因为它强调悟性，而悟性跟中国原始的道，跟《周易》天人合德的精神是相通的。所以基本上我的哲学方法就是本体性的一种贯通，然后就是开阔性的一种包含，来建立一种比较整体多元的体系，事实上这已经涉及到 1995 年到 2008 年的学术研究了。

编写近代中国哲学史

杨：佛学、禅宗，您的研究领域可以说是中西印都包括了。那您有没有考虑过要写一部完整的中国哲学史？

成：有人约过稿。十几年前台湾三民书局的刘老板约过稿。我的老同学傅伟勋不是写过一本西洋哲学史吗，所以刘老板一直希望我写一部中国哲学史。他很早就劝我，他说只有你可以写，因为你懂得西方哲学。他说现在看到的中国哲学史，只是在重复一些古代人的说法，没有像你写的这些哲学文章里面那些合理的阐述啊，现代性的解说啊，生命体验啊，没有这些。而你有中西比较的基础，又有一种开阔的眼光，同时还有方东美先生常说的那种审美境界。我说你要我写哲学史实在很困难。这事一直就这么拖着，直到前年吧，他还派他的一个下属来找我，说反正你先答应着，什么时候写成没关系。

杨： 您可以设计一个详细提纲，下次讲课时按照提纲讲，并录好音，然后请学生来整理，最后您自己定稿。您关注的面那么多，拿出专门的时间写哲学史，可能确实不现实。

成： 这倒是个思路，但落实起来也很不容易。不过，这些年来我对于中国哲学史确实有不少思考。有一次我在香港开会，讲和谐辩证法，哈贝马斯的好朋友阿斯贝尔把我说成黑格尔主义。我是很重视把历史哲学融合到我的思想里面去的。2002 年，我发起了一个 20 世纪中国哲学的研究，我拟定了一个纲目，理出了个头绪。我找到 Nick Bunion，他是牛津大学的中国研究中心的主任，他掌握的资料特别丰富。因为几次开会他都找我去，我知道他对这方面有兴趣，我提出我的设计之后，他马上说我能不能与你合作？我说好，我是第一主编。我们又找了十一二位有专长的哲学学者来参与编写。比如写胡适，就找对胡适有研究的专家；写梁漱溟，就找对梁漱溟熟悉的专家。这部书收入的人物比较全，但排除了政治性的人物。我们并不以为孙中山是哲学家，也不认为毛泽东是哲学家，也不认为毛泽东之下专门讲意识形态的学者是哲学家。我们主要是就社会已经认同的、代表一种文化力量的学者为研究对象。我们选择了康有为、梁启超、胡适、熊十力、梁漱溟、冯友兰、贺麟、方东美；还涉及到洪谦一部分，不过没有把他独立成章，然后海外包括台港地区的，唐君毅、牟宗三、徐复观，这是第二代。之后出现的第三代，在大陆是两个：一个是北大张岱年先生，他有自己的内在系统；一个是李泽厚，跟张岱年合为一章。海外儒家，包括我，还有刘述先、傅伟勋、秦家懿、陈荣捷、杜维明。全书三十万字，英文出版。一出版，韩国一所大学马上就翻译成了韩文。

儒学发展的五阶段论

杨： 编这样一部书，有什么收获？

成： 我发现不管哪一位中国哲学家，他们都很重视本体论，都想找一个最根源的东西。而且那个基本的典范就是寻求一个本体，然后再讲知识，再讲道德。这说明中国哲学内涵的精神在 20 世纪没有变。正是在这个认知之下，我提出了儒学发展的五阶段论。第一阶段是原始儒家，就是先秦儒家。但先秦儒家之前还有一个更早的所谓先周时期的背景，那主要就是《周易》。

杨： 就是前儒学时代？

成： 对，前儒学时代。前儒学时代之后有五个阶段，这五个阶段都有自己的特征。你比如从一个辩证的观点来看，第一阶段是古典儒学对整体人的本质或德性进行了思考。第二阶段汉代儒学则把儒学制度化了，跟政治权力结合了起来，在这个结合中，开放性的儒学思想受到了禁闭、束缚，所以到后来必须解放出来，新道家就是因此而出现的。第三个阶段是印度佛学的引进与转化。当然佛学的引进起到了冲击的作用，成为宋明理学发展的一个重要原因，促使古典儒学向思辨化、理论化与系统化的转变，形成了一个庞大的多元多向的思想运动，目的在立足理气、发展心性以对抗佛道，这是第四个阶段宋明理学的儒学发展。但由于种种原因这个时代在我看来是一个没有完成的时代，但却造就了几个先秦以来最大的儒家哲学家如朱熹、王阳明和王夫之。儒学的第四个阶段的发展当然与政治情况有关，明末清初，虽然有几个重要人物，像王夫之、黄宗羲，他们都希望能够开拓出一套完整的儒家哲学，但由于历史的局限，很快进入到清代。清代主要走向是考证，除了戴震力争上游，发展了哲学的批判精神外，多数学者基本都是在考证上下功夫，做得好的是文献整理，但就儒学发展的历史来看，缺少观念上的突破。说得极端一点，儒学等于受到窒息。当然，就国学的发展看，清代的考据贡献还是十分重要的。我是把清代看成第四阶段，即使戴震批判程朱陆王，但基本上还是理气之说，故仍属于第四阶段的后期发展。

杨：那第五个阶段就是近现代了？

成：所以在这种情况之下，儒学需要等待一次机会再起飞，这就说到了第五个阶段的儒学。第五个阶段的儒学，一方面它内部有一种整合的需要，另一方面外面刚好又面临西方哲学的挑战，这也构成了它之不同于前四期的独有的特色。在这样的思考中，我对中国哲学的发展有了一个比较清楚的认识。我觉得中国哲学的发展整个的统序是：前古典时期，以《周易》为中心再到西周，然后再整合先秦的诸子百家。我现在讲中国哲学概论，基本上就是从《周易》讲起。然后就是汉代，然后就是新道家和中国佛学，佛学这一块我很看重，也有新理解，许多当代的学者如冯友兰等都没有看到。我看到了整个中国哲学内在的精神，那个气的流转，和体现出来的理的系统。基于这样一个头绪，我把中国哲学看成一条长河，可以分衍出许多支流，也可以吸收别人的传统。所以，佛学的潮流冲击他，他能吸收；西学的潮流冲击他，他也能吸收。这就是中国哲学的生态。

杨：这半年在您这里访学，我有一个感觉，儒学第五期发展里面，您自己应该处在什么位置？我感觉您的这个本体诠释学已经超越了宋明理学的窠臼，而人们通常所谓的现代新儒家实际上还是属于大范围的宋明理学的范围。我为什么一直特别看重您的思想，这也是原因之一，就是说您代表了中国哲学的最新进展——走出了宋明理学，形成了一种新的儒学，其最大的特点之一就是把知识论给融合进来了。在此之前，所有的儒学家都没有做到这一点。

成：你对我的理解很深刻，这个问题可以慢慢讨论。

推广中国哲学

创办《中国哲学季刊》

缘起

杨：在您的学者生涯中有一项非常重要的工作，就是向英语世界推介

中国哲学，这一节我们重点讨论这方面的问题。先从《中国哲学季刊》的
创办谈起，您看如何？

成： 可以。

杨： 是什么原因让您想到要办一个杂志？

成： 我是1963年秋季来夏威夷上课，第二年我们开第四届东西方哲学
家会议，当时是 Charles Moore 教授主持，他是搞印度哲学的，哲学系教研
中国哲学的就我一个。我参与了该会的筹办工作，请了中国有代表性的哲
学学者，有方东美、唐君毅、谢幼伟、吴经熊等。年轻一辈的有刘述先，
还有一位在美国本土的东亚系研究陆象山的女学者叫黄秀玑。会开了一个
暑假，约六个礼拜，因为我们的设计是彼此学习嘛。印度来了一些学者介
绍印度哲学，西方来的是对东西方稍微有点兴趣的伦理学学者、形上学学
者。这期间我与中国来的几位老先生来往很多，后来我提到我们自己对中
国哲学的了解很好，但西方人对我们的了解很有限，缺乏全面性，因为西
方学者有的来自哲学系，有的来自东亚系，有的来自宗教系。于是我就请
中国学者在夏威夷大学男生宿舍聚了一次会，后来还在会场聚了一次，提
出要办一个杂志，方东美先生很热心，很支持。当时我想我一定要做这件
事，以夏大为基地，创办一个杂志，联系世界上研究中国哲学的学者。会
议期间我就开始做这项工作了。会上有一个彭翔君同学，后来成为教太极
拳的名师，他说他可以帮我解决印刷问题，这更增强了我的信心。

杨： 真正办起来困难一定不小？

成： 当时首先遇到的问题是如何联系到各地的学者，我下了很大的功
夫去查相关学者的名字，当时很多学校不叫中国哲学，叫中国思想史，包
括在哈佛大学也叫思想史。我当时批评了中国思想史的概念，认为它还不
足以说明中国哲学。我是基于自己的哲学理念，认为哲学是基于哲学史的
资料而产生的一种积极的思考，和西方哲学一样是面对问题的，不是面对
史料的。当然我也不否定思想史的重要性。当时做这件事时很多学者都很
支持，如哈佛大学的史华兹就很支持我。当时在美国我可能是唯一一个用
中国哲学这个名称来开课的学者，因为一开始我就坚持用这个名字。

杨： 对"哲学"情有独钟。

成：呵呵。那个时候联系很不方便，不像现在有手机、e-mail，打电话也特别贵。那我找到他们的地址，然后编出《中国哲学通讯》(*Chinese Philosophy News*) 第一期，寄给他们，请他们参加交流。现在在我的办公室里应该还有最原始的资料，也许我们可以复印一下，照张照片，当做历史资料发布。后来又出了第二期，都是手写的。那个时候打字也不容易，因为每次打字，难免有错，错就得改，反而不如手写的简单。

杨：那个时候没有复印机。

成：没有复印机，有那种复写纸，油拉拉的，就在上面写。

杨：哦，然后一推。

成：对，然后就一推那种。

杨：哦，油印。

成：油印。

杨：我小的时候学校印卷子都是用那玩意儿。

成：这个东西搞了一年吧，然后消息更多一点了。哦，不止一年，到1969年再次开会，那个时候联系的人越来越多了。我决心出杂志的意愿也越来越强烈，所以在1969年开会之前，我就想应该创建一本英文的中国哲学杂志。

杨：一开始是中文的？

成：通讯是中文的，就是那个油印的出版物，里面就有一两条英文的消息。通讯得到了几个外国学者支持，包括 Benjamin Schwartz 与哈佛哲学系退休的 Richard Hocking 等教授。1969年开东西方哲学家会议之时，我就直接告诉大家我决心要办一个中国哲学杂志。那次会议没有1964年那么热闹，牟先生来了没有我记不清楚了，还有方东美先生，那时候谢幼伟先生不在了，早期的时候有一个梅贻宝先生来了，他以前是燕京大学校长，他很支持，他鼓励我说，你自己做，辛苦了！刚好在那个时候，我发现有一本杂志，是一个留美的印度学者创办的，叫做 *Journal of Indian Philosophy*，《印度哲学季刊》，我特别留意这本杂志，我想怎么会有《印度哲学季刊》，后来我认识了这位出色的编辑 Matilal 教授，是个印度人，在牛津拿的学位，搞印度哲学，他在欧洲就创办了这个杂志。他开始是在美国教书，后来又回到英国牛津大学。这个杂志很薄，但给了我很大的鼓励。所以我更有理由创建一本同等级的《中国哲学季刊》，我跟他联系，我说我现在要出中国哲学杂志，他说 why not？这个人有点冲劲，却在外表看不出来。

杨：算是一个样板？

成：至少可以参考嘛。所以在那次会议上我得到了大家道义上的支持，我建立了一个初步的编辑委员会，包括 Benjamin Schwartz 等西方学者，另外就是方东美先生、唐君毅先生，还有陈荣捷。陈荣捷先生态度有点保守，他认为这个不太可能，我不知道他基于什么原因，他说你还不如坐下来写几本书，编几本书，搞一个杂志很不实际，困难很大。当然我觉得他那个说法也没有错，我沉静下来写几本书也很好，但是我觉得我那时候有一种激情，一定要创办一个杂志，为中国人争点什么。

杨：有一种使命感？

成：有使命感。我说书可以照写，但还要立下一个规模出来。古人说：立言、立德、立功。那至少是一个"功"，何况这个"功"对大家都是有用的。我当时想，我要旗帜鲜明、理直气壮地讲中国哲学，推广中国哲学。因为我从心里上觉得中国有哲学，而他人说中国没有哲学，那是他不了解。从事对《易经》的研究，你说《易经》是个占卜之书，我也不否定它有占卜之用，但是呢，我觉得它背后有哲学的东西，那我就要拼命地去彰显这个东西。这是我的使命，也是我的信念。类似的信念印度人也有的，那时候人们把印度文化看成是宗教。Matilal 教授是搞印度逻辑学的，他就拼命证明印度人也有逻辑。我为了证明中国有哲学，也搞了中国逻辑的研究嘛。罗马大学的一个学者访问我，请我写中国逻辑，我最早写中国逻辑是他邀我写的一篇稿子，在意大利出版。所以我有这个信念，我认为基本上中国有一套哲学，而过去的哲学史都没有说清楚，不管是胡适，还是冯友兰。在这个理念的支持下，我终于创办了《中国哲学季刊》（*Journal of Chinese Philosophy*）。何以名此名？开始就是这样定义的，再说美国一本有名的哲学杂志就叫 *Journal of Philosophy*，《哲学季刊》，是美国分析哲学杂志里面最重要的一个杂志。我后来跟他们建立了联系，交换杂志，他们很支持。到现在为止，快四十年了，我们还在交换，不简单啊。

杨：的确。

建立包含面广泛的编辑委员会

成：那次大会之后，我建立了一个包含面比较广的编辑委员会，除了中国人外，吸收了一些不搞中国哲学的西方哲学家。像哥伦比亚大学的 Danto 教授，犹太人，非常好，是著名的分析哲学家，也是哥伦比亚大学最著名的教授之一，著有《分析的历史哲学》、《分析的艺术哲学》、《分析的行动哲学》，他支持我，所以他也是我们的编辑。参与编辑委员会的还有英国的李约瑟教授。有的学者告诉我说不懂中国哲学，我说不懂没关系，关注就好。包括我的论文导师之一的威廉姆斯，我请他写稿子，他说我不懂啊，那我就寄参考书让他去了解。

杨：中西合璧、共襄盛举。不过也有点难为老先生们。

成：他们智慧都很高嘛，没有问题。我说你不一定懂中国哲学，也不一定是懂了以后才可以去搞，只要有角度，能抓问题，能像唐君毅先生说的那样，有同情的理解就行嘛。后来我跟伽达默尔也是这么说的，他说他还是不太懂，中国的东西只听过儒家，我说你现在的态度就是儒家的。我当时的精神是联合世界上一切以平等待我之学者，建立一个包含面广泛的编辑委员会，带领他们共同发展中国哲学，向现代化与世界化迈进。

找出版社

杨：出版问题是如何解决的？

成：我请教了编《印度哲学季刊》的 Matilal 教授，他告诉了一些经验。他说因为他自己没钱，所以就到处写信，最后问到一家公司，就是后来的 Reidel 出版公司，这家公司办了很多杂志，对印度这块很支持，所以就接受出版了。因为是公司出钱，所以所有的利益都归公司，Matilal 教授只是帮他们编辑。我也想以这种方式出《中国哲学季刊》，所以写信给在荷兰 Dordrecht 的 Reidel 出版公司，后来 Reidel 本人给我回信，说他们愿意出版，但权利归他们，主权分享，并且必要时由我出部分的出版资金，实际上就是让我也出钱。

杨：出钱，但不享受权益。

成：是这样，出钱，不享受权益，义务编辑。跟《印度哲学季刊》比，我的负担要重。不过我有终极权，就是在他绝对不出版的时候，他会把权利交还我。当时我想，只要他同意出版就行，大不了拿出一部分薪水嘛。全家人省吃俭用，一期贴几千块钱，一年不就是四期嘛。

杨：与他们签了约？

成：欣然签字！

杨：一期搭进去多少钱？

成：薪水的四分之一强。不过我很满意，他们在杂志上面写了"创始人成中英"，《印度哲学季刊》上没写。

杨：出版的问题就这样解决了？

成：解决了。

杨：自掏腰包，弘扬中国哲学，这是什么精神？

成：就是要为中国人争点什么，让西方人了解我们嘛！

邀稿

杨：编委会有了，出版社有了，成功了一大半了。

成：还有稿件呢，那更重要啊。

杨：所以得到处组稿？

成：是啊，我首先约了史华兹，他说不知道写什么好，我利用在哈佛开会的机会，跟他谈了很久，我说中国哲学是一个非化约主义的哲学，这一点没有人能够说得很清楚，我觉得你可能比较了解。当时我有一种认识，认为西方哲学最大的问题，就是一定把现象化约成为某些现象规则或者某些元素，而中国哲学呢可以说是整体地包含一切，对现象进行一种全面的认识，然后求其本体的融合、本体的联系，最后在现象中发现自身彰显出来的秩序规则。史华兹他的大学本科是学哲学的，所以我说你就写这个。他照我的话写了，非常好。我和史华兹先生关系很好，特别谈得来，因为他哲学出身嘛，对中国哲学，很有分析的头脑，对开始有异议的观念也都能说通。他还是一位历史学家。直到他去世，我们关系一直都很好。

杨： 成先生您自己也提供了文章？

成： 当然。当时，我刚好在讲禅宗哲学，我认为过去都没有把禅宗里的公案的逻辑性说清楚，而且我特别不喜欢一种观点，就是认为禅宗是非理性的，非逻辑的（illogical）。我深信我能证明禅学的逻辑性。你知道蒯因哲学对我影响很大，尤其是他的有关本体论的承诺的观点。我认为禅宗是对任何存在都采取了一种非承诺的态度，我用那个对存有的非承诺性（existential non-commitment）作为第一原则，它相当于我们现在用的"无执"这个概念，我用"非承诺"描述它。其实在大乘佛教的发展历程中，有一个问题始终解决不了，就是如何面对"有"，禅宗的"非承诺"很有特点，因为"非承诺"，所以山是山，水是水；山不是山，水不是水；山还是山，水还是水。在语言上面可以应用一种自由组合的诠释逻辑。这样在认识论上就变成了一个不执著原则：既能认识这个世界的变动性，又能完全无执地去理解一个空灵的世界。然后我引进一个随缘创造原则（contextual reconstitution）为第二原则来说明公案悖论的转化。所以我写了一篇《本体论非承诺和禅宗悖论》，列为《中国哲学季刊》的创刊号的最后一篇。这篇论文当时引发众多兴趣，很多学校，包括 Berkeley 加州大学，都请我去演讲。演讲的题目多为"禅学悖论的发生及其解除"。我从非存有、任创建的角度把它逻辑化了，说明存在的如何非存在化，不存在的如何存在化。我又把禅宗的这种公案分成四类，进一步分析更具体的个别公案。波士顿大学一位搞科技哲学的教授，他对这个杂志也很感兴趣，他一定要写一篇有关物理学的哲学含义的文章，我们也给他刊登了。所以第一期编得很充实，大概八篇文章。

编杂志的辛苦

杨： 正式发刊是哪一年？好像是 1973 年吧？

成： 1973 年。因为在欧洲印嘛，赶不上一月一号，就变成三月一号出版，是三月一号、六月一号、九月一号、十二月一号，一年四期，季刊。真正办起来才发现做这个杂志很辛苦，好多来稿，我要看，又要请人看，要修改，要把它规范化，然后才接受，编排，花很多时间。

杨：那时候都是手写稿，改起来不像现在这么方便。

成：手写稿。但是当时系里很支持，给我安排了一个助教。

杨：创刊号已经是英文的了吗？

成：对，全部是英文。我哪天把它找出来给你看看，你把那个封面复印一下，照张相，可以见证。所以我一个人又要组稿，又要校稿，还要跟出版社联系。当时我的经济也很困难。学校虽不提供除邮资及偶尔的助理之外的任何资助，但却给予了精神鼓励，把《中国哲学季刊》的牌子挂在文学院的楼下，一直到现在。事实上是：《中国哲学季刊》支持了哲学系的中国哲学发展，也支持了国际中国哲学会的发展。这一点是很重要的。

杨：一直到现在还是由学校负责邮资吗？

成：是，但助教没有了，就是这样。

杨：编一本杂志，哪方面的问题最让您费心？

成：稿件的来源与质量问题最让我费心，因为当初等人家投稿是不可能的，必须要组稿。但组稿也麻烦，很多人想写，但不知道写什么，也不知道什么东西可写，还有维护质量的问题。我必须扮演一个导引的角色，提供方向与主题以及说明如何发展。

杨：主题不明确？

成：不明确，有些人干脆写一个历史上的东西，有的写哪一个画家的什么东西，讲国画，没有意思嘛。我说我要一个完整的中国哲学的概念，要有一个完整的中国哲学史的概念，我要跟西方哲学做一个排比，来阐释中国哲学动态的发展观，来找寻中国哲学动的活力所在以及它的问题所在。所以那个时候，我很想写一部中国哲学史，我搜集了很多材料，你知道我现在中国哲学史的书还是挺多的，包括杨荣国的都有。

杨：能搜集到的都搜集了？

成：对。这个时期我有一个很深的体会，当然方东美先生也说过，已有的中国哲学史著作都是无头的，一下子讲到周代，或者直接就讲道家。我一直不满意这点，我要为中国哲学找到源头，后来我找到了《周易》。你看那些中哲史的书，都没有重视《周易》，把它摆得很靠后，怕讲它，认为它只是个卜筮的东西，卜筮是个很差的东西。我不信那个邪，卜筮有卜筮的道理，不是随便就产生的，而且卜筮自身也还有一套逻辑，这套逻辑也反映了一种哲学思想。这只是一个例子。总之我觉得那些中国哲学史的书的毛病多得很。但我为了提出有意义的问题，必须要注意哲学史的流变，据此来跟别人提出意见，有的时候还出一个中西比较的题目。所以早期编杂志有其辛苦，后来开展专刊的预约设计，提升也耕耘了许多佳品。

杨：每一期您都出一个题目，然后组稿。

成：对，组稿。当时主要有两方面，一个是中国哲学内部的问题，一个是中国哲学与西方哲学比较的问题。后者涉及到一个比较哲学的问题，也涉及到一个近代方法论的问题，以及我说的本体学与诠释学的问题。然后又要突显中国哲学的重点和经典的重要性。已经出了 35 卷，每卷是四期，每一期 165 页，大开本。按照版面来讲的话，每期就是七篇到十篇文章，有书评或者其他的信息。

杨：都出过什么专题？

成：涵盖面很广。有关《周易》的，有关儒家的，有关宋明理学的，有关中国佛学的，当然包括禅宗，有关近代中国哲学的。在主题分类中，有关中国美学的，有关中国逻辑的，有关中国形而上学的，有关世界哲学与中国哲学的。还有一些课题，比如正义的问题、本体的问题，等等。反正是越来越细，包含面越来越广。现在整个来说的话，35 卷，发表了一千多篇论文。35 年没有间断，所以就比较辛苦。最近十年有顾林玉博士帮助策划与发展，减轻了我个人的不少负担。

Blackwell 接手经营

杨：35 年间，您自己出钱出了几年？

成：好，现在说这个问题。我们这个杂志的发展可分为几个阶段：从第一卷到第七卷是在荷兰出的，到第七卷的时候，他们写信给我，说他们的出版社要卖掉，哦，中间好像卖过一次，权利也随之转让给了 Kluwer，Kluwer 后来又要卖掉，就是我做第七卷的时候。做了七年，还不赚钱，每年都掏腰包补贴，那个时候的钱可是很值钱啊。到第七年，他们说给我一个机会，要么继续由他们出版，但要增加补贴，要么我自己想办法出版。

杨：实际上就是不打算给您出了吧？

成：出也可以啊，多交钱嘛。我听到这个，我特别难过，怎么办？经过反复思考，我决定自己出版，我就自己登记了一个公司，叫对话出版社（Dialogue Publishing Company）。我回台湾找了一个出版商与他谈判出版契约。那个时期，我注意到台湾的出版事业逐渐发展，发现它的英文出版也有了起色，但质量还是很差。我想与他们合作，由我来帮助他们改善英文出版的品质，这也是一种训练嘛，况且费用可能还会减少一点。不过如此一来，我要负担一切，像财务与发行等。后来就这样决定在台湾印刷，以夏威夷注册建立的对话出版社名义出版。本来也可以在夏威夷印刷，但这里太贵，台湾的费用只有它的一半或三分之一。所以从第八卷开始就用这种方式自行印刷出版了，包括整个的版面设计、编排、包装、印刷纸张的选择，都由我来解决。我自己还负担所有邮寄费用，我的家庭成员也跟着我忙碌，帮我寄杂志，运到邮局寄出。季刊的订费收入远远赶不上支出的费用，但随着时间的推移也在逐渐地增加，减轻了负担。

杨：全家都来做这个事情。

成：就这样一直维持了十几年，到了二十卷的时候，基本上就收支平衡了，慢慢贴的钱就越来越少，到第二十七卷的时候，突然世界上最大的出版商 Blackwell 来找我，拿来一本很漂亮的计划书，提出出版合作的要求。这之前，也有一些其他的美国公司来找过我，我一直在犹豫，因为他们要求的权益太大，我想再回到第七卷以前的那个方式，太吃力了。经过一年协商，我觉得 Blackwell 有眼光也有魄力，我就签订由他们出版了。现在看来，这一决定是正确的，Blackwell 接手后，这个杂志正式定名为《中国哲学季刊》，发行管道大为提升。质量也得以改进，订户更不断地增加，成为世界上用英语发行的最大的、最知名的和最受尊重的、唯一独有的中国哲学专业纯学术刊物。目前我创办的这个刊物已经完全收支平衡，再发展甚至可能会有盈余。

杨：这个公司在美国？

成：总部在英国，牛津大学旁边，它是一个拥有 150 年历史的出版西方哲学书籍的出版公司，极为出版界尊崇，在美国波士顿有分公司。他们认真地整理了所有的账目、所有的订单、所有有关的资料，半年后他们又提出更新的发展计划，包含电子版推行计划。十年以来，他们已经把35卷140期的英文《中国哲学季刊》的所有论文都数字化了，新的设计带来新的版面与新的字体。

专刊与补刊

杨：三十多年，有没有庆祝过？

成：出版三十年的2003年，有过一次盛大的庆祝，出了一期庆祝专刊双期刊。过去出过两次双期刊，一次是有关冯友兰哲学双期专刊，是哈佛大学拿到东亚研究博士学位的 Diane Obenchain 到北大哲学系做研究时提出的计划。她要整合冯友兰专辑，我同意了，她花了一年的时间才完成整合工作，约350页。其次就是一册有关近三十年中国哲学出版书目的专刊，这个专刊也很厚，对查找中国哲学研究出版物大有帮助，对学中国哲学的学者尤其有用。这么多年一路走来，印刷、技术、财务的问题基本上都解决了。我作为总编辑主管执编委员会，采用专家盲审制度，一切制度都以发扬中国哲学、提升论文质量为目标。再说，我们不必分心出版，只管编排和稿件的审核，享有绝对主权。现在此一刊物在全球发行，Blackwell 也更为扩大，更名为 Wiley-Blackwell，订户每年都不断在增加。公司也很负责，每年都在学会年会中展出。

杨：摆脱了不少杂务？

成：是的。但到前年，2006年，Blackwell 建议我出第五期，出一个补刊，也就是大陆所谓的以书代刊，这等于是每一年出四期外另出一本书，今年是第三次。虽然是增加了我们的工作量，但还是极有意义的。去年我看到有一个单位做评比，我们的这一本杂志被评为最优出版刊物，排名上超过了系里的《东西哲学杂志》。所以是很有分量的一本专业杂志。取得这样的成绩，最主要的是我们从来就坚持严格把关，评审文章从来严谨，盲审机制发挥了极大的效果。

影响

杨：业界的排名，还有这个发行量，都是客观指标，表明《中国哲学季刊》的关注度很高。那您可否再从学术的角度举一两个例子，谈谈这本杂志的巨大影响？

成：《中国哲学季刊》到今天发行了 35 年，出了 35 卷，这中间，从 2006 年、2007 年到今年，除了正常的四期杂志之外，又增加了补刊。第一个补刊——2006 年的补刊是有关诠释哲学的发展的，有我的论文，还有近十几年、二十年其他学者有关诠释学的论文，由费乐仁教授主编。2007 年的补刊是关于中国哲学意识的扩展与深化的，是从 2005 年在澳洲新南威尔士大学召开的第十四届国际中国哲学大会的会议论文中选出来的，主要讨论了中国哲学意识的发展和影响。今年 2008 年的补刊是由牛津大学的 Bunin 和刘大椿、顾林玉三个人主编，主题是法国哲学与中国哲学的关系。你从这些补刊，再加上过去多年来《中国哲学季刊》的论文，可以说对中国传统哲学的很多方面都进行了专业研讨，我前面不是提到过吗，我们非常重视《周易》哲学的发展，开辟了《周易》哲学的一个新天地，然后像古典儒家哲学、宋明理学、中国佛学、道家哲学、近代中国哲学、中国美学、中国逻辑学、中国科技哲学各方面都进行了探讨，甚至在重点的题目上像中西哲学对正义的概念、和谐概念的探讨等，确实都非常出色，很受重视。另外呢，中西哲学比较的专题办得也很出色，主要的像怀特海、海德格尔和康德，当然还有其他很多，包括柏拉图、亚里士多德，近代的莱布尼兹，还有近代西方的分析哲学、诠释学等，可以说探讨的面相当广泛，所以在学界的影响一直在提升，包括中国哲学在美国哲学界的地位也因为这本杂志而不断在提升。而且相对于美国的学科建设来说，这本杂志也等于开辟了中国哲学这样一个专业或者这样一个学科，因为这个学科建设很重要。你要知道在《中国哲学季刊》创始之初，在美国基本上就没有中国哲学这个概念，是我把中国思想转化为中国哲学，并把它当做一个活动来发展的。同时这本杂志也把东西比较哲学提升到了一个很高的层次，过去三十年，比较哲学的研究、发展，基本上就是围绕《中国哲学季刊》上发表的论文来进行的。

杨：为美国引进了中国哲学这门学科，让西方人知道了中国不仅有思想，还有哲学；同时还为中西哲学比较开拓出了无比美好的前景。

成：是这样的。在美国，学科建设很重要，现在大的哲学系都认同中国哲学是个重要学科，只是因为没有适当的人来发展，所以有的大学这方面的研究显得相当薄弱，但这是另外一个问题。中国哲学作为一个专业研究项目是受到重视了，作为大学的一般教育也受到重视了。

杨：那您的杂志基本上也就成为了美国乃至西方中国哲学研究者们的阵地？

成：一块很好的阵地。现在所有重要的在美国教中国哲学的学者，不管是历史系的，或者是哲学系的，或者是什么专业研究机构的，都在这个杂志上发表过文章，这个非常重要。你像很多历史学家都在这个杂志上发表过文章。这个杂志也等于是指引了中国哲学发展的方向，也扩大了它的研究范围。所以有不少老师都用《中国哲学季刊》上发表的文章来升等。

杨：升等？大陆叫评职称？

成：评定职称嘛，要《中国哲学季刊》来出证明。

杨：是个很重要的指标？

成：是的，现在已经有十三个人文科学的权威机构对这本杂志做摘要，国内叫核心期刊。

杨：也就是说，在欧美哲学界、思想史界，这本杂志上发表的文章，是水平的象征。

成：就是说受到承认，受到重视吧。所以评定职称啊，或者甚至申请终身职啊，奖金啊，基金讲座啊，都要杂志来出证明。

杨：这就是影响力。

成：是啊，像伽达默尔、德里达、哈贝马斯也都和这个杂志发生过关系。

杨：您跟德里达有交往吗？

成：他给我写过信。我们之前在杂志上讨论他的文章，他就表示他有点意见，他写了信，但字迹很潦草，那封信可能还保留着。

杨：那封信最好翻译出来。

成：哈贝马斯在我们的杂志上发表过两篇文章。所以很多学术会议的举办者与我联系，希望会议结束后选几篇重要的文章在这里发表。举一个最近的例子，就是今年六月在德国举行的世界历史哲学会议，是有关帝国兴起和世界发展方面的，主办单位是 Tuebingen 大学和 Dresdon 大学。这两所大学知名的哲学家、汉学家比塔克、马启拉恩出席了会议，我也是主讲之一。他们找我说想选三篇文章在我的杂志上发表，我接受了，其中一篇是德国最有名的汉学家、哲学家若斯写的，他在波恩大学教中国哲学。你可以看出，他们很看重这本中国哲学的杂志。再举个例子，我不是说过我们出版过一期康德专刊吗，那一期，有六个哲学家参加，都是研究康德的专家，美、德各有三人，等于把中国哲学跟西方主要是德国哲学的关系进行了很深的探讨，我自己也写了一篇很重要的文章，讨论康德与中国哲学的理论联系。很多德国哲学家论证康德哲学与中国哲学的历史联系，以及五四以后，德国哲学在中国的接受程度。有这么多著名学者参加，你可想见它被接受的程度。

杨：的确。

成：所以我总觉得，它的影响是奠基，是提供一个范围，是做一个界定，是指向一个方向，使中国哲学变成西方哲学研究的热点或者重点。总之它提供了一个场所，进行中西哲学的对话，深化中国哲学的现代化，使中国哲学概念逐渐进入西方哲学主流，在对话的基础上构成一种世界哲学的框架，以中西哲学为基础的世界哲学框架。那么再进一步呢，就是它的理念逐渐影响到西方哲学的发展。哪怕是不懂中国哲学的西方哲学家，也可以进入到探讨的层次。所以完全打通中西哲学，这个很符合我的两个原则：即平等地相互接受，彼此地丰富充实（equal access, mutual enrichment）。我尽量使用自己的语言，因为我不是一个被动的编辑，我是在用这个杂志来实现我自己对中国哲学的理想及其发展，建立中国人与中国文化的尊严与庄严、智慧与观照。

杨：《中国哲学季刊》在推介发展中国哲学方面有什么计划？

成：三个层面，一个是关于中国哲学的介绍，中国历史发展的理论探索，甚至中国经典文本的翻译。最早翻译《十大经》的是我们的杂志，还有禅宗的一些经典，最早都是在这里发表的。第二个，对于中国哲学，杂志进行了高度的本体性的方法性的诠释，这个可以说是促进了对中国哲学的理论性，尤其是有关它的真理与价值的研究，我们是把中国哲学当成一个追求真理、创造价值的学术活动研究的。第三个，就是以中国哲学为基础，进行中国哲学与西方哲学的比较研究，来促进世界哲学的共同发展。这三个方面，都体现在了过去35年的努力奋斗中，所以它的影响也是在这三个方面。

杨： 那么，在对中国哲学的开发过程中有没有偏重，比如更重视儒家？或者比较忽视某一家？

成： 原则上不偏于任何一个方向，只要是在整个中国哲学大长河当中的，我们都重视。没有偏重，但也不是没有重点，所以对《周易》哲学、道家哲学、儒家哲学讨论的相对多些。但这也体现了中国哲学发展的本来面貌。

杨： 平等发展中有主线，有核心，或者说它贯穿了一个主线？

成： 或者说它贯穿了一个理念。那在这上面也就是说体现了我的一个潜在的理念：中国人的哲学知见与西方人的哲学知见的沟通与发扬。

杨： 哲学家办杂志，跟单纯的一帮编辑办杂志有不同的地方？

成： 你这点问得很对，我是哲学家办杂志，这点要强调，有一定的导引与指导作用。比如在早期美国，海瑞斯办第一个美国哲学杂志，叫 *Journal Dialectic Philosophy*，《思辨哲学杂志》，它是专门提倡黑格尔哲学的。但我呢，我是一个中国哲学家，我要以中国哲学为主来开发，所以我是在发展中国哲学，在深化自己对中国哲学的本体论或者本体诠释的一个体系，我重视的是中国哲学的发展与中西哲学的相互了解，关注的是中国哲学如何挺立于世界，如何对整个人类的精神生命或智慧进行一个充实与张扬。

杨： 有立场，但又不为立场所限制。

成： 对，这方面的影响我想大家都看到了，尤其你看这三十年，这里面除了我之外，知名的当代中西哲学学者 Neville、Inada、Bunnin、沈清松、刘述先、Grange、Bantle 及德国哲学家像 Powel 等共有十六个人见证了中国哲学三十年的发展以及它的成就。中国人民大学冯俊副校长决定成立这个中西哲学比较研究中心，同时要把这个杂志的翻译作为重点发展，这也不是偶然的，我觉得非常重要。

杨： 冯先生本人是法国哲学专家，对西方的哲学界比较了解，当然也会了解到这本杂志的影响。

成： 对。你看这一期莱文拉斯，他是法国哲学家，他有文章，可见这件事对他很重要。所以这个对于中国哲学走向世界已经做出了很大的贡献。

杨： 而且我感觉随着中国经济的发展，在世界上的影响力的增强，这个杂志的影响可能会越来越大。

成： 会越来越大，因为我们现在是五期嘛，那么下一步就是中文的翻译，第一卷已经好了，那天李艳辉写信给我说已经编好了，要出版了。接下来就是再出一系列的中国哲学的专刊，我相信，它的前景会越来越好。

两位功臣

杨： 在杂志的编辑过程中，得到过什么人的帮助吗？

成： 有两个功臣值得一提。一位是柯雄文教授，杂志一开始，我就邀请他做我的副编辑，他生于菲律宾，是第一个在 Berkeley 加州大学哲学系拿到博士学位的华人，他是搞伦理学的。当时他写信给我，他说他中文不好，想了解中国的伦理学。我就提供了一些想法、一些意见，他后来对《论语》、孔子、荀子进行了探讨。1973 年他成为我的副编辑，八年以后，我就请他做 co-editor。他早期是在纽约大学的一个校区教书，后来到华盛顿美国天主教大学做教授，他英语很好，专业是伦理学，学问非常扎实，做学问也非常认真，发表了很多文章。早期的很多稿子都是请他审查，他审查得很仔细，所以说做出了很大贡献。最后呢在我的影响之下，他编了《中国哲学百科全书》，他请我做编辑委员会的主任编辑。他在去年过世了，我给他出了一期纪念专刊。

杨： 一位很值得纪念的学者？

成： 是的。还有一个人对我们有贡献，是我的一个学生，叫杰西福兰明，前面不是说过吗，从第八卷开始就以对话出版社的名义在台湾印刷出版，这过程中他尽了最大的努力，他是我在夏威夷大学的学生，他后来到华盛顿 Tauson 大学做助理教授，他想到中国大陆去教书，后来发现台湾更适合他，所以就到台湾的淡江大学英文系教书。所以当时的英文稿子，都由他来校对整理，很不幸，他去年过世了，他跟梁燕城差不多同时，这个人也很值得纪念，也算是这个杂志的早期功臣。

建立国际中国哲学会

杨：《中国哲学季刊》是您推广中国哲学的一个实体，另外一个就是国际中国哲学会了吧？我们是不是谈谈您在这方面的工作？

成： 好。

杨： 也是这样，缘起，整个创办过程，我不知道您手头上有没有历次研讨会的题目，到时候我们列上，因为每一次的题目都反映当时关注的焦点。

成： 有个中国哲学会的网，你可以上去查查。

杨： 那您回头留下网址，我回去看看。

成： 好。这是中国哲学会的网址：www. iscp-online. org。

杨： 每一届的情况都有吧？

成： 不是太全，因为本届学会的秘书长李晨阳太忙了，有些资料可能还没有来得及全放上去。

杨： 李晨阳负责？

成： 他是美国方面的副执行长，中国方面的副执行长是陈来。学会的执行长是沈清松。

杨： 我们在后面再讲这个，现在还是从办会缘起、创办过程，然后历次研讨会的题目讲起，最后可以举一两个比较典型的例子，谈谈哲学会的影响。

动机、目标与本次会议

成： 上次谈杂志的时候我已经提到，我在夏威夷大学教书之后，看到中国哲学的发展非常落后，就有要创办中国哲学学会的想法。后来利用两次东西方哲学家会议的机会，我向哲学界的老前辈们进行了很多咨询。但是为了能使这个学会真正顺利地发展，首先需要创办一个中国哲学杂志来做支持者。《中国哲学季刊》成立以后，不到一年，1974 年，就以原来我们《中国哲学通讯》的一些成员为基础，在夏威夷注册登记了一个学会，叫中国哲学会。后来为了扩大国际方面的影响，唐力权教授建议加上"国际"二字，我觉得很好，所以在 1995 年第二次登记的时候，就变成了"国际中国哲学会"，当然国际中国哲学会，它的前身是中国哲学会。在美国，不加"国际"二字也是全球性的。

杨：虽然一开始没加那两字，但也是国际性的。

成：对，国际性的。加上呢，我觉得也很好。我们第一届会议就在唐力权教授教书的地方举行。该校叫做美田大学，Fairfield University，在康州，离纽约两个小时车程，离耶鲁一个小时，是一个比较小型的大学。创办这个学会，我们登记的是非盈利性质的社团，学术社团，可以说它是在《中国哲学季刊》的支持下，来发展中国哲学的专家学者们的学术团体。目标是促使中国哲学走向世界，成为世界哲学的主流之一，也同时使中国哲学在现代生活中发挥一种积极的影响作用，成为人类知识和价值发展的一个基础。由于是我发起，注册等都是我办理，并写了学会章程，所以被任命为创始人。

杨：应该说不是被任命，因为您本来就是创始人。

成：对，本质上就是一个创始人。那么同时也就成为第一届的会长，我们在康州开第一次大会的时候，章程、机构与任命都通过了。

杨：第一次大会都什么人去了？

成：四十几位，不是很多，这次好像杜维明去了，秦家懿也去了，秦在美国也很有名，原先是个修女，后来还俗，在多伦多大学教书，发展宗教这块，她是从香港到澳洲留学后到美国来的一个中国女学人。我不是曾在耶鲁大学教书吗，后来我离开，她暂时代我的位子。秦是这样的一位女学者，很聪明，学问很好，反应敏捷，致力于王阳明研究，很有成就，能言善辩，英文很好。

杨：台湾方面有来吗？

成：有台湾的学者，刘述先来了。方东美先生没有来，大陆方面好像没有人来。三四十位教授，龚乐群教授来了。龚乐群、刘述先、杜维明、秦家懿记得比较清楚。

杨：余英时先生来了吗？

成：余英时没有来，他是历史学家，研究中国思想史，并不认同中国哲学，好像他从来都没有认同过，很少与美国哲学会关联，也从来不是哲学界的一分子。他一直站在中国思想史的角度发表文章，有时候我跟他一起开亚洲学会的会议，或在台湾开汉学与朱子会议，或同时接受访问。他做评论员，我也做评论员，他讲他的现代化，我讲我的现代化，就是这样。同辈学者中余先生年龄最长，大家很尊重他，他在中国历史方面的学问很充实，有乾嘉风范，可以说是当代读古书读史书读得最多的学者之一。他的中文文章写得很好，英文文章一般，他很少写英文文章。钱穆是他的老师，他比较认同陈寅恪，这反映了他的心态，给人一种孤傲和乱世之中仍保持着正气的感觉。余先生非常清高，有独立的思考精神。

杨：属于比较有个性的学者。

成：这也可说是余英时的一种风格。第一届国际中国哲学会议本来也不是靠名人来支撑，而是靠真正名正言顺的哲学学者来参与，反正那次三天的会，开得很成功，大家也都觉得非常成功。就是在那一次会上，我提出每两年开一次会，每次在不同的地方开，由不同的单位来承办，承办方同时负担基本费用。这是一个很重要的决策。那届会议的主题是"中国哲学的发展与未来"。

杨：应该说是有了个好的开端。

成：好的开端。第二届的题目是"理性与情感"，这一届人就很多了，许多美国人也都来参加，有的哲学家也因此开始对中国哲学产生兴趣。那次参会的约六七十位，大概增加了一倍，有研究美国哲学的，有研究艺术哲学的。我的感觉是当时美国哲学家中认同道家、认同中国艺术的特别多。

第三届比较特殊，第三届是在多伦多大学，秦家懿办的。那次正好是第十七届世界哲学大会在 Montreal 市开会，应该是 1983 年吧。那时候我的学生梁燕城也刚好拿到学位。

杨： 梁燕城是您的学生？

成： 是的，你们认识？

杨： 90 年代中后期我在北京东方道德研究所工作，有过多次接触。

成： 梁燕城专门从香港中文大学过来，他是唐君毅先生的学生，也是牟宗三先生的学生，但是他不太认同他们的观点，想找一个更开放的系统，来对西方哲学尤其是基督教神学进行一种沟通。梁燕城很有意思，暑假他来这里，与我见面，聊了一周，有时一起去游泳，却没有提到上学的事。后来他告诉我他是在试探，看看我能不能满足他的知识需求，能不能做他的老师。聊了一周，他决定到这里来念书，我也接受了他。他在这里念了三年，很顺利。毕业后，先到香港教书，后移居加拿大。创办了文化更新组织，出版了《文化中国》杂志，他是首先认同我的本体诠释的年轻哲学学者。

杨： 他是在您这里拿的学位？

成： 是的。我有两个学生很不错，一个是梁燕城，一个是费乐仁（Lauren Pfister），香港浸会大学的教授与哲学宗教系的现任主任。

杨： 梁燕城先生现在北美弘扬福音，影响很大。

成： 他本来有基督教信仰的背景嘛。

杨： 他们算是您比较早期的学生？

成： 比较早的，我记得比他还早的是韩国学生。

杨： 梁燕城先生认同您的本体诠释学吗？

成： 他受我本体诠释学的影响比较大，他一再表示他对本体诠释学的理解与倡导，事实上他的论文写的就是本体诠释学。1977 年我开始讲本体，然后发展出本体诠释学。1975 年我在台湾，有人问我 hermeneutics 怎么翻译，我把它翻译成"诠释"，所以台湾一开始就用诠释学这个名称。后来我到大陆，汤一介教授说应该叫解释学，不应该叫诠释学。但现在大陆好像更多的是用"诠释学"。解释学跟科技哲学里的"解释"概念有点混同，而"诠释"概念比较重视语言性，同时也不排斥解释。所以我觉得译成"诠释"好，汤先生后来好像慢慢接受了这个看法。

杨：我得再查一查汤先生的说法，他发表的几篇文章好像都是用的"解释学"。还是接着谈 1983 年的那次会吧？

成：1983 年的那次会议是在夏天，我们开会基本都是在七月中旬，天气最热的时候开，原因是那个时候大家都有空，国际性的会议嘛，有些东方的学校像远东，它们是七月初放假，美国是在六月初放假，早了不好，太晚了也不行，只好选在七月中下旬。那次会议来了很多学者，澳洲的，多伦多的，香港来的人特别多，台湾也来了不少，很多新朋友，大陆仍没有人来。

杨：1978 年才打开国门，当时学者之间还没有机会建立国际联系。

成：第四届，在纽约长岛大学开，汤一介、方克立、萧萐父、金春峰四位大陆的学者来参加了我们的会议。对了，第三届本来有一个大陆的学者要来，但没有来成，就是武汉大学的詹剑锋教授，他把论文寄过来了，后来他的儿子写信告诉我，他得了癌症不能出来，真是一大遗憾。在纽约举办的这次，是 Neville 教授主持的。这一次人也很多，也很成功。而那次会上最大的事情是傅伟勋教授结识了他的美国夫人 Sandra Waryko，算是一段学界佳话吧。

杨：第五届是在哪里开的？

成：是在圣地亚哥加州大学，由奥瑞克主持，那次方克立教授来了。我是 1985 年回去的，所以在我没有回去之前就已经认识了汤一介、萧萐父、方克立等先生。第五届搞得特别大，好像有很多美国年轻人参加，当时最大的遗憾是没有出版费用。

杨：会员的会费？

成：收的很少，有的交一次就不交了。基本上是大家义务来办会。第六届是在夏威夷大学，不过不是在大学本部，因为那一年正好赶上夏威夷的火山爆发，火山公园很漂亮，很值得一看，我们就在希洛分校去办。那次会上我的一个女学生，跟我学《易经》哲学的，她会画画，对美术很有兴趣。我说你能不能透过你的艺术想象力把《周易》六十四卦的卦意画出来？她画了不到十个卦，她说画得很辛苦。我觉得她对《周易》的理解虽不够深入，却能用油画的方式表达十个卦的含义或精神也可说难能可贵了。现在想想也确实不太容易。当时在大会上展出，大家觉得还不错。

杨：也算是别出心裁吧。

成：一种尝试吧。这次还有一位台湾来的独立学人，叫陈斌，他是搞河图洛书的，他这一辈子都在制造易图，他曾经送给当时的卡特总统75阶洛书图。这次会上他还带来了十几幅洛书图，各种颜色的，画制这个很不容易，实际上等于解决一个代数的命题，比如他送我的是一个50阶的洛书，保证每一行加起来的数目一样。然后他还有一个五色图，就是每一个方块交接的颜色都不一样。他说做一幅图，需要花几十个晚上。他的图也是会上的亮点。而且刚好那次赶上火山大型爆发，所以我们在开会之余，安排大家到火山公园去看火山，实地参观熔浆流出来，流到海里，慢慢堆积成石头。大家看到这个造山活动，都非常兴奋，应是一番庆典的气氛，很值得回忆。那次来的人特别多，台湾来的学者也很多，我记不太清楚了，再加上美国原来联合在一起的哲学方面的人士，又是到夏威夷，大家很愿意来，所以那次非常有人气。

杨：在夏威夷，当然是您主办的了？

成：不是，是我委托的夏威夷大学希洛分校的郑学礼教授主办的，刚好他夫人开了一个中国餐馆，请大家到那里去吃饭，很有意思。第七届1991年，是在德国的慕尼黑大学举办的，由知名的汉学家 Wolfgang Bauer 教授主持，由我邀请策划安排的。

杨：真正体现了国际性。

成：汤一介等先生曾向我提出能不能把他们带到欧洲去开一次会，刚好我一直跟德国慕尼黑大学的知名的汉学家鲍尔教授有密切的联系，他在德国汉学界非常有名，现在所有在德国的汉学家都是他的徒弟，或者徒子徒孙，在德国他是最有权威的。我问他有没有可能支持一次中国哲学的国际会议，他经过思考之后告诉我有可能。我马上告诉他我有个要求，他说你尽管说。我说我要邀请23位中国大陆地区的学者参加，大会必须解决他们的飞机票和生活费，这个你能不能答应。他说这个要去看一看。当时我知道以他的学术地位跟他的那种活动的能力，应该没问题。果然，过了几天他打电话给我说能够支持，23位大陆学者的费用没问题。他告诉我隔一个礼拜他会来夏威夷跟我见面，探讨这个事情。然后他来了，我们谈得很好。我主张让欧洲的学者大量参加，他们也做到了。

杨： 那次大陆来了二十多位吗？

成： 二十几位，名单我记不太清楚，反正当时在中国哲学界比较知名的人士我都请了，包含汤一介、萧萐父、方克立、庞朴等人。他们参加会议，会议还给他们一些资助，还让他们用多余的钱坐火车去莫斯科玩了一趟。这次盛会在慕尼黑大学社会政治研究中心举行，那座楼靠近湖边，最后的闭幕式兼聚餐就在那个湖中心举行的，鲍尔教授很有才华，他为大家表演了吹口琴，很大的一个口琴，还有的人唱歌，很有情调，很有意思。那次讨论的题目是"中国哲学与西方哲学的相互诠释问题"，这次会非常成功。就是在那次会上，大陆学者提出要在北京办一次，台湾提出要在台北办一次，最后台湾方面，沈清松他们说尊重大陆，先在北京办，北京办了再在台湾办，这是一个很好的决定。

杨： 那么第八届是在北京办的？

成： 对。那是 1993 年，是汤一介、方克立二先生出面，陈来主办。开会的地点是在北京大学大讲堂，住是在国务院招待中心。那次会开得也蛮好，讨论特别丰富，大陆学者参加特别多，事后还去过社科院研究生院，我好像还做过讲座。那次方克立教授扮演了很重要的角色，那次的会议题目你再查查看，然后紧接着就到波士顿大学了。

杨： 第九届，1995 年又回到波士顿？

成： 是这样的。波士顿大学办得也很好，每次我在大陆以外的地区办，我一定要给大陆学者争取到费用，保证他们的飞机票和吃住。这方面花了不少心思，那么多人，旅费太高。可不资助就没人来，资助一半也没有用，得全部资助。

杨： 当时大家比较穷。

成： 就是嘛，每次开会我都要首先落实大陆学者的差旅费和食宿费。

杨： 从这个角度说，您对大陆学界的支持力度还是蛮大的，争取了那么多次的经费支持。

成： 是啊，但人们好像对这一点很不在乎，以为给他们提供免费是很正常的，不知道我在背后做了很多工作。1991 年资助了 23 位，1995 年资助了 21 位。接下来的第十届，1997 年是在韩国的东国大学举办的，它是一所佛教大学。当时国际中国哲学会秘书长是一位韩国学者，他请求在韩国举办一次。韩国人出钱比较谨慎，为了大陆学者的费用问题我还多次与他们交涉，那位秘书长说中国学者尽可以过来呀，我说他们的基本的交通费用你要解决，生活费用一定要保证。谈了很久，总算是谈成功了，大概支持了十几位吧。

杨：当时办会，为大陆学者争取交通、食宿费用都是您的重要公关项目之一？

成：没办法，当时大陆还比较穷，不解决就没人来嘛。那次的题目是"中国哲学与韩国哲学的关系"。

到了 1999 年在台湾办的第十一届，透过沈清松支持了 34 位。

杨：这一点很多人可能并不清楚，可能连一些与会者也不清楚，只知道有人出钱请他们开会。总之您的贡献是很大的，人们应该记住您的这些贡献。

成：这次是在台湾的政治大学办的，去的人也不少。会议还安排了游览，在阿里山看日出，那次会议大家都很满意。

杨：那次会议完了之后不就又在北京了吗，2001 年第十二届，方克立先生主持的。

成：对啊，那次你参加了。

杨：帮着做了一些会务。

成：那次会议很有意义，不但会开得成功，还在方克立教授的主导下对学会内部进行了一次改革。你知道，我的会长做到第八届就辞掉了，权力交给了唐力权教授。这个会越办越大，唐立权先生就很想发展他的场有哲学，他在他们学校搞了一个场有研究所，把中国哲学的资源都嫁接到那边去了。所以到后来，大家都觉得哲学会有点松散，变成了个空壳子。那时候方克立教授说这样子下去不行，应该改组重选。我很赞同方的建议，就请他做这件事。我想只有方克立教授有这种改革能力，他很有魄力，很有头脑。本来我们这个机构是由执行委员会掌权，会长每两年变一次，执行长五年变一次。唐立权先生做了十年，也该有新人进来了。所以后来就进行执行委员会的改组，我把沈清松找来，请他做执行长，执行委员会的主席，然后把陈来、在美国教书的李晨阳、姜新艳这些年轻人请进来，为哲学会增添了活力。2001 年的那次会可以说是国际中国哲学会改革之后的一个大发展，这点我必须感谢方克立教授，让国际中国哲学会有了新面貌。而且他第一次把会议论文全部出版，出了三大本，所以我觉得他是大功臣。

杨： 在哲学会发展的关键时刻发挥了大作用。

成： 确实，那个时候如果没有人做这项改革的话，后面的发展可能会很麻烦。

杨： 2003 年第十三届是在瑞典举办的？

成： 是的，是在瑞典斯德哥尔摩附近的瓦斯特罗斯，是请罗多弼教授主办的。这一次不是十分顺利。本来罗多弼很有信心，特别跑到夏威夷来看我，谈会议的事，但后来因为诺贝尔奖的关系，受到中国方面的抵制，所以会议的后期筹备就非常弱。他本想让瑞典国家基金会出钱，因为中瑞关系，钱没落实到位。后来只好能办多大就办多大。来的人较少。

杨： 我当时也接到了通知，但没有去。他们去的人算了一笔账，大概需要一万人民币，当时对我来说，这是一笔不小的数目。

成： 那次我们很有一种压抑感，因为前一届在北京开得轰轰烈烈，到这里一下子缩小很多，之前的美好计划都没办法实现。罗多弼先生是尽了力了，他做出了他的贡献，有些事是他左右不了的。

杨： 外力的干扰？

成： 没办法。然后是 2005 年第十四届，在澳洲举办，由我请到的较年轻的女学者 Karyn Lai 主办。澳洲的关系也是慢慢建立起来的。我到澳洲开过两三次会，觉得那里的环境不错，华人很多，所以我一直鼓励她。她来自新加坡，在澳洲读完书，留在澳洲，嫁给了澳洲人，在南威尔士大学做中国哲学的助理教授，后来慢慢地发展得不错。她很有雄心，想办会，我说你太年轻，加之澳洲在哲学方面很是闭塞，办会有难度。但她很有信心，我想中国哲学在亚洲、欧洲、美洲都有据点，就澳洲没有，应该争取。虽然她年纪轻，没有什么经验，但我们可以协助她。她筹备了一年多，最后在南威尔士大学举办了 2005 年的国际中国哲学会大会。那次会议参加的人也不少，还办了几场公开演讲。我针对澳洲的经济管理系，做了一次管理哲学的讲座，是一个大型的讲座，受到了欢迎。还有一位是研究中国科学史尤其是中医理论的 Sivens 教授，年纪较长，做了一场公开演讲，汤一介教授也做了一场公开演讲。这次会办得也很有声有色，安排了去别的城市旅游，在那次会上郭齐勇接下了会旗，成为下届的筹办方。

杨：那个时候已经有会旗了？

成：那时候我们有会旗了，是方克立教授监制的。所以我说方克立教授在学会的制度改革方面是有极大的功劳的。到了 2007 年第十五届，就在武汉大学举办，天气很热，但是到的人还挺多，而且非常成功，尤其是对一些出土文献，还有中国哲学在国学方面的发展，都有很好的探讨。

杨：本来那次我也是要去的，因故没有去成。

成：很可惜，我们现在正筹备 2009 年第十六届的会，在台湾开，辅仁大学主办，希望你能去台湾参加会议。

杨：争取参加。

成：所以总结一下呢，现在正在筹办第十六届，十六届是什么概念，就是三十二年。那么第十七届呢，我们准备在巴黎大学办，巴黎之后呢，我想到英国牛津大学，或者是多伦多大学，沈清松教授想在他的学校再办一次。后面华东师范大学、浙江大学都表示过办会的意愿，那到时候再到中国来办。

感受与期许

杨：三十二年，是个不短的时间，一路走来，有什么感受？

成：从整个发展的过程来看，中国哲学本身是有其内在的活力的，中国哲学史需要开发，需要不断跟外面的世界接触。中国人不可能只是坐在书房里面，坐而论道，他要跟外面的世界进行交流，来充实自己。所以谈感受，主要应该谈这项工作的意义，我觉得这学会有一种奋发自强的活力，把中国哲学从一个历史的形态变成了一个现实思考的活动，从历史走向了一个理论的思考。这点我认为其实也是中国哲学表达的原始方式。因为你看当初孔子讲周礼的同时，更讲"仁"，他是关心人怎么发展成为人。宋明理学家也是一样，他们要充实自我，要调理自我，要在整体的生命里面去发展个体人的生命。所以不管是理学也好，气学也好，心学也好，基本上都是在发展人的整体性。所以它既用历史的资源来充实现代人的价值意识，同时又不断地回归过去，回到最原始的《周易》的哲学，在那种原始的经验当中，更好地去发现它自己，这就是本体论的一种健康的循环。那么在今天，在当代，面对西方的发展，如何保持中国哲学的生命力，如何让中国哲学直接面对西方，让中国的哲学家直接和西方的哲学家在一个共同的平台上对话，来进行一种面对面的探讨，以获得审视、发展自身的能力，正是我辈的任务。国际中国哲学会就是提供了这样一个平台，一个活动场所。哲学会自创建以来，每年的美国哲学会开会，我们都是其中的一部分，不管是东部会议、西部会议，还是中部会议，至少一年有三次在美国本土亮相的机会，每两年有一次重大的国际活动，这等于是对中国哲学进行了一种大型的推广、倡导和发展。而且，因为中国哲学家的主动参与和提倡，西方哲学家不得不去面对，这也等于是为他们提供了诸多认识中国哲学的机会，让他们看到或认识到，什么是中国哲学，中国哲学家在做什么，中国哲学探讨什么课题。这对西方的学者，乃至于西方哲学的发展也是很有意义的。所以哲学会，再加上《中国哲学季刊》，互相衬托，互相支持，相得益彰，它的前景会更加值得期待。

杨：哲学会和《中国哲学季刊》，是您发展中国哲学，向世界推广中国哲学的两大阵地？

成：不只如此，1995 年我在波士顿提出世界哲学的概念，世界哲学并不是一套世界哲学系统，它是要面对世界中的具体事物来进行新的认识，具体来说，就是要认识世界场所中重大的文化传统和思想传统，要对它们进行哲学反思，要实现它们之间的交流和对话，然后再形成大家认可的共同的理想或共同的价值观，以追求人类更高层次的美好价值。但这又不妨碍每一个个别的传统有它自己独立的风格，有它自己独自的活力。所以世界哲学追求的是各种传统之间彼此相互的沟通、对话和在此基础上创造出一种新的哲学。因此世界哲学的意思，并不是要建立一个密封的哲学体系，而是要建立一个既有自己哲学传统的独特性，又有与其他哲学沟通的管道的具有活力的哲学，它关心整体世界，关心人类的共同命运，在此基础上达成共识。只有这样，才能使人类有更美好的前景。所以，我的世界哲学构想，打破了欧洲中心主义、美国中心主义，当然也打破了中国人一种闭关自守的心态。中国有很多学者认为中国哲学跟世界没有关系，这个心态是有问题的。所以这三个心态要打破，这样的话，中国哲学才能成为一个对世界人类哲学的发展有意义的基础。所以总结来说，国际中国哲学会的影响是长远而广大的，当然还需要更多人的努力，不然就不可能办下去，也就没有希望和活力。所以现在的工作在于后继有人。现在已经发展到第十六届了，后面的十七届、十八届、十九届甚至二十届，我们都可以预期，但更远的我们就无法知道了。不过我相信随着中国国家的成功发展，人类道德精神全球化的发展，以及中国哲学自身发展的深入，国际中国哲学会将会扮演一个促进、推动、启发、激发活力的角色，将会成为中国文化发展的前驱，将会代表中国哲学发展的一个动力。所以我们的中国哲学会，是世界的中国哲学会，谁都可以加入到这里面，在这里面也可以谈西方哲学的问题，没有禁区，不受限制。所以我们的会长可以是中国人，也可以是外国人，只要你认同中国哲学，你就是中国哲学的发展者。而且，中国哲学也不一定特指传统中国哲学，只要你是个中国人，哪怕你重点在发展西方哲学，只要跟中国哲学建立关系，你也是中国哲学的一个部分。我的认识是，不排除任何发展中国哲学的形式，以期中国哲学的真正发展。

建立国际易经学会

杨：除了国际中国哲学会外，您还建立了国际易经学会，由您发起或推动成立的学会好像不少？

成：我在海外发起或推动成立一些学术团体，主要目的是为了更好地发展一个专题，积聚一定的资源。当然另外一个理由就是使命感，就是更好地发展中国的传统。现在有中国人在的地方不一定能看到高质量的中国传统，文化传统的延续面临着挑战，这是一个隐忧。比如在夏威夷这里，中国城或者华人的团体有一些文化的、民俗的活动，能够保存一些中国人的价值观或生活方式，但还不足以保存更深刻的、知性的文化传统或哲学传统。你要知道，哲学是文化发展的一个动力，没有这个的话，就很难创新、改进、改善人们的文化素质，对人的发展也不利，就好像一个生物种它自己没有创新发展的能力，停留在一个基础和程度上面，最后很可能被别人取代或者淘汰。所以，我的隐忧也可以说是一种忧患意识吧，所以在文化学术界团体的建立和组织上不能不考虑，至少我感觉到是不得已而然。

杨：在海外华裔学者中，您这方面的工作应该是比较有特色的。长远来看，可能更基础，更有意义。

成：你说的这一点很重要，我的工作都很基础，但它指向的目标却很高远。所以除了国际中国哲学会和英文《中国哲学季刊》外，我还有两个努力，一个是国际易经学会，一个是国际东西方大学。

杨：那就先说国际易经学会吧。

成：这个会在1980年代就开始酝酿，事实上在建立国际中国哲学会的时候就开始酝酿，因为那时候我一直在思考一个问题，到底中国哲学传统的真正动力是什么，真正的基础是什么，真正的泉源是什么，什么是它的源头活水。最后我提出是《周易》。当然我的《周易》是属于哲学思考的《周易》，这个我认为是《周易》的精华所在，是推动中国文化创新的一个动力，《周易》作为中国文化中的经典，它已经在中国文化的很多层次当中展现了它的特色，你也可以说中国文化本身就是一个易学的文化。比如说中国人的应变、善变，适应力很强，忍受力很强，包容力很强，奋斗存活力很强，这些都与《周易》的传统有关。《周易》甚至也代表了中国民间的某种信仰，例如从中找寻生命定数，来乐天知命、预知祸福等，这些都可以从《周易》的传统中看出来。

起因

杨：决定成立是在什么时间？

成：1985 年。这里我简单说一下成立的原因。我的《易经》研究影响了好几位美国的教授，其中有两个值得一提：一个是东西方文化研究中心的主任。东西方文化研究中心是一个很大的机构，是联邦政府在高校唯一的一个国家机构，是做研究的，现在还在。它的第二任主任 Everett Kleinjans，康乃扬教授，出生在中国厦门，能讲一点闽南话，后来到日本念书，从事人类学的研究。我有一段时间被东西方文化研究中心传播文化研究所聘为高级顾问，因为那时候我对文化传播的问题，对语言为什么能够成为沟通的工具和传媒的符号问题很感兴趣，从逻辑的角度做了一些研究，提出了东西传媒沟通理论这样一个提议，同时也写了一篇文章探讨东西沟通理论，这篇文章影响很大，传媒学者在美国组织的学会，邀我做顾问，他们开会也邀我参加。到现在为止，对于中国人如何沟通，其基础在什么地方等，这些方面的观点，基本上是从我这里开始研究的。我对中国人的面子问题也进行过研究，现在很多人谈面子问题，什么叫面子，面子与脸的差别，它们的逻辑性有什么不同，基础在什么地方，有没有道德基础，我对这些问题进行了探讨。这篇文章发表后也引起了很大的震动。这些都是高层次的深入中国人终极价值的一些探讨，都和《周易》的思想脱离不了关系。更重要的是，前面我们说过，中国哲学有没有一个起源的问题，向来的研究都没有准确的说法。我发现在中国哲学的典籍里面，面对世界，思考问题，形成、提出对世界的看法、对自我的看法、对人的命运的看法、对生命价值的看法的，只有《周易》这本书。所以我认为《周易》应该是中国哲学的起点。当然，《周易》不仅仅是周代的那个《易》，它还代表更早的易的传统：对变化的认识，对变化的体验所产生的人生观、生命观和世界观。基于这样的认识，我下决心要发展易学。要发展易学，就要成立一个国际易学会，所以 1985 年我联络了 Kleinjans 主任，就是我说的东西方文化研究中心的主任，他做了 17 年。为什么要联络他呢？因为他上过我的课。那时候我不是在讲《周易》嘛，很多知名的人物都来听我的课，他是堂堂校级的学者，也来上我的课，来学习《易经》，他还写了有关《易经》的文章。那时候我谈到《易经》的应用，指出可以用来沟通，也可以用做管理，我那时候已经构建出管理哲学的体系了。他的文章探讨的是管理与沟通如何结合的问题，是一篇长文。他因此受到新加坡东亚研究所的邀请，去讲学。后来他和我成为合作关系。

杨：看来您的《周易》课确实起了不小的作用，激发了不少人的灵感，让不少人受益。这方面有机会我得好好向您请教一下，我在我们学校每年都开《周易》的课程，但还没有看到特别满意的效果。

成：呵呵。另外一个受我影响，后来也变成合作关系的，是夏威夷大学政治系的资深教授 Richard Chadwick，查德维克教授，他是研究世界系统模型的。什么叫世界系统模型呢？就是从 50 年代以后，也就是战后，西方社会科学研究中有一些人士，主要是政治和经济方面的人士，他们试图把世界当做一个体系，来看这个世界的体系中间有一些什么样的关联。那时候还没有明确提出全球化的问题，他们讲的是 world system，这个概念最早是社会学家提出来的。他是研究这方面的问题的，所以有时候我们会一块在学校里面开会，和平研究会议，美国国会支持的，我问他在研究什么，他说他在研究 world system，我问他什么是 world，他给我讲了一些社会学上的、政治学上的 world。我说还有一种 world，是人与自然交流的世界，这个世界是人的世界的最根本的动力，是生命之源。他问那是什么，我说是《周易》，《周易》是中国人的最早的有关世界系统的著作。我问他知道不知道这个系统，他说听说过，但并不知道。我说你要知道。后来我们见面，我就照我的方式，很哲学化的谈了这个问题，他觉得非常有用，他把它用在社会政治学上面去。后来又跟我聊，希望合写一篇文章，用八个指标来谈现代化，我看八个指标刚好来符合八卦，这很奇怪。比如说讲到国家的权利，那就是乾卦，讲到国家对人民健康的关照，那就是坤卦，讲到对科技的研究，那就是离卦，讲到国家的司法系统，那就是艮卦，等等。这是我的本体诠释的另一次重大应用。这样诠释之后，非常得体。把卦与现代化的一些要素的关系朗显起来。这是因为《周易》本身是一个共通、互通、旁通的系统，他可以以这种方式来整体地提示社会系统当中的可能的内在关系，相互发挥作用。Chadwick 教授很吃惊，也很折服，对《周易》的兴趣与信念也大大增加。当时我们差不多每个礼拜都聚在一块，讨论易学诠释社会科学的问题。他和康乃扬都成为国际易经学会的干将。

杨：这篇文章发表了吗？

成：发表了，是英文的，在我的管理哲学研究中也引用了。

杨：影响如何？

成：这个嘛，只是提供了一个方向。他有一个学生，引用了这个观点。我现在也有一个管理学院的博士生，我被邀请做他的共同指导老师，他也用到了这个观点。

杨：跨院系的？

成：对，跨院系的。我的《周易》课，在政治学、社会学、管理学等方面，对美国的学校系统形成了比较大的影响，大家都知道我在讲这方面。我也在美国的哲学学会、国际会议、国内会议，发表过我的文章，受到很多人的关注。但我没有太多的时间去跟踪，他们来问我，我只能把我的 paper 给他们，我没有办法继续进入他们的专业来发挥，因为我的专业还不是在这方面，所以我只能说我开了一个端，一个起点。

杨：就是说您的理论影响到了他们的研究领域。

成：对。举一个最近的例子。两个礼拜以前，我不是参加全球国际领导力学术研讨会吗？这个会很重要，主办者是美国马里兰大学领导力中心，与华府某些机构合作的一个中心，创办了很多年了。影响非常之大。你知道哈佛肯尼迪学院的 Joseph Nye 院长提出的一个观点，就是所谓的国家软实力、硬实力这方面的理论吧？去年他到这里访问，跟我见面，还照了相，他跟我讲，除了这两个力之外，还有第三个力，就是聪明力，就是计划、谋划。但我跟他讲时，我却补充了一个新力，就是道德管理的力量，我把它叫做道德力，就是完全用人的整体的价值观、核心价值来说服他人，来领导他人。后来我把这些和我的五个世界联合起来，这一点到谈我的哲学思想的时候再谈。我又提到一个自然力，你的地缘优势、气候优势、人种优势，都是自然力。然后你再把它发展成硬实力，就是把它组合起来变成军事力量，软实力则变成制度力量，道德力是你的精神力量。这五种力刚好相应，就像我讲的五行，这些都是不谋而合，并没有一分一毫的造作。

国际易经会议

杨：学会成立后都发挥了什么作用？

成：对于整合两岸的易学研究发挥了很大作用。当然最早是对台湾地区和韩国发挥作用，因为台湾地区和韩国那时候要搞《周易》学会，陈立夫最早提出并成立了"中华民国易经学会"，我父亲也在里面。后来陈立夫把这个会交给我父亲成惕轩先生来管理，我父亲是具有强烈士大夫气质的先天下之忧而忧的那种知识分子，他对《尚书》、《周易》非常重视，所以他做得很认真，把那个会发展到很高的程度。但后来他发现无法再做下去了，因为有人要求买房子什么的，我父亲说这一块我完全不懂，所以就交给了一个数学家，叫黎凯旋。黎凯旋虽然是数学家，但很会经营，开了很多命理班、风水班之类的，赚了很多钱，买了一栋房子。可是他只知其一，不知其二，这些班上的一个年轻人，运用吸收学员为会员的方式笼络了很多人，结果在改选中，把黎凯旋给挤掉了。这个事情发生在1991年，这一年我正好要举办第一届国际易经会议。

杨：在哪开的？

成：在夏威夷大学，我主持的，我有没有给你提过，我有一个学生画了易学方面的画？

杨：您说的是中国哲学大会，是不是两个混在一起了？

成：没有，这两个会相差一年。

杨：两个是独立的会？

成：是。大陆来了一些学者，主要是上海社科院哲学研究所的，他们成立了《周易》研究中心，翟廷进教授带队，还有杨宏声。北京还没有来人。我这个国际易经学会是1985年成立的，成立了五年之后才开这个会。当时还有个计划，就是要出一本《易经研究季刊》，都准备好了，准备了两期，但是实在是我的精力有限，所以我的这个计划就搁浅了。但是这时候我和刘大钧教授已经建立了很好的关系，他说他要做我的周易学会的代表，搞一个青年周易学会。

杨：这个好像已经有了。

成：就是在我的影响之下嘛。现在他的继承人是林忠军，那个时候是他的学生嘛。挂牌就挂在他那里。刘大钧建立周易研究中心，是我支持的；他评职称，也是我支持的。那时候他们的校党委书记还特别请我吃饭，那是 1988 年的事，我第一次吃蝎子就是那一次，印象特别深刻，一盘蝎子，我说我不知道怎么吃法，他说你就咬了吃好了，我就吃了一只，他也没有勉强我吃。那次就是为了刘大钧评职称的问题，我是大力支持的。1991 年他为什么没有来参加会议呢？什么原因我不知道。

杨： 大部队肯定是来自台湾了？

成： 台湾来了一个代表团。

杨： 谁是主角？黎凯旋，还是篡位的新会长？

成： 因为他们有这个变动嘛，接下来的开幕式很有趣。我请黎凯旋会长坐上主席台，刚坐定，就有人举手说，报告，台湾易学研究会的会长不是黎凯旋教授，是我，我们已经改选了。你说这个人怎么那么大胆，在这国际会议，国际场所上丢中国人的脸。我当时很不高兴，对他说，你先坐下，首先你们改选是你们内部的事情，我不知道。我在邀请大家的时候黎教授是会长，所以他今天还是会长，这个事情你不要在这个地方来谈，这对大家都不好。他只好闭口坐下了。呵呵，黎会长也很尴尬。后来我私下问他到底发生了什么事情，我才知道原来发生了"政变"。后来他们之间发生了很大的冲突，黎凯旋离开，学会整个被搞砸了。当时我父亲离开这个会，也是看到了他们的这个不好的苗头，我也告诉我父亲我不太喜欢他们开那么多班，对义理之学不加以重视，我还做了几次演讲提这个问题，但没有制止得了。因为有"利"，所以后来酿成了那么大的分裂，以至于彻底砸锅。

杨： 利令智昏，"智"一昏，就是非理性的天下了。

以《易》会友

成： 呵呵。那时候我认识了吴秋文先生，因为他到台湾大学哲学系旁听我的易经哲学与本体诠释学的课。他每个礼拜都从台南来上一次，静静地坐在那里。时间久了，我认识了他。他说他是中学老师，对《周易》很执著，因为特殊的机缘，准备一辈子献身在《周易》上面。后来有一天他说他们要成立南部的易学研究会。我说你要成立，就不要成立地方性的。他说已经有一个易经学会了。我说你就成立一个中华民国周易学会。后来他照我的意思成立了，他对我一直都很感激。成立之后，大量开班，现在人数达到了一两万人，而且还集资，买了块地，发展得很不错。还有我父亲的几个学生，有一个叫徐芹庭，你听过没有？

杨：知道。

成：他是跟着我父亲写的论文，他写的是来知德，非常详尽，洋洋一大册，是我父亲指导的。他来找我，希望我支持他。我支持了他，但表示他只能成为我们国际易经学会的分会。后来他却把这个分会变成总会，变成美国国际易经学会台湾总会，我说你不应该叫总会，应该叫分会嘛。他把这个总会拿去和南京大学的易学研究所联合开会，因为没有请我，不知到详情如何。

杨：我听说他后来辞去教职，挂牌开业去了。

成：对，他还皈依了佛教，他这个人是一个很直率的人。我父亲过世之后，他来吊唁，用传统的方式，先下跪再鞠躬，最后再用密宗的方式，唱了一段，超度性质的。然后又帮助我们去看风水选墓地。台湾特别信这一套，很有意思。

杨：不小的市场，难怪有人热衷。

成：所以那时候台湾易学界所有的人我都很熟悉，包括那些看风水算命的也很熟悉，他们都来纪念我父亲。我为什么要提这个呢？我觉得中国的易学是哲学，它可以实现成为一套易学文化，成为中国人普遍的信仰。西方人讲超越的信仰，与中国的易学的信仰是有很大差距的，两种文化的特征很不一样。

《易》统两岸

杨：台湾就那么大，大家都认识是情理中的事。大陆方面的易学界，乃至于民间，您也都有很广泛的交往？

成：比较广吧。第一个，支持了刘大均的周易研究中心，包括他的学术发展和他的易学杂志。第二个，支持了安阳的段长山的易学会，他也很早来找我，他那时候是安阳的旅游局长，有资源。他说他准备规划一个羑里公园，他把图纸拿过来让我指导，我说我是外行，只能提供一些意见，就是怎样体现《周易》的精神。后来他成立了安阳的周易研究会，每年都找我参加，我大概参加过几次，我从北京坐火车去安阳，早上八点钟到的，九点钟开会，就在户外，大家都穿着冬天的衣服，很冷。到 10 点钟太阳出来了，突然觉得很暖和。我在想，原来这个地方叫安阳，安阳就是这个意思，心里有一种温和的感觉。后来在他们举办的第三届会上，他们给我一个羑里奖杯。我一直都很支持他们。后来他们那里也发生了变化，产生了分歧，出现了分裂。我还曾出面协调，还把吴秋文介绍进去，成为他们的好朋友。

杨：这中间也已经与朱伯崑先生的东方国际易学研究院发生关系了吧？

成：与朱先生早就有联系，朱先生起初想建国际易联，就与我沟通过。所以那时候我心中有三个团体，一个是刘大钧那个团体，一个是安阳那个团体，一个是国际易联。后来我还介绍台湾的学会加入到国际易联里面，大家相处得很和谐。这期间刘大钧跟台湾方面的联系也很密切，因为不知底细，他一度与颠覆黎凯旋的那帮人建立了关系，后来摸清底细后曾问我怎么办，我说没办法，只好和他们打交道。两岸不是每年都开学术会议吗？

杨：颠覆了黎凯旋的，好像是叫中华易经学会？

成：现在的学术团体有台湾的周易学会、国际易联、易学会和安阳的易学团体，还有台湾的易经学会和刘大钧他们。总的来说，这些学会对中国易学的研究，都发挥了一定的作用。1988 年在山东开会，你去了，我不是在大会发言中说了吗，《易经》是中国的也是世界的，是过去的也是现在的，更是未来的。我一向把易学提得很高，我在世界上也是这样来推广《易经》的。所以我的易学研究及其倡导在世界上影响很大。你看现在的一些著作，包括最近出来的两本，其中的《中国哲学导论》，就是以《易经》哲学作为起点的。

杨：什么人？美国人写的吗？

成：美籍华人，在加州大学教书的刘纪璐，现在是美国中国哲学家学会会长。另外一个是 Karyn Lai，她们两个都是女学者，都很有成就：一本书是牛津出版的，一本是出版我们那个杂志的 Blackwell 出版的。我都给她们写了支持的话，她们都是以《周易》作为开始，所以这个影响很大。我们在《中国哲学季刊》也定期不定期地出了一些周易哲学的专辑，最近的一期就是去年 12 月份那一期。所以《周易》哲学这一块在国外也有很深刻的影响，在美国，一谈到《周易》哲学，大家都会想到我的那个发展，我现在除了文章之外还有两本重要的书，书稿一直在校对之中，还没有出来，里面的那些文章都已经发表过了。

杨：应该马上出版。

成：我也在努力。总之，我只要有机会就想办法宣导易学，建立基地，我也曾与台大的一位教授合作创办周易天地，没有成功。你知道吗，台湾在考据、考证和经典文献的研究方面很强，尤其是在子学方面。像我的老师毛子水先生，他对《论语》有很多见解，不知道写出来没有？

杨：他有一本《论语今注今译》，蒋介石的中华文化复兴委员会搞的。

成：对，他跟我提过。还有一个是屈万里先生。

杨：屈万里先生不是搞《尚书》的吗？

成：那时候在中文系，屈万里先生主要还是讲《周易》的考证，尤其是魏晋南北朝时期的解易体例。还有孔德成搞三礼，戴君仁搞经学。因为他们从大陆来，把做学问的传统带过来了。当然现在已经到了一个新的发展阶段，可以看做中国文化整体复兴的一个征象吧。

创办东西方大学

初衷

杨：在您的"外王"事业中，有一项工作颇具争议，或者说后来引起过争议，就是东西方大学，这方面您是不是也谈一谈？

成：一定要谈一谈，这里面有不少误会。

杨：您创办这个东西的初衷是什么？

成： 在当初建立国际易经学会的时候，我还有一个教育的目标，我一直在思考自己扮演的角色，在 1985 年我就意识到，在今天这个时代，光靠写文章已经无法发挥更大的作用，还要办学会，办杂志，还要办一所学校，来推动领导东西学术的共同研究。当时就想着融合中西、结合中西，使大家有一个宽阔的视野，让中国人对西方有一个正确的认识，让西方对中国有一个正确的认识，尤其是让世界对中国哲学和文化的博大精深有一个正确的认识。不然只是在学术的平台上去谈，或者只是在书本上来谈，很难使之成为生活的一部分。

杨： 用不恰当的比喻说，就是重视上学下达？

成： 对，上学下达。比如我在 1970 年代后期到台湾教书，发现台湾的经济资本已有所积累，但要再发展就好像没什么力量。因为它缺乏人才，没有理念，不知道怎样和西方竞争，不知道怎样开拓海外市场。当时我在台大做有关哲学的应用的演讲，. 为什么讲这个问题呢？因为台大哲学系的学生人数很少，没什么人报考。我回到台湾，大家都喜欢问我这个问题：哲学到底有什么用？哲学家是不是怪物？因为那时候台湾出了很多怪物，出事的都是哲学家，包括殷海光也被认为是怪物哲学家，而每个哲学家都有一些诡异的故事、传闻。所以大家对哲学这个传统有点不解。每年几万个考生，只有一两个报考。我上学时就是这样，从 60 年代到 70 年代，台大哲学系没有任何变化，二十年中没有变化，系主任没有变，图书馆的资料没有人碰，全部是日殖时代帝国大学的样子，被封在里面，大家也不到办公室去，因为办公室很阴森，这是个很大的问题。后来我回台湾大学做哲学系的系主任，我就是从环境、办公条件、课程设置到师资，统统改进，直到较为理想状态为止。那时我建立了中国哲学教研室、西方哲学史教研室、逻辑教研室，创办了台湾大学的《台大哲学评论》杂志，连那个走廊都焕然一新，全部开放，教室也全部重新布置。所以对于学校教育这一块我一直很关注。1985 年我就联合了康乃扬教授，也就是前面提到的东西方文化研究中心的主任，再加上法律系的一位兼职教授 Ronald Oldenburg，创办了国际东西方大学。之所以定位为国际东西方大学，因为已经有了一个东西方中心嘛，但它只是一个研究中心，怎么从一个研究机构变成一个大学机构，这是我当时的一个目标。所以当时我们三个人联合申请建立了一个机构，叫远东高级研究学院，主要是想仿效普林斯顿大学的那个高级研究学院。

杨： 您的远东高级研究学院起初与东西方文化研究中心有没有互补？

成： 是这样的，东西方文化研究中心是美国国务院支持的机构，那里面从事的基本上是社会科学方面的活动，比如那时候里面有人口研究所、经济研究所、能源研究所，后来又成立了一个文化传播研究所。我那时候想象中还应该有一个哲学研究所，有一个中西医疗文化研究所，因为那时候我觉得中医有中医的好处，西医有西医的好处，应该有这样的机构。后来我还曾提出应该有一个管理哲学与文化研究所。康说这些我们只能自己成立，东西方文化研究中心受国务院的限制，其目标不是要真的发展学术，而是在训练亲美的东方势力，进行冷战。你看现在，冷战结束了，国务院不支持了，虽然还存在，但是规模已经小了很多。当初它的人口研究所很大，诸如人口的分布、迁徙、控制等都有研究。他们也培养一些学生，给奖学金。但是一直没有涉及到高层文化。他们那个文化传播研究所的所长叫杰克莱尔，看中我的研究，聘我为他的高级顾问，才把真正理论性的东西引进，但也是昙花一现，他们的重点还是在，比如 TV 在印度尼西亚的传播对印尼成为一个现代化国家有什么帮助，还有卫星传播对当地的教育有什么帮助，等等，做这样的课题，非常个案。所以那时候我们成立高级研究学院，也是希望真正在理论层面探讨一些与东西方有关的问题，同时为两岸培养一些人才，那时候大陆不是已经开放了吗！

杨： 本来是不错的设计嘛！

成： 就是嘛！所以这个学院建立之后，我马上接到在东京举行的太平洋地区高等教育学术研讨会的邀请，在会上我发表了成立东西方大学的宣言，那篇文章后来在东西方教育杂志上发表。日本人很有意思，请我教书的那个国际基督教大学，他们邀请我到日本去办学，他说你要办这个东西方大学，在日本办最好，在美国可能很困难。他们愿意建立一个机构，专门探讨东西文化，"东西"这两个字在日本很流行。我说我不能到日本去，有困难我可以慢慢发展。

杨：那改称东西方大学是哪年？

成：1995 年。1995 年再注册的时候，成为现在的名字。1998 年美国商务部下面的域名管理委员会接受了，我们的域名也是 EDU。

对两岸的贡献

杨：成立之后都做了些什么事情？

成：早期呢，1985 年到 1995 年，在台湾发挥了很大的作用，台湾有很多人听说有这样一个机构，都到这里来接受短期训练。同时，我还帮助夏威夷大学管理学院成立太平洋亚洲管理研究中心，我们合作，在夏威夷大学管理学院上课，办过至少十届短期训练班，有市场管理、决策管理、工商管理等，人数最多时有 60 人，少时也有 22 人。因为这个机缘，我们的台湾学员回去后自己组织了一个全球领袖管理学院，成为我们的一部分，是在我授权之下于十年前成立的，现在还在开课，相当于我们的分院。

杨：应该说在台湾是很成功的。

成：是啊，我也一直想把这个理念带到大陆去。其实 1985 年我在北大做客座教授时，在中国文化书院演讲，有一些记者，包括《人民日报》的记者来听，其中一个姓毕的受我的影响，后来办了一个现代管理杂志。另外一个叫张顺江，是中科院的工程师，后来调到中国科技大学研究生院决策管理研究所做教授，他就建议中国科技大学研究生院与我们合作，他的院长姓王，王院长邀请我和他办一个学习班，我就把美国刚刚发展出来的EMBA 引进来，又把美国的学分制带进来，训练他们怎么算学分。一直到1989 年 5 月，招收了 80 个人，其中 40 个是在职的，40 个是脱产的，脱产的住在石景山校区，不脱产的基本上是在山东济南电视大学里面。

杨：为什么在那里？

成：因为山东省的一个电信局长对这个非常支持。准备开班了，发生了"六四风波"，就延宕下来，1991 年恢复，到 1992 年上完课，33 个学分，严格把关。

杨：很正规？

成：很正规。我们是把整个制度带进来了，而且我们的内容是中西结合。那时候我的C理论还没有成书，是以讲义的形式发给大家的。我请了三位美国教授来授课，包括卡得威利、凯恩纽斯，都去上过课。我们不收任何费用，连旅费都是自己出。那时候我的想法很简单，一切为了中国的发展。上完课，1993年毕业，在山东省政府大厅里面举行了毕业典礼。当时姜春云是省委书记吧，他参加了毕业典礼并讲话，他说东西方大学为我们培养了80名新时代的人才，我们宣告他们正式毕业，他们的学历立刻承认。

杨：很有成就感？

成：的确，而且那一届的学生两位做到副省长，几位做到市委书记，还有几位做到大型国有企业的总经理，其他分布在全国各地，海南、武汉、北京都有。

问题的出现

杨：好的开始。

成：早期很成功，但后来因为内部管理失调，很多小的团体假借这个名誉到处办班，造成混乱，我却不知道。还有一个，就是没有和教育部直接打交道，所以教育部很反感，对我们提出了一些限制，很不幸。

杨：有一些误会？

成：我自己作为一个学者，一直对办学有很高的期待。但办学和办杂志不一样，办杂志来往的都是学术界的人，志向也很清楚。办学会也是一样。但办学校就不一样了，要和社会建立关系，要和权威的政府机关建立关系，尤其是在中国，还要和财团建立关系。而我作为一个纯粹的学者，虽然很想做，但一来没有时间，二来也没有精力控制全局。假如没有时间，又不能控制住局面，往往就会受到很大的损伤，会造成别人对我的误导或者别人对我的误解。

杨：有没有想到放弃？

成：没有，即使到现在我还是想继续往这个方向走，很多人也表示支持，以前培养出来的学生，有的也很愿意回报。但我目前能力很有限，我希望有更好的一代来发展它。现在这个学校还在那里，我的副校长还在那里，他是夏威夷大学管理学系的系主任，他退休了，现在是全职的副校长，他到过中国至少七八次，（凯恩纽斯）教授，完全退休了。（威利）教授还没有退休。

两次致命的伤害

杨： 关于您的大学，社会上有一些传言，您能不能解释一下？

成： 要解释一下。这中间有两个事件给我造成很大的损伤。一件是，在深圳有一位姓王的年轻人以我的名义成立公司，把持了我们和外界的联系，我们不能满足他的愿望的时候他就尽量损伤我们，散布谣言。最后他又以新的名义与一个日本人合作搞了一个野鸡大学，造成很多混淆，给我们的名义造成很大的损失。

另外一件是，我以前在台湾认识的一个学生，他说他对办学有兴趣，希望能帮我们发展网上教育。当时在 90 年代后期，我们对网上办学也不是很了解，就信任了他。结果他控制了我们的网名，还利用我们的名誉到上海宣告说成中英校长已经退休，他是东西方大学的唯一合法代表，并收了别人大量的钱。

杨： 您一直蒙在鼓里？

成： 可不是嘛！我发现时已经太晚了，钱已经被他卷走。这个人很有心计，他同时把我们学校的名称 IEWU 注册成为一个公司的名称，企图以这种方式来控制我们的学校，然后他要我出钱买回这个名称。在这种情况之下，我觉得我必须采取法律行动。可是他早有准备，反而恶人先告状，先发制人，说这个学校本来是他的，并在美国洛杉矶的法院起诉我。

杨： 他在上海卷走的钱？

成： 我赔付嘛！既赔钱，又打官司，多大的伤害?!

杨： 事先一点迹象都没有？

成： 我们太单纯了嘛！当时我正忙着在广州、深圳上课，突然一下子发现我们的网被别人给控制了，变得非常陌生了，出现了一个怪胎一样的东西，说他是代表。我当时都傻了，我一点察觉都没有，还不断地请他来上课，你说糊涂不糊涂?! 那时候我才发现他在上海收了一大笔钱。我马上与他交涉，他矢口否认。那种状态非常痛苦。后来才知道他还企图把国际中国哲学会弄到自己手里。

杨： 这位也是学界中人吗?

成： 不是。我办学非常需要一个有很强处世经验的人，他是我们在台湾讲学时的一个学生，和我见面时，他说他是在艾奥瓦大学念的物理学博士，已有博士学位，他要我们授予他一个荣誉学位。然后他就用我们的名誉学位在外面号召。当时我还真是让他给骗了。后来打官司时我才知道他根本就没有学位。

杨： 一开始就在骗您?

成： 是啊，因为打官司需要得到对方真实的资料，我们花钱请洛杉矶的调查机构对他做全面调查，调查他的背景，他成立了什么公司，他的活动能力，做了些什么事。结果发现他一个人注册了7家公司，什么新闻公司、旅游公司，什么学校、报纸，搞了一大堆。

杨： 很有能量的一个人?

成： 最吊诡的是，他伤害了我，他还告我。我们不得不花钱对付他，律师费是很高的，为了打这场官司，我至少花了一年的工资。当时我觉得一个人受到伤害，还不能去维护自己，那是最大的痛苦，这个世界上最可怕的就是这一点。这件事当然没有改变我对人性是善的看法，但我们能不能保护自己，真的需要很重要的智慧。所以我必须要打官司，我要变被动为主动，他是在地方法院告我们，我就到联邦法院去告他。我请了很好的律师，花费很高，但管不了那么多了，为了名誉拼上去了。因为我们有证据证明他是在诈骗，在侵权，在贪污公款。我同时在北京的公证处做了一套资料，北大法律系毕业不久的一位律师主动为我们代理，广州方面也有一个律师代理我们，所以就好像是在三个不同的地方同时打一场战争，他们帮我写信警告他，并警告那些与他合作的机构。最后发现他不只是在上海进行诈欺，也在北京进行欺骗。你说糟糕不糟糕，我一方面在美国维权，一方面在中国的上海、北京等地也要维权。

杨： 最后的结果还好吧?

成： 结果是，大陆地区的判决结果，这个骗子在大陆地区卷走的钱由我负责偿还。美国这边呢，联邦法院一再传唤他，他都不到庭，自己躲起来了，最后又通过登报等各种方式来传唤，传唤了两年，从不到庭。美国的法律，这种情况下，我们有权自动宣告我们胜诉，联邦法院判决他赔偿我们 99 万 9 千美金。

杨： 他赔了您吗？

成： 上哪去找他？为了这件事，我还专门跑到洛杉矶开了一场记者招待会。

杨： 宣告您的胜诉？

成： 因为他在洛杉矶的华侨界里面继续造谣，说他是胜诉者，我是败诉的，多么荒唐！最后洛杉矶那边的朋友说最好开个记者招待会，所以我到洛杉矶召集了一些媒体，把判决书给大家看。然后我让他赔钱，他就躲起来了。

杨： 没有办法追讨吗？

成： 再打官司？我们又要花 10 万块。我也曾请律师协助查封他的财产，但调查发现他的财产已经转移给他的爱人等其他人了。所以虽然我们胜诉，但钱仍追不回来，不过我们保有自己的权力，一旦他做事就可以追他的钱，但假如他不出现或者换一个名字，这个钱就追不到。我们的追诉权还保留在那里，但钱一直没有拿到，但对我来讲，名誉最重要，胜诉也算是为我赎回了名誉嘛！

杨： 您的这段陈述很重要，在大陆很多人对东西方大学还有很多误解，包括学界，他们根本就不知道您说的这些，根本不知道您在美国的官司，只听说您在大陆是赚钱了。

成： 这个是事实，我可以把判决文件的号码告诉你。

杨： 把判决书以照片的形式传到网上。

成： 下次我把判决书拿给你看。

杨： 因为确实有很多人，包括一些学者认为您利用这个大学在大陆赚钱。

成： 开玩笑，这是对我的侮辱，天大的冤枉。

杨：当然这中间也许那位先生还在继续造您的谣，也未可知。

成：因为我用人不当嘛，当然也是有责任了。

杨：这个事情您不讲出来，大家都不清楚，因为毕竟是以这个学校的名义嘛。

成：这个太重要了，这涉及到我个人的荣誉和学校的声誉。

杨：那个文件下次您带给我，太重要了。

成：不说不快。我也没有机会说这个事情，别人和我见面也不谈这个事情。

杨：别人可能是有意回避，怕因为这个问题对您造成伤害，所以就不谈了。

成：我很奇怪，中国人说"日久见人心"，从来没人问过，那么大的一件事情，造成那么大的伤害，真是太莫名其妙了，不公正！

杨：在国内，仍有很多人对您有不少的误解。

成：是啊，还以为我赚了很多钱。本来我们是想通过正当的方式向大陆介绍先进的理念，去培养一些人才，而且也成功地培养了一届，没想到后来让这些人搞糟了！

杨：有这次教训，东西方大学是不是不办了？

成：恰恰相反，愈挫愈奋！目前停息在修复状态，希望了解真况，给予道义的支持。

发起并参与筹建国际儒联

缘起

杨：今天咱就谈国际儒联。现在国际儒联的影响非常大，但可以肯定地说，大部分的学者都不知道是您率先给大陆有关部门写信，倡议建立国际儒联的。

成：知道不知道，反正就是我倡议的，章程是我起草的。

杨：先讲讲缘起吧？

成：1985 年 12 月，我应北京大学和武汉大学的邀请回来出席熊十力的百年纪念会，同时担任北京大学的客座教授，讲授两个单元的课程。到了北京才知道，我还要担当另外一个任务，就是做中国文化书院的导师，参加一系列的演讲。对于像有着我这样经历的人来说，这些无疑是令人兴奋的消息和事情。我回到国内后不久即觉得中国充满了一种新的潜力，有一种发展的趋向，我的兴致也因此特别高涨。1986 年我又回到中国，在文化书院演讲，然后去杭州举办一个中国现代化的讲座，接下来是在西湖边上开会，参加的人都是对中国文化的现代化问题极为关心的人士，有汤一介、李泽厚、庞朴、杜维明等，其他记不清了，人不多，但气氛很热烈。所以 1986 年到 1987 年，是一个曙光初现的时代，很鼓舞人。

杨：当时学界对中国传统文化的现代化问题十分关心。

成：是。对了，当时你在哪里？

杨：在南开大学读硕士。

成：还在上学。那么 1985 年，我被邀参加一个很重大的会议，是关于韩国思想家李退溪的，韩国人主办，出钱，日本筑波大学承办。韩国人从 70 年代开始，一直想推出李退溪作为韩国文化精神的代表，所以他们很早就成立李退溪学会，开了不少的会，1985 年这次是最大的。美国方面，我和傅伟勋受邀出席了这次会议，大陆来了一个学者团体，都是中国大学的教授。台湾方面也来了不少人，大概十几位吧，由台湾师范大学的文学院长周何领队。

杨：为什么在日本筑波大学开这个会呢？

成：在很多地方开过，这次在筑波大学，是因为他的副校长高桥进是研究李退溪的。我们住在一家酒店里，每人一个房间，自己打开水喝。张立文因为不慎，把手烫伤了，送到急诊处包扎，我还慰问了他。但当时我发现一个奇怪的现象，就是台湾学者与大陆学者见面不打招呼，其实都知道对方是谁，只是相互不理睬。于是我们商量说能不能制造个机会，牵个线让大家认识一下。所以我们就事先跟饭厅经理讲好，让他们第二天早上把饭桌摆在一起，好让大家围在一起用餐。同时我们又跟双方的学者说好第二天早上一起用餐，顺便互相结识一下。他们也都有这个意愿。那第二天早上大家都到了，我分别介绍了大家。那时候我回国比傅伟勋多一些，跟大家都很熟。就这样一张窗户纸捅破了，大家非常和谐，都很热心。

杨： 也是一个很有意义的花絮。

成： 呵呵。大会进行得很顺利，会议结束那天晚上有一个餐会，高桥进作为东道主发言，他说，这次开会很成功，东亚有共同的文化，对儒家也有共同的语言，而要使儒家学说有所发展，我们认为应该有一个共同的同盟或者是国际儒学同盟做基础。他说他们愿意做些基本的工作。他这样一讲，大家都摸不着头脑，都在揣摩，你这话是什么意思。但我很快有个感觉，就是你是日本人，你搞东亚共同圈。我坐在那里看大家怎么反应。最先回应的是韩国人李东俊，他站起来说，这个倡议非常好，我非常支持，但东亚发展会可以以我们现在办得很成功的退溪学会为基础，况且我们又是一个儒家国家，所以要发展儒学的话，韩国是最合适的。高桥进对此既没有表示赞成也没有表示反对，但能感觉到他是有点吃惊，他没有想到韩国人会跟他们争。他就说还想听听别人有什么意见。我看大陆来的朋友们坐在那里不动，你望望我，我望望你。我想他们不发言，可能是事出突然，没有统一好口径。台湾来的朋友不知道什么原因也没有发言，可能也是措手不及吧。在这种情况下，我觉得非发言不可了，于是我站起来说，这次的会开得很成功，这个成功与退溪学会多年来的提倡分不开，至于要组织一个学术团体也是很好的事情，但是今天要发展儒学，要建立一个世界性的学术团体，还是应该以中国为基础。韩国一直保持了儒家的传统，日本也受到了儒家的影响，都有基础。但中国是创始儒学的国家，它的文化历史传统是以儒家为主流的。而且，大家可能以为今天中国走的不是儒学的路，但我的看法刚好相反，她还是一个儒学的国家。我说到这里，有人质疑我，问我怎么看待马克思的共产主义国家这个事实。我说那个不重要，那只是政治层面的问题。从文化、道德的层面看，中国还是儒家思想占主导地位，政治是建立在道德和文化的基础之上的，文化和道德，还有历史的传统，这应该是考虑的重点。我接着讲了我当年应北大哲学系之邀去讲学以及后来参加熊十力学术会议时的一些见闻，告诉大家说，中国对这个历史文化和儒家的传统不但没有忘记，并且还在逐渐地恢复当中。整个社会道德和家庭伦理仍然是儒家的，小孩子要叫叔叔伯伯这个没有改变，所以一定要尊重中国作为一个儒学发源地的立场。我讲完这些后，下面鸦雀无声，好多人好像要反驳我，但也没有真正提出什么意见。高桥进呢也没有敢反驳，只是说："您这个意见非常好，我们要商量。"高桥进本来是发给大家一张表格让大家填的，大概是想让大家通过在他们那里办的。我这么一说，这件事算这样过去了。

杨： 戳穿了他们的一个阴谋？

成： 虽然没那么严重吧，但正如一个韩国人会下跟我说的，他说你讲得好，至少不要让日本人来主导这个事情。事后许多大陆学者也认为我讲得好。

杨： 用大陆过去的评价标准看，您是立了功的！

上书

成： 这件事让我有一种说不出来的紧迫感，那时候我知道大陆还在批评儒家，不会主动来提倡儒学，但我觉得从国家的利益的立场，要联合海外，要主导东亚文化，要成为东亚文化的代表人，那非讲儒家不可。我觉得中国完全可以对外讲儒家，以主导东亚地区的发展，同时跟西方进行一种沟通和融合。所以回到夏威夷后，大概是八月份，我就给孔子基金会同仁写了一封信，没有写给专人，就是写给孔子基金会。还是用毛笔写的，正楷，我不太习惯大陆的横写，所以是竖写。信上我说到了在日本参加退溪会议的一些情形，指出儒学正在为韩国和日本所重视，儒家思想在东亚国家仍然有很大的活力，中国是儒学的发源地，对儒学也有很大的兴趣，目前也呈现出一种发展的活力，所以中国应该主导儒学的发展，整合东亚以及世界的儒学研究者。因此我建议立刻成立国际儒学联合会。我还说，假如我们不这样做的话，韩国人已经在积极进行这样的整合工作，更重要的、值得警惕的是日本人也有此野心。如果他们做成了，对中国将极为不利。我还提了一些十分具体的建议。就这样写好后马上寄出去了。

杨： 很快有了回信吗？

成：我知道中国人办事慢，所以没有期待着很快收到回信。可过了一个月没有消息，又过了一个月还没有消息，到年底了仍没有消息。最奇怪的是，那一年初我回国开会也没碰到基金会的人，所以无从打探。当时我想可能有什么政治原因吧，我还有些担心，但自觉无愧于心，所以也还坦然。不过也隐隐地感叹中国人不关心这事，很可惜。第二年也就是 1989 年5 月，我在纽约的一个基金会申请到一笔钱，我写信告诉汤一介，我说想把这钱捐给北大开个中国宗教的会。汤教授很同意并马上组织，行动很快，我就让基金会直接把钱拨过去。会议邀请了七八位世界级的宗教学或宗教哲学的学者，与会的有二十个人，在香山饭店开的。这过程中也没有关于那封信的任何消息。

筹备与成立

杨：石沉大海？

成：不是，其实他们收到了。当年十月份我受邀参加纪念孔子诞辰2540 年大会，这次会来了很多知名人士。开完会第二天江泽民与代表见面，完事后回到住处。下午的时候，辛冠洁找我说，成教授你不要走，我说什么事，他说我们一块谈谈。我说好啊。他旁边还有马振铎与刘长林两位年轻学者，我不记得任何别人了。我记得马、刘两个人，他们是经常与辛教授在一起的。这次辛教授问我说，你记不记得你写了一封信？我说当然记的。他说现在好办了，我们可以办，现在可以办。我说那你为什么不早点写信告诉我。他说这个事很难解释，但现在这个事情能办了。我说这是好事。当时我们就进了他的房间。他问我能不能十一月再回来一趟，我说有什么事吗，他说你拟一个国际儒学联合会的章程，十一月带过来。另外请介绍几个台湾学者和香港学者。我说这两个问题都可以做到。我们敲定十一月二十九号，我忘记那个具体日期了，再回北京。这次是下榻民族饭店。开会的当天晚上下了大雪，中国文化书院的一个学员还特意安排我去香山赏雪。会开了三天，最后一天谷牧请大家到钓鱼台吃饭，当时我跟谷牧副总理讲，有了联合会，还可以办一个儒学研究院，最好有一块地，建办公及相关场所。他说这个没有问题，可以告诉北京市长，拨十亩地。

应该说这个筹备会开得很圆满。

杨：后来的正式章程就是在您草拟的基础上形成的吗？

成：是啊。我拟的章程包括成立宗旨、成立的方式、有什么样的组织等。我主要强调它是一个联合会，不是一般的学会。联合会的意思是以每个国家或者每个地区，具有代表性的儒学研究组织包括学会、机构、学校以及其他儒学研究团体，以传递会员的方式参加，没有所谓的个人会员，这也是世界哲学联合会的主要发展方式。这样的话，原始会员、发起单位基本上是，如国际中国哲学会、孔子基金会、台湾孔孟学会、新加坡东亚研究所、香港大学中文系、韩国成均馆、德国阿登纳基金会。日本一直没有找到很合适的代表，因为有些日本学会，战争时期配合过军国主义的侵略行径。

杨：当时心里一定很高兴吧？

成：那是，心里的一块石头总算落了地嘛，毕竟没让日本人得逞，也没让韩国人抢先。1993 年在世纪大饭店举办成立大会，联合会正式成立，这对我是一个莫大的鼓舞和安慰。

艰难发展

杨：成立过程中有没有遇到过分歧？

成：有的，比如国际儒学联合会的英文译名，后来改的与中文意思不一致，我当时就不同意。但宫副会长为了某些原因，没有接受我的意见。

杨：为什么要改？

成：为了方便吸收个人会员吧。

杨：儒联成立后，好像也发生过一些有趣的事情，能谈谈吗？

成：其实就是权利之争嘛，详细的就不说了，只是感到后来发生的一些事情，把我们建会的历史给隐晦起来了。

杨：后来，孔子基金会从国际儒联退出来了？

成：明争暗斗，分开了，孔子基金会迁到了山东。

杨：那您的那封信会保存在哪里？

成：不清楚，也没有问过，有没有保存都不知道。不过这不重要，关键是我觉得国际儒联和孔子基金会没有很好发挥我们当初设计的那些功能。我那时主张编一部近一百年的或者近五十年的儒学研究书目，但一直没有做。当然我也理解，钱的支持比较少，人事也不稳定，从创立到发展，中间总是有个过渡吧。现在似乎慢慢在转上轨道。今年曹秘书长邀我去参观一下他们新买的会所，是在叶选平会长的大力支持下买下来的。叶会长功劳很大。看到这个新会所，我觉得是个好兆头，我相信今后儒学联合会会有一个很好的发展趋势。总结来说，从1988年我倡议创立此会，到1993年正式成立，经过了五年的时间；从1993年成立到今天已经十五年，这二十年我看到了它的整个过程，从创业维艰，到一个艰苦的过渡，到现在走向一个稳定的发展，我觉得很知足了。

评价与展望

杨：现在回过头来看儒联，您有什么评价？有什么展望？

成：就它的成立来说，首先是具有世界意义；其次就其影响来说，它启示大家，中国面对世界发展自己，需要自己的认同价值与文化目标，更需要承前启后的团结精神。还有一点，这个会的建立，也影响到后来学会的发展，当初有人酝酿成立国际道家学会，有没有成功我不清楚。另外也刺激了易学这块，易学其实开始得更早，但一直没有一个带动群伦的主导的力量，那我觉得儒联的成立启发了朱伯崑教授，要建立一个国际易学联合会，我到北京，他经常跟我谈起这个想法，我非常支持，所以有了这个国际儒学联合会，引出了这个国际易学联合会。

杨：提供了一个样板？

成：也可以这么说吧。还有一点，儒联每次开会，总会有政府领导出席或讲话，这也很重要，对儒学的发展起到了很大的推进作用。今天儒学受到这么大的重视，国际儒学联合会的平台作用是不容忽视的。当然，前瞻未来，国际儒学联合会以后应更好地参加世界各种学术组织，或者是更好地整合国内外儒学发展的力量。国际儒联现在已经正常地运转起来了，中国的儒学发展也很值得期待。

第三章　出入中西：本体诠释学的思想资源

关于比较哲学

中西哲学有共同点，可以沟通

杨： 成先生，今天开始谈中西比较吧？

成： 可以。

杨： 几十年来您出入中西，一直在西方哲学和中国哲学的比较研究中反思两种哲学各自的优缺点，并在两者相互诠释中建构自己的哲学，那从哪里谈起呢？

成： 先从"比较"谈起吧。中西哲学比较，是一个重要的课题，因为中西哲学，无论内容还是形式，都不一样；它们的根源，它们面向的一些重点问题也不一样，但也不能说没有共同点。

杨： 怎么理解它们的共同点？

成： 作为人类思考发展的一个管道，哲学思想显然会具有一定的人类思维的逻辑。我不认为中西语言不一样、想法不一样，就好像是绝对不沟通。即便是绝对不沟通，它还是发生在这个地球上面，同为人类文化发展的一种自觉的形式。一直以来我都特别强调，在文化里面，最深层的认识，就是自我认识和世界认识，中西虽有不同，但它们思考的其实都是这些问题。因为你怎么去面对自我，怎么去面对世界，怎么去发挥自我跟世界的关系，怎么来创造一种生活的方式，这些都属于哲学考虑的问题。人作为一个高等灵长动物，他不但要找寻他能够成功地做事情的方式，那么因此就必须要对外面有知识；而且他还要找寻他自己发展的方式，实现的方式。再说他也要认识他为什么成功地做到了一些事情，达到了一些目标，也要检讨他为什么失败。所以历史提供哲学思考的质料，生活的经验则是哲学的源泉。所以不管是从一个实用的观点或理论的观点，从一个好奇的观点或一个自我发展的观点，都需要一种哲学的思考。所以在这个情况下，中西既有相同点又有不同点。

中西哲学的差异点更重要

杨： 也就是说，他们的思考方式可能是不一样的，但他们面临的问题是差不多的：认识自我，认识世界，认识自我与世界的关系。那成先生如何看待它们之间的差异点？

成： 过去人们习惯于把相同点当做重点，但事实上，随着我们研究的不断深入，你会发现，它们之间的差异点其实更重要。只看到相同点，固然能够增加一些一般性的沟通，也能够帮助我们掌握人类的共性或者从共性来掌握人的一种特性。但是，在需要深入地了解对方的时候，在解决一些彼此间的冲突问题的时候，还需要了解什么是差异，以及差异的缘由，这样你才能够真正解决彼此间的冲突。当然，解决冲突并不是消除差异，而是进一步了解差异存在的必要性。这样看来，差异也可能就是走向共同点的一个方式，共同点也必须要再进行一个差异化的过程，才能实现为更高层次的同。我读《周易》最大的感受就是认识到差异之所以为差异，亦即理解差异之所以因同而异、因异而同，以及如此这般的重要价值之所在。不然的话，我们就要面对两个不同的文化传统，两个不同的哲学传统而不得其解。我们甚至可以问：于同一个哲学传统里面，你比如说，在西方，到底柏拉图跟亚里士多德有什么差异，它为什么有这个差异，它的差异是怎么发生的；再如近代哲学跟古代哲学有什么差异，为什么有这个差异，为什么古代哲学会走向现代。同样在中国哲学里面也有类似的问题。我最近讲孟子跟荀子，就很注意厘清他们之间为什么有明显重要的差异，而他们的差异之间又如何仍有彼此可以相互认同的意义与真理，甚至可以形成一个更为丰富的心性情理认知实践之学。

杨： 也就是说认识同中之异、异中之同，它们的内涵、产生的原因与意义？

成： 极是，比较哲学其实就是一个在差异中找寻共同背景和共同交汇点，在共同的一些观点认识之下，或者在共同的一个背景之下说明它的差异，而且说明它的差异之所以为差异，它的意义何在，它有什么样的作用。用哲学的语言说，比较哲学就是差异性跟同一性之间的关系问题，是一跟多的问题，多跟多的问题。但要找出它所蕴含的深刻的对真理与智慧的启发意义与哲学内涵。

中西哲学比较的意义

杨： 照这样看来，比较哲学，其意义还是很大的。

成： 那当然，只有了解了差异，才能了解整体，才能了解哲学真正发展的动力与方法，也才能了解一个哲学创新的方向。我从事中西哲学比较研究，对理解人类哲学思维的发生及发展的过程十分有帮助。同样是人，为什么西方的思维必须要经过一个经验上的差异化过程？这些差异化如何创造一个新的发展？这些问题都很重要，尤其是在现在的全球化背景下。

杨： 您一直把差异与发展联系在一起，如何理解？

成： 西方哲学的差异造成了西方哲学的不断发展，中国哲学的差异也造成了中国哲学的不断发展。在中西的差异之间做比较，等于是提供了一个更开阔的空间，这能让我们的哲学头脑更能够发挥它的认知世界及认知自我的作用。而且在比较活动中，我们能有机会更好地去面临一种综合创新的需要，面临一个分析认知的需要。

杨： 也就是说，比较为发展创造了更多的机会。

成： 是的。另外呢，中西哲学比较还有一层意思，就是它能够帮助我们了解人类文化差异性中的意义问题及其价值内涵；能够帮助我们了解文化差异所导致的生活方式的差异问题。从这些意义上说，哲学的比较也是文化的比较、民族心理的比较、制度的比较，或者可以干脆说是两种文明的比较，这些都与哲学有着深密的关系。第三，在比较中如何说明差异也是一个大问题，用什么方法来帮助我们解决差异之间的沟通，以避免冲突、矛盾，更是一个大问题。所以说，比较绝不能少，只有透过比较，才可能更好地了解自己的传统及其发展，才能更好地掌握自己的哲学的本质含义，所谓它山之石，可以攻玉！

比较哲学如何可能

杨： 确实。但比较哲学，或者说哲学的比较是如何可能的呢？

成： 哲学的比较怎么构成一套有关比较的哲学？它代表一种什么样的新的思维方式？可能有什么样的成果或者结果？这些都是比较哲学的核心理论问题。这里先澄清一种观点，不少人认为在彼此存在很大差异的时候不能比较，所谓不可比较论。其实可以换一个角度来看：每一种哲学，都是一套语言，西方哲学是西方语言所表达的一种思维，中国哲学是中国语言所表达的一种思维。那语言跟语言之间能不能够比较呢？它们两个之间能不能沟通呢？老死不相往来，当然不存在沟通的问题。只要接触，就需要沟通。假设没有沟通的话，就会产生一种恐惧或者一种怀疑，一种不信任，最后一定会发生冲突。冲突也并不是说只是为了争夺好处。相互不信赖，行为的方式不一样，就会发生抵触，行为上的抵触和价值上的猜疑，会导致心理上的紧张不安，所以很可能酿成冲突，乃至于战争。所以，在这种情况下，两个族群要接头，一定要先把双方的语言弄清楚，如何说以及说什么。用事实与实践来证明双方是可以沟通的。

杨： 这似乎还没有说明如何可能的问题？

成： 我上面只是在陈述事实。那么作为人，总有一些共同的特点，虽然各自信奉着不同的历史与信仰，但不可否认的是作为一个物种，人们有着相似的外形；作为一种文化存在物，人们对世界都有着相似的基本事实上的认知。人类在开始自己的认识的时候，可能都会把自己的情绪放进去，例如看到高山大河，有的人会有一种崇拜，有的人则可能会产生一种畏惧，但是他们看到的山还是山，水还是水。又如：看到熊，有的人会认它为自己的祖先，特别崇敬；有的人则可能会认它是自己的敌人，特别憎恨，但他们看到的熊仍是熊。这样说来，虽然他们对外物倾注的情绪不一样，投射的情感有不同，因而彼此的看法有所区别乃至大相径庭，但他们看到的外物是有一个共同的事实内涵的。而且，随着人的理性的发展，以及主客关系的被认识，这种不同，乃至于大相径庭的看法会有所改变并逐渐趋同。因为理性的要求就在于如何把客观的事物与主观的情绪分开，如何把一个具体的事物和一个抽象的概念分开，如何把一个我们面对的现状和我们对现状的理念与期待分开，这就是人类理性发展的一个起点。同样的，当我们要了解一个地方的语言时，我们就要尽量把这个语言和我们看到的事物联系起来，而不需要把这个语言跟我们自己对外界事物的那种感受联系起来。所以在语言学家通过声音或文字去了解其他语言的时候，尤其是在具体的生活情景里面去了解的时候，他自然会找出一些共同语言与共同世界，在这个基础上，再看行为上的对应或不对应的关系。比如说你看到某些人、某些语言，把白的东西当成好的，把纯洁的感受赋予它；或把红的东西当成好的东西，把黑的东西当成坏的东西等。这样的话，你就会慢慢在文字上找到一些共同点。所谓共同点，就是在共同的一个观点或者共同的一种经验里面找寻出相通的感受与相应的事物。所以我想，语言能够形成一个相互翻译的事实表明哲学思维也是可以沟通的，而其最终导向一个目的，即是导向一个多元一体的世界。

杨：换句话说，比较是可能的？

成：是的，比较的含义就是如何自自我认知他者、如何让他者认识自我。比较哲学也在了解，两个体系有没有共同的出发点？它们的差异在什么地方？为什么有这个差异？在差异中自我与他者怎么相互理解？理解的标准是什么？方式是什么？如此语言与文本之间必然有注解的可能、解释的可能与诠释的可能等问题。

翻译是语言与语言的沟通

杨：记得您曾经说过您对沟通，对语言的翻译很有研究，那您如何理解翻译?

成：刚才说到语言可以相互翻译，那并不是说不同的语言之间完全可以一一对应，一模一样，那是不太可能的。翻译除字句的对应外就是用自己的语言去说明对方的语言，或用对方的语言说明我的语言。所以它的实质是你如何用自己的语言资源来说明、认定他所指陈的世界，以及如何说明并理解对方在指陈这个世界时所呈现出来的主观感情及其含义。长久地观察下来，人们就会建立一种语言跟语言之间的沟通，这种沟通一方面是物质世界的沟通，另一方面也是心灵世界的沟通。

杨：相较于物质世界的沟通，心灵世界的沟通似乎要难得多?

成：有难度，但心灵世界沟通的逻辑基本上也是很清楚的。比如说我牙痛，是说我觉得身体上的某个地方不舒服，于是我会有一些表情，或者会发出一些声音。对我来讲，我牙痛跟实际的牙痛的经验是联系在一块的。那么，要他者用另外一套语言来说牙痛时，这个"痛"字，也要有一个具体的行为与之相应。所以一个人讲到痛的时候，他表示痛的那个动作我可以理解，我讲到痛的时候，我表示痛的那个动作他也能够理解。也就是说，从我们了解那个痛的客观的一面看，语言已经有共同的指向了，它都指向那一类痛的行为。但是当我说痛的时候，我是把我的感觉和表现痛的行为的那个字联系在一起了，所以当我听到你说"痛"字的时候，我也能够把你的行为等同于我的行为，我的行为又带向我的心理，虽然我没有办法感觉到你的痛是什么样子，但是我可以很自然地就知道你也是在痛。这就是建立在经验基础上的以此心度彼心。

杨：比较哲学之所以可能，大致与此同理?

成：是的，在这种情况之下，我认为比较哲学的可能性是有它的哲学基础的，比较一定要基于一个共同的世界，比较能够打通自己的心理，也能让你揣测对方的心理。对于那些还不能够知道的东西，我可以用我的心去考虑对方，我们也允许对方用对方的心来考虑我。所以，比较哲学不但拓宽了物质世界，而且也拓宽了人们的心理世界或心灵世界，这一点我觉得是非常非常重要的。

在夏威夷大学从事比较的工作

杨： 夏威夷大学哲学系以中西哲学比较闻名，这和您的努力分不开，而您的比较工作就是从这里开始的？

成： 我在夏威夷，开始来的时候就是教两门课，一门是中国哲学，一门是美国哲学，这两个其实差别是很大的，要相互沟通，要相互理解，比较哲学自然就形成一个很重要的研究课题。你知道我在读博期间翻译过戴震《原善》一书，翻译就是比较研究。我在翻译《原善》的时候，必须比较中英两种语言，哪一句英文更适合表达《原善》中的某一句话，哪一个人的观点能更好地说明戴震的某一个观点或某一个立场。这不就是比较研究吗？总之，我很早就具有了比较意识，在我开始教书的时候，这个意识就更加清晰了，并变成了自觉的行为：透过西方哲学来了解、探测与发展中国哲学，也透过中国哲学来衡量与挑战西方哲学。除了比较，没有更好的办法。比较是一个很泛的问题，从本质上讲是一个相互理解、相互认识的问题，是一个相互诠释的问题，是一个相互整合的问题；是在相互诠释、相互整合的过程中推陈出新、产生新观点的问题。

杨： 比较、诠释、整合、创新？

成： 这里必须强调一点，比较哲学的终极目标，是产生一套新的综合哲学，甚至走向一个世界哲学的发展，让人们更好地去掌握一个开阔的哲学创新的概念。但创新也好，世界哲学也好，历史的延续性是无法完全否定的，既没有完全、绝对不相关的东西，也没有一个绝对断绝的历史过程。东西哲学之间就存在着细密而隐藏的关联。

杨： 有因、有损、有益？

成： 还有果，还要特别注意到不同文化传统的多元特征。

杨： 中西比较是一个很宽泛的概念，西方有古代、近代、现代，还有当代；中国也是如此，那比较是什么时段之间的比较？有没有可比性？似乎也都是问题？

成：我们认识上的西方哲学包括欧洲哲学、美国哲学，当然还有古代、近代、现代、当代之分，甚至还可以划分得更细。这里的关键是看你研究的对象是什么，或者看重的对象是什么，不排除有各种交叉比较的可能。自身不同时段之间的比较，同一时段不同流派之间的比较，甚至同一个哲学家前后发展不同，也可以比较，还有中西之间的比较等。你比如说，欧洲大陆哲学和英美经验哲学的比较，早期康德和后期康德的比较，早期海德格尔和后期海德格尔的比较等。中国哲学也是如此。至于中西之间，现代中国哲学和现代西方哲学，古代中国哲学跟古代西方哲学的比较，或者古代中国哲学和现代西方哲学等都可以比较。

杨：有差别就可以比较？

成：理论上是这样的，都有比较的可能性。在这个意义上讲，中西哲学比较是一个非常宏大的课题，包含的东西实在很多。

比较能帮助我们了解对方

杨：您的比较侧重于哪些方面？

成：起初比较关心的是用什么样的概念来说明中国哲学的基本概念，尤其是说明儒家、道家的基本概念；用什么样的方式来了解中国哲学原初的特征，这是我当初特别重视的一种方向。我之所以很重视西方哲学的方法性与对象性，原因就在这里。当然，重要的是西方哲学是透过它的方法性提供了分析的方式、综合的方式、归纳跟演绎的方式、直觉类比的方式等。当然有的方式中国哲学中也有，但不显著，有时且相当晦涩与模糊，涉及对象性的问题。

杨：实际上是利用您的研究西方哲学的经验来认识、研究中国哲学？

成：这是一方面，同样的，对中国哲学的了解也帮助我认识了西方哲学的特殊性与局限性。所以我的经验是，念中国哲学不能不去了解西方哲学；念西方哲学也不能不去了解中国哲学。

杨：有比较才有鉴别？

成：不单单是鉴别，比较哲学的一个最大的课题，就是在对对方进行了解的同时，更深刻地了解自己，并透过一个不断综合、不断整合的过程，来掌握中西哲学研究的发展潜力。这是一个哲学的过程，就我早期的经验来说，就是透过美国哲学和中国哲学的比较，找到一种彼此最容易沟通的方式，并交叉产生一个整体观的哲学。如今我更强调西方古典哲学以及欧洲近现代哲学与中国哲学的沟通与融合中的创新。

容易出现的几个问题

杨：那会不会出现比附一类的情形？

成：有三个问题值得警惕：第一是片面性，例如在中西哲学这一块，张君劢就用柏拉图理想主义，用亚里士多德的实在论来解释中国的理学，而没有进行双向的诠释。我觉得这个就比较片面。我现在要讲的是，在比较哲学里面，要发现一个深度的哲学问题，而不只是一种表面上的，或者字面上的比较或者附会。第二个是强加，像胡适用杜威哲学来理解与评鉴中国哲学。其实，用杜威的哲学来理解中国哲学是比较有限的。现在也有学者用杜威来理解儒家。儒家是不是可以用杜威的工具主义与实用主义来理解，这是个很大的问题。当然儒家对于杜威哲学可能有它的一种意义，但是，在这种比较当中，也难免存在着把一家之言强加在另外一家的危险性。那么，怎样才能够客观地而不是强加地找出它们之间的关系，并从里面产生出一种创新性、整合性，这是比较哲学的目标。第三个值得警惕的现象就是化约，片面化约。所以，我一直强调，比较应该是一种相互诠释、相互理解、整合或融合创新的过程，这样才能够避免哲学比较带来错置与扭曲的谬误。这个相互理解与诠释的要求处理起来当然非常困难，因为它要求对两个不同哲学传统具有相当深度的、整体的了解。但也只有这样，比较才有价值，不然的话，只是表面上的排比，反而会产生一种障碍。

《周易》与怀特海

杨：比较哲学的研究确实对研究者的要求很高，两方面都有深入的了解，不容易。您能否结合自己的具体经验再深入地谈一谈？

成：比如我对《周易》与怀特海的比较。怀特海我后面还会详细讲，这里先点一下。我在引进《周易》研究的课程的同时，也在引进怀特海。

但是对中国而言，怀特海的价值到底何在？方东美先生很早就提出过这个问题，我也很关注。所以我开《周易》哲学课程，一定用两本参考书，一本是怀特海的《过程与实在》，一本是海德格尔的《存在与时间》。

怀特海的过程哲学，对于我们理解周易的变化理论很有参考价值。但我发现，虽然怀特海和《周易》都讲过程，但彼此有一个根本的不同，那就是怀特海还要假设一个永久性的对象，这个对象不是事物，而是一个抽象的理念。他必须要先假设这个东西，要假设一个超越的存在，或者最终的目标必须导向一个对独立永恒对象（eternal objects）存在的肯定，它这方面的倾向很强，这是一种传统的柏拉图式的形而上的思路。

杨：是不是与上帝信仰有关？

成：有一定关系，怀特海认为创新是上帝或者神的活动。不过他所谓的上帝有点儿类似于中国哲学中的"道"。他讲为什么会有新的东西，他认为是因为有无限的永恒不变的存在物。创新过程就是把这些对象的概念引入到现实语境之中，使它变成新的东西。他用的词是永恒理念、永恒对象，很像柏拉图的理念。他说只有把永恒引进到现实的活动当中，才能产生新的事物。然而你知道，中国哲学就不需要假设这种超越性的东西，如果有，则是在创造力活动的过程中相互超越、相互创造。在中西哲学比较中你会发现，不管是《易经》，还是《道德经》，或是《易传》，它们都不需要假设一个外在的存在，尤其不会假设一个超越的存在。有内必有外，有内在超越也可以有外在超越与之相应，两者互动才有一个创新的基础与动力。从这个意义上我们也可以说以《易》与道为依托的中国哲学是内外互动的一体论，与西方哲学和宗教中的外在超越论或科学中的外在论有很大的差异。所以你看，比较到最后就变成了是一个本体性的比较，由此发现的差异，可以称为根本或本体差异。根本差异代表的是最原初的一种思维方向与思维方式的选择与掌握。只有找到这个，才能正确理解个别哲学体系的差异，如伦理学上的差异、知识论上的差异等。

本体论的角度

杨：抓住了本体，就是抓住了纲？

成：我一般倾向于从一种本体论的角度，来找寻事物的差异，这样更容易了解外面的事物。例如关于道德的问题、伦理学的问题，在亚里士多德那里，他只考虑到人有一种理性能力，人的行为有一种好跟坏的差别，但他并没有解释好跟坏从何而来，没有解释好跟坏的真正意义何在。他指出人具有这样的一种灵魂结构，在其实现自己的过程中产生所谓的德性。在生活当中，他要求人要养成好的习惯，要重视社群。从这里出发，用之以解释伦理学与心灵哲学上的一些要求，如对正义的要求，对自由的要求，对个人思考上的判断力的要求等。但是，他不会像中国哲学那样说明人之成为人的本体论的基础在什么地方，说明人为什么要明道而体德，有这样与那样的德性，德性之间的关系是什么，这些问题他没有回答或回答得不清楚。当然，在柏拉图对话引用的神话里面也没有说得非常清楚。中国就不同，它强调人的先天性的道德能力或意识，德性之间又是相互关联的，而且有其特殊的作用和目标。可见，中西的不同源于其根源上的差异以及发展方法的差异，西方走向一种对事物的客观的认识与差别化的精神，而中国更注重事物之间可以主观体会与相互协调的精神活动，这些都可以说是从比较哲学中看到的一些重点。

在比较中发现诠释的重要性

杨：您从本体的层面进行比较，然后进行整合，形成了自己的哲学体系？

成：是的，这个构成了我的本体诠释学的一个基础。透过比较哲学找到中西彼此的根源性差异及其发展性的分歧，然后才能够知道中西哲学体系是怎么形成的，才能够知道它们的发展道路跟潜力在什么地方，然后才能够解决它们自身发展方向的问题。而且，从根源上面找出中西的异同，就能更好地形成一些共同标准来描述、说明、判断两个系统之间的长短，以及需要充实与致力的地方。

杨：那中国哲学中的本体概念与西方哲学中的本体概念有什么不同？

成：当然有不同。西方人所谓的本体，主要是指本质的存在。我们用我们的本体概念来翻译他们的本质概念，并把它视做本体，实际上是不正确的，本质是不动的，而我们中国哲学所谓的本体是生生不已的，是有生命性的，这两者是两回事，不能把本质当做本体。所以，在比较哲学里面，可以发现一个新的本体论、新的道德哲学、新的知识哲学。那么同时，在一种比较哲学当中，你还会感受到，一个哲学体系可以作为诠释与说明另一个哲学体系的范本，这实际上也就是一种我所说的诠释的方法。就我来讲，这一点加深了我对中西哲学的深层次的共同性的认识，也加深了我对中西哲学在发展过程中表现出的多种差别性的认识，这无论对重建与创新都很重要。

杨：在比较中发现了诠释的重要性，发现了中西哲学里面更深层次的东西？

成：是的。而且我之强调中西哲学比较，也是因为它们代表了人类思维发展的两个重大方向，尤其在比较中，可能还会发现它们之间的显隐依持性、对立相胜性以及和谐互补性，甚至会发现其中所包含的具有动态永恒性的全球意涵。

开创夏威夷大学的比较哲学研究

杨：在美国从事中西哲学比较，有什么感受？

成：我50年代末60年代初来美国的时候，美国没有一所大学对中国的哲学有所认识。美国哲学有它自己的历史和传统，它最开始走的是英国哲学的路向，主要是受到英国的经验主义和英国的宗教哲学、基督教传统的影响。所以，美国有很多哲学系往往就是宗教与哲学系。从教育制度来说的话，美国哲学系的开放是在30年代，有欧洲哲学家进来，有强调逻辑实在论的学者进来，冲击了美国哲学，把美国哲学带向了一个分析哲学的高潮和科学哲学的尖峰。但是，像我这样一个从中国到美国坚持哲学的学习与教学，参与美国的哲学学会，标举中西哲学的平等互参与彼此丰富，在60年代似乎只有我孤家一人而已。所以就比较辛苦，也很难马上转变西方哲学研究的风气。但是，相对于美国本土的那些保守的学校或者已经定型的分析哲学的学校来说，夏威夷大学算是比较开放的，加之这个州是一个偏向于东方文化的州，就人口的比例说，东方人占了一半，这些东方家庭的子女呢，多多少少保留了一些东方文化的背景和价值观念。所以夏威夷大学的人文学科，包括哲学，不能不有东方的色彩。也因此夏威夷大学很早就希望有一个东西兼顾的哲学系，所以说夏威夷大学哲学系的这个传统的产生也不是偶然的。

杨：很早就建立了兼顾中西的传统？

成：相对而言。最早在这里从事这项工作的是出身耶鲁的一位教授，他是研究印度哲学的，叫 Charles Moore，他在这个地方发展东西方哲学，陈荣捷就是他最早邀请来的。陈荣捷之前，甚至在 Charles Moore 之前，学校的校长一直希望东方的学者来这里讲学，所以，胡适也来过这里讲过课。反正在我来之前，这里已经有一个东西哲学共同发展的规模，但是怎么发展还没有形成一个定向，尤其在中国哲学的发展方面。我来后的第二年，适逢第四届东西方哲学家会议，所以，就特别地强调了基于相互理解的东西方哲学之间的比较。"东西方"这个概念也许在美国很早就有了，但并不流行。60 年代，夏威夷联邦州政府在夏威夷成立了"东西方文化研究中心"，因此自然带动了一种趋向，要同时发展东西哲学，但那时候并没有强调比较的意思，还停留在强调相互了解的层面上。我是 1963 年 8 月来到这里的，1964 年参与东西方哲学家会议，与会专家，中西方传统的教授学者，都抱着相互观摩与相互理解的态度来到此会。强调东西方哲学的共同学习，可说是 Charles Moore 教授开创的风气。正由于有这样一个基础，东西哲学的比较的概念也就油然而生，加上我同时开设中国哲学和西方哲学的课程，学生也会提出比较的问题，在比较的基础上我又发展出融合的概念以及融合以创新的概念。

杨：也就是说，在您之前，Charles Moore 教授开创了相互学习的风气；从您开始，强调了中西比较的方向？

成：对，这个没问题。因为我来这里教书，一开始就是每学期教一门中国哲学，教一门西方哲学。我当时也在考虑，二者到底哪个更根本。在参加一些辩论之后，我提出了中西哲学、中西文化互为体用的概念。因为我既不想说中学为体，西学为用；也不想说西学为体，中学为用。

杨：您所谓的"中西哲学互为体用"是？

成：中西哲学互为体用，就是在整个哲学的发展当中，找到一个共同的起点，由此起点产生了相应的整体的体系差异，而两种差异经过一个由比较而理解、由融合而创新的整体诠释的过程，形成为一个整体体系。在这种情况之下，中西两者都可以是体，也都可以是用，东为西之体，则西为东之用，西为东之体，则东为西之用。两者都可以相对于不同的目标，产生不同的体用关系。

杨：这一原则对于您的中国哲学研究有什么意义？

成：我是在这种意识下来思考中国哲学的发展的，因而特别注意加强中国哲学的体系性，特别注意加强中国哲学跟西方哲学的沟通性。所以从一开始我就有意识地相继开设了中国哲学导论，然后是《周易》哲学、儒家哲学、宋明理学，然后是中国的佛教哲学，甚至中国的逻辑、当代中国哲学，与我开设的西方哲学的专业课程如语言哲学、科学哲学、知识论、形上学、诠释学、伦理学以及宗教哲学相呼应。

杨：这些课程都开过？

成：都开过，只有对中国哲学有了整体与个别的了解，才能在交流的时候体现出一种比较性与融通性。我当时把西方哲学的一些相关的课程以及参考书摆出来作为参照系统，发展中国哲学的概念。所以讲《周易》哲学我一定会把怀特海和海德格尔摆进去，讲康德哲学我也一定要把儒家摆进去，把宋明理学摆进去。现在讲伦理学，我也把《论语》摆进去。伦理学实际上已经不只是西方的伦理学，伦理学就应该有古典儒家德性伦理的内容与后现代权利伦理的内容，把它们形成为一个新的理论体系，我叫做"人类整体伦理学"。

杨：这样的课程设计和讲授在美国大学哲学系是不是很另类，或者说很有特点？

成：夏威夷大学哲学系，相对于整个美国的传统来讲的话，已经构成了一个新的哲学发展的传统，这个传统我想是从我开始的。这个哲学系的教授，大多是这样定位的：有人只教研西方哲学，有人只教研东方哲学，如印度哲学。我则是既教研中国哲学，又教研西方哲学，并从事中西二者的比较与融合。当然也有人本来基本上是开中国哲学的课程，慢慢地又很上进，开始开一点美国哲学的课。因为我们也要求大家开些共同的课，开些哲学导论啊等。所以哲学导论一课就慢慢地中西哲学化了。慢慢地形成了这样一个传统，慢慢地开始有了《东西哲学杂志》，后来又有了我的英文《中国哲学季刊》。这样，这里的哲学系，就在美国变得很突出。在过去二十年里，大半念中国哲学与比较哲学的人，都要到这儿来进修。所以在美国教研东西方哲学的，基本上都跟夏威夷大学有关系。夏威夷大学去年（2007）庆祝建校 100 周年，如此算来，我到这里来已经有 44 年，经过努力，终于让美国的大学有一个哲学系有中国哲学这一版块，作为一个制度来讲，这是很重要的一个局面。

杨： 我有一次跟芝加哥的夏函夷教授联系访学的事，他得知我研究《周易》，回信说，研究《周易》得去夏威夷，我想那毫无疑问指的就是您这里了？

成： 毫无疑问，而且指的是我。在美国教研《易经》哲学我是首创者。为此我还发展了国际易经学会，80 年代中期我回到中国，这个学会与我对《周易》的哲学研究以及倡导在一定意义上也影响了中国大陆易学研究的蓬勃复兴！

西方哲学的资源

杨： 能在学界独树一帜，并能开创一个新的局面，乃至新的传统，这的确不容易。下面您是不是围绕着本体诠释学的资源问题谈谈您的中西哲学比较研究？

成： 在没有正式介绍本体诠释学的体系内涵及作用之前，先谈一谈本体诠释学形成过程中继承、批判或者是转化了哪些中西哲学的研究成果，这个问题非常重要。就本体诠释学而言，它基本上是由或基于整合本体论的问题和现代知识论的问题而形成的。

本体概念的产生

杨： 中国传统哲学中的本体论与西方哲学中的知识论？

成： 是这样的。到底这个世界的"真实"是什么？人能不能认识这个"真实"？"真实"有没有它的一个根本的意义？当我们认识它时，它是不是一个外在的对象，或者它是否具有一种内在性？这些问题在中西方可能都是很关键的问题。我的出发点是：这个世界来自于我们对这个世界的意义的认识，这个认识又一定是从人之成为人的那个意识和经验中去建立的。但经验也好，人的意识也好，它是一个发展的过程，是一个不断确认的过程，不是说一旦有了这个意识，就固定在那儿了。所以所谓认识，首先反映在对认识对象的确定，而这个对象的确定又必须基于对对象确定的那个意识的能力的自我的确定。也就是说，我们在确定对象的时候，事实上也是在确定认识者的一个能力。所以，这是相对于认识者的这种能力的一种认识，相对于认识者自身的一种认识。所以，对世界的认识和人之自我的认识是相互影响、相互界定、共同开展的。这样的话，我们就可以看到，这个世界有一个本末的问题，有一个所谓起点的问题。当然，并没有绝对的起点，因为我们的意识随时都在开始，我们随时都有对事物的认识，而且这种意识也是一种意向。我们需要深化这种意向，逐渐形成意识，通过这个意识，产生知识、价值与规范，然后在此等意识的基础上行为与改变世界，形成自我，并导向很多发展的问题。所以要深化地去了解意识的主体与对象、认知的主体与对象、情感的主体与对象，以及行为的主体与对象。同时我们也要了解我为什么有这样的认识，因此必须要了解自身的意识的发生。在这个意义上讲，认识的每一个点都是一个起点，它都是产生新的认识的一个步骤。但是新的认识并不能够忘记过去的认识，因为人的认识显然对过去有继承，也就是有回忆与记忆。过去的认识所形成的概念也会影响到我们怎么看下一步，所以这个意识在发展当中显然要有一个对过去发生的意识的整合，这种整合能让它更清楚地知道我之内有什么资源、我之外有什么现象是我可以掌握的。掌握的标准，或者说我的自我认识的标准，就在于它能否丰富我们生活的价值。当然，这个过程不单是产生主客之间的紧张、前后之间的紧张，还产生所谓从认识到价值观念的一种紧张。也就是我们认识环境与真实不是没有目的的，我们从没有目的可能走向有目的，因为我们生命的这个感受是一个整体的感受，甚至我们必须要用它来界定我们能在知识基础上立足的一种价值。而这个价值它本身又产生一些对行为的指导，我们于是又产生了新的经验，这样意识与知识也都变成我们实现自我、实践生命的过程，也就产生了所谓一种具有根源性的动态发展以成体、成己、成人的本体概念。

亚里士多德的本体学

杨：您从认识出发，导出动态的本体的概念，可谓中西合璧?

成：对，西方人虽然知识论很发达，但没有导出动态的本体概念，比方说亚里士多德，他只是在一个科学的认识之中抽象出一个所谓存在的概念。亚里士多德是亚历山大的老师，他有机会到处搜集资料，分类各种事物，得到有关客观事物表象的认识。所以他能够首先开拓出一种客观研究的方式。但在他那里客观跟主观是脱离的，他没有考虑到生命是一个实现兼实践的问题。当然在他的伦理学或者政治学里面涉及到了实践问题，但在对外面世界的整个认识中，比如说物理学中，他没有谈到这个认识对我们人的实践有什么特别的帮助，有什么特别的指导。而当他的自然知识发展到一定程度之后，他试图探索知识背后的东西是什么、知识具有的共性，以及这个共性的一种抽象的存在是什么。他的结论是：那是形上学的存有（ousia）。所以他的存在概念是基于不同知识门类而抽象出来的一种概念，这个存在的概念是跟生活有一定的距离的。所以他后来讲的 metaphysics，事实上就是一种抽象存在之学，叫做 being of beings，就是存在的存在、存在物的存在性，并没有动态发展的意思。具体的生物是有发展的，但事物的存在却没有发展的动能。因此，他的形上学事实上是一种思辨的或者说是一种抽象的思考的范畴之学。这与我说的本体是动态的发展的存在意义的本体学是不一样的。

中国的本体学

杨：虽然建基于知识的探索，但本体与知识是二分的?

成：对呀，中国的本体学就不是这个意思嘛！在中国的本体学观念中，外面的世界是一个动态的环境，人的认识是在一个开放的、经验的，人跟事物、跟天地万物交互影响的情形下形成的。这样的认识所产生的世界真实或我的真实的概念虽然有它的对象性，但又有一种相应的主体性，换句话说，是我在认识世界跟我的关系的一种动态发展的关系，我据此能够更开阔地去看这个世界，看得越广，我的认识就越深；我的认识越深，我就越能掌握自我的认识能力，就越能提高自我的自觉。所以在中国的本体学里，人对世界的认识是人与外面世界的互动，这种互动对他追求价值目标很有关系。他能看到在哪种情况之下能够实现哪种目标，或者在哪种目标之下他需要哪种对外面世界的认识。也就是说知识一定会带向一种价值目标。而价值目标又会促使我们在自己的行为中获得更丰富的知识，进而使我们运用更深的一种自我体验和实践经验来充实对外面世界的认识。

杨：知识与价值是交互展开的？

成：是一个交互展开的过程嘛。理解这种过程，自然会追溯到"本"。"本"，从我们一般的定义来看，是一个发展的起点，又是一个导向不断发展与提升存在层次的活动过程，它必然表现为丰富的繁，形成肢体，但也可能会从繁再回到本能的简而呈现为精神。所以它可能是一种自然理性，好像一个统一的、一体的根源，万物只能在这个根源性上来找寻，在这个"本"到"体"的过程上来探寻它们之间的相互关系。有几个面向：一个是找寻万物之本，一种时间上的发生意义；一个是找寻万物之间，一种有机性的整体错综的感应关系或因果关系；一个是找寻它们在未来发展中可以如何组合或者是结合，来产生一个新的世界，或者产生新的事物的创发关系。"体"的概念就在这里出现了。这样的话，"本"跟"体"本来是两个不同的概念，二者都具有形上学的意义，因为它是一个动态的过程，我们看到它在变，却看不到它为什么变。但我们会感觉这种变。而且，这个具有整体性的东西我们可以对它进行思考与推演。尽管我们也看不到这个整体，但我们可以有一种直觉的整体观，我们可以在它的动态之中，体会出来：透过事物之间的相互影响的关系，从整体中去找寻它的发展趋向，以及它相互依存的一体脉络。

杨：作为一种认识形式，"体会"很能反映中国哲学的特色？

成："体会"这个词其实也是因为这个"体"的关系——整体去观察，整体去汇通，然后产生一个对外在事物的整体的认识，并在整体认识当中厘清事物之间的关系。在这个意义上，我可以视它为深度现象学的方法，它不是一种高度的抽象，而是一种深度现象的观察。我不是曾经写文论述与探讨过《周易》中的"观"字嘛，你观天下，观事物，观万物之间的关系，然后产生一种动态的、具有生命力的 living force（vis viva）。当然，这也可以是自我的凸显，但这个自我本来就是从对外物的观察里面来建立的，所以我跟物之间具有一种感通性，这种感通性也可以说具有一种认知的意义。这样一来，认知就不只是一种对客观对象的认识，像亚里士多德那样；而是一种包含了对整体的我、对整体的宇宙的自觉认识，认识中有一个自觉的成分。这样就产生了一个所谓"本体"的概念（最好写成"本—体"）。万物皆有本，从客观来讲，万物之为万物，其产生发展总要有一个动力，本就是这种动力，因而也是宇宙的根源。此外，这个本还牵扯到一个起点的问题，我们认识万物，会发现它的次序，那这个次序，它的基本原因是什么，给它次序的那个基础是什么，它的内涵即内在结构是什么，这也是关于本的思考。所以，本不只是一种根源，还是一种基本，它有一种内在的架构或内在的义理。对于本，我们可以用语言来说明，但本的体现还是在体，从体里面才能回到本。体是个整体的意识、整体的世界。没有本就没有体，透过体才能领会到本。从这个意义上讲，本体是我们形成的对世界认识的一个整体系统，在这个整体系统中，任何一个事物，它的存在，都有一个意识和它相应，虽然我们不一定每次都说出来，但是在整体里面它都有一个相应点。同时，任何一个与意识相应的事物都有它的根源性，所以，由我与世界的相互关系而形成的整体，它的存在是指向那个根源的。这样也就形成了具有一种整体性的本体意识。但我们所谓的本体，当二字连用的时候，它又会是我们认定的一种最基础的认识架构。在此架构中，"本体"事实上就是人之意识的存在基础，当然也是这个存在的一个意识的表象。这种本体具有开放的性格，但有时也可以变得很死板。怎样维护其自身最初发生时的那种开放性，是非常重要的。而且要知道既不能把本体固定在心上，也不能把本体固定在物上，或任何一点上，它是全体，一个动态的全体。它是一个灵活的意识，是一个不断扩大的生命意识，是一个宇宙存在的、我们可以加以说明的发展性的认识。比如中国哲学常说的道、太极、性命等，都是本体性的概念，也都是关于本体的认识。真正的本体是开放的概念，它可以是天道，也可以是性命，也可以是天道性命。本体概念的发展以及本体论的发展，在我的范畴论里面，可以说涵摄了宋明理学家讲理气互生结合的宇宙观，或者生命观，当然就是一种本体观。宋明的心性之学也是一种本体观，因为它代表如何开放出一个新的生命整体。所以任何一个具有由本形成体的体系或思维过程，都具有本体的形式与意思。

理想的本体

杨：都具有本体的意思，是不是意味着都具有同样的深刻性？

成：当然，我所谓的本体具有理想性，它是指正确地认识并保证人的心性的一种意识，它能够和宇宙建立一种认知和感应的关系，因而形成一种对宇宙的概念；同时又能够形成相应的自我的概念，而且也能够掌握到它们之间的一种关系。这些关系包括如何去理解更新的事物，如何去形成价值理想和目的，如何去实践以追求这些价值并实现这些目的。而且，这个意识是一个创造的意识，能够在事物之间看出它们的相关性，又能把事物之间的相关性表达出来，让其他人的意识也能够掌握到，这个就是所谓的语言创造能力。

杨：语言创造能力，这是不是关涉到诠释的问题了？

成：是的，诠释的根源，首先是我们有一种原始的理解，人之存在，从物质的层面来讲的话，可能是宇宙存在的一个自然发展，这个自然性说明了人的价值之所在。人的价值当然来自于他所存在的这个宇宙，这个宇宙也为人的发展提供了一个空间。在我看来，这可以说是一个后设的人的存在的目的论。我想儒家也是这样认为，人存在的目的就在于显示这个宇宙存在的丰富内涵和它的重大意义。因为这个宇宙不只是一个物质的存在，还是价值的存在，这个价值要在人的存在里面体现出来。所以我深受孔子"人能弘道，非道弘人"这句话的启示。当然这个"道"，在孔子那里可能比较局限在文化的、政治的或道德的规范层面。但透过《周易》、《中庸》可知，这个道是具有深层的宇宙论的意思和深层的人的本体论的意思的。所以道是一种最深刻的、天地所依赖的或者是天命所显示出来的创造秩序的能力，它本身就具有一种包含性、发展性，甚至有一种内在的目标性，它这个意义很丰富。

杨："内在的目标"？指向哪里？指向完美吗？

成：已经存在的宇宙它不一定是最完美的，在人类有了整体意识和价值意识之后，你看这个宇宙就有很多并不是很美满的东西。当然宇宙的重要性在于它提供了各种可能性，这种可能性也使人类的存在变得可能，不但可能，事实上在实践当中已经变成现实。这样的话，在整体宇宙的发展当中，人是不是可以能够更好地来实现宇宙所允许、所包含的整体价值秩序，包括人的文明的创造、科学的发明与发现、艺术的创作、道德的坚持以及人的各种文化的成就等。

杨：赞天地之化育？

成：可以这么说，但尤其值得注意的是，诠释之用恰恰是在这里显现出来的。诠释，是人怎么看这个世界，怎么跟他人沟通，以激活人的经验，创造出更好的行为方式，来实现一种更好的宇宙发展的状态。从这个意义上说，诠释是一种具有宇宙论意义的活动。中国的哲学基本上都是本体学，在它看来，人的任何行为都具有一种宇宙性和根源性。从这个意义上讲，伦理具有本体性，我甚至把它叫做本体伦理学，事实上道德的概念本来就具有宇宙性的美好人类行为或心灵趋向。当然你也可以有本体知识论，就是说你可以基于人类的本体意识来认识这个世界，来管理这个世界。当然也可以谈本体的美学，等等。

杨：也就是说，人类的任何思考都可以与宇宙整体的大本大根发生联系？

成：是的，诠释是什么，就是一套理解，说它是诠释，是因为人类能够创造出一套相互沟通的语言，或者说语言本身具有一种表象这个世界形象的功能，这种功能能够让我们更好地掌握宇宙的形象。你看《周易》的符号，天地水火等都有一种文化的价值。火因为燃烧发出光亮，所以《周易》把火看成是光明的象征；水呢因为它有危险性，所以《周易》把水看成是艰难的象征，等等。《周易》透过对发展变化的理解来扩大、组合我们对宇宙本体的认识、对生命本体的认识、对万事万物的本体的认识，多向度地掌握了我们经验中的宇宙的共相。所以，我们可以直接透过我们习惯的语言，或者透过我们已经有的意识，去掌握外面的世界。这是我们的常识体系。如有新的事物发生，我们有时候还会用我们原来的这种经验来推导、来说明新的经验之性质，或者甚至推演外面世界的性质，以发展知识。当然我们还可以放弃我们的常识，针对新事物，从一个最基本的层面去掌握这个事物的特征，在这种情况下，我们只是一种意识状态的活动。我们对宇宙事物的认识，就是把它当做一个吸收对象吸收进来，然后我们自己再逐渐加以改进，组合成为一套体系。所以有的时候我也可以放弃自己的成见，或者已有的认识，去掌握外面的世界。当然西方的诠释学认为我们不能够完全放弃成见，后面我会谈到伽达默尔，他基本上是采用这个概念。在这种情况之下，我认为新的哲学体系能够让我们有更深的本体认识，对我来讲，尤具深意。

蒯因的资源意义

杨：本体的话题谈得不少了，下面是不是谈谈本体诠释学的西学资源？比如说，您一直强调蒯因对您的影响，可否先从蒯因讲起？

成：蒯因对我的本体诠释学的影响非常之大，总的来说，蒯因的哲学里已经具有了一个本体的概念，别人可能没有注意到这一点。但他的本体论也可以有两种方式的意义：一种是描述的本体论，主要指对象的本体，就是事物，他叫做本体的承诺，就是任何一种语言都指向一些预设的对象，或者换句话说，任何一种语言只有靠一种我们预设的对象，我们才能问其所指的真假，才能问这句话的真假。这也就是说，任何真假的句式都有一个对象存在，这个对象是什么，是要我们去决定的。另外一种是规范的本体论，主要指应然层面的本体，我们应该有什么样的本体认识，我们为什么不能够接受任何一种语言所表达的本体？因为有一些标准需要满足：第一，它是跟最根本的经验连在一块的；第二，它是个简易但包含面很广的体系。换一个方式来说明蒯因，我们可以看到蒯因在构建他的本体形上学时，特别显示下列几个要求的满足：一是经验性的要求；二是所谓包含广度的要求；三是逻辑一致性的要求；四是简易的要求，即在表达中具有一种整合性和逻辑的义理的密度，不能松散；五是体系化的要求；最后是对未来至少在预测方面有所帮助的要求。满足这六项要求，我们就可以掌握规范的本体论之所在。但对蒯因的自然化的总要求来说，一个规范的本体论正是一个最自然的描述的本体学或本体论。

杨：蒯因对知识的态度呢？

成：他认为这个宇宙是一个整体的、合理的宇宙，他批评过去对宇宙的认识带有片面性和分散性，没有意识到知识本身应该是联系在一块的，不可分割的。他强调逻辑跟科学不应该分开，自然科学跟社会科学不应该分开（注意，在他看来社会科学必须要以自然科学作为榜样，这是他的片面性），人文科学必须尽可能靠向社会科学，只有这样才能形成一个整体。在他看来最核心的知识成分就是逻辑。而他所谓的逻辑是有固定所指的，就是第一序的谓词逻辑。他认为我们对这种逻辑掌握得最清楚。在这种逻辑里，任何一句话，要么是真，要么是假，人们完全可以证明。对我而言，他的自然化的知识整体论是德国 idealism 演绎知识哲学的归纳逻辑的翻版，这是非常有意思的。

杨：整体论对您应该并不陌生？

成：当然我本来就具有那种整体的思想，但蒯因的整体论是透过严密的逻辑挖掘出来的一套整体哲学，他的整体哲学没有像传统西方哲学那样把分析命题跟综合命题分成两个不同性质的命题，在他看来，二者只是程度的问题。他甚至认为分析命题也具有一种经验性，唯有逻辑具有一种知识的纯粹性。所以蒯因常常用一种泛知识论的眼光来看待人类的心灵活动。

杨：那从您的角度看，蒯因的成就是什么？

成：对于我的本体诠释学而言，他的成就在于提供了一套转化语言、表达形式的逻辑分析的方法，这个方法能把复杂语言的表面上看不到的结构给结构出来，能把一个句子整个逻辑化为一套逻辑结构的句子。这种逻辑结构可以说是语言内部深度的结构，这种深度结构的结构性可能比语法的结构性还要更深。因为一般语言学、转型语言学，涉及的是一个语法解构、语义结构、语用解构，而蒯因在此基础上还加上了一个语理结构。这样的话，我们在掌握一个句子的时候，它的意义就比较容易把握，所指是什么，所知是什么，意向是什么。也就是说，我要了解一个句子，我可以把它明显化地写成一种了解的方式，就好像你要把 8 表达成 3＋5 或者 2＋6，或者 4＋4，同样的东西你可以有不同的表现，但他的问题是哪个表现最好。当然这个"最好"也可能跟目标有关系，不同的目标有不同的"最好"。他也假设一个一般性的解法，越简单、越清楚、越一致就最好。他的这种分析哲学，在我看来就是诠释哲学，我把它叫做分析的诠释哲学，透过分析来掌握事物的意义，透过具体的意义再来掌握本体的内涵，再透过这个本体的内涵看出它所要表露的一种整体的体系。

杨：您对蒯因有没有扬弃？

成：当然有。首先，他有一种倾向，就是要在逻辑上完全放弃句中之词的对象所指，他认为这个可以把它划除。他说我们可以有一套现象的语言，不需要涉及一些看不见的东西，或者是非经验造成的东西。从这个意义上说，他比较接近更强的经验论。而在那些经验表象中，他又特别重视具体的经验，对于一些抽象的事物，或者像我说的那种看不见的事物，他就不怎么关注。所以他又有一种化约论的倾向。这种化约论是无法叫一个整体的宇宙论有一种生动的宇宙意识即存在意识的。他无法体会到这一点，因为一方面他讲合理事物相关的整体论，另一方面又要否决这个可能形成事物相关整体论的背后的一种整体的语义或者意识。我认为这个是他的一个问题。所以对于蒯因，我既有汲取，又有批判、改造。我把它吸收到本体诠释学里面来变成一套分析诠释，转化出一个更现代的分析哲学，而这个分析哲学是跟诠释学联系在一块的。这是我对他的一个超越吧。

杨：您有了本体诠释学的想法后与蒯因交谈过吗？

成：这方面交谈不能算是很多，他以前看到的我的研究，基本上是属于技术性的东西，比如我对他的相对性原理的推演等。还有我研究中文的数词问题，就是所谓一个、一条等，他对这个特别有兴趣，他说他想多了解中文。另外我写了五篇讨论他关于翻译的观点的文章，其中的观点我想他基本上是接受的，因为他没有拒绝的反应。我每次看到他，他都是谈一些他的发展，同时还关心我对他是不是有所发挥。他一直说要来夏威夷，但没有来成，这是一个遗憾。他到过台湾地区，也到过日本。

杨：他到台湾是因为您的关系吗？

成：不是，他那次不是特意到台湾，而是从欧洲出发，日本、中国香港和台湾地区走了一圈。我最后看到他是 2000 年那个暑假，他主动要我跟他谈，他好像说我发展东西方的理论，他有兴趣更多知道一点。那是他去世那年的暑假，他精神不太好，我有几次找他他都不在，有一天我在哈佛广场看到他，人很瘦，他说他正要去他女儿家，我说想找他谈一谈，他说我正要找你谈一谈，他说你能不能下个礼拜来找我。我看他住在他女儿家，精神也不太好，身体也不太好，怕影响他，想等他好了再去看他，加之下个礼拜事实上我必须要走，所以给他打了个电话就离开了，没想到这是最后一次见面，很遗憾。

杨：当时如果能有机会聊聊您的本体诠释学，可能会很有意思。

成：蒯因的思想一生变化很小，不过我猜想他应该能够接受我的部分观点，至少不会反对，因为他最后的一个提法是强调一套自然论的知识论，就是把知识看成是一种科学的研究。他的这种狭义的以科学研究为对象的知识观，跟我说的包容理解的知识观是有点差距的。所谓理解的知识是指我能够圆融地来看这个世界，我自己的实践经验能够形成一套体系，能够有意义地说明这个世界，甚至也具有一种预测的作用。你不能说只有科学才能够预测，那种基于理解的预测，它也具有一种整体性的架构，也可以推演出外面世界的状态。这些我觉得我比较开阔，他可能不太会接受，因为他强调一种非常严谨的科学认知，他能不能够接受"理解"这种认知方式，把理解看成是不同程度的知识性，这个是一个根本问题。我的看法有点接近法国哲学家利科，利科有一个说法，叫理解的弧度，hermeneutical arc，他把理解看成是一种投射出来的弧度，不是像箭一样直接指向一个对象，它是尽量去包含外面的事物。人的理解，在一定的情况下，投射在一个点上，那就是它的终点，那个终点它涉及的范围，就是一个弧度范围内所涵括的东西。

杨： 蒯因会认同这种理解的知识性吗？

成： 蒯因可能不太会，不过彼此之间的距离恐怕也不是真正的距离，我认为蒯因到后来可能也是一个矛盾的情况，他像皮尔士一样，相信外在客观的宇宙，但它那个本体论的陈述在逻辑上又允许把外面事物给打掉。这个跟逻辑的描述也有关系，好比说这是张三，那什么是张三，张三就是那些我们可以看到的或者可以用描述词所表现的东西，并没有另外一个东西还叫张三。在这个意义上讲，张三就是这样一个形状、大小、颜色，或活动方式，除此之外没有什么张三。你看蒯因他是取消了一种所谓的本质吧。但是呢，在科学的层面上呢，他又深信一种科学上的指向，因为他也没有宣称要废除本体论地表述这些东西，只是他有一种取消论的手术把这些东西给打掉了。所以他的哲学在整合人文这一块上呢是比较欠缺的。我本来是要计划写一本书的，是就哈佛的三个教授进行评论，一个是皮尔士，一个是刘易斯，就是我的论文导师，一个就是蒯因。三个都是逻辑学家，但皮尔士呢，他的逻辑发展到一定程度时又渐渐表现出了宇宙论、本体论的面向，而且他也考虑到了价值问题。到刘易斯也是如此，刘易斯甚至更系统地谈论了这些问题，比如在逻辑之外，他还考虑到了知识论、伦理学的问题。蒯因对于伦理价值这一块则完全不谈，也从来没有谈过。至于心灵问题他也几乎不涉及，而只是比较接受戴维森的说法而已。这一点我跟蒯因是不同的，我的本体论是有层次的。

杨： 也就是说，蒯因有他的时代局限，他没有办法超越维也纳学派，他淋漓尽致地发展了逻辑分析这一块，但始终没有跨越分析哲学的门槛，他达到了他的最高峰。

成： 是的，在技术这一块，在逻辑领域，他达到了最高峰。当然在他的这个系统里，他也没有特别发明什么定义，但表达一个逻辑体系，以及用逻辑体系来分析语言句法，然后来确定真假的标准，这些他都发挥得很好。应该说他的范围狭隘了些，他是个逻辑学家，或者是逻辑哲学方面的专家，他没有办法讲整体主义，也没有办法对人的价值加以肯定。他对我的启示呢，就是他那套逻辑学具有一种诠释的含义，为我们提供了一个原始的方法，我叫它分析方法学，这一点我觉得是他最大的长处。

杨：或者说他让您的诠释具有了一个逻辑的基础？

成：强调分析的重要性，他的语言重建都是靠分析嘛，在分析当中我们可以把句子变得更清楚，关系弄得更清楚，这点很重要，不然的话我们只有整体的一种意涵的诠释，而对一个句子，比如在一个文本里面，句子跟句子的逻辑关系，这点我们没有认识，通过它才能知道最好的认识。

杨：也可以说他是一个很负责任的哲学家，对于自己表述不清的东西一概不涉及。

成：知之为知之，不知为不知，他具有这样的精神。

怀特海的资源意义

杨：下面是不是谈谈怀特海，他的思想对您的本体诠释学影响也很大？

成：怀特海是 20 世纪非常重要的一位形上学的哲学家，有人认为他是最后一位系统哲学家，他把自己的哲学当做思辨哲学。怀特海所谓的思辨哲学是要找寻一个或者要建立一个具有基本概念和基本设准以及基本原理的哲学体系，用来解释他所说的所有经验中的事情。但他的思维模式显然受到了近代逻辑的影响，他在剑桥大学主要从事数学、哲学研究，在剑桥大学差不多待了 25 年，曾与罗素合作发表了《数学原理》。怀特海主要是用德国逻辑学家弗雷格发展出来的一套所谓公理系统方法——其实也就是原来几何学的一些基本方法——来作为思维的方式，把最根本的概念、最根本的定义、最根本的一些公理，即在他看来最知名的，或者最重要的一些原理，列举出来，然后在这个基础上面来探讨什么是世界的真理，什么是最后的真实。他的这样一个公理系统，他称之为思辨系统，他的这个系统主要是要说明经验中发生的任何事情，怎么发生，怎么关联，并使它们形成一个完整的体系。

杨：您接触怀特海应该很早吧，方东美先生好像关注过他？

成：我很早就听到过怀特海的哲学，在现代中国来说的话，最早讲怀特海哲学的或许还有他人，但在我求学的那个阶段就是方东美先生提得比较多。但是方先生也没有具体地去讲，没有整体去讲。对怀海特的学习一直到我来美国华盛顿大学后才开始。我来到美国是 1959 年，这一年怀特海的学生 Charles Hartshorne 恰好来华盛顿大学哲学系做访问教授，他开了一门课叫"怀特海和皮尔士"。同时还有一位有名的教授，来自波士顿大学的 Walter Kaufman，他是著名的尼采专家，他开了一门课："黑格尔与尼采"。都是研究生课程，我都选了。两位老师要求很严，一定要看原著，写论文，所以那一学期特别忙碌。怀特海这一块呢，当时接触到了他的《过程与实在》这本书，还有他的其他一些著作如 *The Adventure of Ideas*（注：国内译作《观念之历险》）。但真正深入了解怀特海还是后来的事情，当时也就是一个启蒙的认识吧。怀特海的书很难读，要不断地去深入，才能掌握他的思想全貌，他的真正的问题所在。

杨：您后来对怀特海做深入的了解是不是与《周易》的研究有关？

成：有这方面的原因。因为讲《周易》，讲到过程问题，当时就写了怀特海的过程哲学与《周易》的关系方面的文章，这篇文章引起了加州克莱蒙大学过程研究中心主任约翰·科布（John Cobb, Jr.）的关注，他特别邀请我到科罗拉多大学做了一次很大型的演讲，后来我跟这个过程研究中心建立了很密切的关系，去年还是前年吧，我还跟他们开过一次重要的会议，他们出版的论文集中也收录了我的一篇很重要的文章，就是讲从《周易》到怀特海到约翰·科布，讲有关世界宗教的深层差异性的统合问题，那篇宗教论文很受重视，好多人引用。

杨：对您而言，怀特海的重要性表现在哪些方面？

成：我后来开课，常常用他的书。虽然他原来不是美国哲学家，63 岁时才到哈佛教书，他活到 86 岁，所以在哈佛差不多待了 20 多年，中间虽然退休了，但一直待在哈佛，照样每周都在家里举办沙龙，开放给学生来听，所以当初有人说他是一个学台的主持者。就他的贡献而言，刚才我已经讲了，他要建立一个非常必要的、紧密而有逻辑的，但又是一个具有完整性的思想体系，来说明一些经验现象。他的思辨哲学，或者说他的形上学主要是做这些工作的。这个工作，他也叫做解释，interpretation。当然，人们一般是重视他的哲学的内涵，但我后来写过一篇文章，谈他的方法论问题。他的方法论事实上也是一个所谓诠释的问题，但这个诠释等于是要建造一个系统，在这个大系统的基础上去诠释。当然这个系统怎么建立，这个基础怎么建立，这个他没谈。也许他认为一个哲学家透过各种认识，能慢慢找到一些根本的概念、根本的范畴、根本的定义、根本的原理。他的书里第一章开章明义就是讲他的基本概念，那些概念，就好像数学概念，都很抽象，比如说什么叫具体存在，什么叫界定方式，什么叫物质感受，什么叫概念感受，等等。对于这些概念，他都用抽象的语言来界定。他强调我们要尊重所有的经验，包括我们自己主观的经验，都应该承认它的存在价值，都应该在整体系统里面有一定的解释，有一定的位置。他的这一认识对我来讲最有启发意义的是，接受现象发生的一切，对这个变化世界中的变化现象特别关注。他不要消除一切，不要化约一切。怀特海的这一认识跟西方哲学传统从古希腊到近代一直存在的化约主义是很不同的。他不是化约的，也不是抽象的，虽然他的系统是抽象的，但在解释的时候事实上是把抽象的概念落实在经验里面去了。怀特海认为，他的系统本身一开始就是逻辑的、严谨的，已经把现代逻辑公理系统的要求在自己哲学的原始概念上面体现出来了。他认为这样解释现实中的现象就最完美了，不会发生逻辑矛盾的问题。

杨： 为什么叫做过程哲学？

成： 过程的概念不一定是他最早提出来的，但他那本书的书名是 *Process and Reality*，他特别把"过程"看成是一个重要思想，可以说把过程变成一个哲学概念是从他开始的。在他看来，无论任何事情，都是一个发生的过程，世界上没有不是在经验中或者经验所看到的自然宇宙中发生的现象，他简称为事件。任何东西都是事件，而不是事物。而事件从开始到结果，它有一个进行的、时间的过程。这里有趣的是，他对这个过程本身的解释不像亚里士多德那样强调一个目的性。怀特海所重点关注的是，在一个整体的系统里面，如何追求一个一的完整性的统一。在他看来，unity，统一性，就是事物发生的最主要的目标。所以我把他的方法论称做公理系统的诠释哲学。他的这个系统有一个最基本的诠释理念，就是宇宙现象是由多变成一，那个过程就叫创造，creativity，就是创造性。他认为多的东西会变成新的东西，那新的东西呢一定是从那个多的东西组合成为一而产生的。他是用这个多一原则来说明这个宇宙的创新的。在他看来，宇宙中的万事万物都是从多变成一，成为现在我们面对的这个具体的世界，他用一个特殊名词 actual occasion，这个也可以把它译成实际情状。这些实际情状都是具体的，都有一个发展的过程，最后会与其他东西合成一个一，变成新的一个具体情状。每个新的具体情状都是一种创造，创造的基本原则就是从多变成一。

杨：您赞成他的这个观点吗？

成：我对他的这个观点是有些批评的，他只注意了多变一，没有把一变多讲出来。在《周易》里面，一变多的倾向更明显些。一变多，多又可以变成一，就是中国人常说的一分为二，合二为一，是一个具有对称性的原理。

杨：您的意思，他只讲了一个面向？

成：只突出了一个面向。怀特海的哲学高度抽象，可能隐性地潜在地有一个经验的基础，但没有被凸显出来。另外，它的抽象性实际上也体现在被诠释对象的抽象性，比如对人的理解，他并没有讲怎么诠释人、人怎么来、人性怎么造成等，在他的系统当中，人就是很多具体情状集合出来的一个高度的具体情状。当然他的 27 个原则里面也说明了各种情状之间或者各种事件之间的一种影响关系，他比较重视 organic，一种有机的关系，以显示出宇宙是一个不断发展、不断创新的开放的过程。后来他为了要说明创新的原理，又把柏拉图的一个观念带进来，变成他的公理之一。新从哪里来，是不是要有一个基本的来源，他认为，有一个来源，就是 eternal objects，永恒存在体，永恒存在体相当于柏拉图的理念，它是无限的，具有无限的可能性，创新就是把无限可能性中的某一个可能性具体实现在经验之中。这算是他之所谓创新的第二个意义吧。他也给它一个专门的名词叫 concretions，可以翻译成"创生"，是蛮好的一个词。那么在这样的建构之下，最后出现了一个很有影响力的哲学内涵。他的这个体系很有意思，初看很像太极图中的阴阳相生，或阴阳互补的观念，他称之为"创生的对偶性"。用他刚才说的那套思维方法来诠释世界，可以得到这样一个结论，即这个世界可以看成是一个神的整体，这个神的整体分为两部分，一部分叫做上帝的原初性，一部分叫做上帝的效果性，或后果性。什么是原初性呢？原初性就是上帝存在里面的一些基本的可能性，就好像柏拉图哲学里面的那些理念，它们很完整，但没有现实存在的意义，只具有一种概念性。基于这样的理解，他认为一个事物的存在，都有两个端，具有两端的对偶性，一端是概念性，一端是物质性。注意，他这里不是把物质跟概念分开来，而是把两者看做是一个事件的两端。在他那里，一个演化过程，任何阶段、任何时候都有两端，他用的名词是概念感受和物质感受。

杨：为什么叫概念感受和物质感受？

成：为什么用"感受"，他的意思是说，概念感受有个倾向要落实成为物质感受；那物质感受呢，可能也有一个倾向，他没有明说。但在世界观里面他提到了，就是物质感受有个倾向，想要尽量接近这个概念感受，因为概念感受包含了一些完美的价值，而物质感受只是一些落实成为现实的、有了局限性的东西。所以在他的体系中，概念世界一定要变成现实世界，现实世界一定要希望向概念世界提升。我当时看到他这个思想时，马上就觉得这就是中国的太极图。

杨：怀特海有这方面的学习经历吗？

成：不清楚，好像有人问过他《周易》的问题，他说他不清楚。后来是不是涉猎过，不知道。不过他的思维方式的确跟太极图很像，比如他说，物质世界是流动的，概念世界是不变的，不变跟流动相互依存、彼此接近。又说，物质世界是多，概念世界是一，一跟多应该相互依存。又说，物质世界是真实的，概念世界是理想的，两个相互需要和相互补充。又说，物质世界相对于概念世界是外在的，概念世界相对于物质世界是内在的。又接着说，物质世界超越概念世界，概念世界也超越物质世界。最后说，物质世界等于创化了的概念世界，概念世界也等于创化了的物质世界。他从这六个方面来说明这个变化的宇宙、实质的宇宙。

杨：您对这种宇宙观有什么评论？

成：给我的启发很大，让我更加坚信，如何解释这个实体的宇宙，是一个很重要的哲学问题。但这个实体的宇宙是不是就像怀特海解释的那样，突然创造出了那些原理，我很持怀疑的态度。这些原理从哪儿来，我觉得他在知识论上缺少一个说明，在这方面我可能更愿意接受康德的路线。怀特海则是完全用假设的方式，把一些诠释的原理提出来，他没有说明这些原理究竟是如何发生的。从我的本体诠释学的眼光来看的话，事实上这是一个本体的诠释圆环，也就是说，这个诠释的原理，是从被诠释对象那里发生、发展出来的。这里有一个经验的观察和经验的归纳综合问题。所以这些原理本身也应该是不断在变的，不像他假设的那样，像一个数学体系，一个完全严谨的体系。完全严谨的体系是不可能的。事实上，他也认识到了这一点，比如说我们怎么来了解这个物质宇宙，可能有很多不同的诠释体系，每个诠释体系也不完全是向壁虚造，而应该是与人们的经验密切相关。甚至基于不同的时段或者基于一种不同的经验背景，也会有不同的发展。

杨： 创造了一个体系，又被体系所束缚。

成： 第二个呢，就是刚才我说的，对于多跟一他没有一种对称的说明，我觉得这个是可以补充的。当然这也不是什么大问题。我们观察这个宇宙得到的经验是既从多到一，又从一到多，这是一个现实观察和体验的问题，是怎样经验地说明这个世界的多样性和多样性的统一性的关系的问题。这个需要不断去观察体会这个宇宙，需要一个过程。我比较重视《周易》，就是因为我从这里面可以得到一种旁通：我们需要一个更完整的对现实世界的变化的认识方式。

杨：《周易》强调原始反终，两个方面都照顾到了。

成： 第三个呢，我们固然可以透过接受一个具有相对超越的理念世界或者概念世界来解释宇宙的创新性，但我认为怀特海的这种重新假设，甚至把那理念世界或概念世界里的东西叫做永恒存在物，有点倒向二元论，虽然他一方面批评笛卡尔的二元主义，但一讲到概念感受、物质感受，或者上帝的概念体系和上帝的物质体系，则又难免有二元的嫌疑。而且，他把概念体系中的存在物称为永恒存在物，看成是一个实体，那这个实体是如何发生的，又成了一个新的问题。在我的本体诠释学里面，我认为本体本身是一个事实上发生的过程，它固然可以一分为二，成为一个整体，但这个整体中发生出来的新的事物，恰恰是它的内在性的一种表现，它可以被看做是在这个二元方法当中，一种所谓持续原理和一种创生原理之间相互引申或者相互冲击的结果。这样的话，就不需要再去假设一个永恒世界来说明这个现实世界的创新，创新是从内在自发出来的，是一种自然发生出来的东西。关于这一点我曾写过一篇文章，对比怀特海的形上学范畴与宋明理学的形上范畴，主要是与朱熹的理气配合问题进行比较。我认为在朱熹那里理气之间的相互运动，比怀特海的两个世界之间的相互运动更密切一点。至于在张载的整个气一元论系统中，理的一种自然的次序化，就足以说明宇宙是一个创新的宇宙。

杨：中国似乎没有二元论的传统？

成：所以这一点呢我觉得怀特海很有一点柏拉图主义的遗迹，这样来说的话，他的这个发生体系，虽然带动了这样一个宇宙观，但又没能从这个宇宙观里面体现出一些诠释的原理。事实上作为哲学的宇宙观是有它的基本的问题的，我们可以透过诠释，来启发一些诠释的原理，因此来提升成为一种诠释的要求，甚至再进一步来改善这个宇宙观。这一点他没有特别去注意。当然，就他的整个体系而言，那还是有很多非常精致之处的，他虽然讲的是形上学，但他从事的基本上是概念分析，他是在概念分析中来显示现实宇宙的发生情况。所以我觉得他的上帝具有一种太极结构，基本上很像太极哲学中阴跟阳的互动，但他这个互动的概念，又不完全像太极哲学中的阴跟阳，因为他的概念性世界是假设的，是一种虚拟的实体。这个是不是西方哲学普遍存在的一个问题，很值得研究。

杨：什么意思？

成：就是他没办法了解到物本身的一种创造性。怀特海讲的上帝的原初性事实上很像中国哲学中无极的概念，但它既然是无极，它里面就不需要有任何已经固定好的永恒存在物，它本身就是一种纯然自然的创造性。创造本来就是指从一个无形的状态走向一个有形的状态嘛。怀特海为什么要先预设这样一个存有物，我认为这是他的哲学在本体论方面的一个很大的缺陷。

杨：从您的本体诠释学的视角看？

成：从我的本体哲学的角度看，怀特海的哲学没有体现出人的存在的一种原初性和他扮演的角色，在他重新建立的整个体系中，人是被摈除在外的，人只是一个观察者、一个系统的建造者，而不是这个系统的参与者。他应该体现一个以人的经验为基础的人的本体的概念，人的本体概念是说人可以逐渐地以人为基础，又逐渐地超越人，来涵括这个世界，形成一个体系。这个体系具有诠释的理则，又有被诠释对象的一个现象，这两个之间相互指引，相互改进，共同发挥作用。不过呢，总体上说，怀特海的这个系统影响很大，让很多人受到启发，当然也包括我。他让人觉得这个宇宙是一种变化的宇宙，他承认这一切，另外他也看到宇宙变化之基，但是怎么去掌握这个变化之基，怎么去认识这个变化之基，怎么来更进一步地说明这个变化的开放性，原理是什么，我觉得还没有达到我的本体诠释学的要求。所以，他的本体概念对我来讲是有启示的，但和我要的本体有一个距离，他诠释的那个原理也跟我有一定的距离。但确实给我一个很好的启示，就是诠释和诠释者跟诠释对象，或者诠释原理跟诠释对象，应该有一种紧密的关系，而且在这里面人扮演的角色非常重要。我上《周易》课，基本上用两本书来衬托我自己的观点，一个是海德格尔，一个就是怀特海。海德格尔后面谈，怀特海的体系是一个很严谨、非常具有现代逻辑性的形上学体系，但里面缺少人的经验的内涵与人的体验的起点，自然也缺少人参与的自觉认知，因而缺少了对诠释者在这个诠释系统当中所扮演的角色的认识。两相比较，更能够衬托出我的本体诠释学的时代性，因为它甚至解决了西方哲学上的两个根本问题，一个是本体学的问题，一个是本体诠释学的问题。

杨：同时也衬托出了中国哲学的价值？

成：是的。当然，怀特海还有另外一点，他重视统一性，重视整体性，这个我非常接受。因为统一性跟整体性不管是本体的体，或者是任何一个事物存在的体，或者是一个思想体系的体，认识原理的体，都很重要。一般人都认为他体现了真实存在变化发展过程的概念，但是我认为他其实潜在地更重视一个整体和个体的那种整体性个体的概念。任何一个诠释，其实都是对一个体的诠释，不管是个体或者是全体，是对它们的整体性的一个体系的认识。因为没有这样一个体系，你的诠释或解释就没有一个真正的对象，但是这个体可以是个变化中的体，人在解释当中，一定前定了一种整体性或一种个体性，任何一个诠释体系它不可能是最后的，也不可能是唯一的，所以它一定是会不断发展和充实的，它必须要接受经验的指导，来认识它经验上带来的一些要求，来逐渐地改变或者创新。所以这就是怀特海哲学的作用。

杨：蒯因与怀特海有没有学术渊源？

成：蒯因是怀特海的学生，所以蒯因的逻辑体系也具有怀特海说的那种体的概念。但是因为在后期逻辑发展当中，尤其经过1930年代，哥德尔定律发表后冲击很大。这个定律叫不完全定律，就是说，我们任何应用到自然数的概念的体系，都是一个不完全的体系，它的不完全是一个逻辑上的不完全，也就是说，我无法证明这个体系能够包含一切。假如我认为它能够包含一切，这个体系一定会出现矛盾、不一致；相反，假设我要保障这个体系的一致性，这个体系一定就是不完全的。哥德尔定律是由逻辑与数学结合所建立的，在1931年发表，震惊了整个逻辑界，但当时只有一个半人懂。如果他自己是懂的一个人，还有半个人是指的他人都不全懂。经过半个世纪，慢慢大家都了解了，甚至把它弄得更清楚了。我在1968年回台湾，就这个定理做了两次重大演讲，因为那时候我在教逻辑，我觉得它的哲学意涵特别深刻。我的演讲影响到台湾的一个研究生，后来他到伯克利加州大学去拿了博士，拿到博士后却逐渐成为佛教净土宗的一个传人，是否因数理知识系统的不完全性或矛盾性而放弃知识不得而知。我提这个定理主要表示，当时怀特海应该已经知道那个定理，他认为可以找到一个融贯一致而广包一切（coherent and comprehensive）的思辨体系，正因为是一个思辨体系，而非数理系统，所以它可以兼完备与融贯一致为一体。仔细分析，怀特海的一致也是辩证的一致，为什么？因为怀特海允许新的经验不断发生，强调创生性（creativity）原则。虽然新的经验所包含的意义一定会突破原来的概念系统，但却开启了一个新的概念包含系统。这里，哥德尔定理也相应地启示了一个很重要的哲学真理，即系统可以无限包容与转化，用以不断地排除矛盾。我了解到，哥德尔要把自然数引进来，要建立一个定义：逻辑上要完全就不可能一致，要一致就不可能完全。其哲学原因乃在自然数代表时间，时间永远开放，却又无法在我们的现象中被限制，因此你要说明时间的事物，就只能说明它的不完全性；假如你要掌握一切，那你就必须允许时间终结。这是一个对时间重要的认识。

杨：中国哲学中的"日新"观念似乎不存在这样的悖论？

成：是啊，我们中国的时间概念是，"苟日新，日日新，又日新"，时这个东西永远是一个生生不息的概念，不息就是创新。《周易》是了解这个宇宙的有限性的，《周易》的系统是永远可以向外开放的，它不是说写下来六十四卦就完了，那只是为了一时的方便而已。六十四卦作为有限的系统来说的话可以是一致的，但还不能说已经变成完整，要变成完整就需要解释，要解释就需要超越它自己，这就是为什么六十四卦是一个象征意义，不是一个实质意义，就在这里。

杨：第六十四卦是《未济》，大有深意。

成：大有深意！所以这些对我讲，本体诠释学在这一块呢，可以说透过怀特海有了更深的一种了解，即时间的创生义。

海德格尔的资源意义

杨：现在是不是可以谈谈海德格尔？

成：现在说海德格尔。海德格尔，他的哲学很特殊。怀特海的体系是1927年提出的，海德格尔的理论是在1929年、1930年提出的。《过程与实在》、《存在与时间》这两本书，是现代西方哲学中的两大名著。海德格尔的书我想在当时的中国是不太了解的，很多前辈哲学家很少提到它，牟宗三先生对海德格尔可能是一窍不通，所以在讲康德的时候把他摒除掉了。其实海德格尔是有他重要的灼见的，在西方哲学的历史发展中来了解海德格尔会觉得很亲切。如果不了解西方哲学的发展历史，往往看不到它的重心所在。这正如伽达默尔的哲学诠释学所讲的，我们是而且要在一种历史的或者文化的语境、处境里面去了解一个文本的意义，或者了解人存在的意义的。

杨： 那海德格尔是针对西方哲学的什么问题而提出自己的问题的？

成： 海德格尔认为，西方的形上学割裂了人的基本处境，以及人在世界存在的世界性，或者说人的存在的世界性。他主要是针对这一点来展开自己的思考的。他的这种认识，日本当代美学家 Imanichi 指出海德格尔是挪用了他的老师 Kakuzo "人在世界的存在" 的话来定义此存，为此伽达默尔很不高兴，和 Imanichi 几年不说话，呵呵。

杨： 也算是一个逸事吧。

成： 可是我看到这个之后呢，我觉得 "人在世界的存在" 这个概念，其实应该说是中国哲学的概念，《周易》里面讲天地人三才，人是天地的产物，人离不开天地，所以人的存在跟天地的存在是合二为一的，有一个整体性。所以人要永远建筑在天地的存在之中，也就是说，人的存在有一个宇宙性。"人在世界的存在" 这个概念是个非常重要的概念。当然，海德格尔所谓的人的世界，倒不是天地，他可能也没有认为人的环境都是他的世界。他认为传统的形上学脱离人的存在处境而空言一些抽象的、化约了的存在，他要放弃这种传统认知模式，重新建立形上学——以人为中心，以人的实际的体验、实际意识到的一种经验，来对人的存在以及人所在的世界进行一种认识。他说的 Dasein 就是人嘛，Dasein，这个人是天地之间的、我现在可以感受到的一种人的存在。海德格尔强调当下性，直接体验到人存在的那个当下性，所以用这个此在 Dasein，Da 就是 "此" 的意思，也可以是体的意思，翻成 "此在"，翻成 "体在"，或者 "在体"，都可以。这里还要指出一点，人的存在不只是天地间的，而且具有生生不息的潜能，故我用 generative being 来表述，也可以表述为 creative being，即是创造的存有，以其独特的方式创生了人的存在。

杨： 大陆学者还有翻译成 "亲在"、"缘在" 的。

成： 都可以。这个存在呢，还有一点，它可以内识，它有一种 self-consciousness，就是自觉性，这个自觉性的最重要的表现在于问题意识：我为什么存在，存在有什么意义。这是海德格尔哲学的起点。所以他很重视人的内在体验，然后再开拓出一个人的存在的模式，人的过去并没有消失，人的未来也在人的现在之中呈现，所以人是横跨过去、现在和未来的一个生命体。他认为以往的西方哲学都忽视掉了这一点而只讲人的知性，他要讲人对自己存在的内在感受，不只是对外面世界的知觉，比如说对生活压力的感受、对文明事物恐惧的感受，以及一些重大的不安、重大的焦虑，Angst。

杨：海德格尔为什么会这样理解人的内在感受呢？

成：我认为受时代气氛的影响，也是深沉思考的一个结果，在一定程度上反映了人的存在问题，即存在的自疑与存在的不定性。在他那个时代，奥地利的弗洛伊德开始在讲自我的问题，弗洛伊德重视人的欲望、冲动，认为人是从一种非理性的欲性，慢慢产生一种理性，从理性产生社会性的，三个阶段。海德格尔是一位哲学家，他没有走上心理学的路线，但他是把人的心灵状态、一种具有心理学意义的状态，看成是一种具有形上意义的人的存在的状态。

杨：海德格尔的哲学为什么被称为存在主义哲学？

成：海德格尔把人的存在界定为一种最空虚的恐惧，就是死亡的恐惧，界定为一种焦虑的存在。在这种情况之下，人要自己做出一个最后的决定，来为自己创造与选择人生意义。海德格尔基本上就是建立了这样一套哲学。这套哲学从某种意义上讲，一直到今天仍然具有重大意义，等于是西方人重新发现了自我。以前西方哲学只是相对于上帝肯定人的存在。在早期的海德格尔那里是没有上帝的，因为人那里找不到上帝。所以有人说他可能受到了尼采的影响，尼采宣布上帝已经死了，所以人类面对的只有他自己，他找寻自己内在的感受，得不到任何出路，所以就像萨特哲学里面所说的，No exit，无出路、无出口，好像是被包在自己的情绪之中，无法找寻到任何出路。萨特甚至强调，他人是地狱，认为人的痛苦是他者带来的。海德格尔没有这样去谈论他者，对他者也并没有特别予以关注，因为这个共同世界可能有，但是他并没有重视。因为人只能靠自己来处理自己的事情，所以人是一个孤独的、自我封闭的、而又充满焦虑的一个毫无意义的存在。海德格尔甚至认为，人的存在好像是被一个不知道的什么东西抛出来的，没有什么目的性。这里毋庸置疑他是很现实地描写了人的存在，因为你之被生出来，并不是你的选择，你根本就没有说你要到这个世界来。而且来到这个世界，为什么来到这儿，而不是来到那儿，完全没有办法说明，所以他用"抛出"这个概念来描述人的存在，是一种抛出的存在，显示存在并无意义可言。

杨： 存在先于本质？

成： 对，存在先于本质，这和莱布尼兹很不一样，莱布尼兹是强调人的存在的目的性的，康德也看到了这个目的性，在儒家哲学里面当然也能看到这种目的性。从儒家看，世界之存在有其内在的目的性，人跟天地有一种亲密的关系，人不是被抛出来的，而是天地生我、赋我以某种生命的意义，甚至以某种使命，都可能的，儒家称之为"天命之谓性"。而在海德格尔那里是没有天命之谓性的概念的，他认为人没有本质，存在先于本质，天命何有？

杨： 存在主义由此得名？

成： 对。当然了，我也不是把性看成是一生下来就定成那个样子，我觉得人性是一种自我整合、自我创造的能力。最近我在分析竹简《性自命出》与《中庸》、《孟子》的内在联系，从孔子开始，我分了四个阶段：从孔子到《性自命出》，再到《中庸》，再到《孟子》，关于人性的思考是一贯而下发展出来的，我有篇文章专门谈这个问题。

杨： 发表在哪里？

成： 一部分发表在 *Philosophy East and West*（《东西哲学杂志》），另一部分尚未发表。那海德格尔呢，他认为人本身永远是在一种被抛出的阶段里面，永远处在对自己的在的一种恐惧、怀疑、焦虑的状态中，人能不能达到一种超越，成为他存在的主人，这是一个很大的问题。当然后期海德格尔有些变化，这可能与他关注康德哲学有关，后期他写有一本关于康德的著作，主要是谈重新解释康德的形上学的问题，在这本书中，他又发挥了他那个存有的概念，不是此存，不是人存，而是一种用大写写的存在，就是 Sein，你可以把它翻译成一个"超存"。伽达默尔告诉我这个"超存"相当于上帝的概念，他要回到天主教的系统，认为上帝给人以恩惠，让人们能够感受到他的存在的价值，形成他自己。这是他晚期的哲学。

杨： 海德格尔晚期到底受没受到道家的影响？

成：70 年代初，我在台大做哲学系主任，曾到辅仁大学演讲，遇到了萧师毅神父，我和他谈起他与海德格尔的交往，萧教授说他曾帮海德格尔翻译《道德经》的"道可道，非常道"，但困难很大，没有什么进展，所以他们只好放弃。在后来的海德格尔自己的陈述中，他也曾说到他因为不懂中国语言，所以无法了解道家。关于这个问题，最近中国人民大学哲学院的马琳教授写了一篇文章，指出海德格尔其实已经接受了道家的概念，但没有真正发挥道家的概念。我想海德格尔对道的理解可能很矛盾，道究竟应该是一个整体内在的自然之道，还是一个神圣的超越的道，他可能拿捏不准。他的后期哲学有一种把 Sein 作为超有，进而神圣化的倾向。伽达默尔表示他不同意海德格尔的这一观点。

伽达默尔的资源意义

杨：海德格尔的存在哲学为什么会成为伽达默尔的哲学解释学的理论前提？

成：这就说到诠释的问题。从海德格尔的哲学来说，他所谓的诠释就是去发现存在的处境，就是说我们在一个处境当中，我们的理解是什么。我们的理解跟存在联系在一起，对人来说有存在就有理解，所以，对于理解而言，存在又是一种先解、前解，这种先解或前解是构成我们掌握新的理解的一个基础，而新的理解则是对具体事物存在状态的一种发现。所以诠释学对海德格尔来讲，主要是在进一步去发现被掩盖的一些环境因素所包含的一些状态，以便让我们知道我们生命的处境是怎样的。这一点启示了伽达默尔的哲学诠释学。这里有一点要说明，早期海德格尔并没有像中国道家或者儒家那样，认为人在天地之中，天地的地位很突出。在海德格尔看来这些都没有实质的意义，他认为人是在一种空虚的状态之中，或者说是在一种不知所以的环境之中，也就是说除了对时间的反省产生的一种生命状态之外，他对这个世界的本质一无所知，所以最后只能凭意志来制造一种信念，以追求某种有价值的生活。后期海德格尔把此一信念建筑在一个隐秘的启示之中。但问题是，假如对整体外在的世界没有一个正确的认识，那我们当然可以问他这个价值何来，这个意义何来，还是说你只是闭门造车，自我假定？如问伽达默尔如何继承海德格尔，主要的回答是，人的存在是在历史文化之中，所以了解人是应该从历史文化方面去了解，而不是从 Sein 启示而来。这就把伽达默尔的这个人文的基本精神凸显出来了。

杨：也就是说，伽达默尔对海德格尔所谓的人的存在的处境是有自己的理解的，此一理解以彰显传统偏见与实践智慧为主轴？

成：对的。

杨：您最早接触伽达默尔是什么时候？

成：开始的时候很间接，他的书大概是在 70 年代或者更晚才有英译本。70 年代我在台湾，有人问我什么是 Hermeneutics，说有个西方哲学家谈到这个问题。我查了资料，知道 Hermeneutics 系信息传播出去我们如何加以理解，必须牵涉到我们自身的"前解"、"前知"与"前持"。用我的话说，自我的本体反思来理解一个信息偶然文本，这就叫诠释的理解即 hermeneutic understanding，诠释学 Hermeneutics 的基本精神是理解一个具体信息。我说这个词应该把它翻译成"诠释"，"释"就是了解，把它搞清楚，"诠"就是给它一种语言的说明，给它一种尽可能完整的或者是完美的语言的说明。诠释或者诠释学的概念也因此出现。当然大陆在百科全书里面把它称作解释学，汤一介先生一直到后来还是坚持说可以叫做解释学，但是现在大家都比较接受我的这个翻译，因为我们不希望诠释学这个概念和解释、科学解释的概念混淆。科学的解释是有方法的，是讲究规律的，而伽达默尔 1960 年代的书，讨论我们对事物的理解是没有一个绝对的方法的。为什么没有绝对的方法？因为我们的理解是全面的，需要的因素很多，所以我们必须要经过一个思考、整合，或者甚至一个去蔽的过程，用荀子的话说叫解蔽。蔽有很多种，随时要注意使自己的心变成一个清明的状态，这就是为什么伽达默尔也强调 play 的原因。play 就是一种新的探索。有人把它翻译成游戏，那不是游戏，play 是观赏与探索，我们要经常有一种观赏，来使我们的心从一个蔽的状态里面解放出来，去发现在那些历史或者文化处境中被掩盖的真理、真相。所以从这个来讲的话，他的哲学诠释学是受到了海德格尔的影响的，但是他有他的一个特殊的哲学重点，那就是透过柏拉图式的对话概念，来掌握一个被掩盖的真理。伽达默尔认为语言是一个活的行为，是一套思想，我们在运用语言的时候，我们的心事实上是在进行一种理解的活动，一种探索的活动。

杨：所以伽达默尔特别强调对话？

成：是的，在他看来，对话是针对一个问题而进行的相互之间的认识和探索。比方我怎么去了解这个问题，这个问题是什么，应该怎么去解决等。在此一过程中，问答的作用是很重要的。当然，伽达默尔假设了对话的文本，其实没有文本，找到主题也可以。这样，透过一个对话，讨论一个问题，使真相凸显出来，就会造成两个人视野的融合一致。伽达默尔认为，我们的视野事实上是已经有些成见、偏见的，而在对话的探索活动之中，就会把那些成见与偏见显示出来，也就是把基于历史文化传统的一些隐蔽解放出来。

杨：为什么称之为哲学解释学？

成：因为伽达默尔回到古希腊柏拉图的对话录嘛，他把对话引申成为一种诠释的方法，透过对话而探索，透过诠释而理解。因此，所谓哲学诠释就是经过对话的探索来达到一种对一个主题或者一个问题的共同理解。这里有几点需要注意：第一，他肯定历史传统的重要性，因为它构成了我们理解的背景，而且不只是背景，他强调一个概念叫做历史效果，意思是说我们的意识与理解是受到过去历史传统的影响的。如此也可称我们的历史为效果历史。譬如我们对人的看法，我们对天地的看法，或者对善恶价值的看法，都受我们的传统的影响，也因为我们是传统的产物，传统透过我们来发言。在伽达默尔看来，传统是从过去传递到现在的一个意识状态，所以它一定是一种历史效果，同时呢，也是一种偏见，他用偏见这个字，英文叫做 prejudice，中文把它翻译成偏见，也可以翻译成成见，这里的偏见、成见没有好坏的意思，只是说一定受它的限制，也就是受这个历史传统的限制。

杨：有人称之为合理的偏见。

成：不能说是合理的偏见，因为合理呢，还有个"理"嘛，他这里没有"理"，只有权威。不能随便加一个词，要尽量符合他的原意。所以说偏见、成见好一点。

杨：为什么说是"权威"？

成：为什么会有成见、偏见？因为我们信仰它嘛。我们信仰它的话，它就是一种权威，你不可能还有另外一种偏见或成见，因为你的成见或偏见来自于你的历史文化背景，你受这种历史文化的影响很深嘛。一个人如果没有这个成见或偏见，他就无法代表某个传统。这一点很重要，尤其是在政治学或伦理学中很重要，因为它代表一个存在的状态，形成了一种信念或信仰，以其坚持与说明的能力，形成了他人遵循或反对的权威。

杨：因为有成见、偏见，所以需要对话？

成：我们大家所在的历史处境或文化的处境是不一样的，即使是同一个处境的人们，彼此也还有各自不同的背景，所以沟通、对话是十分必要的。诠释就是要寻求一种统合、一种贯通，或者是一种视野的融合，所以需要对话。这是为了 practical，实践的好处。人们在实践、在生活的行为当中，没有沟通，没有理解，就会发生冲突，所以通过诠释，达到一种彼此的沟通是很重要的。另外一点是，诠释还表示一种智慧，因为我们理解我们生活的处境，理解得越深刻，就越具有智慧，因为理解能解决问题。在这里，伽达默尔又把亚里士多德所说的那个实用智慧与诠释连在一块了，诠释是我们增进自身实用智慧的一个方案。这一点也非常重要，你要是没有这个的话，你就无法认识外面的事物，规划自己的生活。总而言之，伽达默尔的哲学具有一种理解性，这个理解性为什么会变得如此重要，就是因为一方面伽达默尔把这个哲学的体验加以现代的诠释：理解能带来价值与规范；另一方面，在近代西方众多的分歧需要解决。伽达默尔非常重视不同宗教、不同文化传统之间的沟通。用什么方式来沟通，只能通过对话来沟通，形成一种共同的视野，以解决问题。当然，伽达默尔并不是说要达到一个必然一致的"同意"，不一定要同意，而是达到彼此的认识和行为上的协和适应。这一点很有现实意义，所以在 60 年代以后，他的哲学一直在欧洲有影响，70 年代后再到美国波士顿，到加拿大，也都产生了一些影响。

杨：对话需要语言，这与分析哲学有没有对话的可能？

成：有的，伽达默尔很重视语言性，他认为沟通就必须有语言，他提出一个概念，语言永远是工具，但是不只是工具，语言还是个媒介，如果我们对它掌握得很清楚，它就能够帮助我们更好地去显示我们自己，去认识对方，所以这个媒介是建立彼此接近的一种方式。假设我们超越语言，那我们就没有这种媒介，我们便只是沉思在自己的玄想和揣测之中，这样就不利于实践的智慧。我想他重视语言性这一点是很重要的。

杨：刚才您谈了海德格尔、伽达默尔，你的本体诠释学跟他们有什么关系？

成：我现在就总结一下我跟他们的一些观点方面的差异。第一，我们对事物的认识当然有一个前理解，我曾写过一篇有关《周易》哲学与海德格尔哲学之比较的文章，发表在《东西哲学杂志》上。我认为我们的前理解也还是要有一个经验的基础，而经验则来自我们人对天地万物的观察和认识，我们不一定先要假设一个先验的前理解，我们很可能就像一个幼儿一样，并非必然有所谓先入为主的概念，当他看了很多事物之后，慢慢总结出一个观念、一些整体的印象，形成我们对世界现象认识的一种图像，这个我觉得非常重要，不然没办法说明前理解是怎么出现的。

杨：这有点像皮亚杰的发生认识论？

成：前理解是在一个经验过程里面发生的，人只有在跟外在事物交互影响的过程中才能认识外物，并同时了解自己，它是双向的。我们透过外面的世界来进行反思，建立我们自己对世界的认识。所以人类对于世界的经验过程不但是启发他进行理性思考的一个过程，而且也是人建立自我观念的一个过程，建立自我的主体性的一个过程。这一点呢我觉得海德格尔没有去谈，他只是强调了自我本身的非本质性。我觉得二者是有差异的，因为我们是在自我认识中，慢慢知道人的存在有它一个宇宙的意义的，那他会在这种认识之下逐渐凸显人的自我概念，这个自我概念不是一个本质的对象，而是一个自我不断发展的创造性的实体，这点我觉得很重要。

另外一点呢，人是在处境之中，这是没有什么问题的，但这个处境是一个有多重内涵的处境，我们可以从一个小的环境发现一个中的环境，从中的环境发现大的环境。所以我们要认识到我们人的存在是有一些发现阶段的。同时在它现有的存在里面，它又有一些不同层面的或者是不同范围的环境。而人要去发现这个存在，中间有一个学习的过程，他逐渐开拓他自己。当然开拓不只是单纯地去发现环境，事实上也是在发现自我。而发现自我又进一步启发了我们对环境的认识，于是产生对环境的一种更好的表达，这就是哲学的思想。哲学的思想是我们在对自我和对环境交互认识之下产生的一种能够帮助我们行为的东西，它具有帮助我们成为知性、成为自我的内涵，建立和外面世界关系的内涵。这种意识活动，既能形成知识，又能形成智慧，这就是哲学。所以人在处境中，不单单是发现外面的真理，还在发现自我的真理，自我的真理包括自我存在的意义和自我生命的目标或方向。

第三点，不少人指出在海德格尔和伽达默尔的哲学诠释学中，表现出了一种比较被动的含义跟诠释，因为这种哲学只强调我们在看环境是什么，看我自己已经接受了什么。这一点呢我觉得很值得挖掘。我认为一个自我认识应该是一种主动或者积极的创造性认识，它应该导向一个体系的建构，形成一个自我如何认识世界的方法或方案，它必须是一种探索。这样的话，人就可以更好地了解甚至突破环境的限制，突破自我的限制，来认识自我跟世界。因此诠释应该是一种具有开放性、接受性、创造性和强烈探索性的活动。

第四点，人的最大的状态是找寻，不但是在找寻生活的目标与方向意义，也是在找寻自己生命的来源，在找寻一个本根的意义。在海德格尔的哲学里面呢，缺少这样一个本根的意义，人既然是抛出的存在，那么这个抛出的存在本身就是没有意义的，人也无法寻求生命的一种根源意识。之所以有一种批评说哲学诠释学最后就是走向主观主义，就是因为你只在传统中去诠释、去发现，你的根源又是被抛出，那你本身的诠释基本上是一个空虚的内涵，自然难免导向一种褊狭的相对主义，就是说每个人只能就他现有的前解来掌握他自己的周边。实际上，这是远远不够的，人还需要有一种跳跃发展的过程，这个应该在人的本能上就是存在的，我们可以举禅宗里面的"悟"的概念，所以不只是感知，不只是理解，还有一种悟解，就是对全体性的一种豁然开通的认识，《易传》基本上是豁然贯通的一种状态。

第五点，紧接第四点，我认为人的认识还具有追求整体的超越的能力，这种能力是慢慢开发出来的，它是把所有的经验整合起来，产生一个"超融"：融合多元，但不消除多元，最后成为一体。这一点我可以从怀特海追求统一的这个概念说起，人的认识作为一个整体的系统，它本身就具有一种对统一的需要，逻辑上需要一种统一，因为如果不是这样概念怎么连在一块，经验怎么连在一块，我能不能够使它们连在一块，用什么方式把它们连在一块，连在一块之后产生什么样的后果，我连在一起的方式跟另外一种方式有什么不同，有什么优越性，等等。这些都可能是问题。所以超融应该说是在现有的情况下，在原有的经验中，形成一个整体的观念，或者一种观点，它是一个体系，一个本体体系，也可以说是一种本体形上学，或者也可以说是本体哲学。说它是本体，也就是说它具有一种根源性的发展性。需要强调的是，我说悟，并不是要否决或要消除我们的感性，我们的历史性、实践性，而是说在感性、历史性、实践性这些基础上，人还有自由的空间，或者换句话说，它能让我们在建立人跟人的沟通，以及建立人的更大的行为空间方面，具有更大的自由幅度。

最后一点，我也很重视语言的沟通问题，要掌握这个语言，有两个方面，一个就是我们现在是不是有共通的语言，因为伽达默尔只在讲假设一种共通语言，事实上在现实世界里面这种共通语言是要去发掘的，也就是要透过我刚才说的一个观跟感的过程。现实中大家运用的都是自然语言，每一个族群都有自己的自然语言，彼此之间怎么沟通，这个需要一个观跟感的过程。不同行业之间也有不同的语言，如经济学家跟伦理学家讲的语言不一样，但它们之间能不能沟通呢，我想这个很值得探讨。今天我们是不是可以讲一个道德的经济学，或者讲一个经济的道德学？我觉得这样的一些沟通非常重要。这其实涉及不同语言之间的或不同学科之间的相互诠释、相互学习的问题。所以我特别强调语言是一个符号，这个符号，它的意义是可以延伸的，到了我们觉得不能再延伸的程度时，就必须另外造一个字词。在一般情况下，我们基于一种简单原则，用我们现成的语汇，来表达一些新的状态，这就是所谓的 metaphor，一种隐喻的所指，诗的所指往往是隐喻的所指，它不需要科学发明很多的技术字眼、抽象字眼来描写一些所谓客观的情况，它往往只透过主观的一些深刻的感受，把语言延伸出去，使之具有在它指向的过程当中产生一种延伸的意思，这是语言作为理解的工具所应该具备的功能之一。当然这里面还要说一点，就是所谓对话，不是说随便就可以对话，它其实是一个逐渐发展的过程，要透过一个层次，来形成一套自我的概念，理解对方的理解，以相互整体对应，来形成一种沟通。在这里我是把诠释当做一种认识的过程来处理的。所以在我的观点当中，我是给怀特海补充了一个经验主义的基础，给伽达默尔补充了一个理性主义的说辞。这样你就可以看得出来在我的背景当中伽达默尔是具有很重要的地位的。

杨： 也就是说，您的本体诠释学更具有整合性？

成： 我是在做这样的工作，西方哲学发展到今天，已经走向一个后现代哲学，也有人叫做后分析哲学。对它而言，学习新的经验，已经变得更为重要。我想今天分析哲学到了一个一方面需要诠释学来发展新的知识，另一方面又需要一套具有本体性的、整体性的诠释来整合经验的时代，这也是人类文明自然形成的一种状态。人们经过战争、经过工业革命，到今天这个所谓资讯科学的时代，人类可能已经逐渐具备了在任何时候、任何地方、进行任何沟通的能力，当然这还是理想地说。实际上，谈一个新的事物，很多过去的传统需要呈现出来，即要回到一个处境——文化历史的处境来认识一个文本、一个思想，甚至一种文化、一种价值体系。另外一方面呢，分析哲学又帮助我们就现有的概念加以整合，提出新的观点。现代哲学发展到现在，很需要一种整合。我认为在西方，整合的例子，古代是亚里士多德，近代是康德。在中国，理学家朱熹是一个模型。儒学发展到今天，也处在一个重要的整合阶段。整合本身就代表一种诠释的意涵，也代表一种本体诠释的要求。这些年来我一直重视康德，我觉得康德是有这样的风范的。当然，他整合的内容怎么样，我们可以先不讨论，他的整合的方式是很重要的。所以从我的角度看，一方面分析哲学具有诠释哲学所需要的功能，本体诠释学必然要包含分析诠释这部分内容。我为什么强调蒯因的重要？就是因为蒯因的整体体系中包含了一些对语言、对逻辑、对命题的深刻诠释。这些诠释经过系统化的分析，就能更好地进行一个有机的整合，让我们对事物的了解有一个更深的认识。同样的，我认为康德是最细致的整合哲学家，你看《纯粹理性批判》，我们可以称之为大而小、小而大的建构体系，非常细致。而且，他那个整合的体系，不但用在三大批判上，他还想把这三大批判再整合成一个更大的体系，虽然他最终没有完成，但他的意向是这样的。

杨： 您的本体诠释学也是在继续这样的整合工作？

成： 我一方面反思，一方面观察，然后再努力把二者连贯起来。我们现在可以观察的材料是愈来愈多了，但有些东西还来不及反思，形成简约而丰富的命题。理论上我能结合怀特海与海德格尔为一个大而小、小而大、外而内、内而外、上而下、下而上的体系，创造出一些先验的原理来笼罩这些观察体系。这是因为我已发展了一个本体诠释学的系统，得力于对《易经》有无动静、一多互参的认知，对儒学道德修持的深思，对道学自由超越的体悟，对逻辑理性运作的激赏。显然，还有许多极其重要的概念系统需要参考，能否建立合理而有效的细密关联，或用于有关的事物上面，这都是值得面对的问题。

杨： 方向有了，基本的框架也有了……

成： 算是建了个高处的凉亭吧，往前看，知道往哪儿去；往后看，知道从哪儿来；往两边看，风景也还不错。其实在康德那里已经启示了一种以人为本的本体论建构，这个本体论也许属于未来，但他能够抓住人，这很重要。怀特海没看到，海德格尔又显得太局促。一比较你就看得出康德具有一种恢弘的气派，统一的规模。更重要的是他具有一种人性的思考，这些东西让我警觉到他很像中国的儒家，事实上正像前两次我所谈到的，在这一点上他很可能是受到了儒家的影响，这也让我对康德的意义有了一种新的认识，而这个刚好说明诠释学是要在一个处境当中发现它的新的意义的。今天我再读康德，理解上已和当初新康德学派从知识论的视域讲康德有所不同，当然也跟牟宗三的方法不一样。

杨： 是不是见仁见智的问题？

成： 呵呵！我要找寻的是新的中国哲学的出路。我想找出路当然需要借助一些具有统一性但同时又具有开放性的哲学思考，为此康德自然是不能被忽视的。幸好有意思的是，怀特海和蒯因，都重视整体性。就是海德格尔，从他的后期来看，他苦苦思寻的那个 Sein、超存，或者是译做本存，一直到伽达默尔重视寻求各种文化历史处境中的人的了解，以及视野的融合，也都体现了整体性的诉求。那么在这样一个需要整合的时代，我们怎样借鉴他们的眼光，利用他们的资源，来开创一套新的诠释学即本体诠释学，或曰人存的自我理解学、人的社会文化理解学、人和自然天地关系的理解学，无疑是非常重要的。

杨：用《周易》来整合，构建本体诠释学吗？

成：借鉴是以反思为基础的，借鉴与反思相辅相成，反思中国哲学，《周易》的地位是无可替代的，它当然也是我的本体诠释学的一个很重要的起点。所以我的本体诠释学是中西合璧、双管齐下，它既是一套本体的思考，又是一套理解本体的思考，所以它具有一种诠释的作用，认识世界和把握自我的作用。同时，我也不排除在一定情况之下，它成为一套认识自我和世界的方法学，以及对人类文明创造与保留的文本与文物的意义与价值的探索之学。

中国哲学的资源

中国哲学的现代化形式

杨：上面您谈了中西合璧的"西"，下面重点谈一下中西合璧的"中"吧？就是在您的本体诠释学的建构过程中，吸收了哪些中国哲学的资源？

成：诠释这个概念，当然是近代的概念，古代有诠解，有注释，甚至训释这类字眼，但是"诠"、"释"摆在一块，我没有考察是从什么时候开始的，不过今天我们用它，是相应于西方的一个处理经典、理解经典的方式——诠释学——而言的。有人说中国有诠释的传统，没有诠释学。这个"学"属于现代科学发展以后的概念。作为一个学，它一定有一个特定的对象，一定拥有一些特殊的"用"来说明这个对象的概念范畴，对对象的研究也一定能够形成一个理论的系统，并能增加我们对一些现象的认知或者知识。就这一点而言，诠释学一方面很新，具有现代性；一方面又具有开发传统资源的能力。我讲诠释学的发展，当然也是基于这样一个观点。我们接触到现代的学问，尤其西方的学问，我们用汉语把它的概念、范畴表达出来，其实就已经结合了中国古代学者理解文本的意涵。然后我们用它去整合或开发、说明传统中与之相关的一些行为方式、思考方式、表达方式，于是就形成了一套现代化的中国诠释之学。

杨：照您这么说，"诠释学"这个概念本身就已经包含了中西古今比较的内涵？

成：可以这么说吧。就我来说，我很早就有一种愿望，就是希望给中国传统资源一个现代形式，所以我在《中国哲学的现代化与世界化》一书中，特别提到现代化的形式的重要性。所谓现代化的形式，是要给中国传统一个现代的概念上的内涵，也就是努力使中国的学术达到一种理性的逻辑的知识分类，用现代的语言给它一个概念的界定，然后再进一步以这个为基础，挖掘其中所包含的资源里面的一些重大意义，然后再以这个为基础，来形成一种新的知识内涵。这种工作需要我们在一个理性化的概念基础上彻底掌握中国的传统，只有这样才能使它成为更现代的一种东西。其实，现代化在某种意义上就是诠释的问题，也就是如何把传统的意义开发成为现代的理论，为现代人所了解，为现代人所用的问题。从学术的角度讲，就是给过去的文化或知识体系一种现代的组合、整理，让它日常的意义更清楚，之间的关系更清楚，它的所指的对象、所意涵的方向更清楚，更好地让我们去了解这个世界。当然这绝非废弃中国学术原有的形式与机理，只是相应这些形式与机理提出新的诠释话语，或创造出新的理论认识与实用智慧，启发生命与扩大生命。

杨：您所谓的现代形式，主要是指现代西方哲学吗？

成：主要是借鉴现代西方哲学的优长，比如说以西方哲学的知识论、方法论为参照，深入全面地认识中国哲学，展开中国哲学。之后，又反过来批评地理解西方哲学，发掘问题，解决问题，凸显中国哲学的意义，实现东西方的心灵沟通。所以，你不能片面地说我所谓的现代形式主要是指现代西方哲学，中国哲学在取得现代形式的过程中也在规范着西方哲学。但就其步骤而言，需要把古代变成现代，把现代扩大成为东西方。把古代变成现代，就需要对现代有所了解，对现代有所了解，当然就需要对西方有所了解。所以，要借助于对西方现代的了解来开拓中国哲学的资源或意涵，然后再反过来纠正西方的偏失，建立起一个现代的中国对西方的批判与整合，然后与西方进行一种新的融合，达到中西文化的共同开发，并有可能创新出一个新的成果。

杨： 从方法上说，还是您的中西互为本体论？

成： 是这样。在这种情况之下，我很看重中国哲学的发展途径，很注意对它的起点进行研究，这就是为什么我要谈到《周易》的缘故。对于《周易》作为中国哲学的起点的问题，我已经论述过了，现在要讲的是，我怎么透过易学来建立一个更完整的诠释理论。

《周易》的资源意义

杨： 也就是易学作为本体诠释学的理论资源问题？

成： 对。其实很早以前我就意识到，了解《周易》就是要了解它怎么看待这个世界与世界上的人类生命，如果它代表一套哲学，那它是一套什么样的哲学，它是怎样成为一套哲学的。这一点过去人们都没有注意到，大家似乎更专注于它的占卜的性质。

杨： 一直以来，人们并不反对它有思想，但就其性质而言多视之为占卜之书。

成： 事实上，全世界很多民族都有占卜，假如我们只把《周易》看做占卜，那显然无法说明一个事实，就是为什么其他的占卜形式没有发展出《周易》？你或者可以说因为占卜的形式各有不同。那为什么只有《周易》这个方法能够得以长久地维持，甚至发展成一套哲学体系？

杨： 朱伯崑先生讨论过这个问题。

成： 他的《易学哲学史》极有价值。朱先生也侧重于比较历史上龟卜与筮占的异同，我则透过符号学的研究讨论它如何成为一种哲学。我早年曾听屈万里先生讲占筮方法，主要是讲大衍筮法，我注意到这个方法本身具有一种宇宙论的模仿行为，它是在那里模拟这个宇宙发生的一种状态。当然，我并不知道当时的筮者是不是有这个意思。就目前看到的《周易》著作而言，它的符号系统是由阴阳两个爻画构成的。这两个爻画最原始的形态就有阴阳刚柔与动静的基本含义。但不管怎样，人总是要不断地追求事物的客观意义的，《周易》作者要建立一个符号或符号系统，终归是要变成一套所指的，正如《易传》里面说的，"辞也者，各指其所之"，它指向一个东西，对此也有所表达，或者表意，或者表形，或者表象。你去看一个卦，每一条卦辞都是一个判断，首先判断某种状态，然后判断某种吉凶，然后判断某种形式，然后判断某些可能性，最后再提供一些主张，应该怎么行为等。我认为这就是一套哲学方法，而且这套哲学方法彰显的不单是一种历史的处境，更是一种当前的处境，以及一种未来可能发生的处境。

杨：就它的筮占功能而言吗？

成：实际上已经超越了筮占，因为它的符号有一个客观的指向和主观的意向——从一个自然的状态的观察，人们得到启示，去发现吉凶的诸多可能性，然后再调试自己的行为，趋吉避凶。所以它表现为一个从自然化走向人化，再走向行为化，再做出一个价值处理的过程。你看《周易》六十四卦，或多或少都具有这样一种思考的方式，虽然不是每一个卦都同样地具有这么完备的思考，但至少在一定情况下，能让你掌握现状，掌握未来，掌握应该努力的目标。

杨：所以是一种当前的处境，一种当前发生的处境？

成：我想是这样。这里的关键问题在于，《周易》是怎么形成的。我的意思是指我们不应该仅仅局限于一个历史的考证，也不应该仅仅局限于一种心理的假设，而应该对《周易》的筮占形式的诠释性本身有一种认识。我认为在过去的《周易》研究当中，有不少盲点，而我的研究可能是最特殊的，因为我的研究是非常哲学的。现在可能有少数人了解我的本体诠释学，我是用一套本体的概念来解释《周易》的，而《周易》本身的诠释性又反过来加强了我之发展本体诠释学的能力。所以，为什么从某种意义上说我的本体诠释学与《周易》的思考方式有相近之处，就是因为本体诠释学是在挖掘《周易》本身的一种本体状态以及本体的变化状态。这是从本体的思维状态的过程中建构出来的。

杨：看来，我用"出入中西、归本大易"八个字概括您的思想，是比较符合您的思想发展的实际的。

成：你的认识有深度，我对《周易》的研究，就是这样切入的。在这方面我可能受到了西方的整体主义，或者先验整体思考方式的影响，但在我看来它也刚好符合《周易》的思维方式。首先，人类作为一个主体的行为者，它要面对这个世界。《周易》是如何面对这个世界的呢？是靠"观"，我称为"观"的阶段，它是对外面事物的一种整体的开放的知觉，所以它本身就具有一种本体性，很开放，很大气，一种大而化之的认知方式。而且它还有一个特点，就是不做任何主张，或不马上做出决定。它的理解本身具有一种宽容性、美好性。从这个意义上讲，"观"就是中国哲学的起点。如此，在观之中，人们会慢慢观察到现象的多样性，也观察到多样事物之间的关系。当然不只是因果关系，中国人更重视那种并行而不悖的关系，这是一种整体的思考，是对宇宙事物并行地多样发生地动态、多样、具有活力的特征的一种整体的考察。再进一步，再考察动态、多样、具有活力的宇宙的规则性，进而掌握其结构性与过程性来说明其规则性。其实，我们今天还可以做这方面的训练，不受情绪的影响，多观察，多记录，慢慢你就会发现很多有关的状态出现，虽然不能马上证明它们之间必然相关，但至少会证明它们是同时联系在一块的现象。这样就会逐渐形成一个体系，把它里面的一些规则性显露出来。就自然界的天地之间而言，至少我可以观察到日月运行，观察到四季，甚至观察到太阳跟月亮之间的相关性等。一路观察下来，慢慢就产生了对自然规律，尤其是对天象、地象、物象之间的关联性的认识。那么，象的变化的概念，象的分类的意识也就随之产生了。

杨：照您的说法，《周易》里面的"象"不是抽象的产物，而是"观"的结果？

成：至少"象"的分类还不是那么抽象地概括，它是从经验里面很生动地感觉到的，日月的对照啊、光影明暗的对照啊等，一种二元一体、互动、互补、互换、互化的现象。阴与阳的概念就是这样慢慢地产生的，山之南、水之北，有阳光与没阳光，就是实际观察得来的。甚至以后再利用想象把它推广开来，发现运动变化也是由类似阴阳两方面的力量交互作用推动的，于是又产生了"易"的概念。继续观察，你就可以掌握一套阴阳互动的系统，哪些东西相对地是阴，哪些东西相对地是阳，哪种情况下，阴跟阳会转化互换，哪种情况下它们有对立与互补以及其他的变化。把这些东西全部掌握之后，就有一种规范性出来，然后甚至就产生了一种所谓基本的推演，伏羲的八卦可说就是在这种情况下推演出来的。

杨：从哲学的视角看，也许如此。但八卦如何产生，迄今尚无统一的认识。

成：既然一个整体有两个基本现象，合在一块的话，它的变化的可能性就会增多……一个层次一个层次地推演、延伸开来，你可能会发现任何事情都可以看成是阴阳，即使是在阴阳变化里面还可以再有阴阳，这样的话，任何一种具体事物，都有可能从一种不断的阴阳互换、互动、转化过程中产生，八卦就是这样归纳出来的。

杨：前些年有一种观点，认为先有六十四卦，八卦是从六十四卦中抽象出来的。

成：这种结论是不符合逻辑的，人类认识的规律就是由简入繁嘛，西方人是了解这一点的。像笛卡尔，他的方法论就是从简单入手，找它的基本结构，然后再把它扩大。当然他的这种结论把复杂性和直觉的整体性给化约掉了，即掌握了简单，而放弃了复杂，这是他的不足。《周易》也是遵循了从简到繁的逻辑规律，但它并没有在掌握了简单之后放弃复杂，而是用简单涵摄复杂，从简单里面掌握复杂。所以它是以简单为基础再创造出一个新的层面，也就是透过一种创化的原则，走向更复杂的现象，这是《周易》最根本的一种思考方式。六十四卦就是这样创化出来的。这里有一点需要说明，八卦也好，六十四卦也好，他们的产生都是与现实生活中人们的直觉要求和分析要求分不开的，是分析的经验跟直觉的经验的配合，才产生了卦象、卦象的系统。它是在整体的摸索中定位，然后用一种规范性的思考，来规范其他的认识。人们的经验到这个时候呢，可以说就产生了一个象征化的过程。象征化是非常重要的，象征化实际上是语言发生的过程。

杨：有一种观点认为八卦符号就是最原始的文字。

成：中国的语言是什么时候发生的，我们不知道，传说中是仓颉造字，可能在纪元前三四千年以前。有了这个基础，你才有一个宇宙的图像或者自然的图像，占卜也才能成为一个真正的技术。占卜主要有两个步骤：一个是产生的步骤，一个是说明的步骤。产生的步骤很简单，每个人都可以去占卜，虽然它也许还需要一些心理因素以及其他的条件，但基本上是一个行为方式。但占卜之后如何去解释它的意义，那是一个心灵的认识问题，是一个认识论的问题。这个问题过去人们谈论得不多，但却非常重要，它涉及《周易》的发生，为什么发生、怎么发生、发生的思维条件是什么、代表什么要求，等等。这些问题恰恰反映了人的心智的发展与人对世界认识发展之间的密切关联。所以我说《周易》正好显示了人和世界之间的交相影响。卦象系统，我所谓的象征化，symbolization，就是这种交相影响的结果。有了象征化的基础，才可以有 divination，就是占卜。

杨：以前人们多从巫术、迷信的角度理解占卜。

成：它当然有迷信的成分，但这并不妨碍对它进行哲学的思考。占卜是从已知推到未知。在现实环境中，人有很多需要，很多疑惑，会面临很多问题，人需要知道应该怎么办，换句话说，他需要有个方向感，有个目标感，在这种情况下就需要占卜。如果一个人现在有能力回答他的问题，占卜就不需要。所以占卜是在人没有预知能力，没有知识判断的能力，他所有的经验都无法知道某一未来的时候，才会产生。所以占卜它有一种假设无知的原则，在这种情况下呢，你占卜，就可以把这个现象纳入到一个象征的系统里面，在整体的卦图之中找到该问题的位置，再来集中解释与该问题相关的卦图所指的一种状态，这就是解卦。解卦既跟现实的环境连在一块儿，又基于一定的基本的原则，它是一个综合判断，综合判断一个事实，综合判断它的价值，综合判断应该走的路。所以它不是一种决定论，相反地，它是一种未决定论和待决定论。之所以是未决定论，是因为它提示人们要注意到各种可能性，以便在所有的可能里面找到最可能的方向，这也就是待决定论了。

杨：卦爻辞里面的占断术语指的就是这种最可能的方向？

成：对呀。所以你看占卜活动本身也是基于一个整体的理论，那么这套东西呢，一个象征化的系统，再加上一个占卜的过程，也就是诠释的过程，人们的宇宙观就慢慢地变得更清楚了。

杨：那孔子为什么对于占卜不是太瞧得起呢？

成：大概在孔子那里，不需要巫史的诠释，就能了解行动的方向吧。一直到荀子都是持这样的看法，所谓"善为《易》者不占"。这里面涉及卦本身怎么产生的问题。我能观这个世界，只要观，马上就把我的时间因素、空间因素跟个人因素融合在一起了，我就知道这是个什么卦或什么象了。比如说，你走到一个地方，前面是山，后面是水，中间还有追兵，你说这是个什么卦？就是困卦嘛，还用得着占卜吗？来得及占卜吗？所以说，天地人，时间、空间、人，这个当下的象本身就启示你此时此刻处在一个什么状态之下。孔子不太瞧得起占，分明是很多事情他都知道嘛。他希望人们分享认知的经验，而不是神秘的占卜的经验，他是认为这条建立在人生经验基础上的理性的途径更为可靠嘛。

杨：或者说孔子更重视把握自我，吉凶由人嘛，只要掌握了自我，就能趋吉避凶。

成："好其德义"嘛，"德义"是什么？就是进德修业嘛。另外还应该看到，《周易》六十四卦，每一个卦都有一个诠释的方式，这个方式也可以看成是一个基本的范式，这个范式代表一套状态，相对于整体的宇宙图像，或整体的宇宙图像所代表的宇宙状态之下的人的一种生存状态，在这种状态之下怎样的行为才是合理的？卦就是启示这个行为的。所以说，卦本身就具有一种道德的启示性，孔子所谓的"德义"就在这里。我推测孔子在后期从卫国回到鲁国，就是鲁哀公把他请回来的时候，可能对《周易》已经有了很深的认识，所以帛书《二三子》也好，《易之义》也好，那里面孔子已经讲到这些东西了。孔子的这些说法应该启示到后来的门弟子，他们写了《易传》，继续阐发孔子的思想。

杨：以前人们习惯于认为《周易》是筮占之书，是孔子把它改造成了哲学著作。照您这么说，孔子对筮占之书《周易》，是发展，而不是改造？

成：发展本身就意味着改造，改造本身也意味着发展，我认为这也是诠释学发展的一个途径，先有了诠释的概念和一个整体思考的观念，再来整合，孔子的工作就是先验思考和后天经验的整合。

杨：那成先生到底怎么看待占卜？

成：我不反对占卜，占卜是因为我们有不知道的事情嘛，看不出这个现象，又要掌握这个现象，所以就用到占卜。你的问题实际上是在问占卜里面有没有合理性，依我看既有又没有，说没有是因为占卜行为是一种完全任意的行为。出来一个卦象，你怎么断定它一定是反映了你的这个状态，除非你相信神秘中有一种力量使你跟卦象有一种配合，但我们找不到这种相信的理由。当然，心理学家有一种观点，就是认为在一个特定心理状态下产生的东西，具有一种通适性。威尔海姆翻译《周易》，请一个心理学家 Karl Jung 写序，Jung 指出，人的心理有一种偶然的共同性，比方说你正要打电话给某某，某某的电话就打过来了，你们两个同时存在着要给对方打电话的心理。他说宇宙可能有这样一种通适性的心理定理。按照这个定理，你的卜卦，可能就是你心理要求的卦。

杨：这种观点在科学上有根据吗？

成：在科学上很难理解，但从心理上来讲呢也不是不可以。问题的关键在于，《周易》解释卦的基本的原则是一种预防原则，是一种规范原则。它不是告诉你说，这个事情就是这个样子或就是那个样子，它从来没有这样说过。相反它只告诉你现在这个象，有这样或那样的可能性，因而最好这样或那样做。你看它的卦爻辞里面经常说"利贞"、"利永贞"，而不是说你非这样不可。"利"就是适宜嘛，适宜这样或那样，让你远离危害嘛。从这个角度讲，《周易》所带给人们的启示是：高度的警觉性、高度的预防性、高度的整合性。所以在存在未知的情况下，占卜或许可以起到帮你整合知识的作用。

杨：所以您不反对占卜？

成：我不反对它作为一个心理整合与现实认知整合的工具的作用。这样的话，整合的经验多了之后就产生了所谓系统化的问题。什么叫系统化？当我掌握了所有的动态的资源以后，我要给它一个体系，要把它分类，把它可能出现的规则整合出来，这个我称之系统化。传统以为《周易》成书于文王之手，具体的时代问题对我的哲学来讲并不重要，只要知道大致的时代就可以。文王关在羑里，有那么多时间，可能刚好堆了一大堆资料，他就把八卦整合为六十四卦，把六十四卦整合为一套变化系统。这套系统要符合一个基本的逻辑原则，就是它们之间不要有矛盾，又要符合一个意义原则，必须产生对人的意义，以及符合一个宇宙论原则，这些卦最后都能够印证一个动态的宇宙观。

杨：如果文王在羑里所重的六十四卦就是今天见到的这样一个顺序，那的确是很了不起的。

成：怎么排列，他有没有一个更好的计划，我们不知道；但至少不是一种机械式的排列，像帛书《周易》那样。对文王来说，他要研究的是这个宇宙最根本的一种形成，所以他需要一些根本原则，配合这些原则来决定里面的次序。这个次序不是单一的次序，有各种可能性，但它的宇宙论的框架在那里，在框架里面当然还可以再加上他对宇宙的认识。

杨：您对《序卦》的说明比较认同？

成：它的说明还是很重要的，它从义理上面进行解释，符合诠释学的基本原则，我认为《周易》也基本上反映了这个原则。因为《周易》作为一种动态的整体性系统，目标就是要说明整个宇宙的发展体系嘛。其实也不应该谓之"说明"，它是显示出来，像维特根斯坦所说的，不是"说"，而是"显"，是显露出来一个宇宙的空间。那么在这样一种了解之下，我很不赞成说《周易》是一部占卜之书，像朱熹说的那样。《周易》是一部占卜之书，这话语义不清楚，什么叫占卜之书，朱熹没有说清楚，现在存有这样认识的人也都没有搞清楚，是不是，都没有说清楚嘛。倒是金景芳先生别树一帜，相当重视《周易》的哲学性，但他如何把这个系统整个地揭示出来，我愿多知道。我呢，首先是找一个有根源性的、历史性的，又有整体系统背景的概念，这个概念是要在它的整个体系中来认识，在它的整个建构中来认识。从这里出发去看占卜，它的诠释原则都是可以归纳出来的。我的基本结论是，《周易》本身不是所谓的占卜之书这句话就可以说明的，因为它不是讲占卜的，它不过是显示了占卜的成果，并使之组织成一个整体的体系，透露出一套哲学的思维、宇宙论的思维罢了。或者换句话说，《周易》是在一种宇宙论发展到一个阶段以后，为占卜提供了一个诠释的方法，它有占卜之用，但它代表的不只是占卜之用，还有使占卜成为可能的一个本体。这样理解的话也就能够说明，为什么《周易》这本书能够启发《易传》的思考方向。关于《周易》到《易传》的发展，向来的解释都不太清楚，但《易传》的诠释显然不是随随便便进行的，它有一个整体的经验体系作基础、作指引，它是从一个整体的资料里面找出可能不同的决策的方向。应该说《周易》的资料性和整体性是没有被《易传》否定的。所以不能简单地说《周易》只是一种占卜之书。如果那样的话，我们就没有办法理解为什么从它那里可以发展出《易传》，也无法理解《易传》跟《周易》为什么有一种诠释关系，当然更无法理解《周易》为什么会成为中国哲学思考的源泉。

杨：您在 80 年代首先指出《周易》是中国哲学的"源头活水"。

成：源头活水嘛，它不只是过去的历史，它还是现在的、当前的，它是人类心灵的一种发展方法。向来的易学研究不外乎两个途径，一个是在它现有的系统之内进行解释，另一个是跳出它的系统来看它的发展。我先是跳出系统来看，所以能洞察到它是源头活水。当然我也不否认系统内的解释，这方面易学史上有不少材料值得关注。我也进行了系统内的诠释，如对观卦与咸卦的方法学诠释。

杨：顺便问一句，您认为中国哲学的源头是多元还是一元？

成：中国的哲学，已经理论化了的有三个系统，一个是阴阳体系，一个是五行体系，还有一个是干支体系。我喜欢把干支体系独立出来，因为它是一套关于时间的基本认识。这三个系统后来都在易学里得到了整合，成为一个庞大的、内在融合的，而外在又可以应用到各种事物上的体系。

杨：是不是也可以这样理解，即《周易》的整合能力保证了它一直享有源头活水的位置？

成：这个理解很深刻，你看易学的发展，就是不断整合的过程嘛。但我也并不否认，阴阳、五行、干支等文化本来就是《周易》观察感通方法的成果，又成为《周易》应用发展的资源。当然这个还需要更细致的论证，可惜比较原始的材料现在都看不到了，比如说《系辞传》讲的"河出图，洛出书"到底是什么意思，我们现在还说不明白嘛。正因为《周易》的这种强大的整合功能，所以它总能不断地把人们的经验系统化。文王重卦是一个系统化，孔子解《易》是一个系统化，《易传》的解释更是一个系统化了。我现在做这个工作也是一种更系统化的工作。只是方法与诠释的系统化还不够，和系统化同时做的就是一种诠释，interpretation，诠释化，用现代的话就是说，世界与生命呈现出一个什么样的宇宙观，什么样的人生观，什么样的价值观，什么样的一个人的发展的途径，追求一个什么样的方向，这些都是诠释的问题。诠释必须要有一个假设，即要诠释什么东西，只是诠释那个文本的意义吗？那只是注释，不叫诠释。诠释是对整个意义体系进行一个新的意义的说明，而新的意义的来源是因为我已经观察到世界有某些新的特性，我对此有一种观照。所以不断诠释就好像宇宙不断发生一样，是日新其解、日新其知。因此，诠释事实上是在创造一个意义体系来说明一个体系中的部分的合理性，或者根据部分中某些必须要承认的合理性，来重建一个义理体系。这样的话，我们才能透过更深的层次体验，来重新给它一个新的符号的意义，给它一个新的体系的认识。之所以说我从《周易》里面得到本体诠释的一个印证，而且是很好的印证，就是因为上面的缘故。当然，在我的本体诠释学当中，本体的概念并不是全部来自《周易》，因为在《周易》里面没有出现"本体"二字的合用。但《周易》里面可以看到本的概念，"元亨利贞"的"元"应该就是本的意思。而整个六十四卦之间都相互关联，它们之间都有关联的相应性，那么"体"的观念也就显露出来了。

杨：就是说，它不一定已经形成概念，但那个观念应该是已经产生了？

成：是的，阴阳概念，《周易》经文里也没有，但不能说《周易》经文里没有阴阳的观念。所以我的解释是，《周易》的经文里显示了本、显示了体，但没有直接用语言来表述它，到了《易传》就被命题化、概念化了，就被诠释出来了。

杨：《易传》，现在看虽然是一部著作，但各篇是否同时成书，作者是谁，学界的争议不小。

成：依我看，早晚其实相差不应该太大，最主要的一个具体情况是孔子晚而好《易》。孔子说他"五十而知天命"，所以我估计他在鲁国做大司寇的时候，已经对《周易》有兴趣了。为什么呢，因为任何从事政治的人不可能对《周易》没有兴趣。你看《左传》中举的一些卜卦的例子就明白了。孔子虽然可能不占，但他应该是注意到了这里边的那个合理的价值。"五十而知天命"，显然是跟对《周易》有基本的认识有关系。因为《周易》基本上就是一种天命之书，或知天命之书。在这个情况下呢，他启示了很多学生，所以我认为在孔子的后期，他对《周易》"观其德义"，是下了大功夫的。从《系辞》和帛书《易传》中的一些引文里面可以看出，孔子对每个卦都有自己的了解。我统计了一下，好像只有一个卦他没有涉及，其他卦至少有一个爻都涉及到了。这样的话，孔子事实上是有他自己的一套《易传》的。而且我们还可以想象，孔子也很有可能让他的弟子们各考虑一卦的诠释，而学生之间，各人的侧重也可能有所不同，诠释的方向也可能各有差异，但都可以找到一些理由来陈述。所以我认为这些传的出现，先后差不了太多时间，很可能就完成于孔子及其弟子的时代，最晚是在孔子过世之后二三十年时间。

杨：证据似乎不是太充分？

成：我只是合理地推测嘛。这里面，《象传》当然很重要，它是整体了解。《象传》呢，是从本体宇宙论的视角讨论卦对人的学习行为的启示。《序卦》也很重要，它要回答卦序的问题，为什么这个卦在前，那个卦在后，这个也不能太晚。虽然我不能说十翼是孔子所作，不过受到了孔子的启示，是绝对可能的。

杨：有人说是受到了道家的启示？

成：毫无根据。我们没有任何理由说《易传》受到了《道德经》的影响，或者说受到了道家思想的影响。"道"是那个时代大家普遍运用的概念。

杨：那道家与《周易》有没有关系？

成：道家也学了《周易》，他们其实跟《易传》一样，也是想要找出《周易》背后的宇宙论，但他不要把它还原成为一个卦象，而是考虑如何回归到道的本身。所以怎么表达这个象对他们来讲并不重要，怎么回归到那个象背后的"本"最重要。这样看，你就发现道家是从《周易》里面发展出来的。

杨：孔子晚年的思想也很得益于《周易》。

成：但孔子的路子与道家不同，孔子思考这个本体，是尽量维护文王开发出来的那套象数、义理系统，还有解释占卜的卦爻辞。你看在《序卦》、《彖传》、《象传》里面，乾坤的地位很突出，这是一个很重要的发现，表明文王很不简单，因为这是宇宙论的一个基础，所以孔子和弟子才专门作《文言传》嘛。《说卦》呢，等于是一个小型的整合，可能有整合的需要，才有人写了这个 paper，解释象的形成，而且它把五行摆进去了，这个很重要，这个对说明河图洛书很重要。《说卦》中八卦整个是一套整严的系统，我认为这可能是把当时的有些新的想法，如对宇宙的认识整合进来了。这个整合呢，对说明八卦是很有用的，或者说这也是对八卦的一种原始的认识。在我的感觉里《说卦》的位置跟《系辞》的位置差不多。《系辞》可能参与写作的人比较多一点，可能是一个集体的创作，也可能是把很多人讲的东西整理在一起的结果。那么从一个宽容原则来说的话，我认为《易传》诸篇都是在孔子这个同时代形成的，上下相差不会超过三十年。从思想上来说，它们之间并不矛盾，它们的用词也都比较接近。所以没有理由把《易传》摆得那么晚，或者要把它分散开来。当然我也不否认原始版本与后发的改进版本的差别。事实上，我们必须看重后发的改进本中的原初含义。

杨：您这算是一家之言吧，学界的观点一时半会儿还很难统一。

成：我从本体诠释学的立场看它们是相通的，我也找到了一个"本"的基础，就是孔子晚年好《易》，他晚年好《易》不能不影响到他的学生。那我觉得这样就变成一个很完整的《周易》哲学。

杨：以前关于《易传》成书年代的讨论，主要侧重在文献方面，您的观点算是哲学家的看法。

成：我用《周易》说明我的本体诠释学的作用，同时也因为《周易》具有这种本体诠释学之整体思考的特征，所以也可以说《周易》加强了、启发了我对本体诠释学做出说明的方式。我不是说过吗，我的本体诠释学一方面基于对西方诠释学的发展进行的一个自觉的意义追求和认知的理解，也是基于我对《周易》以及中国哲学的整体发展的一个把握。另一方面，从我的本体诠释学看，《周易》的经文就是一个所谓从本到体的本体系统，《周易》到《易传》又是一个从本到体，是更大的本体、本体的本体。《周易》本身就有一个经验发展的过程，它作为本，经过孔子的一种导引，形成整个《易传》的体系，《易传》体系涵盖了经文而成为本，经文又涵盖了观而成为本。最后中国哲学的发展呢，显然不能不以《周易》的经传为本。所以儒家、道家，乃至先秦诸家都跟《周易》有关系。儒家在这个体系中发现了人的重要作用，道家在这个体系中看到了本体后面的那个永远的动力。

杨：而您则在里面整合出了您的本体诠释学？

成：呵呵。也不全是，是相互发引。

朱子的资源意义

杨：除了《周易》外，对您的本体诠释学影响最大的还有哪家学说？

成：那最后再说一下朱子吧。我在研究中国哲学的过程中接触到儒家最早，我父亲是一个真正的儒家学者，这可以从他早年所写的《尚书与古代政治》这本书看出来，他的整个的诗文也是这样。我父亲在抗日战争的重庆时代特别讲民族气节，还写过《民族气节论》。方东美先生那时候也谈了民族气节的问题。如果没有对自己的历史、自己的文化、自己的价值的认识，是无法谈这个民族气节的。这里要注意一点，讲民族气节并不表示主张一种狭隘的民族主义，而是强调自己的历史生命、文化生命是有内在的尊严的，是"富贵不能淫，贫贱不能移，威武不能屈"的。这种精神能够促进及丰富一个民族的发展，能够在世界民族之林面前凸显人类的价值，而且能够培养独立的跟其他人平等交往的能力，面对强权与暴力绝不屈服，绝不丧失廉耻。民族气节的重要性于此可知：我不是一个游离无根的存在，我有我自己存在的民族与社会主体，我的主体来自于我的本体，我的本体则源自我对宇宙的根源意识。

杨：在您身上确实能体现出强烈的民族自尊心。

成：在海外的中华知识分子很多都有，何况我又是研究中国哲学与中西比较哲学的。在我的哲学研究中，一方面受到西方哲学理性的影响，另一方面中国哲学却启发了我的深刻的生命的体验，这可能跟我父亲对我的教育有一定的关系，他是一个古典文学家，是一个诗人，但在经验上他是站在方东美先生说的那种原始儒家的立场的，他念兹在兹的就是六经之学，我赴美留学时他不是送我一套四书五经吗，要我随时温习一遍，这个对我影响很大。

杨：也算是家学渊源？

成：至少是有这样的一个关系。家庭背景，自己的兴趣，加上学习的环境，所以我对儒学具有一种深刻的情感感受，同时也发自内心地想把它变成一套更深刻的、更有现代意义的价值理论、道德理论、认知理论、本体哲学。大学阶段，我就开始接触熊十力的《新唯识论》，大一的时候还特别把《孟子》研读了一遍。所以在中国哲学这一块，四书之外，就是五经，五经里面影响我最多的是《周易》。读博期间我研究了戴东原，前面讲过了，后来在教研过程中对宋明理学用功很大，像朱熹、王阳明都是很早就接触到了。

杨：与现代新儒家，像牟宗三等人不同，您好像更重视朱熹？

成：我是特别强调朱熹的重要性，为什么呢？像我这代学者，跟现代新儒家这些前辈们都有着千头万绪的关系，虽然在夏威夷，但我们举办东西方哲学家会议，中国方面请来的专家基本上都是儒家学者，包括方东美先生。当然我们现在把方东美先生看做是儒家，因为他讲儒学很深刻很生动，且有新意，他很重视自己的哲学精神与民族尊严，敢说话，要批评谁总是直接批评，可以说是一个典型的儒家；但是气质上呢，他确实有一种道家的色彩。除了方先生外，我也接触到牟宗三先生，也很关注他对宋明理学尤其是对朱子的看法。他把宋明理学分为三系，他的三系说，有不少人反对，包括劳思光先生，我也不太赞成。我认为有五个形态，你知道我很喜欢五：周敦颐的太极生理气论，张载的气生理论，二程的理生气论，朱子的理气互生论，阳明的心生理气论。我是根据他们对基本范畴的认识来划分他们的形态的。太极生理气，这是《周易》的创化论，周敦颐讲得很清楚。张载讲气生理也是很清楚，读张载的《正蒙》就知道了。人们都说大程和小程有差别，差别到什么程度，阳明是把二者截然分开，我看他们哥儿俩也有很多重复的地方，他们都重视理生气，因为他们对理的理解有一种根源意识嘛，理是更根本的一个存在。那朱熹呢，是理气互生，在《朱子语类》里讲得很明确。这方面我写过几篇文章，朱子就是讲理气互生，气可以生理，理也可以生气嘛。而且他是以周敦颐作为他的基本模型的，要不然他为什么在《近思录》里把周敦颐摆在第一位，有这个信仰嘛。但可能说法上不够周延，所以容易让人误解。比如有人根据他对理气的讨论，判他为二元论，我认为这是不符合实际的，二元论是有完全分开的地方，朱子说有理必有气，有气必有理，说得很清楚。他没有讲说纯粹只有理或者纯粹只有气的状态，在亚里士多德那里有，在笛卡尔那里有，在朱子那里没有，所以朱子不是真正的二元论。牟宗三先生一定要把朱子打成另类，所谓别子为宗，这是不公平的。牟先生认为孟子的心学是正统，朱子偏离了这个正统。哪有这样的正统？而且牟先生对朱子理的多义与层次的认识也是阙如的。

杨：这些年您很重视对荀子的诠释，也是在挑战所谓的正统观念？

成：什么叫正统？道统是一个发展的道统，不要有门户之见嘛。

杨：您有西方哲学知识论的背景，所以看朱子比较亲近？

成：那也不是，我也很重视阳明的，我这里是实事求是。朱子看重大学之道，大讲格物致知，但也讲了正心诚意啊，这是一个很符合逻辑的方法，我的主体意识只有对世界有了认识，才能够进一步认识我自己。所以我认为朱子这里是抓得很紧的。其他如朱子对涵养与察识的关系的讨论，他的心统性情说，也都很精彩。牟宗三说朱子所谓的心只是一个经验的心，怎么可能有这样的认识，朱子所谓的心只是经验的心？它本来就涵摄有一种超融的面。

杨：您和牟先生谁的观点更正确可能还需要再讨论，但牟先生为什么得出这样的结论呢?

成: 我觉得主要是没有把《周易》作为理解宋明理学的基础, 也就是对《周易》缺乏足够的认识。朱子对《周易》的解释虽然有很多缺陷, 但他抓住了《周易》宇宙论的根本点。也许他强调统一性稍微少了一点, 也可能是有些话说得太急, 比如说太极只是理, 忘记了说太极也有气。因为太极它是理气相容而互动的, 怎么会只是理呢。其实朱熹是有分析头脑的, 他没有把话说清楚, 所以被牟宗三抓了小辫子, 结果给打成了"别子为宗"。朱熹本来是属于一个具有创建性的主流人物, 经牟先生一说, 简直成了瘪三, 我觉得这个是要特别加以纠正的。

杨: 牟先生生前您和他交流过吗?

成: 在一次会上我对牟先生的观点提出了异议, 牟先生还是比较开放的, 我也很佩服他, 倒是他的几个弟子们显得很不高兴的样子。

杨: 护教?

成: 也许只是一个单纯的认识问题。另外, 他们还硬把刘宗周说成是阳明一系的人物, 我也不赞成。刘宗周走的是《周易》的路子, 退藏于密谓之"意", 发展出来谓之"念", 主体是一个动态的主体, 而不是一个死的主体。所以我认为这些宋明理学家们都在抓《周易》里面的本体精神, 这一点一定要注意到, 不然的话对宋明理学的研究很容易走弯路。

杨: 不言《易》不足以言理学?

成: 呵呵, 有这么点儿。总之呢我从中西互动的一种相互了解的过程中产生了对中国哲学的新认识, 又从对中国哲学的新认识中产生了对西方哲学新的认识。我的本体诠释学就是中西哲学相互印证的结果。

杨: 中国哲学对您的影响是整体性的, 前面所谈只能算是举例子吧, 能不能再总体地谈一下? 或者结合着中西比较这个话题再总体地谈一下?

成: 如果把话说远一点的话, 我可以从中国文化、中国哲学的特征上来总结一下。中国文化里面, 重视的是社群的关系和人的文化, 因为中国人所处的生态环境, 提供了这样一种机遇, 没有走向客观知识纯粹性的追求, 也没有走向超越性的上帝的追求, 也没有走向一种否定现实生活的理想世界的追求。中国人是重视客观生活的创造能力的, 而且认为这个宇宙本身就在不断创造之中，所以第一，它不否定变化存在的真实性，也不否定人的现实生活的可完美性，它还肯定人的自身发展的能力，认为人自身的能力来自人自身的不断修持和实践，并由此走向现实社会的建立。所以它是不断地去创造，中国看重的是不断地去创造价值、实践价值。在我的理解里面，中国哲学远比西方哲学更具有整体意识，以及生命的整体意识。与中国哲学的整体意识相比，西方哲学仍处在一个中级的发展阶段。我的本体诠释学全面继承了中国哲学的这种整体意识，而且还透过西方哲学的研究，给这种整体意识以现代性与分析性。

在中西互释中挺立

杨：在中西的相互诠释中把这种整体意识挺立出来？

成：对的。我的中西比较就是在中西互释中挺立，我不是有一本书吗，书名就叫《从中西互释中挺立》。相互诠释，就是我了解你，你了解我，我再了解你对我的了解，你再了解我对你的了解，然后我把自己理解的方式、角度、意志，包括希望和价值观都凸显出来，对方也凸显出来，在这个过程中我们不但体验这个世界，也体验了你我方，并同时共同创造了这个人的世界，创造了人类的历史。人类文明就是这样不断发生与进步的。作为哲学的思维，这个发展过程也会影响到其他学科，这对人的行为是有好处的。这会减少不必要的摩擦、成见、冲突，文明的冲突只有在这种情况下才能解决。所以我说，相互诠释不但挺立了自我，创造了新的世界观，发展了新的时代哲学，推动了一个新的世纪，同时也消弭了一些不必要的冲突和矛盾，解决了文明冲突的问题。我的中西比较，可以说是结穴于此吧。

杨：但近代以来，我们对西方的了解好像远远大于西方对我们的了解？

成：这是事实，但也是时代的必然，因为西方比我们发达。不过你要注意一点，了解的过程就是学习的过程，而学了就会带来好处。中国历史上有过这样的先例，比如我们很早就开始了解印度了，至少在佛教这一块，我们已经把佛学中国化了，把它开发成了我们自己的智慧，但印度人到今天也还没有了解我们。学习西方也是一样。西方哲学家呢？当整个人类文明发展到近代的时候，它暂时拥有了一种优势，就是它成为了一种标准，一个行业上的标准，它控制了很多资源，所以它就可以忽视你。应该说，近代西方人打破了中国人的天朝大国与闭关思想，以及自以为是的自我中心主义，这对中国来说有正面的意义。今天我们也要打破西方人自我中心的偏见。怎么打破？我们就要提供一个东西哲学的整体哲学来打破他的狭隘性、专制性和封闭性，使中西或东西哲学都能相互沟通、相互丰富。我这些年不遗余力地在西方世界推介中国哲学，重建中国哲学，就是要提供这样一个东西融通的架构嘛！

杨：您的工作不仅仅是提供一个架构，还是整合出一个新的体系。

成：你说的很对，尤其是今天，全球化时代，传统里面的四大文明，它们各自发展出来的一些文化传统今天需要重新融合，至少需要重新建立关系，要给它们一个合适的定位，彼此沟通，以为了人类的更好的存在，提供一些再发展或新发展的新资源与新条件。

杨：这就是您常常期许的世界哲学的构想？

成：是的。

第四章 融通古今：本体诠释学的理论建构

本体与 ontology

直觉与真理

杨：先说明一下，本章题目中的"融通古今"的"古今"，既包括中国的古今，也包括西方的古今，当然主要是就哲学的层面而言的。我想您的本体诠释学内容很丰富，应该是中西古今都有汲取吧？

成：本体诠释学有很丰富的内涵，我提出这个问题也比较早，代表对东西古今的超融（transcendental integration），大概是 70 年代后期吧。

杨：是什么机缘促使您思考本体诠释学的问题？

成：我很早就注意对中西哲学的研究进行广泛地比较，我注意到大家经常讨论什么是中西哲学的差别问题，或者它们的共同点问题。

杨：五四时期这类的比较特别多。

成：是呀，五四时期，很多中国哲学家都比较强调中西哲学的共同点，尤其是五四以后，大家都关心中西哲学到底有哪些共同的概念或者共同的出发点。另一方面显然他们也注意到了二者的差别，但如何把这个差别说得很严谨，却是一个很大的问题。

杨：当时对西方的了解还不是十分深入。

成：还有一种倾向，就是往往引用西方哲学来解释中国哲学。

杨：这个就是在今天也还是如此吧？

成：当然这个我觉得也很自然，无可厚非，也有它重要的意义。因为中国哲学在文本上不像西方哲学那样，用明晰的语言、严密的论证来表述，它缺少一种系统的论证和系统的表述方式。

杨：站在西方哲学的立场说是"缺少"，但我们也可以说中国哲学有不同于西方哲学的表述方式。

成：这样说确实能回避很多麻烦，但不解决什么问题。比如在我开始研究中国逻辑的时候，我常常遇到很多西方学者的观点，认为中国人不重视逻辑，中国没有知识论，中国人的语言是直觉的语言，等等。在一次东西方哲学家会议上，一位逻辑实证派的哲学家，就是我在第一章提到的 Feigl 教授，就直言中国哲学是直觉的哲学，西方哲学是分析的哲学。

杨：好像很多人都持类似的观点？

成：包括不少中国的哲学家，有中国学者还试图说明这个直觉也代表一种追求真理的方式。但这个问题一直没有最后解决的方案。

杨："直觉"确实不好用分析的方式来理解。

成：显然西方人认为直觉只是一个初步的表达方式，不一定可靠，而且每个人的直觉也不一定一样，无法得到共同的真理，所以有很多论证说明直觉不能算是一个哲学的正常表达方式。再说，直觉如代表真理或智慧，它至少允许一个逻辑的重述或理论的或理性的重建吧。问题在于直觉可以超越概念，但却离不开概念的基础。

杨：您的看法呢？

成：我后来想，是不是我们最后应该有一个直觉的总结和综合判断？人们的论证应该有一个过程，就是从一种经验上的直觉逐渐发展成为一种理论上的概念，再形成一个真理理论，再形成一个最高的直觉，我觉得这个非常可能，但当时并没有警觉到这一点。

杨：您是把"直觉"的认知形式丰富到经验论的知识论当中去了？

成：五四以来，很多哲学家都以为中国哲学是直觉的哲学，中国哲学中的直觉智慧总得要用现代形式，即哲学理念把它表达出来吧？用哲学理念来表达，就不能不涉及哲学语言的说明和理论的解说的问题。方东美先生在早期也强调这个问题的存在，认为中国有最高的哲学智慧，但是一定要有慧根的人才能掌握，他用这个方式说明直觉的崇高性，但他也没有反对理性思维与概念思考的基础性。

杨：稍微有点神秘。

成：西方人研究哲学不需要慧根，它可以让每个人按照一定的逻辑方法来了解。所以中国哲学要想拥有现代形式，无论如何不能回避西方哲学的这种逻辑方法。其实，当年冯友兰用柏拉图的理念哲学说明宋明理学，金岳霖用分析哲学解说"道"，都是在做这样的努力，我觉得这是一种非常重要的中国哲学现代化的探索。

杨：您所谓的中国哲学的现代化是指？

成：所谓中国哲学的现代化，就是一定要把它分析化，使之能够成为一种论证清楚的语言表达方式。我研究中国哲学，发现中国哲学的话语往往是把一个结论、一个论证的前提，或中间假设的某一个环节预设了，好像大家应该知道，不言自明，所以不需要再说出来了。但是事实上从西方哲学的观点看，这是需要明白说出的。

杨：您的意思是中国哲学不重视对前提的论证，也不重视意义推演？

成：不是吗？所以说中国哲学缺少一种逻辑的思考方式，因此西方人说中国哲学没有逻辑，或者说中国哲学不科学，缺少科学性或者缺少理性，也是可以理解的。

西方人的 ontology

杨：说穿了还是一个比较的问题。

成：表达方式不一样，是中西哲学之异。那有没有同呢？我认为"同"是有的，因为大家都关心一个最终的问题嘛。那怎么理解它们的同与不同？它们为什么同？为什么不同？这些需要进一步的说明。正是在这个意义上，我很重视对一些基本概念，包括理性、存在、本体等的诠释，尤其是当我注意到用中国的本体范畴翻译西方的 ontology 所出现的错误时。

杨：中国的"本体"概念能否真实表达西方的 ontology，这个问题可能是上世纪中国哲学研究中最纠结的问题之一。

成：用本体论来涵摄或者翻译 ontology，那是不是已经假设了 ontology 的对象 being，一个最后的存在，就是中国人所谓的"本体"。说穿了这是一个理解的问题和语言表达的问题。由于哲学这个概念以及相关的概念大都是从西方引进来的，所以造成的误解也实在不少。如有人认为中国原来没有这些概念，因而中国也没有哲学，没有本体论，没有知识论或真理论，等等。这些问题直到今天还面临着。

杨：不但面临着，还相当严重。

成：主要是因为大家还没有深入了解西方哲学，同时对中国哲学的整体性和全面性也了解得不够。所以我主张中西兼通，既要对自己的哲学，也就是对中国人对存在的经验有一种整体全面的认识，又要对西方哲学，不管是本体论、知识论、方法论、理解论、真理论等都有一个深入的了解。只有这样才能够正确掌握中西哲学中基本范畴的含义，并对自身有个正确的诠释。诠释就是理解嘛，理解再表述为一种语言，然后再进一步与西方沟通，在一种整体语言沟通之下再来了解概念或者用词之所指或者之所之。这样的话，才能够真正解决这个问题。

杨：那"本体"问题就是您中西兼通、中西沟通的制高点了？

成：后期呢我就把问题集中在本体论上了。1985 年，基于国内的要求，我写了一篇《中国哲学范畴》，是汤一介先生特别邀请我写的。在这篇文章中，我特别提到了中国哲学的八个范畴：先秦的天道性命范畴与宋明的理气心性范畴。在这个基础上继续探索，进一步思考到本体论的范畴问题，我警觉到中国所说的本体论不应该等于西方所说的存有论 ontology，中国所说的本体不等于西方所说的 ontology 里面的 onto 这个东西。于是有必要澄清它们在历史上的本来意义。

杨：这个"本来意义"如何理解？

成：当然，从哲学诠释学的立场看，"本来意义"并不完全决定于原作者，而是原作者开放出一个经验，让后来的人直接去体验。这一方面表示我们要回到历史的语境，看当时的中国人怎么用本体这个概念，当初的西方人怎么用 onto 这个概念，然后再经过一个所谓我们自身的认识、见证或经验来给它一个更自觉的说明。于是我发现，在西方，这个 ontology 在一开始就是在追求对一个超越性存在的认识，至少从古希腊开始。古希腊人看到这个世界的现象，发现现象变化不已，不可信，进而怀疑到人的感觉，认为人的感觉也不可信。因而他们要在人的感觉之外，找寻一个人的思想所能掌握的对象。当然这个"思想"要具有一种普遍性，要具有一种理性的能力；而表达出来的概念也要有一种理性的普遍性。他们称这种思维能力为 logos。logos 本来兼具理性推理和语言表达这两个意思，但 logos 的思维方式是要找寻现象背后的真相。这个真相是什么，古希腊早期哲学家所追求的是一个不变的真实存在的原型。那这个原型又是什么，对此可以说是众说纷纭，比如巴门尼德认为是一个整体的不变的存在，叫不变者；柏拉图则认为是个别的理念，统一在一个至善的理念之下等。虽然彼此的认识有差异，但都是超越现实，与现实是隔断的。

杨： 亚里士多德的看法是？

成： 相对而言，亚里士多德很重视经验，他的本体结构更复杂，有本质的存在，有形式的存在，有目标性的存在，有其他能够发展成为现实的潜存在，所谓自我存在的一种存在。基本上他的第一哲学中的普遍存在，是一个抽象的存在，这个抽象的存在当然要通过一个原则才能成为现实，但基本是一个抽象的存在，这个抽象的存在也可以说是与现实现象有一定的距离的，所以后来才产生了 ontology 本体论的概念。本体论其实就是存有论。他的哲学没有特别用到本体论这个概念，甚至也没有用到形而上学这个概念，他是在讨论物理学对象的存在方式，即现象存在的基础或根源时涉及的话题，这样的话，他就形成了被后人称为 metaphysics 形上学的概念，或者是形上学中的存有论的概念。

杨： 这种存有论在基督教神学中似乎又得到了发挥？

成： 那到后来嘛，就受到一种超越思考的影响，因为基督教神学的发展，把古希腊哲学所理解的客观存在提升为一个超越于人的经验之外，或者看成是上帝心中的一种存在，它的本质是在上帝的存有之中。像贝克莱、斯宾诺莎，还有新柏拉图主义者如 Plotinus、Proclus 都有这样的思想倾向。总之，在西方哲学的发展中，ontology 就成为了一个具有所谓真理性、客观性、对象性、不变性、超越性的东西。这种概念支配了西方哲学很长时间，一直到康德。康德说这个真实的东西，我们不知道，因为它太超越了。在这种意识之下，后期慢慢发展，哲学家们就要打掉这个本体，打掉这个存有论的本体哲学。

杨：也就是要取消形而上学？

成：近代西方，有些哲学家主张把形而上学中的超越的存有哲学、对象的存有哲学解构、取消、放弃掉，这甚至成为 20 世纪现代哲学的一个基调，不管是逻辑实证论，还是怀特海的过程哲学，或者是海德格尔的存在哲学，基本上都已不再去肯定这个所谓的超越的对象存在，只有新托马斯学派，还在肯定这样的存在。所以在西方也还没有完全放弃。

中国人的本体观

杨：您认为 ontology 不等于中国人所谓的本体，那中国人所谓的本体应该怎么理解？

成：中国哲学的本体也是一种真实存在的本体，对于这个存在，我们不应该用西方那个外在化的超越化的方式来理解，但也不能完全否认它的外在意义或超越意义，这里关键看我们怎么对有关的哲学范畴进行一个整体的了解。80 年代后期，我写过一篇文章叫《作为中国本体论的非形上学的形上学》，非形上学的形上学，什么意思呢？就是说中国不是没有形上学，而是没有那种外在化的、超越化的、静止不动的、脱离现实的形上学。中国的形上学有它自己的关于上下左右、四方八面、整体和部分、内在跟外在、中心跟边缘的概念机制，它反映了中国人的本体经验。

杨：那是不是每个民族都有自己的本体经验？

成：应该说每个民族对本体的经验都表现了自己的特色，如上面所说的中国哲学的形上学，与西方比，它的特色是很明显的。但是必须注意的是，中国人的本体经验具有开放性，可以更好地来融合西方的存有哲学。而西方的存有哲学呢，由于它往往具有概念上的封闭性，使它无法接受中国的形上学。

杨：过于绝对？

成：我在 80 年代曾经做了一个比喻：西方的形上学好像一个水晶体，

无法接受任何开放性的改变；中国的形上学则好比行云流水，能够包含各种因素而形成它自身的节奏，甚至一个水晶体也可以在它这里反映出自身的光辉。

杨：行云流水，能吸纳的都可以吸纳？

成：从这个本体的含义，我引申到了诠释学的概念。中国的本体哲学本身就具有相当大的诠释性，因为它是在人的主观体验和在主观体验里对外物客观真实地认识中形成的一种动态的整体世界观。在这个世界观里，主客观之间本来就有一种相互对应的关系。在这种对应关系中，我们也许可以说，主观地表达客观就是一种诠释，而客观地表达主观就是一种实现。

本与体

杨：那中文的"本体"概念究竟应该怎么理解？

成：现在我要说本体的概念该怎么去理解。我讲本体存在，可以表达为一个过程，比如从宇宙创化，从生命创化，从人的创化，语言的创化然后到一个哲学体系的创化，其中包括了知识，也包括了宇宙意识、生命意识、人性意识，也包括了人的心灵活动，以及人的价值理念。

杨：这是您的本体经验，虽然有中国哲学的基础？

成：当然，我说的这个本体，基本上是一个反思的概念。人开始存在，面对这个世界，认识这个世界的处境，以与世界建立一种交往关系，来充实自己的存在，然后再去尽力改变这个世界，充实这个世界。所以说人是一种开放中的存在，开放中主客互动的存在。假如人只是停留在动物阶段，那很难说有这个本体的概念。

杨：也就是说，本体与人的存在是密不可分的？

成：是的。本体的概念与人的存在是密不可分的。今天我们从人类历史的高度、理论思想追求的高度看这个宇宙，可以说最根本的本体概念是从人的意识交往里形成的经验交往或反思体验中发展出来的。这种交往与体验最主要的是我们能够面对这个世界，能够观察这个世界，能够认识这个世界，所以我的本体论有一个最基本的经验论的基础。

杨：您研究过归纳逻辑的有效性问题，所以比较相信经验。

成：因为经验是最根本的嘛，而且我的经验是个开放的经验。在我看来，我们对任何事情的认识都是整体的，也许这个整体不够完整，也许这个整体没有很高的层次，但一开始基本上都是整体的，里面包含了部分，包含了一些层次，需要我们在经验中慢慢把它分化出来。甚至我们的语言创造也是如此，开始也是一个整体的沟通，希望对方了解。因为说一个东西，不只是就这个东西来说，还要就周遭的差别性来说。所以你的意思一定是整体的，你的思想的中心离不开一个网络，离不开一个背景。所以要挖掘背后，背后的背后，它是一个无尽的过程。

杨：也就是说人不可能就个别经验来说明个别，一定要诉诸一个时空的经验整体？

成：是这样，所以本体在这个意义上讲是一个体的认识。拿对肉体的人的认识来说，我们不是说先发现了一只手、一只脚，或者发现了某一个生命器官，然后才有一个整体的人的概念；而是相反，一开始就有一个整体的动态的人的存在意识，在此基础上才进一步说它的功能和组织，才说这里是手，那里是脚，等等。因为说这是手、那是脚时，已经是在整体中有一个相应的定位了。《易传》里面说的"天地定位"也是同样的道理，因为它已经有了天地宇宙的意识，所以才能够说这个是天，那个是地；上者为天，下者为地。如果只就天来认识天，我们将无法认识天是什么。所以人只能在整体中认识个别，同时呢也会在对个别事物的深刻认识中扩展、拓深对整体的认识。那深到什么程度，深到一个所谓本根的问题。

杨：也就是说，本体是在对动态生命的整体的不断追问中呈现出来的？

成：可以这么说，所以当人类有生命意识的时候，他发现自己的生命跟父母的生命或者家庭成员的生命密切关联，甚至和所属的族群、部落有关系，甚至再扩大到跟他的小环境的生态有关系，渔猎呀、逐水草而居呀，等等。再发展，像日月呀、四季的变化呀等都会纳入到人们的理解范围之中。于是，拓展出更深一层的存在认识，以至于达到根源意识。

杨：这个根源意识是不是"本"的层面自觉？

成：这个根源意识就是"本"的概念，人了解到的根源就是"本"。从"体"到本，是一种现象学的深刻反思，我们可以谓之"体立而本显"。但从逻辑上讲，可能先有"本"，因为这是一个时间意识。所以从空间上来讲的话，是"体立而本显"，从时间上来讲的话，是"本立而体生"，"本"和"体"有这样一种关系。

杨：您把"本"与"体"刻意分开来讲，就是为了彰显"本体"范畴的时空意义吗？

成：在这里你可以看出我的本体概念与西方人所谓的 ontology 是不一样的吧。现在的人们在用本体概念时，往往容易出现两个大错误，一是在比较中把本体等同于西方存有论的存有，这是错误的，我上面已经说过了。二是在对自身的理解中把本体的本视为形容词，等同于本心、本觉、本性的"本"。

杨：用它的"原来固有"之意？

成：就是嘛，我并不反对这样的用法，因为从"体"体现出来的本，的确也是 support，但不能仅仅归结为此，这样就把认识论的过程忘掉了。本体是一个相互呼应的概念，本立就会体生；体显，本的意思就有了，你必须要掌握它们相对的一种自身的整体性。我们不能完全把本和体合二为一，否则就不能看出它动态的发展，而只有在动态的发展中，我们才会看到从本到体，再由体归本。

杨：在中国哲学范畴里，本体的概念出现得较晚，起初本和体是分别使用的？

成：这点我很早就已指出，再者分别使用并不表示说它们潜在地没有关系，分别使用恰恰表示说本体里面不但有体，本体里面还有本。对二者的整合体现了我们的本体意识。

杨：您觉得您所谓的这种本体产生得很早吗？

成：从潜意识上来讲，在《易传》中基本已经有这样的概念了，只是《易传》中没有直接用这样的语言表达出来。因为那时只有直觉的综合，所以包括五经在内的文本中都没有本体的概念。本的概念是有的，《易经》卦爻辞中就有"本"的意思。

杨：《易经》卦爻辞中没有"本"字。

成：我认为"元亨利贞"的"元"就具有一种"本"的意思。反映人们的时间意识的本、初、根等概念都有"本"的意思。当然，"本"又不仅仅是一种时间意识，所谓"本立而道生"，不是指一个历史发展的过程，因为"本"任何时候都会在那个地方，这就好比自君子以至于庶人，都必须以修身为"本"的"本"，须臾不可离。

杨：你说《易传》中已经有了本体的概念，怎么理解？

成：你比如说"易有太极"，"易"指变化，那太极是什么？就是一个根源嘛。而且太极还不只是一个根源，它还有基础的意思。所以它既能反映时间意识，又能反映整体意识，它是在时间中的整体存在。当我们意识它时，自然不能忽视这个本体存在的现实性。当然，虽然《易传》里面已经有了这种本体意识，但在中国哲学史上本体的概念是何时出现的一向并不是很清楚，据我的考察，最早用这个概念大概是东汉的荀爽，他在注《否》卦第五爻"其亡其亡，系于苞桑"时说，"包者，乾坤相包也。桑者，上玄下黄，以象乾坤也。乾职在上，坤体在下，虽欲消乾，系其本体，不能亡也"。为什么是本体呢，因为"其亡其亡"，那到底会不会亡，有个根在里面，随时作用，只要根还在，就不会消亡。所以这里的"本体"体现了一种张岱年先生所谓的本根意识。

杨：您是从哲学的角度来理解荀爽的注释的？

成：很显然，这里的本体是对整体生命存在的一种支持嘛，你从这个角度看，本体的概念就很清楚了。所以我所谓的本体是一个整体的存在，是在人对生命的体验中建立的一种真实的存在。这种存在，从客观方面讲它是一种生命存在的方式，因为它能够有一个本根性、整体性，体现成为一套生活形态或存在形态；从主观方面讲，人了解了这个宇宙，以及宇宙中的任何事物都有一种形态，大家在对这个形态的认识过程中自然会发现任何东西都有它的本体性，对它的本体性的最大的包容就是整个宇宙，最小的感受就是人的本体。这样就在他的根源上或最大的发展上和宇宙融合在一起。由此可见本体概念有一种辐射性和包含性，它既是一种发展的实体，又是一种可以包含一切的实体，它表现的是人和宇宙最真实的一面。

杨：照您的理解，人之所以能够与宇宙融为一体，乃是由于它们的本体性？

成：这一点很深刻，现在有很多人讲天人合一，但因为没有抓住本体性，所以总让人感觉搔不到痒处。其实，如果抓不住本体性，将有很多问题无法解释，如人为什么可以发展成为道德的人，这个问题不从本体性上说，怎么解释？

杨：就中国哲学而言，确实如此。因为在中国人的观念中，人不是被造出来的，而是自然生成的。

成：那从本体性上来理解，就容易多了。人怎么成为人？宇宙怎么成为宇宙？人怎么去建立与宇宙的关系？这些问题都与本体论有密切的关系。在我看来，本体代表一种相关，而不是二元；代表一种发展，而不是静态；代表内外合一，而不是外在；代表上下结合，而不是超越。

杨："不是超越"？本体没有超越性吗？

成：我并不否定本体的超越性，因为本体有发展性，它可以发展到一个更高之整合的境界。因为此一发展与提升发之于内，因之可以叫做"内在的超越"，以别于基于外在力量产生的发展与提升，或已经存在于人的本体之外另一较高的存在如基督教的上帝。

杨：您对所谓的"内在超越"说怎么评价？

成：从一个进化的过程讲，人可以有一个更高的发展，也有这种发展的潜力，所以人当然有超越的一面。但我所谓的超越是超越我自己，超越我的现状，追求一个更高层次的存在。事实上不必或不应该把内在跟外在、超越跟内在对立起来。其次，内在超越的超越存在是人的自我实现而后在，外在超越却隐含在实现之前就有一个超于人之外的存在。

杨：从本体的意义上说，内在跟外在是统一的？

成：是的。在西方，有学者认为中国只有内在，但同时他们又用西方的形上学来否定中国的本体论，所以把中国哲学说得很低，对此我曾加以驳斥。

杨：上面这几点是您对本体概念最基本的理解？人们怎么评价？

成：有人说我这个说法有一种黑格尔主义，我说我这不是片面的黑格尔主义。又有人认为是怀特海的过程哲学，但怀特海却没有谈到人作为人的自我超越、自我提升、自我实现的修持与追求。内在的超越也是一种改造，如一个人气质的脱胎换骨。

本体的诠释

杨： 还是一个理解的问题！

成： 所以说如何了解对本体的认识，就是一种诠释。诠释的根源在于：我们有什么样的经验资源，我们对这个文本的认识有什么样的了解，我们有一套什么样的语言，我们怎么掌握文化的符号来认识这个本体。我常常用"对本体的认识"与"自本体的认识"这两个概念来描述两个不同的诠释进路。对本体的认识实质上是把本体看成一个特殊的对象，自本体的认识是以自我本身理解的宇宙的整体性来了解一个具体的事物。事实上这两者是一种循环。

杨： 相得益彰？

成： 对。也许我们人类哲学正在进行一个整体的本体论重建，因为过去那一套东西都太褊狭了，它需要一套开放的资源，我的这个论证是要说明中国的本体概念是一个开放的概念。透过一个中国传统所谓的"功夫"来实现。注意：现在我们要把功夫的概念深化，重新对它进行一种概念的解释或提升，透过这种功夫，来了解本体是个什么东西。以这个了解为基础，才能够自本体自身的了解来掌握外面发展的事物，再进而了解我的本体的自我。这就是我的一套本体诠释论：基于经验的整合，经过一个反思，形成一个初步的整体意识和具有本根的本体意识；然后再进行对外面事物的整合，这是第二步；第三步再回归来整合自己，形成一个超融主客的认识。

杨： 也就是先有一个原初的整体意识和本根意识，再以此为基础整合外面的世界，然后再回归整体、本根意识以整合会同主客？

成： 这三步又可以细分为五个阶段：自我反思、对外界的认识、整合、再包含、然后再直觉呈现。这样的话，我就产生了本体诠释的概念，这个诠释的概念刚好又跟西方的诠释学汇合，我自己也直接与间接地受到了西方诠释学的影响嘛。还有就是中国历代哲人对道体、对人的存在的不同解释，也是我的主要资源。这些影响加上我的整合慢慢形成了一个更完整更开放的体系。

杨： 就是本体诠释学？

成： 对。这里有一点要注意，我的本体诠释承认相对系统，但它本身不是相对论，它允许相互吸收、相互融合，因此它与哲学诠释学还是有某些差别的。

本体诠释学与知识论、现象学

杨： 您曾经说过，您的本体诠释学的建构，是中国传统哲学本体论和西方哲学知识论整合的结果，前面对本体问题已经涉及得不少了，现在是不是谈谈知识论的问题？

成： 我要讲一下本体诠释学与知识论、现象学的关系，因为本体诠释学在本体的概念里面涉及这两个方面。

杨： 是资源？

成： 也可能是要更好地克服西方知识论以及当代现象学的问题。

杨： 一种新的整合？

成： 本体诠释学有一个功能，就是在融合中西本体体系的过程中，能够克服知识论的困难而又保存知识的有效性，同时也能为现象学提供一个融合的发展的方向。

本体诠释学与知识论

杨： 先说知识论？

成： 知识论这块儿呢，我想过去的知识论一般都假设人们可以得到外在的知识，像古希腊的知识论、柏拉图的知识论等。另外又认为人们的主观知识是无用的。他们追求一种超越理性的标准，进入到一个二元论的世界来认识外在事物的原形。二元论的问题，是个很大的问题，因为它容易造成本体论的分裂或缺口。既然是二元存有，那你怎么实现二元之间的连接？古代已经有怀疑主义，认为人不可能知道外面世界的真相，人的有限的感觉经验不过是一种不完美的假想或者模仿，所以不可能知道客观不变的真理。

杨： 这种紧张的关系就没有解决的办法吗？

成： 当然后来大家主要是通过宗教来解决，认为上帝赋予人一种知识的保证。所以信仰必须在知识之前，没有信仰就没有知识。那到了近代，笛卡尔、休谟等都认为对这个真理的知识或者对绝对知识需要重新来考虑，要重新找它的保证。笛卡尔虽然提出"我思故我在"的命题，但最后还是需要上帝来提供人的思想存在的有效性。他指出，上帝有一个善意，它至少不会骗我们，而我们自己也能够直觉地感受到我们的存在。虽然我们可以怀疑，但那个对我思想活动的直感，或者对我怀疑的直感是无法怀疑的，不可能是假的。笛卡尔认为，人们可以以此为起点，来建造一个方法论或者一个理性的概念来发展知识。笛卡尔所谓的知识主要是以确信的数理知识如几何学、代数学的知识为模型的，这实际上是把柏拉图超越的外在主义转变成人心的内在理念。

杨： 休谟的怀疑主义倾向更强烈些？

成： 休谟就更极端了，休谟认为所谓我们的经验就是我们的感觉经验，感觉经验并不能告诉我们任何关于外在事物的知识，所谓因果律等，不过是基于习惯、基于心灵上的一种本能倾向或因循联想，看到两个事物一前一后，经常这样，就认为前者为因，后者为果，或者认为事物之间有相关性，其实这是无法证明的。这里，休谟没有说明事物相关性为什么经常出现，这个他没有去解决。他只是强调我们是从一个心理联想的习惯来认识外面的世界。他也必须假设归纳法的有效性。

杨： 休谟的观点对康德影响很大？

成： 是的，康德的思考是，既然你说我们有这样一个心理习惯，那是不是这个心理习惯本身就具有深刻的逻辑结构与构成法则的意义？外在事物能够透过这个习惯提供给我们一个新认识，可能就是因为它本身具有一定的规则性。但这个规则性必须要反映在我们自身对个别性的先验理解与规范上，所以康德提出范畴的问题。在康德看来，范畴是人的一种超验性的特征。所谓超验性，是说在逻辑的思考中，只有这样假设先验范畴，我们才能解释经验；但我们也不能逾越经验，因为经验提供了一些具体的认识资料，让我们的心灵能够运用它的先天的思考能力、理性分类能力来对事物进行一个理性的组合，让事物之间的关系成为一种因果命题或者关系命题。康德这样的整合，为知识提供了一个超验的或先验的保障。不过康德的这个保障特别强调，我们不能逾越经验去掌握关于外在的真正的事物及其背后的那个根源的知识，也就是通常所谓的物自身的知识，康德认为我们的认识能力达不到这个层面。这一点呢后来引出了现象学的观念。

杨： 西方近现代哲学好像都跟康德脱不了干系？

成： 是这样的。现代知识论是从 20 世纪初开始提出重建的要求的，主流的观点是通过客观的观察、理论的建造，然后来找寻规则。这里面，像蒯因强调理论建造应该是一个整体的理论建造，把个别的理论整合成为一体，中间不出现矛盾；波普尔则提出证伪论，库恩提出范式论，等等，都属于现代知识论的建构理论。

杨： 您在夏威夷大学开过科学哲学的课程，开过知识论的课程，这一块很熟？

成： 相当熟。

杨： 您的本体诠释学对这些知识论是如何扬弃的？

成： 不能说扬弃，乃是超融。前面列举的这些大家，他们的知识论有个很大的缺点，就是无法掌握人的真相。他们把人也看成是一个物质化的跟物一样的客观对象。人当然可以被看成是一个对象、一个物体的存在，人本来也是一个生物体，作为一个物体，它有很多物理上的作用，包括理化的性格。但是，这个理化的性格能不能解释生命，生命能不能解释人的知觉，知觉能不能解释人的思想，思想能不能解释人的理性，理性能不能解释人的价值体验，包括人追求自由或者具有意志自由等现象与问题，则是很大的疑问！

杨： 那科学的知识论怎么解释人的真相？

成： 就是降低层次，用人的社会行为来说明人的精神行为或者道德行为，用人的身体行为来说明人的社会行为，用人的生理行为说明人的心理行为，最后用物的现象来说明人的生理行为，这就是科学知识论的趋向。你觉得这对人公平吗？

杨： 所以本体诠释学才要登场？

成： 从这个意义上讲，西方诠释学的发生，是想摈弃二元论的、化约论的、物质论的观点，而寻找一个如何说明人的方法，如何理解人的知识，要回答什么是人的存在，怎么掌握人的现象。人创造了文明，能够用语言表达自己的思想，能够了解自己的精神遗产，能够对自我有一种体验，在一定情况下甚至也能够相互沟通，这些都是不能被忽视而有其独立价值的。像早期的诠释学家施莱尔马赫就试图从知性的活动及产品、从人的哲学著作中探寻认识人的途径，当然也有神学的意义在里面，因为要了解认识人，就要了解人所表现的对精神世界的自我认识和自我体验，那自然也包括人对上帝的认定和理解。

杨： 那是不是可以说与传统知识论追求纯粹客观性有所不同，诠释学比较强调主体人的核心地位？

成： 对嘛，一般诠释学并没有提出人的存在问题，开始深入提到的是海德格尔。海德格尔的诠释学面对两个基本问题，一是你我彼此之间的沟通，一是今人与古人的沟通。就第一个问题来说，人怎么建立人与人之间相互了解的可能，一个人怎么了解另一个人的心灵现象，怎么了解这种心灵现象所形成的存在或本体意义？从伽达默尔来说，这个过程是一个理解的过程，我们也是可以去理解的；而且我们要了解这个理解的程序、理解的可能，譬如说可以透过对话，透过人的相对主体间性的知觉，或者透过与人的本体自觉有关的东西等来了解。在这里，伽达默尔受到海德格尔的影响，对于人的心灵沟通的可能问题有一种全面性的预设。就第二个问题来说，我们沟通的对象不只是今人，还有古人，我们通过文本和他们的著作来了解古人。在文化传承里面，这可能是最早的一个诠释问题。我们怎么了解古人，可能主要是通过注解，但过去的注解很少或几乎不考虑其自身何以被需要以及能被接受的条件：为什么能够了解，了解的基础在什么地方，条件是什么，等等。

杨：也就是说，诠释的基本问题就是理解如何可能的问题？

成：我们现在要建立人文世界的知识，就必须考虑到古代人、同代人，甚至要考虑到未来人，这是理解的重建或理解的建构问题。这种重建或建构把人文学科里的很多东西都包含进去了，人对哲学的思考、人对历史的思考、人对文学的思考，甚至也包括对法律条文的认识、契约条件的认识，等等。其实科学方法本身也是具有人文性的，所以伽达默尔认为科学也是属于人的理解的一种方式。只是因为对象的存在方式不一样，所以理解才不一样。科学理解只是人的存在方式的特殊规定之下的一种不同的认识，人们有各种不同的存在体验，甚至对存在的规定，所以人们可以写小说，在小说创作时可以把假设或虚拟的人物当成真实的人物，可以通过想象来模拟，甚至写的故事比真的还真，这些都属于人的理解的能力，是人对内心感受的经验，用一种特殊的方式通过语言所进行的表达。

杨：内心的感受因人而异，那理解有没有普遍性？

成：理解显然是多元性的。人有各种面向，知识也有各种面向，人有不同的存在层次，或者角色方面，或者活动方面，有不同分化，所以他理解的对象和理解的结果也不一样。

杨：这样的话，它对知识论有什么特别的意义吗？

成：首先要说明的是，诠释学或曰理解学并不是要取代科学知识，而是认为仅靠科学知识还不足以实现人的全面的理解活动。当然，这方面也还存在着分歧，后期海德格尔是反科学的，认为科学的理解不是对人的真实性的理解，它将人物化，无法显示正常情况下的人的本色，只是一种工具理性或技术理性而已。

杨：伽达默尔怎么看待这个问题？

成：伽达默尔没有像后期海德格尔那样特别反对科学知识，伽达默尔认为科学知识是知识的另外一个方式和层次，也是人的存在方式所需要的。所以他不否定科学知识在有些方面很有价值，但对于人文学科而言，如文学审美、文学欣赏，甚至解释法律、解释历史、说明语言等，他认为这些领域所呈现的东西必须要以自己独特的经验为主。而所谓的科学方法是要撇开个人的经验。但事实上人是不可能脱离个人经验来进行认识的，所以伽达默尔认为，科学方法不适用于对人的存在方式的了解。

杨： 承认科学的价值，但限制科学使用的范围？

成： 是的。

杨： 您的看法呢？

成： 我认为我们可以有一个全面性的理解论，这个理解论应该针对不同层次、不同面向，形成对外面事物不同的认识，科学只是其中之一。但是，科学的重要性也不可忽视，它必须假设一个所谓客观存在的事物，而它的可能性又必须假设一群人的共识。当然一个人也可以发展科学，但因为科学必须坚持客观性，所以它的有效性需要以共识为基础，并满足共同承认的要求。因为科学跟一般的玄学、形上学不同，后者是只要个人认同就可以；科学则还需要一种广泛的人类共同的经验基础来保证它的认同性，没有这个基础的话，就无法区分科学与形上学。所以，科学知识有它很特殊的一种存在的基础，这个存在基础是人的行为和人的经验的一部分。所以，我们可以把科学知识当做人的存在的一种重要的知识理解的一部分，它的作用在于在一定条件下能够提供给我们一种控制外面事物的手段，以促进人类改善自己的环境。譬如说我们对各种转基因很了解，我们可以改变农产品的植物基因，来避免虫害，增加作物的产量。现在基因图谱已经完全描绘出来了，将来每一个人都有一张自己的基因表，这样的话，你就可以有针对性地解决遗传因素或基因变异所造成的疾病，更好地控制你的身体上可能出现的问题。

杨： 也就是说，相对于海德格尔、伽达默尔，您更强调科学的价值？

成： 我是认为我们可以有一套很广泛的理解论，这个理解论既不脱离人的经验基础，又能包含各种不同的科学知识，还能给各种知识一个比较明确的定位。

杨： 就是要把科学的、人文的等整合在一起？

成： 问题的关键在于，我们是不是能够产生一个最基本的宇宙—人文整合的理解观，在这个理解观当中呢，人们既可以认识世界，又可以认识自己，同时还可以认识人与世界的关系，而且甚至还可以主动地去改变这种关系。

杨： 是不是比较理想？

成： 当然这并不是说人们就此可以掌握宇宙存在的所有定律，而是说人们可以表现出一种更大的理解幅度、更深的理解深度。在这种幅度和深度里面，人们能够把多元的宇宙和多元存在的方式整合为一个相对的一体，这个一体不是永远不变的，而是开放的。这个一体也可以说是统之有宗、会之有元的内在次序。这就是我的本体诠释学的基本概念。

本体诠释与现象学

杨： 前面您还说到，本体诠释与现象学也有关系，是不是谈谈这方面的问题？

成： 当然了，本体诠释学与现象学是不能撇开关系的，本体诠释学的出发点并没有完全脱离现象这个体。你知道西方哲学在 20 世纪早期曾经对传统知识模式，或存在模式进行了严厉的批评甚至反叛，因而产生了所谓现代性的问题。海德格尔被视为后现代的起源，海德格尔提出诠释的本体论，或者本体论的诠释学，他也把它看成是一个本体论的现象学。事实上这已经不是 18、19 世纪那种所谓单一化的理性主义或者欧洲的那种单一化的启蒙思想。当然从整个过程来看，18、19 世纪的启蒙思想也没有停留在纯粹的单一性上，它只是把单一性当成一个理想，追求一个理性的统一，这个统一就是科学知识内部的统一，以及人内在的理性的统一。这是康德提供的，他的三个批判为什么要分开来写，因为他的第一批判并没有涉及人的主体性内部的问题。可见在启蒙思想中，所谓的理性的现代主义并没有完成，只是一个目标而已。

当然现在我们发现，也许这个目标不在于是不是完成了，而在于我们是不是对理性还有一个更深刻的认识，即不必把理性看成是一个僵化的逻辑体系，而把它看成是一个因具体情况而发生的认知方式。哈贝马斯基于康德或者康德主义，把沟通当做理性；维特根斯坦把知识看做是一种游戏规则的建构，他认为不同的语言体系有不同的语言规则，我们生活中有很多不同的规则在不同的情况下出现，比如你去看电影要经过这样一个手续，要出国要经过那样一个手续，你要玩这种球是这样一种规则，玩那种球是那样一种规则，等等。不是说没有共同点，而是说它们不能完全一样。所以这样一种多元错综复杂又交叉影响重叠的规则性，也是对现代性交叉后现代性的一种认识。我认为这个对"现—后"的认识，不应该完全走向一个解构主义。所谓后现代主义或者极端的后现代主义，就是不要任何规则和次序，但我们无法完全维持这样一种后现代主义，因为它不是一种自然。

杨：从一个极端走向另一个极端？

成：是啊，当初是要一切规则，现在要把所有的规则打掉。打掉嘛，那就要不断解构，以找寻一个完全独有的生活方式、行为方式，每个人自作主张，自我成就。但要保证彼此不相冲突到俱毁方行。

杨：蛮理想的。

成：但这是不是也忘记了人的经验当中所体现出来的人的共通性、沟通性和相互影响性？所以我想我们所需要的理解，不但具有多元性，还具有整体性；不但具有整体性，还具有开放性；不但具有开放性，还具有变化的开放性，能够适应不同的环境。在我这样的思考中，我们会对整体的理解有一个新的认识，对理解本身有一个新的认识，对表达理解的具有意义的语言有一个新的认识。表达我们理解的语言就是一种诠释，对我们存在方式的了解就是对人的具有目的性、发展性的存在的认识。我把它称做对本体性的了解。因此必须对本体本身要加以认识，对人的真实的存在和宇宙的真实存在要加以认识，对它们的关系要加以认识。所以本体诠释学在这个意义上有极其重大的本体学上的意义。

杨：试图整合现代与后现代性之间的矛盾？

成：我们处在一个科学知识爆炸的时代，同时也是人的自我迷失的时代。我们发现人的存在是多么渺小，人的价值是多么的微不足道，人的价值又是多么的相对主观，我们的经验又是多么的分歧，甚至多么的模糊。可以说人们是处在一个巨大的困境或困境的困境之中：一方面科学有这样一个强大的知识结构，另一方面我们对自己却无法加以了解，独立于科学之外将寸步难行，用科学的方法来了解人又会把人的所有价值打掉。

杨：我们能开发外太空，却打不开自我认识之门？

成：因为知识配合的是客观命题、真理命题，知识可以假设真理，真理倒不一定假设知识。因为是真理的东西我们不一定知道，但凡是我们知道的东西一定是对真的东西的知道。在这种情况下，现代人感受到一种很大的危机，这种危机其实就是知识论的危机。那请问除了真与假的认识之外，是不是还有对跟错的认识？我觉得最后的真理应该是真假与对错相互关联在一起的一种认识，人有能力去认识到这个关系，并能在真理的基础上得出正确的结论，也就是善的结论。但现实往往与人们的愿望相违背，一个具有科学知识的人可能会变成一个科学怪人，变成无限权力欲望的追求者，利用科学知识达成一己之私。可见科学并不一定能够成就关于善恶的知识，甚至也很难成就人们关于灵魂存在的认知，这是很大的问题。

杨：是工具理性的成果，也暴露了工具理性的局限性？

成：所以人类面临的危机，说穿了就是在科学之下人变成只是物，人无法找到价值，无法认识自己，其所拥有的知识甚至反而成为毁灭自我的力量。我们强调诠释的重要，正是针对着上述现状说的。在诠释的活动中体现自由，体现自主，体现一种界定真实与真理的自由与自主。但如果没有本体的基础与泉源，诠释也会涣散成空。

杨：本体诠释学的建构正是为了扭转这种局面，挽救这种危机？

成：现代知识论有一个逻辑上的大困境，因为现代知识论认为知识来自对外在事物的证据的认识，但证据并不绝对可靠，往往有很多偶然性，所以现代知识论如何把真理（truth）、信念（belief）、证据（evidence）三者联结在一起，已经是一个很令人头痛的问题。从某种意义上讲，诠释学是回到人的整体性和主体性，来解决证据跟真理的问题。我们的理解作为对外在事物的理解，具有一种整体性，所以我们有更大的理由来说明我们看到的现象具有一种代表性或者一种象征性，至于它象征什么，那是我们的诠释及解释。这样呢我们在整体或长期的对现象的理解中就可以不断掌握它的真理性。

杨：诠释学的理解论可以对知识论起到纠偏的作用吗？

成：理解论可以成为知识论的基础，当然知识论也可以反过来说明一种理解模型。从知识论来看，现代诠释学理解论实际上相当于一种融合论

（coherence），真理融合论，所有的经验都相互联系在一块，没有矛盾，而且紧密互持。"真"不一定代表思想、命题与客观事物的对应关系（correspondence），传统知识论都是在讲这种对应关系，现代科学追求的还是这种对应关系，但在量子物理学中却警觉到主体参与的现实性。在我看来传统知识论和现代知识论可能是缺少了一个本体论的概念，大家重视的要么是客观主义的客观对象，要么是主观主义的主体存在，而对主体跟客体所形成的广泛的开放的意识界面或经验界面没有进行整合。但是我们应该有一个基于超融的整体的 supervening（呈现新境）意识，这个当然很难表述，因为超越了表象的语言，但我们可以理想的有、想象的有。我为什么很重视本体的概念，原因也就在这里：本体永远是不断统和主客的整体。

杨：那本体诠释学与现象学到底有什么关联？

成：在现代知识论中，人们总觉得主体跟客体是分开的，人们无法掌握客体的知识，所以胡塞尔就觉得可以以严谨的逻辑方法来发展一套意识逻辑。什么叫做意识逻辑，就是我们可以把我们意识中所呈现的东西当做客观的东西来看待，意识是主观的，但它呈现的东西，亦即意识的对象是客观的。譬如说我想象一座金山银山，它是一种主观的意识，但这个意识所包含的对象——金山银山是客观的，它的概念是客观的。甚至他认为意识的指向也是客观的，虽然它也许并不存在于我们的意识之中，但通过意识的表达，它的意向性被指陈出来了，这表明我们的思维可以包含很多本来没有意识的对象。在哪种情况下用哪种意向性，哪种意向性代表哪种指向的东西，这就是现象学所特别重视的。现象学所谓的现象，是在意识中呈现出来的现象，这些现象其实都是对象。

杨：是不是说意识本身是一种主观的活动，但意识活动中用的这个概念都有特指？

成：对，是这样的。但你还要清楚它是在意识中呈现的现象所指向的对象，不是你说的一般的概念。

杨：那胡思乱想呢？

成：也不是胡思乱想，比如你想做个飞人，有没有飞人的概念，可能本来没有，但这个在你的意识中出现之后，那就有它的现象，这个现象就有它的指向性，或者通过你意识的意向性呈现出来。胡塞尔提出这个概念，目的是要说明人的思想中的存在的客观性和人的意识的主观性不像笛卡尔说的那样是完全分开的。但事实上研究到后来，还是解决不了这个问题。虽然解决不了，他的影响却是很大的，比如他可能受到康德的影响，认为人的思想或心灵当中有些先验的格式。他要挖掘那个先验的格式，用先验的格式来规范人们的意识行为。这样的话，意识活动能够达到什么现象，我们就可以对此产生一种科学性的理解。

杨：成为科学问题了？

成：不是科学问题，是逻辑问题，是把它逻辑化了。就是说它们之间在意义上有什么差别，表达出来在语义上有什么差别。因为它不是直接可指的对象，所以你还要把它固定成为概念性的一种对象。所以现在可以说儿童心理的现象学、道德意识的现象学，什么都可以叫现象学。

杨：每一种意识都有它的意向，都有它的特殊性？

成：对呀，所以很多人觉得很有意思，每个人都可以来搞一套现象学。首先第一个他看到的是现象的对象，然后他的反思是一种逻辑分析，跟我说的那个"观"跟"思"也还不一样，他这个是一套非常科学的逻辑，他最早出的一本书就是《逻辑的探讨》。他还出了一个学报，第一期是海德格尔给他编的，现在还存在。当时胡塞尔的口号是"回归事物本身"。海德格尔为什么后来跟他发生了差异呢，就是因为在海德格尔看来胡塞尔所谓的"事物本身"还不是"事物本身"，而是你思想意识中的事物，海德格尔要回到真正的事物本身。

杨：不是意识中所呈现的现象的对象，而是真正的事物本身？

成：是的，当初胡塞尔的博士论文，是关于时间意识的，他分析得很好，是个逻辑分析，影响到海德格尔对时间的理解。不过二者的不同在于，胡塞尔把时间当做意识中呈现的一种对象，称之为时间意识；海德格尔则把时间意识当做时间存在或存有，胡塞尔所谓的意识到海德格尔那里都变成了存在或存有。你不要以为这只是一个名词之争，那是有特殊的含义的。

杨： 也就是说海德格尔并不同意胡塞尔的看法？

成： 是的，他不同意胡塞尔的看法。海德格尔认为，你讲意识，但意识的呈现有一个前意识的理解，海德格尔称之为"前理解"，这个"前"是一种存有的假设，代表了一种生活形态、行为方式。他认为我们只有在这种情况之下才能去掌握意识。这样实际上等于变成了说意识是透过人的存在方式来了解的，或者换句话说要了解意识，重要的在于首先了解它存在的条件。于是海德格尔发展出了另外一套现象学：即现象学是人在不同的存有形态（包括不同的生活形态、行为方式）里面产生的对事物的认识。所以他的现象学变成了一个存有论的现象学（ontological phenomenology），因为他预设了一个存在的方式或对存在的理解。

杨： 对于现象学，梅洛·庞蒂好像也有不同的理解？

成： 梅洛·庞蒂的是知觉现象学，他认为我们认识外物，基本的条件就是我们的身体，而身体表达我们的意识的就是包含感觉的知觉，所有的意识都基于知觉而来。他因此发明出一套知觉论的或曰身体知觉论的现象学。

杨： 与海德格尔不同？

成： 也可能是对海德格尔的补充。所以现象学有三个形态：意识意向性的现象学、前理解的存有现象学、知觉现象学。那我呢，知识、意识、意向性、知觉、存有，通过整合，我产生了一个更完整的整体理解的概念。这个整体概念，我把它总结叫做本与体的综合。为什么叫做本体呢？因为所有的理解基本上都呈现为体的概念，而体又包含着本。所以我是从这个本发展为体、从体发展成为本的角度来看现象学的对象是什么，也就是在动态发展中的本体的过程中我们理解的对象是什么。理解的对象就是现象学的对象，因为现象学的对象是一个广泛的存在的对象，这个广泛存在的对象可以通过我们对事物的知觉、通过我们自己的反思、通过我们对意识中的自我，甚至是对梦境的回忆来考虑，我们也可以通过悟觉的一种恍然大悟或者一种醒悟这样一种境界来了解，但都具有本到体、体到本的结构。

杨： 中国老一代学者都很重视境界问题？

成：当然我们可以大谈境界现象学。唐君毅和方东美先生都有这样的概念，他们都有一个整体宏观的世界观，尤其在唐先生那里，他突出心灵哲学这个立场，产生了心灵九境界论。但我说的这个本体，可以有不同的层次，关键在于它是一个整体的发展的具有创造性的开放性的存有，不能只看做所谓"场有"（field-being），而更是"时有"（time-being）。

杨：您所谓的本体，兼顾了时空两方面？

成：是的，我把它归结为二十个特性，简化成五个世界，我不是讲过《周易》的五个世界吗，那代表了最基本的一个建构。在我看来，人是整个世界凸显出来的一种意识或者精神状态，人的心灵有一个基本的根源，这个根源既是实践性的，又是形上学的，它具有一种内在的超越性。

杨：从体到本，这个好理解；但是从本到体，您这个是逻辑关系，还是时间上的先后关系？

成：是发生论的关系。所以我名之为 onto-generative，以别于西方传统形上学的 ontological 的概念。西方形上学的概念产生了西方的形上学，基本是存有论或 ontology。但在我的形上学中，基于对中国形上学的揭橥，存有论已不是存有论，而是本体论或用另一个表述方式，名之为存有发生论（onto-generalogy）或发生存有论（generative ontology）。简言之，就是由本到体，由体返本的本体论。我又对"论"与"学"做了区分，已形成的论述是论，但不断地体验与创建是学，本体不但可以论述，而且可以不断地学与思，故提出本体学的概念，即 onto-generatics 或 generative ontics 比拟于 metaphysics。请同样记住诠释学是学，故名 hermeneutics，本体诠释学当然也是学多于论。

杨：发生论的关系是生成关系吗？

成：是生成关系，所以叫做本立而道生。

杨：那它不是逻辑关系，不是逻辑在先，是实实在在的先后关系？

成：是自然发生的关系。这里还有一个基本的概念就是"无极而太极"，也就是说，"本"具有一种创造性的意识，"无"不是虚无的"无"，而是创造性的"无"，所谓前本体状态，它本身要形成一种具有生命的存在状态，而这种状态需要一种内在的创造力，这种创造力引申出来一个世界，慢慢就具有一种体。体从客观上讲，就是一种时空物的存在，假如没有时空物的存在，我们就不知道什么叫体。

杨：这个本我们可以把它假定为原始的生命力，然后当它发展为体的时候，它所包含的这二十个性质都存在地发生了？

成：对，它们或多或少都具有这些特性。

杨：所以我们不能从宇宙生成论的意义上来谈本体，因为它不是讲宇宙万物的生成问题的？

成：但我们仍可以谈宇宙本体论，说明宇宙发生的本与体的关联。如从认识论或理解论来讲的话，"本"是我们人类有意识之后，形成一种对外面世界的认识而产生的一种概念。有了这个"本"的概念后，我们就可以想象这个宇宙是从这个本源产生出来的。可以说是从认识论走向本体论，再用本体论来说明认识论。

杨：还是基于对经验的把握？

成：我还是把全面地观察世界的经验体系作为最主要的起点。本体的概念，在认识论上讲，它是对世界的一种直观，它有道德性、规范性、价值性。人是本体的一个载体，从这个角度说，本体又好像是一个意义世界，它就是胡塞尔说的 Noema，它指向一个对象，它是从人的意识里面形成的一个客观的符号或概念。而就本体是一个概念来说，它已经有一个关于事物的整体大全的认识。要问这个整体大全的根由是什么，它的基础是什么，自然会找到本的概念。

杨：也就是说，有别于西方哲学的逻辑抽象，您的本体的概念是透过您所谓的"观"获得的，因之本体内涵的界定，也区别于西方的存有？

成：我这个本体里面有"观"的重要性，还有最后一个阶段，"通"的重要性。

杨：您能不能对您的本体概念下个定义，作为成氏本体诠释学的本体的定义？

成：当然能，我的本体，是基于我对世界的认识，所产生的一种对世界整体发展的一个具有生命力或者创造力的实体的认识；是基于我对世界的经验，所产生的一个和我相关的整体世界的认识。世界在我中，也通过我对自我的认识来实现。所以我的本体里面包含了世界和自我的两个整合。

杨：基于"我"，这个"我"是人类的我还是个体的我？

成：可以是个体的我，然后扩展成集体的我，这是一个人的意识，我不说我个人或集体，而说一个整体的人的集合以及融合。对这个整体的人产生的一种关心、一种关怀，就是仁爱。

杨：是不是可以这样说，对本体的理解，脱离不了人的经验，从这个意义上讲，它是个体的；但因为它是人类经验的普遍现象，所以说它又是一个客观的具有普遍性的。

成：对，它是包含主观的客观，很抽象普遍的具体特殊。

杨：我刚说的客观是可以从逻辑上推出来的，把个体的我变成人类的我。

成：这个当然没问题，事实上它也和世界发展的根源联系在一块，本体是包含主体的个人的，是主体的个人和客观世界的存在的统一体。

杨：也就是说它既不是独立于人之外的传统形上学意义上的那么一个客观的存在，也不是佛教所谓万法唯识的那个识，而是二者之间的一个观感通？

成：观感的一个通觉，观感而通的一个整体，这个很重要。当我们用语言说"本体"的时候，一般会说我的本体，这好像是指主观，其实只要说到本，就已经是发生宇宙的那个本了。"我的本体"，在更深层上讲是指我和世界形成的一体，那个本体是包含着我和世界的，当然也包括现在主观的自我。但我说世界的本体，或说天地的本体时，就是在指根源，由根源发生事物的存在，当然也不排除人的存在。所以我的本体跟世界的本体最后都统一在一个最根本的本体概念上，我的本体就是世界的本体，世界的本体就是我的本体。但我的本体不是陆象山说的"吾心即宇宙，宇宙即吾心"，也不是孟子说的"万物皆备于我"，虽然有这个意思在里面。更接近我的意思的是《中庸》的"成己"以"成物"的至诚之道，或《易传·系辞》所说的"继善成性"的"成性存存"的"生生不息"之道。本体在本上是根源一致的，本源也是我自己的心之所诚，我在我心之深处，感到这个世界之一体，和道体同归。

杨：其实我们对您的本体是没办法用西方的概念来界定的，什么内涵啊外延呀。

成：其实这个也是可以说的：本体内涵上是一个经过经验呈现出来的生命与心性概念，本体外延上是一个具有时空内涵以及展现自然次序的开放的存有。

杨：就是天地人。

成：当然可以如此说，但我们还是说本体具有的二十种特性，从整体的一种次序来讲的话。

本体诠释学的基本架构

杨：您把您的本体诠释学的基本的框架再说一下？

成：本体诠释学主要讨论我们怎么样去了解真理、价值，或对象，它的作用是理解。既然是本体的理解，所以我们要重视事物之本、事物之体，以形成对事物整体的认识。这个整体的认识包含了发生，也包含了一个内部的整合，还包含了一个可能发生的方向。

杨：这里的"事物"有无特指？

成：不管哪种事物，包括科学的对象也是如此，我的本体诠释学涵盖了科学的知识。其实诠释本身就决定了本体概念，本体概念又决定了诠释的方向或一个突出的面，所以，本体的概念离不开诠释，诠释的概念最后也必须指向这个本体。

杨：成先生，我是一个老师，假如我要跟学生讲你的本体诠释学，我恐怕首先要讲成先生所谓的本体是什么意思，然后这个本体诠释学包含几个层面，这几个层面是怎么展开的，我总得有这样一个交代吧。

成：首先你要说什么是本体，先把本和体分别来看，最后再把它结合起来。什么叫本，本不只是时间发展的一个起点，还有一种支持持续发展的创造力，可以说它是一个创造性的起源。本不只在过去，即使在现在也有本，它是一个意识存在。什么叫体，体就是体系，这个体系怎么出现？它源于我们对事物的最初的知觉经验，我们看到什么，听到什么，康德讲到把我们五官的经验组合成一体，然后我们形成一个对象，这个对象在体的概念里面，我们说它是体。这个体它可以当动词，我自己可以整体地去体会它，它不是单纯的机械论的嫁接，而是在我的意识当中呈现的一个具有机体性的整体。后来我用《周易》的"观"来说明这一过程。"观"就是我们要形成一个整体，可能不是一天两天，要逐渐地去了解，今天观一件，明天观一件。"观"本来就是整体的，本来就是一体。所以体是一个对象的，但也是主体的，因为凡是体的东西我都能够体会。

杨：那本和体是怎么联系起来的呢？

成：这个整体是一个机体论的整体，不是机械论的整体。既然是活的东西，就有一个根源的问题，根源就是我所谓的本，既有时间性，又有一种生命性。这样，我对外面的事物就产生了一种理解。但我对它的理解是以我自己的体验为基础的，而它又不限于我的体验，它已经具有一种客观性。所以这个本体的概念是从本到体，再了解到本跟体是一体的，从本到体，本一定可以生体。

杨：这个"生"字是展开？还是生命的生？

成：生命的生，展开也可以。

杨：生生？

成：就是一种呈现，一种具有创造性的呈现。

杨：跟生物学意义上的生有什么不一样？

成：生物学上的生也是一种呈现的方式，两性生殖也是一种呈现的方式，它不排除，所以我很重视生，本立而道生。这个生是一种宇宙的创造力。

杨：如果展开的话，这个本还在体里？

成：对，同时有啊，本就在体里面。

杨：但要是生的话，像王弼讲道和物之间的关系时，也并没有说清是母生子的关系，还是道是物的根据的关系？

成：这个在西方搞得很清楚，比如说父母生孩子的条件是，上帝永远支持生的方式。你可以找一个历史的本根，历史的本根是一个时间发展过程，但是时间发展过程的可能性是一种本根的发展，不矛盾。

杨：您理解的生就是西方意义上的？像父母生孩子，这是上帝实现了他的意志？

成：但我说的是原始及持续至今的创造力，不然怎么发展？发展是允许一种新的起点出现的，有无上帝的意志是另一回事，但不必以此为条件。

杨：我感觉在您的本和体之间，容易让人产生一种误解，因为它是一个先后关系，是个时间关系。

成：任何存在的体都有时间，中国作为一个国家的体，没有过去的历史吗？当然有了。

杨：朱熹讲理气关系的时候说，论先后毕竟理在先，他用了"毕竟"二字，也就是说是逻辑的在先，不是实际的在先？

成：对呀，从认识论的逻辑要求上讲，那毕竟是有一个时间出现的道理，当然是这样。我们现在是用逻辑语言来说明本体嘛，从这个意义上来讲的话，当然它是有一个引起我们现在这个体的一个基本的原理，怎么不可以?! 这个原理在实际的过程中，通过气来说的话，它一定是一个发展的程序、生成的程序。当然可以问是你的本体还是我的本体，是世界的本体还是以世界为本体，有很多说法。反正说到体，就是以什么为本，你先了解这几个用词，以什么为本也不是说它是直接生成的。

杨：以什么为本，有几种理解，以什么为根据，这是一种理解；由什么而来，又是一种理解？

成：它多义但并不是矛盾的，这些多义都在里面，这是我的重点。

杨：您是说这些意思都在里面？

成：都在里面，但有层次的分别。当然创生是第一义，其次是持续使这个体成为体的生生，然后就是经过人的意识反思出来的根据与基础两义，最后一义是呈现为形象。

杨：就是生命力、创生力、根据、基础？

成：那个就是本。所以为持续性的保证，那个基础就是本，那个实际的生成的力量也是本，那个作为逻辑的根据的也是本。

杨：我为什么提出这个问题呢，就是因为大陆学界一般认为，如果说是理生气，那是生成论的问题；如果不是理生气，理跟气只是一个逻辑关系，就是本体论的问题。

成：这个我知道，以前我在讨论朱子时，也讨论了这个问题，但我现在要说这两个并不矛盾。所谓逻辑关系也是在存有论或发生存有论（本体论）上成立的。

杨：您是把这两个放在一起？

成：放在一起，也就是说你有这个逻辑的保证，这是两个层次。逻辑的层次，我们在研究这个问题，脱离时间的关系来想问题的时候，那是一个逻辑的问题；我们假设问一个实际发生论的问题的时候，那是在时间中的一个问题。

杨：这两个放在一起，怎么打通？

成：怎么叫打通呢？比如我们常常描述历史发生的过程，那我要问历史为什么这样发生？这实际上是要在历史发生里面把根据指出来；那么在根据论的意义上我也可以再问，怎么发生？理生气，它怎么生气啊，我们要追问这个过程，这就涉及生成论的问题。所以我们不能分割地来看世界，知识论跟本体论这两个是互为基础、互为指导的。

杨：也就是说在你的本体论里面，这个本既可以生成体，又可以是体存在的根据，应该从这两个方面来理解？

成：对，一定是这样的。同样还可以倒过来说，因为体，我们才能够认识到本。因为体，才彰显出本之所以为本的那种可能性。甚至在某个意义上讲，是体的存在带动了本的存在，因为我们不能够把现在存在的东西跟过去完全脱离，在时间上也不能分割。所以可以这样说，本立而道生，道生而本立。而且，体越全，对本的认识就越深。举个例子来说，为什么我们不一定要走一个外在超越的像这个上帝论的路子，因为我们对体越来越认识，我们就不一定说上帝创造万物，我们对本的概念不可能固定在一个框子里面。所以这个本体，它是本而体，体而本；无极而太极，太极而无极；理而气，气而理；一而多，多而一。用西方哲学的话讲就是，认识和逻辑的条件是说明一个发生与存有的条件，发生与存有的条件是创造认识与逻辑的条件。比如亚里士多德的四因论，形式因、目的因、动力因、质料因，它们四个是分开的；而我则把这四个看成是一体的。这当然体现了中国易学的影响。太极并不是先要造一个动力因，再去创生，它是一因，同时就有物质、形式、目的、动力等几个功能。不然，像西方那样很麻烦，好像物质有一块没有办法解释，乃是看成非神性的，甚至反神性的。我们没有这个问题，我们的气因理而生，理因气而起。为什么把这四个因合为一因？因为目的就在形式之中，物质就在动力之中，动力跟目的又合二为一，而合又不是不可以分。

杨：这个"分"是从认识的意义上讲，而从实在的意义上……

成：你这个说得很好，但实在的意义上也是如此嘛，我们看到的实在都是在分嘛，但是我们有一种超融的知觉，它又是一体。而且，因为本，它必然是一体。其实我说的这二十种特性都是从本的概念里面出来的，但我可以把它简化成五个，就是我说的五个世界（详后）。西方人把现象界跟本体界分开了，这两个其实都是在我的整体意识当中所做的分别。那么整体意识是怎么表达的呢？一个是我的心灵世界、我的自觉、我的意识，就是现象学所说的我的意识，但是我要表达这个意识，意识要跟这个世界发生关系，成为一体，要通过符号，各种符号，各种认识的符号，那就是语言，也即是所谓的意义世界。我建立一个意义世界来涵盖现象和本体的统一性，包括意义通过心灵和外在世界建立一体性。我还有行动性，我认识外在的意义，意义变成价值，使我行有所归，我有目的性，我作为一个行为者，我事实上就在这个本体之中。而且，只要我已经掌握外在的知识——宇宙的整体性和人生命的整体性，我作为一个本体的行为者，就是世界的行为者。我不是在为我个人动，我是在为天下动，这样就可以理解张载所谓的"为天地立心，为生民立命，为往圣继绝学，为万世开太平"。因为每个行为都是为世界，都是本体性的，先天下之忧而忧，后天下之乐而乐，这就是我的本体，我的本体事实上就是立天下之大者。从这个意义上讲，我的本心、我的良知，就是宇宙的本心良知。

杨：您对张载的说法提供了为什么、如何可能的证明，哲学的证明？

成：过去没有人像我说得这么清楚，而我还把西方打通了。所以，你介绍我的本体诠释学时，可以通过三个阶段来说，第一是通过本体概念的分析，过去人们对本体的概念不重视，虽然都在用，但不知其所指。当然一般都知道本体包括道的概念、太极的概念，包括任何终极的概念，可是它们之间的关系都搞不清楚。我通过西方哲学的分析性，对本体做了一个概念的分析。体在中国哲学中，自《易传》开始，用得很多。这个体透过我们而体现，它是一个整体的东西。虽然透过我们，但是一个推己及宇宙的延伸的过程，我能够体己，就能够体人；我能够体人，就能够体万物而不遗。我能够体现、体认，通过思想叫体会，甚至于身体力行叫体行，你可以有各种不同的表示。所以我的本体诠释学从认识论来讲的话，有五个阶段：观、感、思、悟、通。我一般强调的是观感。西方人梅洛·庞蒂像是重视感的感觉现象学，海德格尔有点像悟性的本体论现象学，而胡塞尔则是思维现象学。我把这三个变成人之认识本体的不同阶段之一，但他们没有前阶段，我的理解的前理解叫"观"，然后是感，感而后思，思而后悟，悟而后通，我强调一个通解。

杨：这是本体诠释学的认识模式。

成：对，是认知模式。它的表现模式就是那五个，但如要讲它的本体的实现则可举出许多个存在的特质或性向，这些特性是依照我们长期的观察与内省来决定的：发生性（义）、自然性、时空连续性、整体性（义）、创化性（义）、过程性（义）、内在关系性、真实性（义）、知觉性、体验性、心灵自觉性，还有在心灵自觉活动中的自我同一性、意向性、意义结构性、语言沟通性、包含性、主宰性、规范性、行为性、应用性等。这里我依照本体存在发生过程中可以涉及的方面及其大致先后次序举出20个基本性质或性向，呈现一个内外相合关联的有机整体，它是从本生成体、从体回应本发展出来的。

杨：那我们理解您的体系的时候，首先认识本体，其次认识本体有五种模式，达到通的时候，对本体有一个整体的把握。您的本体诠释学又划分五个世界：本体世界、形象世界、符号世界、心灵世界、行为活动世界，这五个世界在本体诠释学里面是一个怎样的定位？

成：本体展现的方式有五种。

杨：那现在等于涉及了本和体、本体、五种认识形式、五个世界。

成：最后再进入到诠释学嘛，"自本体的诠释"有些什么样的诠释，"对本体的诠释"有些什么样的诠释。

本体诠释学的五种认知模式

杨：本体，五种认知模式，五种展开或者存在形式，然后两种诠释方式。二十种属性是在五种存在形式里面体现出来的，两种诠释方式是自本体和对本体，后面的内容就是从这两种诠释里面展开的。那是不是先谈本体诠释学的五种认知模式？

成：前面我从历史的角度讲了本体的含义，主要是就本体的理想意义来发挥。但这里有一个工作我必须要去做，就是在历史的发展当中，相对于这个理想的意义，本体的含义会有什么变化，你比如说东汉到魏晋，魏晋到宋明，中间还有一个隋唐佛学的问题，佛学也是有它的本体论的，就是所谓的佛性，这里面也牵涉到很多跟"本"、"体"有关的东西。那我们要从刚才说的那个意义上来认识本体，就要对本体认知进行考察，也就是说我们怎么得到一个本体的概念，我们怎么认识本体，这可以说是本体认知的要求的问题。

杨：也就是说，本体诠释学的五种认知模式都是就对本体的认识而言的？

观的认知模式

成：可以这么说，那第一阶段是"观"，"观"的理论我们已经涉及了，我完全是从经验的立场上来讲这个本体，我们不是生来就知道有一个本体，动物不知道它有没有本体，因为它没有办法自我界定。所以本体在一定意义上是一个自我界定，也就是说，它需要心灵的认知意识。在认知意识里面，本体的概念才能够出现，才能够被掌握。在我们的意识当中，相对于外面的事物或者我们的经验，能够出现一个根本真实的概念，那就是本体概念。所以最开始的也是最主要的一步就是"观"，能够不受外在影响，没有任何成见地整体地去吸收经验，而且不管是在事实上还是在愿望上都没有一种要封闭自己的状态，来接受对宇宙事物的认识。这个认识你可以说是感觉的，但它又不限于感觉，因为在认识各种具体事物的时候，我们也认识了各种具体事物之间的关系，更重要的是认识到了事物之间的一种变化关系。就是说，这个"观"可以让我们对世间变化的真实有所了解，不然我们无法生成，因为认识的目标，甚至也可以说我们有意识的目标、有生命的目标，在于我们能够更好地发挥我们的创造性行为，我们能够选择我们要做的事情，当然包含我们能够选择的能力。那么这种实行是一种人的参与，虽然是人的参与，也不是完全违背自然，或者说表现了更深刻一点的自然。"观"引起我们对经验的认识，产生一种整体的持续的要求。

杨：对于"观"，您专门写过学术论文，很重视。您甚至把它与西方的"听"相比较，分析中西哲学思想的同异。

感的认知模式

成：因为观是起点嘛，那接下来就是"感"。说到"感"，我们并没有一种先验的自我认识或自我概念，只有在我们受到外面的影响、看到外面的事物之后，才能够唤起或者能够引起我们对整体自我的认识。透过这种自我认识，我们能够主体地去表述外面的事物，这种认知性的表述需要一个主体，基于这个认知性的表述，我在表述我自己要做什么或者想做什么，最后选择做什么，这都是自我逐渐发展的过程，这需要一个感的因素。我说的感不只是外感，主要是包括一种反思的感，外面有这样一种形象的经验，我就会有那样一种对外面事物的认识的一种肯定，所以这个感也是很主动的，它不只是说在照镜子，"观"可能好像镜子一样，而且"观"这个镜子照得很细微，它要把动态的世界照出来。但"观"很快就接触到自己内在的一种能力，一种自觉的能力，产生一种对自我的自觉，有了这种自我的知觉，那种自觉意识就会进一步来思考这个认识的对象。

思的认知模式

杨：那就是第三个层面——"思"的问题？

成：是的。"思"是一个很重要的心理过程，但是它有现象学所说的显露外面的现象世界或者显露对象世界的能力，那么这里就是一种推理能力，一种指向能力。因为这个"思"的关系，它能够产生一种符号认知的可能，也就是说它可以主动地把一件事情看成另外一种事情的代表。"思"的推理就好像代数一样，把一些东西抽象化，然后给它一种一般的含义，然后再给它一种符号，甚至就是基于一种符号的特征来进行一种替代或者一种演算，所以"思"是一个人在自我感受万物之后所产生的一种很重要的意识状态。

"思"基本上就是一种所谓的表象，形成意义分析综合的能力，所以，这种思其实不只是我们对外在事物内在感觉的一种知觉，也是对知觉的再知觉，所以它可以不断地进行一种抽象，然后再发展我们对事物的认识。因为思，才能够定义概念，事物是什么、为什么是这样、怎么讲，也就是：是什么、为什么、怎么样，我们就可以重新做这些思考。基本上来说的话，所有语言的功能基于它的符号性都在"思"中出现，它的逻辑功能，脱离语言所表现的一种实际的活动也在"思"里面出现。所以思是一种很重要的理论建构方式。

杨：那"观"与"感"对它有什么作用？

成：这个思还不能完全脱离观感的架构，它必须从观感里面吸取内涵来进行一种不断的抽象、组合、推演，就好像人的胃一样，它在消化这些东西，使它成为一种概念的成品。孔子曾说"思而不学则罔"，所以"思"要发挥作用，还是需要那个观感，观感就是一个学的过程，在里面产生一种理论架构。我认为所谓先验命题就是这样出现的，就是说它是有一个经验的基础并在此基础上推演出来的。正是在这个意义上我并不完全否定一种所谓先验综合的可能，在形式上它是一种先验综合，但这个综合是不是可以用在具体的事物上面，我认为是可以的，当它变成很一般性的时候，它能够用来说它是一种自我规定，所以我解释这个先验综合是说，先验综合一方面它是先验的，它不是只分析一个概念的内涵和意义，而是把不同的概念组合成我们观察到的一种关系，这种关系是我们思的能力能够感觉到的，比如说凡因终有果；它不是所谓的分析，它涉及最基本的经验内涵。这个为什么对今天还有用，因为在思的最抽象最普遍化的东西里面，是有一种所谓规范性的东西，比如凡因终有果，假设一个东西没有果，我们就不叫它是因。这里有个很好的例子，爱因斯坦重新界定牛顿的第一定律，力量＝质量×加速度。对牛顿来讲，它是经验综合出来的，但到了爱因斯坦就变成了力的一种定义。什么叫力，代表质量的 m 乘代表加速度的 a 就等于我们说的力量 force。事实上用这个推演的话，我们可以看到任何最后的宇宙观当它在思想中呈现的时候，或者说当我们称为形式化的宇宙观的时候，它都是一个从经验综合走向一个先验综合，整个变成一种纯粹的理论性的思维结构。

杨：变成一种概念范围了。

成：完全是一种概念范围了。这个概念范围好像一张网，来笼罩我们可能的经验，假如这个经验不适合我，我就不承认它是经验。事实上我们日常生活当中也是这样做的，比如庄生梦蝶、蝶梦庄生的故事，我们为什么还是倾向于说庄生梦蝶，而不倾向于说蝶梦庄生呢？因为按照我们一般的定义，这种说法很难解释所有其他的现象。所以只有当我们把我们认为真实的东西在经验当中抽象地规定好的时候，我们才可以说一个做梦的人，或者一种情况是他在睡眠状态，或者一种情况是他在神智休眠的状态。在这种状态下所呈现的东西，不可能跟没有这种状态的东西联合在一起，假设我们把我们自己当做蝴蝶的话，我们可能达不到这样的效果，因为那是不真实的。所以思就是在提供这些基本的思维方式：思提供了逻辑的思维方式，提供了范畴的思维方式，提供了定义的思维方式，提供了综合分析的思维方式，当然也包含一种所谓的知识分析的、意义分析的思维方式。

杨：由观到感、到思的阶段，思维方式已经形成？

成：是的，一些基本的思维方式开始形成。思维方式很重要，只有通过思维方式我们才可以定义分类，进而做出判断，比如康德说的十二个范畴。更原始的经验就是我们说的逻辑的一些概念，一种所谓前置词的概念，也就是表现逻辑活动的一种概念，表现逻辑联结词的一种概念，什么与什么，什么或什么，假设这个，如果那个，等等。像这些概念都是在思中出现的，它的目标是把我们收集到的经验从感觉内容里面，通过思再变成一个结构，一个理论结构，这个结构就是所谓的逻辑。逻辑的表现形式有初等逻辑，所谓三段论法。还有更复杂的思维方式，包括我们现在说的辩证法的思维方式。辩证法在思维当中，特别强调事物的变化性，它把变化性当做它的一个主题。形式逻辑则是要废除变化性，脱离变化性，脱离一个变的世界，那完全就是纯粹抽象出来一个概念。这样我们就产生了各种各样的逻辑，甚至产生了各种各样的数学系统。

杨：西方哲学的传统是形式逻辑的传统，中国哲学的传统是辩证逻辑？

成：确实表现了这样的不同。就哲学来讲的话，对本体的认识、对真实的认识脱离不了这种"思"的思考，最早像巴门尼德，他要找一个超越变化的对象，这当然是基于"思"，当然也有可能是根据"感"。因为西方人认为最真实的东西一定是不变的最有价值的东西，可能当初人们体会到变太痛苦，带来太多麻烦，所以一定要把有价值的东西定位成不变的东西。佛教也是如此。只有中国人认为变化本身代表一种生机，所以把变化看成万物创化的洪流。变化就是"一故神，两故化"，这种变就成为一种创造性的要求，所以它反而不把追求不变当成一种目标。可见思维有时可能接受感觉之反思中自我认知的感受，来肯定我要什么、我不要什么。所以，思的作用很清楚，建立我们对外在事物的一个真实或者对自我真实的一个定义、一个感受。那么中国哲学里，特别在《易传》里，它能区分说明那些变化或者代表变化的那些表象、语言的一种差别，给它一种新的表达方式，用更高层次的一种我们叫哲学的表达方式，来说明知识的标准、是非的标准、价值的标准等。所以这个"思"很重要，是认识本体的一个重要过程。我所谓的从本到体或者从体再回到本，都是在"思"中建立的。但它又是以观感为基础的，而且它还要再经过观感的不断充实、不断反馈，才慢慢形成一种本体的概念。但我所谓的本体的概念，是一个开放的概念，我们的思想可以给它一个开放的意涵，也是可以变化的意涵。这样的话我们就可以逐渐达到一个更清楚的本体的概念，就像我们上面所说的一样。

有了这个本体概念之后，就能够认识到真实，认识到人之所以为人、天之所以为天，以及人跟天之间的关系。我可以以人来诠释天，也可以以天来诠释人，以整体来诠释部分，以部分来诠释整体，以内来诠释外，以外来诠释内。所谓诠释就是建立一种相应的关系，然后结合两者，形成一个整体的整合体系。这样我的本体概念就逐渐形成——形成人可以认同的一种身份，也给了宇宙本身可以认同的身份。我们知道哪些是它本体性的特色，哪些不是，或者说它在什么情况下把不同的东西化解成一个整体的、具有结构性的或者具有内涵性的真实的存在。

悟的认知模式

杨： 接下来是"悟"？

成： "思"的过程就是系统建构的过程，那我们是不是可以假设在这个系统里面还有更深刻的统一性存在着？我们花了很多时间掌握宇宙的大全，建立对宇宙的观点，但总会觉得这里还不够全，因为经验是开放的，我们不敢说我们目前掌握的大全就包括了所有的真实。因此，思维还需要再进一步去检查它自己，在知觉中继续去完善它自己。这样探讨下去，它又会有所发现，并超越现在能够掌握的部分，或者超越包括现在部分的全体，把这些东西放在一边，而看到一个更深层的东西，本体在这个地方绝对是"道可道，非常道"，这就是我所谓的"悟"的概念。"悟"是说，目前获得的这些东西一方面代表了或者象征了本体，但它毕竟还不是本体。正因为它象征了本体，所以它把本体掩盖了；正因为它代表了本体，所以它的代表性还值得怀疑。那怎么打消这些建构的东西？也许在这些建构被打消的时候，我们会迷失在其中，我们找不到一个活动的生命的泉源，抓不到源头活水，我们需要一个对自己的清洗或者跳出，这就是"悟"的过程。

杨： 对自己的清洗或者跳出？怎么理解？

成： "悟"在某一方面是全盘否定的，然后全盘重建，用新的方式把它展开。"悟"是一种思想的跳跃、一种扬弃，在扬弃当中再生，或者说是在生活中随时扬弃而给它一种新的形式。"悟"对于认识最后的真、认识什么是本体的真相有重大作用。假设我们的本体就像康德所说的，是那个物自身，那我们当然无法认识它，但我们可以思想它，超越它，以此突出一个整体的真理，这个真理兼人兼物，显示出人回到一个最真实的自我，最真实地包含了世界全体的自我（或者是包含自我于其中的一个世界），这样就是对本体更深的认识。所以"悟"很重要，有了"悟"，你才能够逐尽行为上的盲点。而且"悟"还能帮助我们找寻新的形式，它有很强烈的实践感和实践意义。它改变现状，它改变自我，这是一种新的跳跃。

通的认知模式

杨："悟"是一种新跳跃，那"通"是什么？

成："通"就是我们要把过去所有障碍的东西，把各种差异融合成一个动态的整体。而它能够帮助我们形成一些行为的规则或者行为的智慧，所以说"通"的最大的作用就是整合整个的有关本体的认知体系。

杨："通"的最大作用就是整合吗？

成：这是一个方面，第二呢，它在根源上面，在体系建构的完备上面，能够发挥一个行为的效果和应用的效果的作用。这个"通"，它可以不排除一切而把各方面的关节打通；在应用上面，它可以应用自如，无可无不可。起初我很喜欢用"用行"二字来表示"通"，可用可行，这样做也可以，那样做也可以；这样看待也可以，那样看待也可以。人的理解，最后都有一种实践的意义，因为我们对我们的行为有整体上的认知，所以我们可以在我们行为的处境上面，找到我们想要做的东西，我们不是盲目地去行为，而是能够向着一个合乎真理的目标去不断追求，这叫行。而且我们也可以在一些实践的基础上面充实我们的这种关系，这样的话"通"的意思很广阔，本体本身变成一个比较灵活的存有概念，它本来就具有一种可用性可行性，可用性可行性是它承认它自己的一个条件。总结来说，本体的认知本身就是一种经验的本体化，或者是一种本体的诠释化。诠释是用语言来表达一个整合的对象，而本体就是把外面的经验形成一个整体的体系，以说明现象中的所有事物。

杨：这就是您的本体诠释学的五种认知模式？

成：是的，而且要注意，这五种认知模式是与人的行为紧密联系在一起的，因为人在行为中，这个学而后思，思而后行，行而后还有更多的东西需要学，所以永远就是行中有思，思中有行，观中有感，感中有观，最后造成一种彻底认识真相的悟觉。这个悟觉，类似于朱子说的豁然贯通，所谓今天格一件，明天格一件，最后总有豁然贯通之时。

杨：豁然贯通，既是悟，又是通？

成：整个达到一种新的层次。

杨：对本体的一种新把握？

成：本体是从一种现象化的经验里面，呈现出一个整体化的体系，而又能够抓住它的实践上的根源，所以我们也可以把它看做是在实践过程中创造出来的，掌握这一点很重要。需要注意的是，我所谓的本体，不是对个别事物的认识，也不像亚里士多德所谓的本质，而是认识了各种事物之后形成的一个整体。关于这一点，我认为荀子说得很好，有气然后有生，有生然后有知，有知然后有义。这个义深入一点来讲的话，是有一种本体的意思在里面的。同时这个"义"还跟"意"连在一块，有一种人的意向性，现象学说的意向性，这种意向性能产生一种价值观点：你要做什么，有一种目标感。这个目标感，也是一种规范，应然的概念就是从这里产生的。

杨：也就是说应然的概念是建立在目标追求基础之上的？

成：是的，从自然变成应然，应该有一个整体反思和一个再发展的目标认识，形成一种所谓的当然，相对于这个当然的目标产生一种应然的要求，就变成这样一种认识。

杨：道德上的应然是不是也是这样产生的？

成：对，道德的应然也是这样产生的。

杨：您怎么评价您的本体诠释学的五种认知模式？

成：等于是提供了中国哲学知识论的系统化吧。西方哲学，休谟的实验主义只是在经验上下功夫，没有考虑到人的一种内在提升。理性主义，只考虑到一种超越的神的概念，认为人生来就有一种灵魂，所以柏拉图强调挖掘自己就好了。我认为不是只挖掘自己，也不只是回忆，要在与世界的交往之中形成知识。在这里我是借助西方的系统化更好地整合了中国的认识论。中国传统哲学有认识论，但它没有整合，没有过程感，而且没有发挥，没有适当地运用思想的分析作用和综合作用，所以它只有一些在感觉经验上的范畴，有观，有感，有思，有悟，也有通，这些经验都有，而且很早就有。你看这些字哪个不是古代就有了，当然，悟字可能晚些。

杨：我觉得《周易》里面讲的"感而遂通"，似乎有悟的内容在里面。

成：是，感而遂通，悟代表一种整体性。"易有太极"这个也是悟，考虑到了本体。

杨：您的观，用个不太恰当的比喻讲，是不是混沌的整体，而到了通就成为比较明确的整体？

成：观中呈现的整体也并非是混沌的，它可以是条理化的整体。如果所观的宇宙是鸿蒙未开的，则呈现为混沌之象，也是透过了思维组合的过程来实现的。

杨：您的认识论的五个阶段是一个分析的结果，但事实上就人的认识活动来讲，它是不是同时并生的。

成：对，而且从《周易》里面你可以看到，它也具有一种方法学的意义。《中庸》里面，《大学》里面，它讲博学然后审问，然后慎思、明辨还有笃行。但让人感觉是直接跟通在一块的，这个通可以悟通，可以思通，可以感通，也可以观通，还可以会通，都可以，它是一套很灵活的实践经验。

杨：会通的"会"似乎也有悟的意思？

成：是，但"悟"还有一个意思就是它打掉了很多东西。你看荀子就有这个意思，他的《解蔽》篇讲到人有几种蔽，其实你把它推广一下的话，蔽多得很，每一个都是蔽。

杨：是打掉了，还是超越了？

成：超越而排除。

杨：如果不是超越，那在通的阶段就不能融合在一起。

成：对，所以我用了一个"超融"的概念，超越并且又都融合在一块。在这个悟中，有蔽就去蔽，然后又把蔽变成应用的材料。所以荀子在《正名》篇里面讲到语言的形成，显示出一个感通的过程，从观感，有差别就叫别名，有共性就叫共名，从大别名到大共名，形成一个金字塔形的宝盖，那就是一个体的概念，也是一个思的过程，同时也代表一种整体化的意思。原来我们说的知识只是一个 convention，约定俗成而已。但要知道这个约定俗成是基于经验的约定俗成，不是随便的约定俗成，当经验改变时，我们可以有一个新的表达方式，所以这样就产生一种潜在的悟的过程，这也是整体中的一种超越。

杨：西方哲学，它基本上重点是在思的层面上？

成：重点在思，或者在感觉的层面上。

杨：您特别重视整体？

成：我这个一方面有辩证性，一方面有整体性，很简单，有一种超融性，这也就是我说的和谐性以及和谐化的辩证法。李存山先生在他的一篇文章里特别提到了我的和谐性辩证法，还跟张岱年先生的一个概念进行了对比，他对我的本体诠释学有深刻的理解。

杨：李先生是中哲史学会的副会长。

成：我不知道他做过这样的比较，我是偶然看到的，他很有头脑。所以总的来说，本体的认知方式实际上也代表了中国认识论的基础，只是还没有系统地予以表达，就像还没有系统地把本体当成一个论提出来一样。

杨：您则把知识论和中国哲学结合起来了？

成：是。我觉得你会看得出来，而且从现象学来讲，我是把三种现象学融合在里面，比如胡塞尔是一种思的现象学，他是在思的当中看到里面有意向性的对象；其次，梅洛·庞蒂写《知觉现象学》，用生命的感觉来认识外面的世界，在感的层面；最后，海德格尔则是一种"悟"的层面，他认为还有一个前理解，他要从前理解里面来理解，这可以说是假设了一个"悟"，从理解里面怎么去掌握一个前理解，那就是"悟"。

杨：海德格尔的前理解是不是在强调意识有一个存在的基础？

成：对啊，就是这个意思。他认为有一个存在的条件、存在的环节、存在的一种假设，或者是我们自身具有的一种理解，所以要把那个东西拿出来，把它挖掘出来，他认为这样才叫做显露真相（disclosure）。

杨：在胡塞尔的基础上进了一步？

成：更进一步。

杨：胡塞尔的现象学没有办法满足他的理论需要？

成：对，他就是从思到悟，但是他也没有达到我要求的那个"通"的程度，所以最后陷入到此在跟彼在之间的一种紧张关系。

杨：陷到"分别"里面了？

成：陷入到好像类似上帝的那个大存在对个别存在的一种照映里面了。

杨：他对"大写存在"Sein 有预设吗？

成：他是作为存在的条件来处理啊。

杨：他自己对这个有说明吗？

成：他是一种思的说明，他不是说最后有四种存在嘛，就是天地神人。其实是回到《周易》的说法了，只是多一个神而已。而他所谓的神实际上就是万物，但他没有把它通起来，它代表一种怎么样的创造力？物怎么变成物？所以他通的那个层面还是没有做足。

杨："大存在"和人是什么关系？

成：他早年曾经写过一本书叫《存在与时间》，大家都知道，但 1963 年他又写过一篇很重要的文章叫《时间与存在》，名字正好是倒过来的，好像很多人都不知道，我对这篇东西则特别有兴趣。他是 1976 年去世的，1963 年，也算是晚年的作品了，他这个东西很重要，文中他特别强调了这个"大存在"对人的一种照顾，认为人的存在的本有是"大存在"的一种 gift，恩惠，是"大存在"的一种给予（Ereignis）。

杨：所以海德格尔被称为神学的存在主义？

成：最后就变成一种神学，早先并不是。2000 年伽达默尔亲自跟我说，海德格尔最后是变成天主教神学的传授者，而我（伽达默尔）还是在一个人的世界里面。我这五个阶段的说法可以细化中国的认识论，古人一直没有做到这一点，中国佛学的判教理论对此有所提升，但还没有把它综合出来，比如华严法藏的判教说讲圆教，圆就是圆通嘛。不过我没有用佛教的术语，而是完全用中国原生态的词语来分析此一问题。牟宗三先生完全从佛学来讲，我这个是独立讲出来的，这个很重要，而且我能够跟西方配合起来，跟知识论整合起来。

杨： 所以您的知识论和本体论也是通的？

成： 而且我这个"通"里面还包括"用行"两个字，所谓"本体知用行"，一般我们常说体用，这个用，既可以用在外面的事物上面，还可以用在我的行为上面，来改变我的外面的世界，所以"通"还包括一种实践性或应用性。观、感、思、悟、通、用、行，"用、行"可以摆在"通"里面。注意观、感、思、悟、通都是知的模式或境界。

本体诠释学的五个世界

杨： 以上是讲本体诠释学的五种认知模式，下面是不是谈谈本体诠释学的五个世界？

成： 基于这五种认知，我开始讲五个世界，看本体是怎么呈现出来的。你知道，人可以以天地为本体，当然天地也可以以人为本体，人可以投射在一个家庭、一个爱情的对象、一个国家、一个民族上，等等。这些都可以解释为本体的表现方式，所以说本体不是一个抽象的概念，要融合地看。但在表现当中，呈现的东西是个意向，本体是个意向，是个符号，本体这两个字代表一个意向、一个符号。我讲本体美学时，我曾说我们是透过把本体现象化来对本体进行直观，我们同时也是把现象本体化来进行对现象的了解或理解。也就是说，对现象我们可以直观，对本体则不能直观，只能诠释，只能理解。但我还是要讲直观，那是因为我已经把本体现象化了，本体可以现象化，那当然现象也可以本体化。所以现象与本体具有一种相对性，就像直觉跟理解具有相对性一样，建立这种相对性和它们之间的一种关系，就是诠释。这个诠释在认识理论当中，其实就是在思的作用上面。诠释是一种思想活动，理解也是一种思想活动，这样的话，它就能够整合观感，导向悟通，而且它也能够表达成一种语言，这套语言的目标就是为了要沟通，同时也为了实现自我对本体的意向或者意向性的一种对象化，让我们去行为。在这当中，自然界的任何东西，都可以有本体的形象。在"悟"中看到太阳升起，可能会觉得生命日新；看到一朵花，可能会觉得花中有天堂；看到江水东流，逝者如斯夫，可能会感到生命的一种大化流行……这些都是符号，都是具有或启示着本体意涵的符号表达方式。

杨：您的这一观点对于理解《大象传》很有启发意义。

成：从本根的思考当中来讲，人开始是一个自我意识，这个自我意识通过观感的过程来认识宇宙的一个变化。我说的这个观感一方面是整体，一方面是不化约，尽量地包含。这是一个很重要的原理，因为一旦化约，就丧失了当前性和当下性的完整。那在观感的过程中，慢慢就会产生心灵跟现象之间，亦即我和自然、主体和客观世界之间的一种对应关系。观导向感，感导向观，我们有意识地看到一个对象，这里你要注意，有意识就有意向性的对象，意向性的对象落实到外面的世界就是对象。当然有的时候意向性的对象可能没有落实，比如说做梦，比如说幻想，它只是一个意向对象，即所谓的 Noema。但无论如何，人们的认识是趋向自我与世界的相互对应的方向的。久而久之，人们就会试图找寻一个整合多样性的方法，同样也希望探寻一个沟通不同经验的方法，于是产生一种象征性的行为，所以这个象征符号系统很重要。

杨：您的意思是，象征系统的出现与人们在观感过程中建立自我与世界的对应性有关？

成：是这样的。符号是一种表象，它让我们指向一个真实的本体。由于现象的复杂多元性，所以需要一个词即语言来指出象之所指。而本体本来就是一个意向性的概念，因此就产生一个意义的世界。在这里心灵世界跟现象世界最早出现，人开始面临一个现象的宇宙，慢慢了解到自己心灵的复杂性，慢慢有一种整合宇宙观、心灵观，形成一个自我观的需要。很多人并没有一个很完整的自我整合，所以才会有一些心理学的状态的出现。我认为哲学本身有一个作用，就是帮助人整合他自己。但他的自我意识不能脱离宇宙的现象意识，它只是现象之一，所以他只能在现象当中去掌握他自己，这样他才能够行，才能够与许多事物相应。如果他脱离宇宙，闭门造车，那他与外界事物不相应，就变成幻想了，就无法适应生活，无法适应世界了。其实自然本身就表现为个体化的事物和外面事物发展相互适应的情形，进化论正是从里面出来的，假如有了生命，你不让它进化，它就无法适应变化。进化是一种无意识的自我调节和自我认知，达尔文叫"物竞天择"。但当我们成为一个自觉的人、到了一个更高的境界的时候，我们需要一种自由的选择，但这种选择必须基于我们对世界的认识，基于我们对自我的认识，也只有这样才能够形成最佳的选择。所以对我来讲，一个整体的道德哲学也是本体的道德哲学，没有本体的基础，你怎么讲道德？我跟牟宗三不一样，我认为只讲道德的形而上学（moral metaphysics），不讲本体的道德哲学或本体伦理学（onto-morality，onto-ethics）是不够的。所以他没有完成本体诠释的整体思考。我对牟先生有肯定，但我认为他只讲了一半，因为到最后，大家都是要行为的，要表达出来的。所以这里就可以看出来一个心灵世界与一个现象世界，二者的对应形成一套象征性的符号系统，符号代表一个现象，这个现象又指向一个更深层次的本体世界。

杨：现象的本体化是透过符号来完成的吗？

成：通过意义的延伸，通过我们自己的感觉，我们有了一个符号世界，这样我们就可以去了解现象中的本体世界，也可以了解现象和心灵相对的人的意向性的行为是什么。通过这个符号，心灵就可以感觉，就可以指涉这个本体。透过这个符号，现象也可以说明人的主体，所以它有双重的作用。当然，符号也是可以变的，像《周易》的符号是非常具有本体性的符号，它能够掌握事物的各方面，它能够掌握变化，代表变化，能够掌握事物之间的变化作用。而且这个符号主要是掌握整体的变化，以及在整体中个别事物的变化。它是观感之思，在人类其他的符号系统当中很少有这样的符号。

杨：《周易》的符号系统，其表现力确实不一般，您的研究结果对于理解这套符号的象征意义很有帮助。

成：这里有一点要澄清，就是人不纯粹是一种沉思的动物，亚里士多德把人存在的最高目的看成是一种沉思，认为人的最高境界是沉思，很多中世纪的神学家也这么理解，我不完全同意这种看法。其实人的本体性还是在于一个动态的行为，它要随缘变化，参与大化，随机应化，与物俱化。因为人的本质是动静相参的，它不可能脱离这个宇宙，不但不可能脱离，还要参与这个宇宙，既超越又投入，成为这个动态宇宙的一部分。所以行动世界其实就代表本体世界，我这里有个很特殊的理论就是动中见体，静中反而看不见这个体。

杨：中国古代哲学家好像更重视"静"？

成：《易经》中说"寂然不动，感而遂通"，感而通，就是在动，不动就是空寂的境界，这个境界虽然很高，但我们不能只在这个境界，我们应该动静都有，在动里面看静，在静里面看动，这样才可以很好地认识本体。所以这五个世界，一个心灵的意向世界与一个符号世界，一个具有指涉性的符号世界，具有多种联系。因为符号代表一种整合作用，还有一个就是自然发生的一种作为本体的现象世界，还有一个就是现象所以发生的本体世界，再加上作为人的行为的活动世界。其实这个活动世界有个特点，就是我们在自然中活动，所以从一个最深刻的立场上讲，我们所有的活动都是自然的，只是说相对人的一种整体性来说，或者人的一种应然性来说，我们有的行为是不自然的。自然有很多等级，因为在最广泛的自然里面，任何行为都是自然的，你看到动物的行为，虽然我们人不喜欢，但它是自然发生的；同样我们认为很自然的行为，从一个动物的观点看是很不喜欢的，它会说这是很不自然的。庄子在《齐物论》已指出这一点。所以我们必须从一个最深刻的本体来看，它允许所有的可能性，只要发生出来都是自然的。

杨：凡是发生的，都是自然的？

成：对。我不能像黑格尔所说，凡是存有的都是合理的，凡是合理的都是存有的，我不敢说这个话。我只说凡是发生的都是自然的，凡是自然的都可能发生。但是从道家的观点看，自然当然是不要违反已经发生的自然的一些概念，所以它的自然还有一种规范性的意义在里面，它是一种价值概念。你真的很自然，就不会违反宇宙本身的一种自然的规律，比如说允许跨物种杂交生物的存在等。在明显违背自然情况下导致的行为，则是自然中的不自然。当然也可以有一种不自然中的自然，就是已经发生的事情，我们找寻它保持现实最大价值的行为方式。所以人的行为都有它的自然性，但又有人的一种自性，他在这里面凸显出自然的本体，又凸显出人的本体，而且二者并不矛盾。事实上人的本体的最高境界就是更好地实现自然的本体，孔子谓之"弘道"，就是减少宇宙的冲突、矛盾和负担，这个就是最高境界。可以说不但是"为万世开太平"，更是"为万物开太平"。

杨：民胞物与？

成：所以这样的一种宇宙论，它的本体性实际上是可以在行动中实现的。但五个世界之间又相互制约，不是纯然的不相干。可以变成无意识，但不可以不相干。我认为它们之间的整合性、相互依赖性，就是《周易》的智慧的最高点。《周易》讲的是一种变化，一种创化，一种创造性的变化，在人对宇宙的认识过程中，它能够表达的就是这五种活动形式：心的形式、符号的形式、现象的形式、本体自然的形式和人的形式，而且它们之间还有一种动态的整合关系。在一般情况下，这五个东西可以并行不悖。对符号世界的研究，属于数学；对象性的研究，可能就是科学；把它结合到道的研究，可能就是哲学；观照到心的问题，属于人的一种实践性的整体认识。如果我们不考虑心的关系，超越这个，那就是道的形而上学，超越的形而上学。但其实道中有心，心中有道，或许它应该是一种包含性的形而上学。这样就变成一种本体的诠释，本体诠释学有一个行的表达方式，就是实践。

自本体与对本体

杨：这个实践，是包含了您所谓的"自本体"和"对本体"两种形式吗？

成：我讲本体诠释学，可能有点语义上的模糊性，但也是创造的模糊性，本体诠释学可以被理解为诠释本体或自本体的诠释，这就好比本体这个概念，是从本到体还是从体到本。所以我的本体诠释有两个面向：一个是自本体，一个是对本体。本体诠释，它的对象可以是一个物，这个物当然可以是过去的一个符号、文本，也可以是现实的一个现象，我若用对象性的认识，我就不要管自己，这是科学的思路。但科学也不是完全不管自己，它还要求研究者平心静气，遵循一些与科学研究相关的伦理要求，等等，以便让他能够更客观地掌握世界。也就是说他要把自我这方面忘掉，而且是合理地忘掉，所以它完全是对客观的、对本体的。

杨：这是所谓的"对本体"？

成：对。那任何客观的事物都具有本体性，关键是我们能不能找到它的本体性。任何现象都有本体性，任何本体性都有现象性，因此我们不能把现象和本体脱离，前面我讲过一句话，凡是本体都可以透过分析成为现象，任何现象都可以通过诠释成为本体。那么由本体再反观现象，就给了现象以新的含义。看一个文本也是一样，我要诠释《庄子》，或要诠释《孟子》，或要诠释《红楼梦》，我就得找它背后的那个东西，它到底是讲什么的。我当然是要把它还原成现象，把它跟现象连在一块，看它是怎么样成为现在这样子的。在这个诠释的过程里，我自己的资源很重要。科学是不管自己的资源的，它只教你训练某些做研究的条件，要你客观认知问题，就是按照方法找世界的规律。经验科学虽没有明显的诠释的要求，科学理论则仍有选择的可能性，故本体性的诠释仍然存在。而诠释则需要把自己意向性的一些资源用上去，这个就是自本体。

杨：也就是说"对本体"比较排斥自我的参与，"自本体"则不排斥自我，甚至还有赖于自我的参与？

成：如果我们的重点是对一个具有本体性的现象进行认识，这叫"对本体"的诠释。这种诠释注重认识的客观性，自我本身的成见反而不重要。成见是什么，就是基于传统、基于经验所形成的一种整体的意识。在科学研究当中这个是要摆脱掉的，不管你是天主教徒，还是回教徒、佛教徒，都不能把自己的意见拿出来。当然这个意见不只是价值论的问题，它里面还牵涉到本体的问题，比如说有的科学家可能认为他的科学研究代表了一种对上帝的认知，科学的研究要求把这些东西统统打掉。胡塞尔就是要打掉这些东西，所以胡塞尔代表了一种对本体的认识，他在思维活动中，看到事物的对象，要全部打掉，瓜分掉，瓜分到什么都没有。

杨：能打得那么彻底吗？

成：海德格尔就质疑说你打得掉吗？事实上你带进来的东西也许更多，你越要打掉，前理解也就越是随之而来。海德格尔基于早期胡塞尔对时间的分析，认为人是在过去和未来之间的中间那一段被抛出的，他无法脱离过去，这是先天就已经被决定了的。海德格尔的这个前理解后来在伽达默尔那里演化成了成见，伽达默尔称之为历史意识效应或历史效果，就是说我们的意识已经是在历史之中了，无法脱离。所以从这个角度来看，"对本体"的认识也只是一个程度上的问题。不过呢我们可以追求一个相对大的程度。所以，"对本体"的认识比较接近知识论的面向。

杨：那"自本体"呢？

成："自本体"的认识，就是我自己已经有一个本体意识在里面了，这个可能是自觉地有一套，也可能是不自觉的一种文化成见，或基于经验产生的一种习惯性成见。人作为一个生物体、一个存在者，他无法脱离时空、历史、文化和传统带给他的那些负担，他的思维方式、他的观念行为、他的组合方式，都会受到这个负担的牵涉。这也正是为什么会有不同学派存在的原因。所以"自本体"的认识可以这样来界定，就是我用自己的观点，或自己接受的观点，或自觉地运用一个观点来认识这个世界，也就是从我的本体性来建立一个宇宙的现象性，而不是在现象中去找一个可以发现的本体。

杨：出发点问题？

成：对，是出发点不同。庄子说，"自其大者视之，万物莫不大；自其小者视之，万物莫不小"。观的角度不同，感自然不同。不过人毕竟与动物不同，大鲲只能从鲲的角度看物，黄雀只能从黄雀的角度看物，人则可以脱离很多成见，但永远不可能有无限的脱离。

杨： 这个自本体，从某种意义上说是不是也是对前理解的一个肯定，而且人宿命性地必然要有这样一个本体？

成： 一定要有，因为我们是时空的产物，我们永远有历史性在我们身上，这个称为宿命也可以，它是我们成为生命的一种条件。

杨： 我们经常说的知识结构、文化背景等？

成： 就是这些东西，还包括很多经验。机缘不同，彼此的经验也不同。但人随着自己的发展，会超越某些观点，当你达到某个层次，你就会克己复礼，约束自己的私心私见或不能避免的成见，因为这时你已经知道你的成见是什么了。

杨： 那诠释完成的过程，实际上也是自、对之间不断调整和修正的过程？

成： 对，二者是一个交互的过程，比如说我了解对方，这里面就既有自，自我去了解；又有对，了解对象。也正因为这种张力，在自跟对之间产生一种动力，所以二者互相充实，互相丰富，从自到对，再从对到自，产生一种整体的互动和一种补充，这就叫本体诠释的循环。

杨： 如果总是达不到对本体的认识，那叫固执？

成： 那叫固执，固执己见嘛。假如只是对本体，那就是毫无己见。美国一位现代分析哲学家 Nagel 写了一本书，探讨 being from nowhere，没有观点的一种观点，事实上这是很难的，因为人们无法脱离一个角度来看某个东西。那将是绝对的超越。

杨： 用海德格尔的意思说，是先在的，逃避不了的？

成： 所以我讲观，就是尽量减少自己的观点，或者说，在没有观点之前我有观，然后再从一个自跟对的互动，即从观里面感受到自我，产生一个自我认识，然后再来观这个世界，形成一个观点。然后再用这个观点丰富我的自我，解放我的自我，这样我的自我就会相对提升。当我有更好的自我的时候，我就有了更好的观。所以自我的开放也是一种自与对的交往。

杨：举个例子？

成：假如把这个交往用在对话里面，我讲话，你听了，你的意义世界里面多了一个我的东西，那么你就会对我有新的认识。同时我的意义也会影响到你的自我，假如你接受的话，就变成你的一部分。如果你有自己的看法，有新的问题，你会把我已思考过的东西提出来责问我，透过这种责问，我或许再接受到你的东西，我又开发了新的自我，同时也认识了你，而我们两个在这种良性的循环当中，最后形成一种共识。相反，假如我们不能达到"自本体"与"对本体"的沟通、互补、融合，那就表示有些什么因素我们需要克服。

杨：有障碍？

成：所以从理想来讲的话，"自本体"跟"对本体"，是本体的沟通。但假设不能实际沟通的话，那可能是出现了现象上的一种阻碍。就主体而言，是主体本身思的过程或者观的过程，或者感的过程还没有发展到一定的程度，因而他不足以掌握这个客观事实。很多情况下我们不了解知识就是这个原因，因为我的那个"自"还没有长出来，这个"自"要随时间的推移而不断地长出。专家怎么形成的，就是他研究了很多个案，积累了丰富的经验和认识，所以在遇到类似的问题的时候，他自然就会联想、推理出它的结果。为什么孔子说"不占而已矣"，假如我很了解这个世界，我一看到现象就知道本体是什么，我何必要去占卜！

杨：占卜应该属于"对本体"的认识？

成：对。

杨："对本体"和"自本体"里的本体，实际上都是相通的？

成：在本体上都是相通的，但本体表现出来都是现象。我说的本体呢当然是从理想的观点讲它们是本体，但它们实际上都是个别的现象。

杨：本来是"道通为一"的，由于人的成见而无法打通。

成：当初是现象性嘛，那现在就只能通过一个"对"跟"自"之间的本体诠释循环来达到一个"道通为一"。

杨："道通为一"怎么达到呢？庄子的办法是坐忘，您的办法是诠释，即通过知识的途径来达到"道通为一"？

成：让知识参与进来，就需要诠释嘛。我不同意牟先生的"坎陷"说，我认为不需要，不但不需要，相反还要两行。

杨：主体本身就有这种能力？

成：是两行，而且两行之间有本体相连的机制，诠释的机制。我不会认为发现了科学，就丧失了人文，因为我的本体性把它们联通在一块了。我不认为我有一个美学的境界，就要否定科学，不需要，因为本体本质上允许这些多元的发展。

杨：科学研究和本体意识都是人的本质？

成：都是本质嘛，但却是本体意义的本质，可以开放发展的。

杨：都是本质，不过是针对不同的方面有不同的体现，它们之间不应该是矛盾的？

成：对，本体的统一嘛。

杨：如果是矛盾的，那人自身就是矛盾的了？

成：对呀，自身就矛盾了。所以我说本体诠释学是一种融通之学、超融之学。在这里，我不完全同意哲学诠释学，像伽达默尔认为在诠释里面不需要用科学的方法。我认为方法是一个总结的方式或者是一个思考的方式，我们固然不能局限在这种思考方式里面，尤其是在从事人文的思考时。但当我们给人文的思考一个结构的时候，它就有一种理性的整合的需要，所以作为一种手段或方式，方法总是不可或缺的，这也是科学的。

杨：或者说方法不一定是坏的，关键是看你用得恰当不恰当？

成：判断用得恰当不恰当，主要看你有没有把握整体性和部分性的关系。

杨：所以不能笼统地说科学方法在人文研究中没有用，关键是看你在什么意义上用？

成：是这样的，所以不要把方法当成一种排斥。当然，"对本体"的诠释，它的方法性要强一点，人文性弱一点，这也是事实。

杨："自本体"的诠释刚好相反？

成：是的。

本体诠释学的定位

杨： 您长期浸润于世界各国哲学，尤其是欧美哲学，相对于已有的诸种哲学形态，您怎么界定本体诠释学的地位？

成： 这个问题非常尖锐，我想本体诠释学显然是中西哲学的一个结合，而且是西方形上学发展的一个批评的形态和中国哲学反思的一个思想形态的结合。

杨： 怎么讲？

成： 先就西方形上学背景来说的话，对我个人而言，康德的影响和他思想的哲学架构的影响，到现在仍然是很重要的，而且也是不能脱离的。事实上他也提供了一个我们重新思考形上学问题的大的框架，因为他首先批判了传统的形上学，所谓独断论的形上学。同时他又结合理性主义和经验主义，认为理性不能脱离经验，经验也不能放弃理性。这实际上是扩充、扩大了人之自我的内涵。当然在这里我还是觉得经验非常重要，因为我们要了解一个世界的存在或世界的真实，我们必须从经验来开始，要掌握这个经验，发展这个经验，在经验中去掌握人对世界的认识。

杨： 您一向重视经验。

成： 但我的本体诠释学有一个重要的命题，就是人的内涵、心灵的内涵，或者说人的意识的内涵具有很深的层次，而其中最深的层次也就是最真实的层次。在这个层次，我们可以掌握到一个统合内外或主客的真实性，换句话说，在最深层的人的意识内涵里面已经包含了一个宇宙的真实性或宇宙性。所以本体的人可以从生的根源上面去掌握自我发展的机制，然后再从经验的自觉里面体验到理性的思考，然后再建构一个能够说明宇宙或者包含宇宙的大有的整个体系。当然这个体系，还是要回到内在的根源来证实，也就是说现在我们要建立的不但是内和外的沟通，也是内在性和超越性的沟通，这个我后面会谈到，还是先让我回到康德。

杨： 您的本体诠释学是如何面对康德的？

成：康德有他的局限，但这个局限也是他的长处，就是他把现象跟本体一方面是更好地结合起来了，一方面又是更好地分开了。康德告诉我们，我们的心灵依照我们自己内在的心灵范畴，能够认识外在的现象，但却无法去体验最后的真实，也就是引起我们知觉的那个对象。我们只能说它或者只能思想它，但我们无法把它看成是知识，因为知识必须要符合知识的条件，即它是大家普遍能够认知的，比如能够指出它是什么东西。但对于那个真实，我们无法指出它是什么东西。这是康德的观点。

杨：本体诠释学对那个"最后的真实"是如何理解的？

成：受康德的启发，我倒觉得，这一点是不是也说明这个最后的真实，它不一定要以知识的形式出现，但也不只是一种纯粹的思维对象，或者说只是语言之所指；它也可能是我们对世界整体的一种认识，一种体会的认识，或者也可以是我说的一种观照。因为这个真实不一定是由原来的知识管道来决定的，真实和现象之间的关系可能是整体和部分的关系，是相互融合、相互依存的关系。

杨：通常说到物自身，就会给人一种印象，即它是脱离现象而存在的一种东西。

成：这是误解，事实上真正的物不是脱离现象的物，而是一个动态的存有。

杨：动态的存有？来自中国哲学的启示？

成：在这里我可能是结合了中国传统的太极哲学的概念，就是认为那个最后的真实是不断出现现象的东西，我们只能通过现象来了解它，我们要掌握现象之全，要对现象有一个整体的认识，而这个现象也不是单纯地凭我们一时的观察来决定的，而是由观察和我们内在的对观察的体验来决定的，换句话说，它是一种整体体验出来的现象，或者也可以说是一种认识。

杨：有点玄？

成：当然这个很难说，因为它不是单纯的语言所指，也不是单纯的一个知识对象。一定意义上讲，它又好像超越了语言所指，超越了知识。但你必须知道，它是一种可以用语言表达的诠释。在这里我不脱离经验来说本体，来说超越经验的真实；不但不脱离，那个超越经验的真实还必须要紧密经验、紧合经验，它是在经验当中透出来的，但它呈现的是一种整体观。我的这个思路其实是蛮符合康德的原则的。

杨：结合经验与理性？

成：是的。我把"对本体"分成几个层次来说，一方面它是一种整体观，是对包括我在内的整个世界的一种整体的观照，因为这里面结合了我的内在的体验，所以它有一种立体性。宇宙从原初的发展，所谓"易有太极"，由这个变化之所出，我们肯定了或者思考了一个太极的思想，这是一套"本"的思考方式，"本"的思考方式能够说明万物之所由。那这个"本"具备什么样的性质，它根据什么样的原理来呈现世界的整体现象，从《周易》系统可以看到这里面有单一性和对偶性、对偶性和多元性、多元性和多元的变化性，体现了一跟多之间的一种融合，这可能生出一些新的范畴。另一方面呢，宇宙的本体还有一种承继性。宇宙，它开始是从一种耗散组织的宇宙、无质的宇宙，然后慢慢成为一种生物有机体的宇宙。最近有物理学家谈到所谓的基本粒子，认为基本粒子之间内在密切相关。你看即使在最基础的物质里面，它也是一种存在的状态。在宇宙刚开始的时候，它可能是很分散的，但它们之间的紧密性和变化性又让它马上能够产生更整合的一种物质宇宙，所以在这里既有个体性、群体性、集体性出现，又有各种关系性出现。再发展，就产生了所谓生物性的宇宙，再发展则产生了所谓的意识状态的宇宙。那么从初等动物到高等动物，开始有意识地对外面事物的警觉和认识。所以这个宇宙是趋向心灵化的逐渐向上发展的。而人的心灵的出现，有一个很大的特性，就是它的个体的整体性更完整，而且它涵盖外面经验的能力更强。更重要的是，它有一种独立于物质的能力，本身产生自由创造的能力，它在最高层次里面发挥了宇宙的创造力。

杨：赞天地之化育？

成：最原始的宇宙创造力是不受任何拘束的，但后来的宇宙发展可能受到因果效应的影响。而当人的心理出现之后，就有了另外一种不受物质因果影响的自由创造力，若要维护这种真实性和它的次序性，就必须有一种强烈的规范性和制约性，于是就产生了一种自觉的规范，产生了价值的概念。从人来讲，这些规范是人之自我的一种自主、自愿的规范，这种规范有利于自我在他有限的生存当中结合其他同样的个体，乃至于不同类型的个体。因为他有制约性，不但能面对同时代的人，形成一种道德社会，而且也能适当面对他的这个环境。但是这方面人的发展并不是很完美，因此他的制约性在物的层面时有泛滥，比如虐待动物啊、乱砍滥伐啊，破坏这个环境。如果在同类面前他的制约性不高的话，就会形成一种落后的社会，因为人的社群的发展本身会受限制。所以怎样能够实现人的一种自我规范的道德性，是促进人类进一步发展的条件，也是实现本体创造力的一种途径。因为本体性的最重要的表达是开放的、创造的、往前进行的，是产生活力的。

杨：那您的本体的层次性就是指宇宙展开的不同层次吗？比如物的层次、意识状态的层次？

成：是的，我说的这个本体性可以透过几个层次来说，一个是纯粹宇宙的层次，一个是人的层次，还有就是人所从事的文化活动，比如说语言的层次、科学的层次、伦理的层次、艺术的层次，甚至宗教的层次。也就是伦理与宗教，语言与艺术，科学与技术，可以这样来分。这些都可以看成是人的本体存在的不同层次，它们共同体现了本体性的整体性。我曾经有过发展一套整体学的想法，一方面是我们在整体的框架里面去了解个体，一方面我们用对个体积累的知识来重建整体。此外我认为也有一个直觉的整体学，就是说我们对存在的认识，不一定只是就个体来了解，我从观的角度来看，也可以有一个整体学，我们的意识本身就是一个整体，所以它反映的这个世界就是一个整体。虽然我不一定了解它里面的内涵是什么，但我一定有一个总体的认识，亦即现象的总体或整体学。以整体或总体为对象的现象学和以个别事物为对象的现象学是相互补充的，我们用个体来印证整体，也可以用整体来印证个体，这样的话，我们就可以更好地掌握真实。

杨：回到刚才的话题，您的本体诠释学如何面对康德哲学？

成：康德所谓的真实的世界是以静态的对象形成的真实世界，因为在理解这一块上，他把宇宙完全看成是静态的东西，靠心灵范畴来认识。当然这是非常重要的，是康德最大的贡献，呈现了人的心灵的丰富性。但在我看来，所谓的对象实际上是个综合体，所以我在五个世界里面特别讲到它是符号所显示的东西，它并不是所指。而符号性的东西可以有一个开放的内涵，可以兼涉人的主体经验。那一旦涉及主体的经验，本体就可以自己来感受、来整合。康德把它完全归结为一个思想对象、语言对象，范围太狭小，他没有掌握物自身所应该包含的整体性。

杨：关于物自身所应包含的整体性，您可否说得再详细一点？

成：就个别的物自身而言是无法看到它的真的，但当我看到一个整体的世界，或者说有一种整体观照的时候，就会发现这个整体显然不是单纯的物，而是很复杂的存在，或者换句话说，物的整体在这个世界里面不是单纯的物，它有很大的动态性，就如我看到的世界是一个动态的世界一样。我为什么重视《周易》的道理，就因为《周易》是不加消除地去接受这个世界所呈现的所有的东西，包括一种细微的变化，包括一种阶段性的变化，包括一种整体的变化，包括各种变化之间的关系，包括一种前因后果，甚至包括它启发出来的对人的一种含义，它是很丰富的。在这种意义上我称《周易》为经验的整体学，内外经验的整体学，包括观感在内。所以这样的话就不必把本体看成是一个物，它是一种非个别物的真实，这点非常重要，康德就缺少这种整体观。当然，康德的形上学有个批判性，他要批评知识的结构，他要找知识的整体性与有效性，他认为未经批判的知识都是零散的、个别的，是一种形上命题。他很重视牛顿的物理学，因为牛顿的物理学提供了一个系统的关于宇宙的规则性认识，他要找到一个整体的知识体系。因此他所谓的未来形上学是一种关于知识的系统哲学。为此，他基本上接受了亚里士多德的范畴说以建立自己的知识范畴体系，从这个意义上讲，他是受传统逻辑的影响，以亚里士多德的逻辑为知识的逻辑结构来说明形上学必须要以这个作为基础。但不应讳言，他把未来形上学完全看成是对知识结构或者对知识形成整体性体系的一种批判，一种逻辑批判，因而所凸显的整体性的形上学概念还是不强。

杨：在前面的章节中您也特别肯定过康德对主体的重视？

成：这正是我下面要讲的，应该说在另一个方面康德也开拓了一个新的本体性的了解，例如他讲到了人的内在的自由意志之规定人的存在的普遍价值。也就是说，他肯定人要行为，行为要有一个规则，这个规则一定要是一个普遍性的规则，而且是自我决定而非外在决定的规则。照康德的这个理解，本体就是一个自我立法的人的一种意志本体。但这个意志本体跟宇宙本体，跟这个客观的知识世界是怎么样结合起来的，康德想说，却没有说清楚，一般认为康德在这里又陷入了一种二元结构。不过不可否认康德在这里却也显示出了一种人的存在的卓然挺立的庄严。

杨：本体诠释学是如何处理这个问题的？

成：在我的本体诠释学里面这是一个诠释的问题，我的本体诠释学把本体学当做一个整体经验论和整体知识批判整合论的思想系统，它具有整合两个世界的能力。当然康德的未来形上学是一个很好的理想，他没有否认形上学的存在，但他要把形上学变成一套科学，一套说明科学知识之所以存在的科学。我认为这种形上学还是太狭小，不是未来形上学应该具有的形态。我的本体诠释学并不回避知识，说到知识这一块，应该说理解包含着知识，诠释是一种理解，诠释基于理解，用语言来表达一种理解，而理解包含着知识，知识是理解的一部分。二者的区别在于理解更整体化，而知识更对象化；理解涉及整体化，而知识涉及部分化；理解是综合主客关系来说的，理解一定是在两者之间的关系中实现的，而知识则可以单独针对客观对象。所以在科学世界里面没有个人，没有个人所谓的主体性。而理解能够成为理解，是因为有一套整体的思考，而这个整体的思考就是我说的本体思考，是我说的本体学的一个重要部分。从这个意义上讲，本体哲学是一套整体的经验论，包含了对世界知识与理解以及对个人知识与理解的一个哲学体系。

杨：在您看来，康德既重视知识，也重视主体，只是没有把二者整合为一个整体；但他对知识的重视和对主体的重视对您的本体诠释学很有启发？

成：是的，拿第三批判来说，第三批判是关于判断力的，是关于美的。这一部分对我的本体诠释学的启示就很大，因为我们经验的外部世界常常是一个整体的世界。康德讲自然美感，他讲自然美感的时候，人已经是站在一个高度来看自然美感，它已经可以作为一种精神性来看待，或者说它本来就呈现了人的一种精神性，而且这种精神性来自于人对自然宇宙的体验与感欣，来自于人对自然宇宙的整体观照，所以人能够欣赏宇宙之美、自然之美、万物之美。自然美即人于自然整体经验中主客交融释放出来的怡悦之情和怡悦之象。

杨： 自然美是不是艺术美的基础？

成： 没那么简单。对于创造力来说，如我前面所说，人是一种从自然性走向精神性的存在，他承继了宇宙的创造力，他可以创造出艺术，这种艺术正好是他的自然创造力的一种表现。在这个意义上讲，人的艺术的创造性就好像是宇宙天地的创造性一样。正是在这个意义上，我把康德的第三批判看成是人对自我存在的认识与理解，以判断的方式表述出来。当然人的这种创造力不受范畴的限制，具有一种自由表达的形态，同时又产生一种整体的对世界的认识。这都是跟本体诠释学的基本概念相应的。但问题是，康德并没有很积极地、很自觉地把它发展成一套本体学或本体诠释学，甚至用它来笼罩他的知识论和道德学。那我的本体学呢，我想透过一个诠释的过程来实现本体，它具有一种统合的作用，即它可以把对自然本体的认识和对人的自我道德本体的认识等看成是一种宇宙内在创造力的发现与体现。从这个角度来讲，我的哲学可能是把康德哲学扩大，与我的本体学整合为一体了。我现在再看康德的时候，我觉得可以把康德转换成一套我的本体诠释学，他说的那个"纯粹理性"就相当于我说的人的一种自觉的生命本体或者一种思考本体。但这里也要说到中国哲学的部分，因为我们要结合中西来发展一个更完整的宇宙观、人生观。

杨： 那中国这一块您是不是也稍微说一下？

成： 前面一再强调，中国哲学是非常重视整体的，它重视整体的作用，还有一个关于创造力的层次观。这方面《周易》给了我很大的启示，导致我发展了当代的易经哲学或《周易》的哲学，它本身在经验的层次上面是不受限制的，它以不加消除的方式来观察这个世界，使这个世界的整体性呈现在你的面前，而且这个整体性又是变化的整体性，我必须不断去观察、去体会，必须在一个长期的过程中来理解、来掌握，所以它是一个动态的一体的变化的开放的整体性。

杨： 动态、一体、变化、开放，与西方哲学中的本体很不同？

成： 这一点是我的本体思考的一个重要来源。上次我曾经提到在《周易》的本文里，已经有了从八卦到六十四卦的体系建立，不难看出，它的整体是逐渐发展整合出来的。所以从《周易》的经验到《周易》的体系的建立，它有一个过程，这个过程是人们在经验里面不断深入挖掘世界的整体性的过程，人们对宇宙了解得越深，对自己的了解也就越深，人是在跟宇宙的交相作用与交互往来中来掌握宇宙的。所以，人是在宇宙之中，宇宙又在人的了解之中，人的观点其实也就是宇宙的观点。

杨： 宇宙因人对它的理解而呈现了意义的整体性？

成： 可以这么说。从气的宇宙到一个生的宇宙，到一个知觉的宇宙，再到一个人的存在的宇宙、一种个体自觉的宇宙，然后再到知识的宇宙、价值的宇宙，甚至是一个有整体眼光的精神的宇宙，你看它整个是一个"继善成性"的过程，我为什么强调"本"，原因就在这里，"本"永远是一种支持"体"的力量。这种本体性，康德没有认识到。

杨： 康德之后，怀特海的过程哲学是不是好一些？

成： 怀特海从变化的角度来掌握这个宇宙，但他没有把人的因素放进去，不过他至少认识到了宇宙的变化性和创化性。

杨： 海德格尔呢？

成： 海德格尔掌握了人的主体性，掌握了人的个别存有，但他对宇宙的相对于人的展开的宇宙性，没能掌握完全。他后期的"天地人神"应该是"天地物人神"，而神也不能离开天地万物及人。

杨： 各自发展了康德的一个方面？

成： 他们都想跳出康德，或者说在某种意义上都想实现康德未来形而上学的要求，或扩大它的要求。因为他们不愿意把未来形而上学只看成是对整体知识的批判。其实，这一点倒是分析哲学的一个特点，分析哲学打掉了传统的形而上学，但事实上是继承了康德比较狭义的一种形而上学，本身也是一套形而上学。分析哲学并不是一个关于对象的科学知识，它说明知识怎么形成，之间有没有矛盾，这个概念和那个概念的关系。所以它是在第二个层次上面，来逻辑地说明知识。所以从分析哲学来看，这个知识的一种逻辑结构，就相当于康德说的以知识为基础的、狭义的一种形而上学。

杨：为什么说是形而上学？

成：因为它要显示一个客观的真实世界。但这个还是太狭隘了，所以才有怀特海、海德格尔。其实怀特海跟海德格尔的两个形上学都是在某个现象学的基础上面建立的，他们都必须承认本体离不开现象，所以现象学很重要。但现象学有个问题，就是它要求放弃所有的成见来掌握现象，假如不假设本体，现象就是本体。但事实上这个现象并不是单一的现象，所以在这一点上我觉得可能就是我上次提到的，一个现象的现象学、整体化的现象学、存有论的现象学，就是海德格尔；一个变化论的宇宙学，就是怀特海。他们都有其特性，就是追求一个更整体化的宇宙结构。我认为我的本体诠释学可以透过对中国哲学的理解，把这三种结合在一起。为什么呢，因为你需要现象，但你的现象不能脱离这个现象之所以由起的所谓根源的概念，那这个根源无论你是把它看做个人主体性的存有，还是看做宇宙发生的创生力，我都觉得离不开本和体的概念。但西方人有一种偏向，就是总喜欢把根源外在化、超越化。我的本体诠释学的根源概念则比较趋向于内在化，基于对《周易》的理解，我强调人在观察宇宙的时候，发现万物皆有所本，于是产生根源意识，根源又扩大成为体，形成一个整体的宇宙，形成一人的整体自我的存在，同时又能够使我在更深入的时候发现这个本即主观的我跟客观的宇宙都是整体宇宙的一部分，或者都是联系在一块成为一体的。所以这个本的意义很大，它作为一个变化中的不变的那个基础，是一个很形而上的存在。这样我用中国的整体哲学的体验来整合西方康德以后的形上学，而且在本体诠释学里面，完全不否定分析的重要，在本体这块我也不否定知识结构和主观存有跟宇宙存有的一种相对性、一种内在的沟通性。因为在宇宙的本体性里面，以中国的整体性的观的观点来说，宇宙的本体性一定会引发人的主体性，人的主体性又一定会去了解宇宙的整体性，而在人的了解当中又必然会产生一种知识结构，所以从宇宙到人，从人到知识，知识再作为一种价值实现的基础，提升了人的行动能力，让人们更好地从体验上面来掌握这个宇宙性。这也就是我说的"本体知用行"的结构化过程。

杨：一种循环？

成：宇宙本体诠释的循环（onto-hermeneutic circle）。本体诠释就是这样一种循环，诠释是一种理解，本体是经验的一种最真实的体验，透过诠释的理性认识来掌握一种实质的体验，这两者是一个循环；我理解这个世界，我在改变它，我又有一种新的更好的理解，这种新的更好的理解又产生一种新的真实的体验，这个新的体验又推进一种新的理解，所以在理解和真实体验之间又有一种循环。这一套形上学就是本体诠释学的方法学，刚好可以用来整合西方的形上学，使它具有一种新的内涵。所以在这个意义上讲，我回答你的问题，本体诠释学不是西方某一个固定的哲学形态，我从一开始就没有把海德格尔作为一个最后的形态，很多人把他作为一个最后的形态，这点我觉得是有问题的。海德格尔，把人存和本有分开，认为人是终极存在的一种给予。说是给予，当然也可以，但从中国哲学的立场来说，人的存在是自然宇宙实现自我的一种方式，所谓的"人能弘道"就是这个意识。当然从某种意义上讲，道也可以弘人，或者确切一点说，是道体现了人，道实现了人，道成肉身可以这样来理解。但人也能够弘道，即在更高层次上实现本体。

杨：海德格尔的说法有宗教背景。

成：这不重要，重要的是他把人看成是上帝的赐予，或大存有（Sein）的赐予，也就意味着人的存在在某种程度上是没有根的，是偶然的。海德格尔经历过二战，可能体验到生命的无常，今天得意，明天失意，永远是在一种不定之中，存在主义就是这样一种感觉。但我们从人的经验层面上看，相对于宇宙来说，人的存在不是一种单纯的偶然性，这一点我比较接受康德的说法，即它有一种内在的目的性。换句话说，人的存在不是上帝的预定，而是宇宙在自然发展中的创造力自然呈现出来的。既然有一种目的性，就不能说人是一种偶然的存在，他的存在一方面受制于一定的宇宙条件，一方面又突破这一条件，成为一种更高层次的存在。所以你不能说它是一种偶然性，在某种意义上讲，它是一种相对的必然性。人的出现有一定的内在性，它不是一种必然规律，所有的自然规律也都不是必然的，没有一种绝对的铁一样的必然性，因为它无法从具体的存在网络中实际地分离出来。再说，任何东西都会在创造性里面有它的变化性。但在这个变化的宇宙里面，每个事物都有它自己开放而动态的位置，所以一个事物能够出现，它有它一定的条理在里面，所以我同意戴震"生生而条理"的观点，这种观点是说我们有一种宇宙内在性，人的目的性在于他能够彰显宇宙更深的一些义理次序。你可以看到我这个本体诠释学，不但具有一种整合作用，事实上也有一种订正西方形上学的味道。

杨： 与伽达默尔的诠释学相比……

成： 伽达默尔纯粹从文化意识、历史意识来讲，我则把这个文化意识、历史意识放在宇宙意识之中来讲，而且我有本体的概念，他则没有。

杨： 伽达默尔没有本体的理解吗？

成： 他的本体概念基本上来自于海德格尔，就是那个主体作为一种偶然性因素的观点。当然作为诠释的概念来讲，我并不排斥甚至很接受它，但我把它更扩大了，偶然显示一种创造力，反思本源又继承本源的创造力。他的诠释主要局限于对话，找寻共同语言，建立共识等。但问题是他没有本体的基础，那你怎么来建立共识？所以我认为人类要建立共识，就必须了解根源上的一致性。

杨： 但事实上文化是多元的。

成： 根源上是一致的，发展的过程是多元的、分离的，甚至是冲突和矛盾的。透过这种多元冲突或矛盾来实现一个包含多元的一体性，这样的追求，用中国哲学的话来讲就是道体的追求，也是一致百虑、殊途同归的追求。

杨： 因为根源上的一致性，所以能够建立共识？

成： 理论上说，实现大同社会或大同世界的可能性不是没有可能。我认为大同不仅仅是人的大同，也是人跟宇宙的大同，就是说人可以悠游于宇宙之间，形成宇宙的生态，而不必破坏生态。当然，我们的生活形态离这个"悠游宇宙"的目标还远得很，但我们必须找寻一个本体诠释的基础。而伽达默尔并没有这样一个本体的意识，所以一方面我接受他的诠释意识，但另一方面也要为人的诠释意识找一个本体性。

杨：建立达成共识的基础？

成：还有一点，我所谓的诠释意识并不排除方法意识，就是反思诠释的可能形成实现诠释可能性的方法，而方法也不必只是方法，方法也代表一种理论。方法有时而穷，我们需要在实现诠释可能性的理论上有所突破，于是再产生新的方法。所以在诠释这一块，我也有一种融合中西的意义在里面，以使本体诠释学不断成为未来形上学的模式，也可以成为未来的思维模式，或者未来人文思考创新的一个方式，这是我要说的一点。这就是我所定位的本体诠释学。

杨：再全面地总结一下？

成：总体来说，我的本体诠释学既有西方的成分，又有中国的成分，以整体意识来掌握部分意识，用动态变化观的创造意识来掌握理性的规范和秩序，把这两个结合在一块就形成了我说的本体世界观。在这个情况之下，再来说明诠释的重要，而且事实上这本身就是一种诠释。用诠释的可能性来说明本体意识或者本体学作为一个形上学的重要性，因此丰富了我们诠释的能力，而诠释也刚好提供了一个在中西结合的基础上面，具有更新能力与不断融合知识和价值为一体的未来本体学。

杨：这一章就到此为止吧？

成：好的，有什么问题还可以参看我相关的学术文章。

第五章 超越与回归：本体诠释学与 21 世纪哲学

杨： 成先生，上一章，我们谈了您的本体诠释学，当然只是一个总体的架构，但本体诠释学的资源、本体诠释学的致思的方向等，已经表达得比较清楚了。这一章我想我们是否谈一些前瞻性的话题？比如说，以您长期浸润于中西哲学的背景，以及建构本体诠释学的经验，是否可以分析一下中西哲学在 21 世纪的可能走向，以及本体诠释学在这个过程中可能扮演的角色，尤其是本体诠释学对 21 世纪中国哲学乃至于国学发展的影响等？

西方哲学未来可能的走向

全球化与多元化

成： 你的问题总是那么具有挑战性，这表明你有很好的眼光。谈 21 世纪，就不能不认识 21 世纪最大的一个特点就是基于科学、经济的发展及文化的交流而表现出来的一个全球化的趋势。但全球化不等于是要消除差别性，不等于是排斥个别性和地区性。所以还是不应忽视，甚至要强调多元传统的发展。当然，多元文化彼此之间会有比较，甚至是竞争，哪一种文化更具有吸引力，哪一种文化适应性更强、应用性更广，哪一种文化就能凸显出自己的话语。

杨： 20 世纪是强权下的话语霸权，21 世纪会有改观吗？

成： 基于我本人对文化、哲学发展的理解，当然也是基于我个人的理想，本质上人类的起点是一，但这个一基于各种差别的因素，产生了多元的文明文化的发展，再因为后起的各种原因，乃有现代化、后现代化、中西交流、后后现代化、全球化、后全球化等趋向与成就，所以这是一个非常多姿多彩的世界。但这里面还是有一个相对的经典性，当然也有相对的补充性。在这种情况下，哪一种哲学更具有能使更多的人产生生命的满足感和生命的活力，能提供一个世界性的相互存在的和谐，不是一种静态的和谐，而是一种动态的、能够带动发展的和谐，哪一种哲学就会在 21 世纪脱颖而出，因为这是 21 世纪对哲学的时代要求。

杨： 基于这样一种认识，您看西方哲学在 21 世纪可能的走向是什么呢？

成： 在这种情况之下，西方哲学可能发展的方向是更为融合、更为开放。但西方目前的问题在于他们仍然是一个强势的传统，而所谓亚洲的崛起，目前还仅仅或主要表现在经济方面。尤其是中国、印度，这些年经济发展十分迅速，成为世界经济发展的火车头，但这并不代表他们的文化已经受到全球的重视，也不意味着他们的全球意识已被接受，更不表示他们能够更好地说明他们的智慧。

杨： 当然，在当今世界，西方拥有绝对的话语权，这个事实可能不会马上改变。但随着亚洲的崛起，尤其是中国的崛起，东方文化，特别是东方的价值观，尤其是那些与人类发展的方向不会发生冲突的价值观，总有一天会受到重视，并在全球话语系统中占据一定的重要的位置的？

成： 当然，中、印这两种基本的传统，他们的文化意识、哲学意识或立场其实也一直在不断地传播，比如现在，西方哲学界也可以探讨中国哲学、印度哲学，在哲学系开设相关的课程等。美国哲学会或其他世界哲学组织里面也慢慢都有中国哲学发言的角色，中国哲学或东方哲学在不断引起重视，但必须说还不是站在主流的位置。就我创立的国际中国哲学会（ISCP）而言，我们已有三十余年的历史，每两年全球各地举行国际会议已 16 次，明年将举行第 17 次国际会议。我创办的英文《中国哲学季刊》（JOCP）为了发动国际中国哲学会先行成立，明年也将度过 36 周年的纪念创刊日。两者都是开放及提升中国哲学的首创、先锋与主力，虽然为中国哲学争取到了世界地位，但离理想的目标应该还有一段距离。

西方哲学的可能转向

杨：这需要一个过程，就目前的势头看，中国哲学是在不断向上提升？

成：是的，西方哲学，它的发展不一定马上接受中国哲学的影响。但事实上从另外一个角度说，近代西方哲学在某些方面或某些人物身上已经是内在地接受了中国哲学或印度哲学的影响，比如说叔本华受到佛学的影响，形成意志论。就我管见所及，从莱布尼兹到康德都曾受到儒家人的自主性的概念的影响和人文主义的影响。

杨：这对今天的西方哲学的发展应该是一个启示和提示？

成：是啊！西方哲学要发展，就不能忽视这样一个历史。从上个世纪来说的话，西方哲学的强势的发展是在知识论、科技哲学这一块，它的长处也在这一块，或者说逻辑哲学、科技哲学、知识哲学是西方的强项，当然这也是人类文明发展的基本方向之一，也是现代化最主要的内容。但是它也要或越来越需要急迫地面对伦理哲学，或伦理价值、艺术价值、宗教价值的认识，所以它能不能很好地本体化，是个很大的问题。我认为未来西方哲学的发展会有一个新的本体化的也就是形而上学的转向。

杨：超越与回归传统？

成：哲学史上的各种转向，主要看有影响的哲学家怎么谈问题。上世纪 60 年代语言学的转向、逻辑学的转向那是很明显的，在维特根斯坦哲学和蒯因的哲学里面都很清楚。诠释学的转向呢，显然从海德格尔提出基本存有论开始，现在也应该说是很明显了。在海德格尔的影响下，首先开始于德法的伽达默尔、利科等人，但那还是在欧洲的哲学诠释学，在中国与美国则有我的本体诠释学的提出。诠释学怎样再走向一个本体化，我觉得它是一个可能发展的方向。但是它的本体化或说它的形上学的发展可能还不能马上融入到西方，因为西方自亚里士多德以来建立的本质形上学是一抗拒力量，不可能接受以中国本体形上学为主，当然这是一个有待观察的现象。这里面西方人可能更重视欧洲的传统，像海德格尔等，但海德格尔却又相当重视对东方尤其中国道家本体学的理解。

杨：也就是说以海德格尔等人为基础发展的方向会成为西方哲学的主流？

成：在上世纪60年代，大家几乎是反对他的，那到了现在，很多重要的哲学家对他都很重视。由对海德格尔的重视又产生了对现象学的重视。现象学当初也是一小块，现在很多人谈现象学。在我看来，海德格尔之后，现象学比较重视更进一步地掌握人的经验，现象学也不能排除文化学、价值学这一块。所以它是一个通道、一个方法，来帮助人们去掌握外面的生活世界。有了这个现象学的知识论，有了西方诠释学的这个诠释意识，寻求对话和沟通，显然人们还要逐渐找一个统一的概念，正如现代物理学还在找寻一个统一的场论一样。当然这里我们就需要新的本体论的提出，还需要对本体哲学、形上学的创新认识。

杨：这个本体论如何面对神学，比如说基督教？

成：新的本体论或更深入地说新的本体学的提出，并不代表基督教文化的复兴、基督神学的复兴。刚好相反，人们在探寻的本体或形上学的发展应该是能够超越基督教、转化基督教的，这一点可能更趋向于中国哲学的本体学。但西方却不会放弃它的存在哲学、分析哲学、知识哲学，这方面还是它的强项。说到基督教文化与基督教神学，我们应注意它作为大众信仰在全球化时代当然有其重要的位置，全球化让信仰基督教的人愈来愈多，无论是东方人或亚洲人。信仰基督教的东方人有一部分跟着西方教会走，另一部分却可能扮演调和基督教文化与神学，以及东方文化与宗教的角色，进而从根本上改变西方的基督教。这是一个值得我们探索与研究的课题。

杨：类比地说，这也是21世纪西方哲学可能发展的方向？

成：是的，这可能是一个发展的方向。当然说得再具体一点，它还有很多是属于那种以西方为基础的回归，因为现在人类处境中的一些危机，它对个别知识领域的一些哲学探讨也会加强，想找出问题的根源何在，解决问题的根源何在。比如环境伦理、科技哲学、科技伦理、现代物理学的知识论等，专业性会更强，知识性会更强，而同一性会减弱。那也正因为如此，才更会有一种同一性的要求。所以从辩证性的视角看，它应该有一个形上学的回归，要找寻一个更宽、更广、更包容却更激动人心的形上学，因此这个回归不是回到单纯西方的传统，而是回归到一个更接近中国哲学本体学或本体形上学的方向。

杨：就是本体诠释学了？

成：还不敢这么说，本体诠释学也只是彰显了一个方法和方向嘛。不过这里面有一个很好的例证就是，由于全民意识的提升，产生了各种纷争，所以人们更倾向于走向一个德性主义。西方人早期是走向亚里士多德的德性，很多人也还是以亚里士多德的德性为正统，他们还不能接受像孔子所说的那种儒家的德性，但总有一天他们会了解到有一种更宽广的德性论的。因为亚里士多德的德性论在某种意义上是排除了孔子的德性论，但儒家的德性论不一定非要排除亚里士多德不可，因为有一个本体论的基础以及修养论的方法。但对这方面的理解还需要经过一个摸索的过程。

杨：关键是让他们了解我们，对我们感兴趣？

成：对的，我这些年办杂志、办学会，花费了那么多时间和金钱，就是为了让他们了解中国哲学，对中国哲学感兴趣。

杨：放眼海内外，到目前为止，您的这方面功劳的确还没有人能够超越。

中国哲学可能扮演的角色

中国哲学：批评、补充、包容

成：那么在这种情况下呢，中国哲学的发展是，我们了解它越多，它的持续的对西方哲学的整体的批判能力就会越强。我们已开始这样的工作，本体诠释学是在整体批判西方传统之后的一种建设性的提法。中国哲学的未来发展，除自身的理论建设外，一方面要批评西方，另一方面要补充西方，第三方面则要包容西方。

杨：批评、补充、包容，三个方面？

成：也是中国哲学发展要经过的三个阶段。

杨：批评、补充比较好理解，您所谓的包容是什么意思？

成：包容就是说它并不否定西方的知识论系统，像技术哲学以及人类必须面对各种处境所形成的认识。但中国的本体意识作为一个整体意识，作为一种诠释的能力，它具有一种开放性，也具有一种转化的能力，让人类更趋向一个全球思考的方式，同时又不否定多样性或多元性。所以我觉得中国哲学在这方面可以扮演很重要的角色。笼统来说，中国哲学的基本范畴如"本体知用、天道性命、理气心志、生成变化、道德仁义、和乐诚正"24 字个别或整体所显示的都具有一种内在的开放性、转化性与包容性。

本体诠释学的开拓性

杨：本体诠释学就具有这样一种特性。

成：确实，至少是这样去努力的。它是一个具有批评性、补充性、建设性、包容性的理论形态，它不是单纯的一种性质，而是以理论形态出现的。所以我提出这样一种理论，它是具有很重要的时代意义的。我想我是一个基于中国哲学的世界哲学的开拓者，也是基于世界哲学的中国哲学的发展者。我的意思并不是说我个人多么了不起，而是说我处的这个时代刚好既可以看到西方，也可以看到中国；既可以看到过去，也可以看到未来，我正好处在这个交叉点上。

杨：出入中西，打通中西，整合中西？

成：要特别指出的是，因为我掌握的资源还很有限，我用来表达我的思考的时间也是有限的，所以在这方面我只是提供了一个初步的体系或者开创的眼光而已。

杨：我个人感觉，现在的中国哲学研究就是缺乏方向感。为什么这些年中国哲学界对出土文献的研究趋之若鹜？固然有史料方面的需求，但其实也与中国哲学研究本身的方向感不够有关。

成：前些天我们谈到中国哲学的内涵的问题，其实大陆哲学家他们对西方哲学了解的程度也会局限中国哲学的发展，就像西方哲学家对中国哲学的了解程度限制了西方哲学的发展一样。这些年来我一直希望能帮助双方对对方做更深刻的了解，那么本体诠释学也许提供了这样一个框架，或某种程度的方法意识，来促进彼此的相互了解。这一点也许有不少人还意识不到，但文化潮流是往这方面走的。

本体诠释学如何超越宋明理学

先秦儒学与《周易》

杨：中国哲学，尤其是儒学，发展到今天，经历了一些理论形态的变化，像先秦诸子、两汉经学、宋明理学等，上世纪又有所谓的新儒家。但我的感觉是现代新儒家仍然没有超越宋明理学的窠臼，本体诠释学在这方面有没有超越？

成：对于儒学的发展，我有五阶段论的说法，先秦哲学从《周易》到儒道，从本体论、宇宙论、认知论、道德论、政治论，再进一步发展，由于时代的需要，产生墨家、名家、法家、阴阳家，以及《易传》诸家。在儒家的传统里面，也有一个很丰富的发展体系，包含了孔子、子思、孟子、荀子等。我注意到的一个很明显的现象是，自周初到先秦，《周易》一书潜在的哲学思考推动力，作为一个"本体"的本的基础，或说一个本根的思考，表现得很清楚。在传世文献中孔子谈到《周易》的地方已不少，在出土的帛书里面更可看到《周易》之义对孔子的影响是很大的。可以确定地说，先秦儒家是受到了《周易》的重大的影响而产生而发展的历史效果（伽达默尔称之为效果历史）。关于《周易》，我们在前面的章节中谈过很多，从《周易》的宇宙本体论的意义上讲，人的本体就是宇宙的本体，宇宙的本体就是人的本体。孔子讲"天生德于予"，谈人的根源性与发展性，谈泛爱众而亲仁，表现出对生命根源的一种重视，对整体的一种重视，这种思想很显然是来自《周易》。其实道家也是一样，受《周易》启发的影响很深。他们都强调人必须反思自己、修持自己。至于如何表现这样一种深厚的影响，我在本体诠释学中总结为四个思想方向的统一，那就是外在性、内在性、外在超越性与内在超越性的统一。在一个整体相关与相应的四个思考方向当中，涵摄了本体的基本方向，也提示了一个分析而后综合的方法，这体现了本体诠释学的幅度与深度，显然范围了宋明，而不为宋明所范围，因为它体现了多种本体诠释的可能。当代新儒家中唐君毅也有整合意义的境界思考，虽不一定能与当代分析哲学和诠释哲学直接挂钩，但却也体现了上一世纪新儒学的特色与活力，然而却不能称之为当代的新新儒学，正是由于未能自觉地体现《周易》内涵的本体学与诠释学，或明显化的本体诠释学。

杨：您一直强调讲中国哲学应从《周易》讲起，现在看来，《周易》确实是这样的一个原点。

宋明理学的得与失

成：所以我说中国哲学在原始点上就是追求合一的嘛，受此影响，儒道各家也都是倾向于建立人的本体性和宇宙的本体性及两者的动态合一。这样一个非常具有创造性的先秦哲学，到宋明受到佛道二家的影响，发展为丰富多彩的理学与心学，这两种思考有别于先秦儒家，它的形态，最主要的是它掌握了理气两个范畴的互生互动的实况与精神，在理和气的基础上说明人的心性结构。这个我觉得是它的一个总体发展。这个发展虽然没有很好地完善化，却也掌握了《周易》这一块，把《周易》作为一个本体的发展来说明人的存在的本体性和人的认识能力，强调人在行为上的宇宙及人性的本体性。可以说找寻人与宇宙的沟通管道与修持方法是理学与心学的一个大成就。但在人的这一块，由于他们多少具有理本论的倾向，用先验的理来限制人的发展，却间接地约束了人的发展，所以好多地方还是不尽理想。总体上说宋明的理气心性的思考已经相当宏通裕广，但其中仍缺少了一个超融儒道与佛学的、能够明白说清楚的本、体、知、用、行的整体哲学。朱熹的系统性与分析性或庶几近之。但当代牟宗三先生对朱子的批评应是针对朱子析心理为二而言，使理看起来只是存有而不活动。这也折射出在本体诠释学提出之前新儒家在如何彰显心性互动、心理互通、动静相间的理学而不失其系统性与包容性方面，存在着不足。

杨：也就是说后来的发展、整合的力度不够？我的感觉是北宋重《周易》，南宋重四书。

成：北宋五子是在往这方面走，但五子之后需要一个新的融合，二程之间的融合、二程和张载的融合，以及邵雍的象数之学与本体宇宙学的融合。我为什么比较重视朱子，就是因为比较而言朱子做得完全一些。但很不幸朱子被牟宗三看成是"别子为宗"。我已表示这一点我是不同意的。朱子的缺点不在于说他是离开了中国哲学发展的宗旨与期待，而在于他做的融合与发展还不够，他抓到了整体的部分，但却没有融合为更好的整体；由于未能进一步用语言解说与整合，也太执著于文字的所指，而忘其能指，没有进行再分析、再理解与再诠释。

杨：陆象山呢？

成：陆象山他干脆就不要这个整体性，他直截了当面对本体，那就打掉了诠释和知识的可能，这对中国哲学后来的发展影响很大，有好有坏。

杨：比较容易营造自由思想的氛围？

成：明代中后期确实有这种迹象，不过物极则反，自由落入空寂。清代走的是训诂考证的路。在近代，西方文化冲击过来，我们才意识到对外在世界认识的重要性，所以人们迫切地希望补充"技"，也就是知识论这一块，但我认为我们缺少的还不止于此，从发展的眼光看，我们还应该补充本体哲学的本这一块，以及伦理学的行这一块，甚至要补充语言哲学以及分析哲学的用这一块。西方哲学中的知识论已相对独立于存有形上学之外，而具有自然化知识论的形态。当代且有趋势反哺存有形上学，使其转化为本体形上学，见之于德性知识学（virtue-epistemology）的提出。但中国哲学的本体学应当发展出一套中国知识论，如我十年前在安徽师范大学学报所写的《中国知识论》长文所显示的，提供了西方知识论发展方向的一个参考。这也就是本体诠释学的功能与作用。

杨：相对而言，在中国哲学里，谁的思想更容易与您说的这几块建立联系?

成：从现代哲学的要求来看，还是朱子与王船山最能满足这个需要。

杨：这是不是正好反证了牟宗三的观点？

成：不是，你想想看，朱子离开了儒家固有的传统了吗？朱子的思想不也是渊源有自嘛？只是他的整合性与圆融性还没有达到最高程度。但他同时重视分析与体验这一点你不能说他是错的。所以怎么把他们的思想打通，把他们的方向认清楚，把他们的内在线索理顺，用本体诠释中本、体、知、用、行的语言分析清楚很重要。王夫之显然在这五方面都有长足的发展。

杨：照您的本体诠释学，是不是应该先辩证他们的本体意识？

成：至少要明白他们的本体意识是建立在什么基础之上的。我觉得思考这个问题，理气的概念是一对很重要的概念。但对理的性质的认识，如果与西方的理相比较的话，那不得不说理学家的"理"作为一个分析说明事物的功能，没有好好地展开，他们往往是直接把"理"看成是形而上学的存在基础，看成好像是最终之源，但并没有说明这个"理"成为"原"动力之故。而且，他们甚至反而把"理"看成是静态的东西，这是很不明智的。理就是理顺的活动或过程，是与结构化、过程化紧密结合的动态和谐秩序，本身就具有创造的发展性，那自然不是什么只存有而不活动。当然朱子自己也谈到理生气的问题，不是纯粹的静态，我们要认识到他的意向何在，也要认识到理在朱子哲学中用词的多义及其具有深刻含义的转化。分析性理的活动显然是有别于宇宙性理的活动，两者自然也不同于心灵对宇宙本体认识的一个境界。朱子在后期于《朱子语类》说的理之"无情意，无计量"是后者的一个表述。

杨：它山之石，可以攻玉。就理学言理学，确实不太容易把它的现代性发展出来。

成：近代不少学者由于对西方不了解，所以很难跳出来审视宋明理学的缺陷，比如什么叫"学"，"学"什么？什么叫"知"，"知"什么？什么是"理"，"理"有什么功能？等等，这些都没有好好地理解，而其语言则未好好地诠释。譬如理跟气的关系、理跟气在宇宙存在层面的关系、理跟气在人的存在层面如心灵层面的关系，甚至理跟气在文本、文艺、诗歌等层面的关系，其实都是需要做一些深入的思考的。所以我的总体评价是，宋明理学，就其体系本身而言不完整，或者说宋明理学本身的发展并不完整。我不反对有人继续来发展理学和心学。但必须摒弃门户之见，从一个更深的层次来审视理学各种不同派别之间的矛盾。最近看到台湾杜保瑞写的《南宋儒学》一书强调朱陆之争的两者的终极互通性是一个重要的对本体的认识。

杨： 这里面其实也很复杂，您的讨论首先涉及一个方法问题，洋方法与本土化，这二者如何整合，确实需要很高的智慧。

成： 现在我们相对于西方哲学，探讨中国哲学的本土化，是不是要退缩在里面？那样的话就很难超越。牟先生是一个进展，但有无退缩的地方，是很难说的，还需要一个更好的评估。显然他有超越而排他的气概，而我们则同时要求超越而融合的智慧，但既然你要进行一个超越，你就必须更多地掌握不同的经验体系。

杨： 还是您说的，在相互诠释中挺立？

成： 其实中国哲学提供的整体性、动态性的要求也可以补充西方哲学这一块嘛，同时我们对西方的了解也反过来帮助我们更严谨地整合宋明理学，这有什么不好？而且在我看来，只有这样才能使宋明理学内部的争论有一个公平的解决方案，同时也能让它推进一步。我认为这也恰恰是目前需要做的工作。

杨： 本体诠释学其实就是在这方面趟路子？

成： 本体诠释学提供了一种新的模式，首先从本体学的探索方向与基于本体学的诠释学的观点，我不认为朱子是一个旁支。事实上本体诠释学需要的就是一种多元一体的展开。朱子对于很多基本的范畴之间的关系缺乏一种融通的诠释意识和方法意识，因而不够圆满，甚至出现理论上的困难。但他的系统性并非"支离"，也非单纯的静态，是非常确定的。

本体诠释学对宋明理学的超越

杨： 那我还是很关心本体诠释学究竟对宋明理学形态有没有超越？有

什么超越？

成： 你我同意要超越过去，那么在哪种意义上讲本体诠释学超越了宋明理学，我刚才说得很清楚，首先第一点，我对本体进行的新的诠解超越了宋明理学。不管是朱子还是阳明，或其他理学家，他们都有本体的概念，他们的本体都是"本然之体"的意思，不是单纯的存有的概念，"本然之体"也是个机体性的东西。但他们对于本体没有做一个分析的理解，也没有做一个动态的理解，或者说他们对本作为本，体作为体，本体作为本体，以及他们对本与体两概念的动力发展关系，分析地了解或概念地了解不够深刻与完全，这点必须要批评与超越。因为如果对本体不进行深刻地认识，中国哲学的好处就会被掩盖。比如前一章讲过的用"本体"翻译西方的"存有"，"本体"就变成了一个西方的存有的概念形态，这就掩盖了本来凝聚于"本体"之中的《周易》的宇宙创化的智慧。这一点要超融，本体诠释学也做到了。这种超越是在我更深入地了解了中国哲学的发展和更深入地了解了西方哲学存有论所存在的缺陷后，对本体意识进行重新检查后实现的。

杨： 对中国哲学的本体概念与西方哲学的存有概念的厘清，以及对本体概念的新诠释，确实是您的一大创获。

成： 第二点，在理解论这一块，我把理解论转化或发展成了诠释论。宋明理学很强调体会、理解这两个名词，但这个东西怎么去体会、理解？是什么样的体会、理解？他们没有细节的深刻的认识。那么我提出观，提出感，提出思，提出悟，提出通。基于对《周易》的重新认识，然后提出一个对《周易》的新的了解。前面说过，"观"、"感"事实上《易传》中已经提到了，那怎么把它的解说性、整合性突显出来，这一点，本体诠释学可以说有一个很重大的创造。因为掌握了观、感，才能掌握这个思、悟、通，才能更好地掌握全面的知识。这个是合内外之道嘛，宋明理学在这一块并没有超越原始儒家的说法或体验。什么是内，什么是外，如何合内外之道，这一块他们没有说得很清楚。

第三点，还有知行这一块，虽然王阳明强调知行合一，但只是一个说辞，那知行有一个什么样的内在结构，他没有给予一个论证。我的本体诠释学讲诠释，就是要把这些问题说清楚，把一些体会、体证变成一套论证，把一套理解变成一套诠释。因而形成了本、体、知、用、行的整体理论与反思的实践过程。这个也可以说是本体诠释学的方法意识更强一点吧，因为它有一种整体性和严谨性的要求，不但是超越了，还是一种批评；不但是批评，在批评中还创造性地结合了西方和现代，造就了跨本体的超融。以上三点，充分说明了本体诠释学对宋明的超越与融合。如果再加上我的太极宇宙论、整体伦理学与中国管理哲学 C 理论（可用于政治哲学方面），我想我们有充足的理由说我们超越了宋明而把中国哲学创造性地提升与向前推进了一步。

杨： "把体证变成一套论证，把理解变成一套诠释"，这句话很有启发性，也可能是中国哲学未来发展中应该着力的方向之一。这实际上是一种深度的理论化吧？

成： 你说得很对。概念分析上再加上第四点，本体诠释学对一些基本概念进行了新的诠释，以心性范畴为例。中国哲人讲性善性恶，但什么是一个原始的善，一个原始的善如何变成一个现在存在的理由，如何形成了人的自由意志，这是一个很大的问题。我们怎样分析和了解这个问题？我的本体诠释学从本体讲理、讲性、讲心、讲意，然后来整合意、心、性、理，使之具有现代意识，这不也是一种超越吗？

杨： 何止是超越，更是儒学的现代发展！

成： 所以我的本体诠释学不管在方法上面还是在知识本体方面，对于宋明理学都是一种超越。我努力在做的是如何在一个大系统中把宋明理学提升到未来形上学的一种状态，这个我认为非常之重要。

杨： 真能实现这一点，那不但是对宋明理学的超越，也是对西方哲学，尤其是康德的超越了。

成： 所以我的本体诠释学提供了一个中西融合的模型。这里需要注意的是，我强调相互诠释，我认为西方哲学的范畴，它们的概念方法能够帮助我们梳理中国哲学，给它一个新的认识、新的意义。而且我同时认为，这个过程也是相对的，就是说中国哲学也可以用来诠释西方哲学。相互诠释的结果就是相互整合。有人一定要讲所谓的原汁原味的中国哲学，在我看来那只是一种保守主义或原教主义。哲学永远是一个开放的系统，永远是一个寻求新的表达的系统，永远是一个融会新知的系统。所以对于中国哲学中的固有范畴都可以有新的认识，不一定非要定格在某一个注释家的理解上，应当超越已有的注释传统。

杨：中国哲学之所以有几千年的发展，就是因为一直在综合创新嘛。

成：是的，其实传统中也不是没有超越传统的好例子，你像戴震在所著《原善》、《孟子字义疏证》里面对很多概念都有新的解释。还有王船山，他对很多问题都有自己的新认识，像《周易外传》、《周易内传》等，其中的不少观点都是基于他自己的时代体验和知识结构整合出来的。同样，本体诠释学也是在我这样一个，用你的话说就是"出入中西"的过程中融合出来的哲学，它当然超越了宋明理学，但切记它也超融了宋明理学。因为就我个人而言我是非常重视先秦到宋明的发展的。在宋明哲学中，我又很重视整合的过程，所以我非常看重朱子，但对张载、阳明我也有个别的重视，因为一个是动态的气的宇宙哲学，一个是知行直接贯通的良知学。我是一方面接着他们讲，同时又能超融，也就是既超越又包含现有的，把他们融合起来。融合的目的就是超越地创新，而超越地创新正是为了更好地融合过去，来产生一个更完整的本体思考的体系。本体思考又帮助我们更好地了解知识跟价值的动态关系。基于这样的认识，本体诠释学在本体学、诠释学、理解学、方法学、经学几个方面超越了理学、气学与心学形态，但它又包含、结合了理学、气学与心学的重要思考。

本体诠释学与新儒家

杨：那您觉得本体诠释学所继承的理学中的最核心的思想是什么？因为您虽然超越了理学，但您似乎还是儒学。换句话说，如果把本体诠释学界定为中国儒学发展的现代形态的话，那它从宋明理学里面传承了哪些最核心的东西？

成：你可以把本体诠释学当成儒学发展的现代形态，但这里面也就涉及我当初对儒学的一个新的解释。当初方克立先生要研究新儒家，问我是不是新儒家，那时我是有一点迟疑的。的确，我也很重视孔孟之学，小时候学的也都是儒家的那一套，家庭也有强烈的儒学传统。但我是把儒学理解成人要发展生命潜德之学，人在这个世界上完成生命之德才有价值，才能肯定生命的价值，肯定生命发展的价值，因此我们要发展生命中的诸德，因此发展生命有重要的价值。而发展生命就必须结合人群，必须重视人性，必须泛爱众而亲仁。正是沿着这套逻辑，我肯定人们的经济活动、政治活动、社会活动、伦理活动，我重视伦理，讲伦理就是在整合一个人的自我在群体中存在的价值，也就是在完成一个自我的建立与充实。而自我的建立与充实又能促进社会群体的存在价值与文明创新能力。假如这是儒学的话，那么我的本体诠释学就是儒学。

杨：成人之教？这不就是儒学吗？

成：但在本体学里面我也很重视道家哲学，当然道家也是来自于《周易》，而且我也不否认在本体学上儒家跟道家是相通的。这一点我跟方东美先生的意思是接近的，即儒道在发扬《周易》的本体宇宙哲学上是一致的，主要是讲生生不已之道。我想只要宋明理学能满足这个标准，我也可以将其接纳。这也正是为什么我那么欣赏《周易》，同时肯定张载与朱子的原因，即他们一直在追求一个完整的融合，虽然那不是终极融合。朱子至少也是在融合北宋五子，你看他并不因义理而反对象数，为了找到根源，他抬出太极图，把周敦颐的《太极图说》作为理学思想的起点，因为那里面呈现了最大的宇宙融合性。当然，他用理气概念解释宇宙的融合时，如前所指出，也发生了很多问题。我的本体诠释学基本上是对宋明理学的一个新的批判的整合与融合。

杨：接着朱子讲吗？

成：在系统理论上我更重视朱子这一块，继1982年夏威夷大学首先倡发的国际朱子会议之后，我为台北"中研院"举行的第一届朱子会议撰写了《朱熹哲学中的融合贯通问题的探索》一篇长文是为朱熹辩护与解说的。但朱子学没有更好地去融合张载和二程，在理气的关系上存在一些问题也是事实。另外我也很重视朱子与阳明的结合，可说是由本体之知到本体之行的发展，是对朱子结合理气未解决问题的重视，如怎么从天人合一到理气合一，然后到心性合一，再到知行合一，甚至到个（体自由）与群（体纪律）的合一，这样一个整体的融合。这些我都很重视。

杨：与现代新儒家比较？

成：这个问题不是一个简单的问题，比如说所谓的几个现代新儒家，冯友兰基本上是接受朱子学的，对于阳明学没有什么体验，虽然对现代西方的哲学融合较少，但却对古典的希腊有较多关注。到牟宗三，他用了康德，又想驳斥康德，对康德到海德格尔的发展并不了解，因而产生了一些偏颇。而且他倾向于阳明，对朱子学完全排斥，我觉得对朱子并不公平。在康德这一块，他又没有把康德哲学进行更整体性的发挥，缺乏一种后期康德的综合眼光，最后归宗于理论佛学。在这些方面我可以说是不同于他，我是在新新儒学（更多重视创新理论，更多地融合西方，而非一味地墨守成规和维护道统）的基础上，在本体诠释里面给儒学一个新的面貌。但整个的本体诠释学不应该只看成是儒学的一个发展。

杨：本体诠释学的问题应该是中国哲学的现代性问题，因为已经超越了儒道佛的争论，把它们都作为一个资源，来建立一个独立的本体学和诠释学的体系，只是在这个体系里面，认同儒家价值观的成分多一些？

成：是的。比如佛学，我很重视佛学讲的"悟"，一种超脱的了解自我，在这个基础上更好地掌握人的主体性和宇宙的根源性的一种结合问题。

杨：对整体的会通，佛教较之儒道有其独特的体验。

成：对于宇宙的根源或最后的一个整合的认识，佛教是很有眼光的，像华严佛学中所谓的事事无碍的世界，事实上就是一个最明显的本体的世界。所以说，任何事物的本体性就是宇宙的本体性，宇宙的本体性就是事物的本体性，一跟多能够完全合在一块。还有禅悟在知的方面达到了一个很高的层次，但它可能缺少我所谓的"观"，缺少思辨与知识，也许是不重视，马上要超越。在通达这一块，它没有像儒家那样开发出人生的各种需要与活动，通是与用的问题连在一起的，如开物成务的精神等，这个在西方是很重视的。我的本体诠释学却很关注这一点。整体化就需要一个条理与活力，条理意识就包含一个整体化与活力化，这个很重要。

本体诠释学与 21 世纪哲学之发展

杨： 那么，超越理学形态会为中国哲学带来什么样的契机和转向？换句话说，您的本体诠释学在 21 世纪哲学发展中有什么意义？另外，我有一种想法，就是在 21 世纪中国文化要想真正复兴，可能需要一个创造性的诠释经典的文艺复兴运动，本体诠释学能为此提供理论及方法的支持吗？

成： 关于本体诠释学，方方面面我们也谈得很多了，形而上学的意义、知识论的意义、伦理学的意义等，都谈了。当然，它怎样超越了西方哲学的思考，或者怎样超越了当代中国哲学的思考，能够把中国哲学或者世界哲学带到一个什么样的境地？这是一个非常重要的问题。从本体学的意义上来讲的话，这可能还需要更深入、更进一步的发展。但是，就现在已经谈到的起点或观点来说的话，本体诠释学先是超越了西方哲学的形态或者中国哲学的形态，但同时实际上也融合了两者，它的超越就在于它的融合。

杨： 就是您所谓的"超融"？但它究竟对 21 世纪哲学发展有什么意义？

成： 如果我们能够切实地把握西方哲学的动态、西方哲学的基本精神，或者能够真正搞明白西方某一家的哲学，我们要问我们能不能够站在中国哲学的立场来把握它、认识它、吸收它、整合它，这是中国哲学的问题。反过来说，面对中国哲学的诸多重要的观点，西方哲学或者西方的某一家哲学能不能够站在自己的立场上给它一个说明，或者有一个准确的认识，这是西方哲学的问题。本体诠释学恰恰提供了这两种哲学彼此相互诠释的可能性，而且不但提供了两者相互诠释的可能，还提供了两者相互融合的可能性。

杨： 两者之间的相互诠释、融合、整合？本体诠释学为此提供了理论支持？

成：至少是一种探索、一种尝试吧。在融合的过程中会有一些意义的空间得到新的发展，形成新的界定，然后产生一个融合两者的新的视野。单就这一点来讲，它还没有完全离开伽达默尔所说的视野融合的理想，但本体诠释学正是在讨论这种所谓的视野融合的理想时，更强调它具有一种本体性，更显露出它是一个最真实的本与体，以及从本到体的发展的真实性。这样看来，本体诠释学一方面是提升了西方哲学，另一方面也是提升了中国哲学，把哲学带到了一个更宽阔的境界，而且使它的应用性更强，在解释沟通的现象方面更具有理论的说服力。

杨：那哲学的发展可不可以看做是一个不断融合的过程，或者借用张岱年先生的话说，是一个综合创新的过程？

成：我已经说过了，在西方哲学的传统里面，从亚里士多德到康德就是一种不断的融合，这种融合就是因为有新的观点出现，有新的世界观出现，有新的经验出现，再基于理性主义的传统和经验主义的传统，加之古代的宇宙观跟近代科学的宇宙观也有协调的必要，所以有康德的融合。康德的知识论的提出，扩大了经验跟理性这两个方面的认识关系，同时把它们结合成为一个知识说明的基础。在这里面仍然能用的古代的一些概念，康德继承了下来，像亚里士多德的范畴说。这样看来，西方哲学进一步发展到海德格尔或者到怀特海也都有这样的一种企图。当然比较而言他们扬弃西方传统形上学的成分更多，或者是他们的发展更有一种戏剧性，就是说要扬弃过去的形而上学，重造一个新的形而上学。然而这个新的形而上学是什么，这一直是一个大问题。

杨：新的形而上学？您的本体诠释学也在指向它，中国哲学的发展是不是也要以它为目标呢？

成：从整个人类思想的格局来看，中国哲学其实也到了一个发展的瓶颈。现在的本体哲学本身就需要一个重组、一个新的整合、一个新的观点。从本体来看的话，我们对先秦的东西并没有整合得很好，大家只是就个别的哲学家去谈这个问题，一直到现在为止还是停留在一种"史"的眼光。而只有能够说明诸子差异的背后的理由，或者仅就儒家来说，能够说明儒家诸派差异背后的理由，才能在本体思考里面取得更大的发展。但这需要积累新的经验来启发新的发现。

杨：您近来比较重视出土文献的诠释，是不是与此有关？

成：近来我一直比较重视楚简或帛书的发现、古典经典的发现，我认为这些材料能提供一些新的线索，并促使我们来整合先秦。同样按照这样一个思维方式，我们可以进一步对从先秦到宋明的进程，整合出一个发展的统序。但到宋明是不是就完成了，并没有，因为人类的经验是开放的，所以人们还需要再继续去追寻一种更高的综合。所以在这种情况之下，宋明的问题、宋明相对于先秦儒学的一些问题，或者相对于道家、佛学的一些问题，它是不是一个最好的综合呢，这个问题完全可以摊开来讨论。再加上近代世界观的提出、新的知识的发展，尤其是以西方哲学为代表的对人类知识的总结和对真实的一种认识，是不是也可以变成一种重要的问题，需要中国哲学来考虑、来认识、来诠释呢？因之我们看到只有在一个开放的本体的思考当中才能够进行这样的整合。

杨：内部的整合以及中西之间的整合，古今中西？

成：中国哲学能不能透过整合产生一个本体的思考？我们要认识到西方哲学本身事实上也具有一种本体性的要求。显然我们到了一个重要的关头，就是这些传统、这两个大的传统，还不要说其他的传统，就需要一个本体的整合。这个整合显然不只是一种现象的归纳，而是本体的整合，也就是还要找寻它最根源的意思是什么，还要更深刻地去考虑它的本源的问题，还要更开放地、更开阔地去掌握它的体系整合的问题。所以这里没有相互的理解、相互的沟通是不行的。我前面不是说了吗，本体诠释学从格局来讲，它是提供了这样一个理解与诠说的格局。它是一个动态的格局，就是我们怎么去整合差别，只要有差别我们就找它最深的那一点，找它原始的统一基础。在此基础上分析因客观条件不同而导致的人类经验的差异，然后又在这种差异的基础上探讨建立一个统合的体系的可能性。

杨：你主张一本多元，先由多元回溯一本，再由一本分析多元产生的原因，进而探寻统合的可能性，是这样吗？

成：是的。这里当然把它整合成为一个体系，需要大量的逻辑知识论的眼光。但这个体系它本身指向的一个方向是什么，这是需要我们去发现的，是需要我们去掌握的。但我们至少可以从里面归纳出一些或者看到一些基本的层次、基本的架构，甚至是基本的规律。这样的话，换言之，本体诠释学基于它对本体的诠释的要求，扩大了本体的眼光，成为本体学整合的基础。这里是基于本体的要求，又带动了诠释的能量，使诠释成为一种理解、整合的活动。

杨：本体诠释学超融中西哲学，所以具有这样的能力？

成：可以这么说。就当前情况来讲，本体诠释学超越西方哲学是什么意思呢？就是我们现在没有必要把自己仅仅限制在单一的传统里面或文化意识这一块，与康德的时代不同，现在我们强调分析，而分析往往流入只强调文字、意义，或者强调现象的认识。那么意义之所由来、现象之所以成，是不是还需要进一步去认识？是不是应该有一个综合的逻辑？这些问题都需要我们有一个可以扩大的本体思考。而且，分析不是说只是分析已有的字义，或已有的用法，也不是说只是在发现，而是说在体现它的一种可以促成人们沟通、意义沟通、概念沟通的那种思考能力或者认知能力，这恰恰就是本体性的。因为只有在"本"跟"体"的基础上面才有这样的思考，才有这样的认识。

杨：也就是说面对今天的分析哲学，您更重视其中的所以然？

成：我觉得当今是一个革新的时代，本体诠释学可以说是一个带动哲学发展的哲学，它是最根本的。"本"有基础义，有发展义，有根源义，当今时代比较缺少这个东西。当然，一方面说是缺少，另一方面说也可以是不需要。胡塞尔说"回到根本"，那可能还是需要一个根本。但这个根本是什么？它肯定不是表象的根本，也不是感觉的根本，它应该是一种思考的根本、认知的根本、经验整合的根本。要这个根本做什么呢？是不是找到了就够了？也还不是，你还要经过一个整合，通过概念建设一个体系，使之成为一种新的知识形态，形成一个体或体系。以科学为例，我们继承了很多科学知识，但还有很多科学知识尚不知道如何使之形成一个最好的形式。就像物理学，还处在发现各种不同因素、元素的阶段，后面还有什么东西我们不知道，所以没有物理学家敢说自己的发现是最后的发现，他们会一直追求下去。而这种追求既是科学的追求，也是哲学的追求。这样来说的话，人类是在这两个方向上追求"本"，再追求一个体系的实在。当然，这个追求是开放性的，它必然导向一个整体的思想、整体的知识、整体的世界观。你问那是为什么？它有没有目的性？或者说，这个"体"里面是不是有一个目的性的架构？本体诠释学对"体"本身的目的性是肯定的，它能够实现人认识知识之后的一种目标，或者能启发某种目标而我们必须进行实践。这就是本体诠释学的"用"与"行"吧。这个"用"与"行"涉及对人的要求、人应该做什么。比如说我们在今天这个时代，我们是不是逐渐认识到人类族群、人类社会的相互依存性，不同社会的相互依存性。在比较重视新发现对象的某些社会有问题，在存在整合当中会把它消除掉，而对于优点则继续承续下去。

杨：基于对"本"的认识，更好地发展"体"？

成：当然这个"体"并不是一个单一的"体"，它里面是一个多元的机体，就像胃跟脾不一样，又跟肝、胆不一样，每个都有不同的功能。当然，当人组成一个"体"的时候，每个人的肝，每个人的脾、胃、胆也都不一样，有它生理、生态上的环境决定因素在里面，不然为什么会有那么多不同的族群，有那么多不同形态的人？所以应该允许更多的形态，因为在整个宇宙的大"体"里面，有很多不同的区域化的地理环境，在这些不同的生态条件之下生长着的生物自然会有不同的生活形式，它们有根源上的统一性，也有差别性，以及呈现的多元性。因此，总归来说，在哲学这一块，本体诠释学作为一个哲学的哲学，可以说是世界哲学的一个规划、一个眼光，是规划世界哲学的一个眼光。

杨：您多次提到"世界哲学"，是什么意思？

成：所谓的"世界哲学"，是一个理想的"体"的世界，一个为世界上的人共同理解或认识的世界。这里面你可以超出它的方法性去说。比如因为讲本体诠释学，所以再回过头来批评西方哲学，就会发现它的许多问题。就"视野的融合"来说的话，当然我也承认这种融合，但这个"视野"是指什么东西？为什么能够产生融合的视野？这两点伽达默尔并没有说清楚。

杨：融合的视野是什么？视野为什么能够融合？

成：就是这两点。我觉得需要一个本体的概念来说明。"融合"是什么？"融合"就是对真实的重新认识，包含此一认识中的各个因素，使之成为一体。每个人都针对不同的观点看到一个共同的真实，这个共同的真实其实也不只是单纯的共同的真实，这个共同的真实里面有不同的事物，从不同的角度来认识这个共同的真实，它的内容则可以呈现不同的样子。例如你从你的角度看这个方形的桌子，它也许像是长方形，我从我的角度看这个方形的桌子，它也许很方正，这都是有可能的，都是可以理解的。我们平时的沟通不好，就是因为我们没有彼此共同的世界，或者即使有共同的世界我们也不能够了解为什么你有这样的看法，我有那样的看法。其实孟、荀所谓人性的善恶，也是这样一个问题。

杨：本体诠释学如何解决这种争论？

成：在沟通的基础上，我可能会发现，荀子讲人性恶，原来是说人具有一些我们可以经验到的坏的、不好的本能，像彼此嫉妒、争斗、自私、过分依赖而摆脱不掉的坏习等。我可以了解原来你是指这些东西，可是你可能没有看到另外的东西，或者你看到了，你不愿意称它是"性"，你认为那个东西不是相对的重要。假如我是孟子的话，我认为你还应看到人在一般正常情况之下都有一种善性或者趋善之性。人固然有自私性，但是相较之下趋善之性可能更重要，更应该去发展，因为人类的发展方向是成为一个人类社会，而不是成为一群禽兽嘛。其实即使禽兽也不是说只是彼此的争斗或者厮杀，它也有一定的行为规范，有一种内在的价值做引导，使之成为自然的物种聚落。所以说每个人都可以因为自己的善性的体现而趋向于善，就是内在地趋向于善，而不需要用外在很多的力量来规范他。换句话说，道德就已经可以维持某种社群的生态，能够产生大家所希望产生的生活方式。在这个基础上，我们再进一步发展更好的生活规范，当然也会建立法，孟子并没有说完全不讲法。这样来看的话，两者之间就可以沟通了。孟和荀并不是你对我错，那太简单化了，没有一种本体眼光。从根本上来看，二者完全可以说是一样的。所以从我的本体论来说，生命就是善，因为我们已赋予了生命这个价值，它一开始就是善的，它的变恶乃是不自觉或自觉地选择与环境因素的问题，是后天的问题，理学所谓气质之性，就是一旦落入到现实的生命里面就会有许多的可能，如偏离生命本身追求的价值等。

杨：从本体学的眼光看，孟、荀的人性论是一致的？

成：这么说吧，孔子讲"人之生也直"，这里的"生也直"是什么意思？过去并没有诠解得很好。"直"是什么？"直"就是使生命继续存在下去的东西。孔子对"直"看得很重，"直"实际上就是一种善，所以他强调"以直报怨"。"以直报怨"的"直"也可以理解为"正"，所以"直"可能是一种生命之正，原始的"正"，所以后来有"正直"的概念。而且孔子后面的一句话很重要，"罔之生也幸而免"，假设你不直，发展下去的话，例如有的人用各种方式，包括邪恶的方式来达到自私的目的，你能够长久吗？孔子在这里并不否认邪恶的人的存在、发达，但那只是幸而免而已。幸而免是有可能免于销毁，但绝非发达之道。

杨：那可不可以说孟子看到的是"直"，荀子看到的是"枉"？

成：这个提示很好。孟、荀之别的确可以从此分别入手。从新出土材料《五行》篇看，也还没有那么简单，荀子质疑子思与孟子，可能认为德性不可能是内在的存在。不过从本体学的角度看，"体"在长期发展过程中，一定会反思"直"的根源性及其有一根源的重要性，也必涉及"直"的发展性。从这个意义上说，本体哲学等于是提供了一个很深刻的认识，让人在大处、深处，在"体"的发展中，去掌握它的理想意义。

杨：孟、荀能否有一个视野的融合呢？

成：对此问题，我的回答是正面的。过去我也讨论过此一问题。我大学时代的陈大齐先生也持同一观点，认为孟、荀是可以整合为一个整体的人性理论的。

说到这儿，我们再回到伽达默尔，问问他说视野的融合，为什么能够融合呢？伽达默尔没有明确地讲，因为他没有特别讨论人的存在的共性或共源问题。在西方哲学发展进程中，可能自亚里士多德以后，神学常视人性为负面的存在，是一种 bondage（枷锁）。西方现代哲学的一个重要问题是问能否与如何就人的本质跳出此一人性的有限性，而最后都涉及外在超越的上帝救援问题。海德格尔谈了人的有限性，但基本上人视之为一种虚空，也就是没有什么人"性"，人面对的只是生命存在之后的焦虑、烦忧、恐惧。生命是一种负担，永远带着焦虑，带着烦恼与恐惧。当然这个与人的选择有关，但因为人们不知道怎么选择，也可能难以选择，所以人们在诸多方面可能只是幸免而没有什么自由。总之，人来之不定，未来也不定，找不到一个方向。这样的话，就人"性"来谈视野融合就很难了。另一方面，我们还是要请问为什么人可以彼此沟通呢？为什么我们觉得能够了解对方呢？为什么我们可以或多或少正确地翻译对方的语言呢？这就不能不涉及我们作为人的共同经验的实际发展的事实以及共同生活世界的认识问题。有沟通的语言就有共通的生活世界，因为我们了解一般语言之所指，尤其在具体事物上面。维特根斯坦与蒯因都有此了解。但蒯因却反对任何语言或者所有不同的语言都可以相互传译。蒯因主张主体心性语言要进行化约，而事实上此等化约却不可能真正实行。蒯因寄希望于未来，但问题是从语言分析活动来说，分析必须假设在一个前设语言中分析一个对象语言的概念，因之一个概念的意义的分析必须有另一些概念的意义作为前设语言来看待。如此一来，在对象语言中的化约也就成了有限的了。有趣的是，或者说吊诡的是，如果我们引进胡塞尔的现象学，用取消假设的刮除法（epoche）来取消前设语言，结果是我们就必须面对对象的现象性，而不必也不能进行任何概念的化约了。总而言之，要不就是面对前设语言中的意义的假设性，要不就是面对对象语言的意义的现象性，化约因之难以进行。如果还不认识到人的心性的共通性以及语言的共通本质，人们基本上只能活在自己的世界里，无法与他者沟通，落入到"独我主义"的存在盲点。每个人生活在自己的世界里面，他者只是这个我的世界里面的投影，是绝对不可以了解的。维特根斯坦为了脱离此一困境，乃从前期的 *Tractatus* 的独我世界跳跃到后期的 *Philosophical Investigations* 的人们可以互通的生活世界及生活方式中了。列维纳斯执著于犹太宗教传统中对耶和华的不可知，把他人也当神看待，也认为只是能信而不可知，他的看法应该是一个先行的宗教信仰的结论，没有真正面对理解他者的问题的多面性。最近我刚好审查了一期法国哲学与中国哲学的专辑，就"知"与"信"的差别做了评述。列维纳斯认为人根本不可以了解他者，当然我们无法理解上帝，也无法理解康德所谓的物自身，更进一步地说，我问我是否也不理解我之为我，因为我面对我时我也成为他者。难道我只能说信而无知吗？其实不然，我们可以区分因知而信的信和无知而信的信，对耶和华我无所知，也许只能信，但对人我的信却是与我的知人联系在一起的。此一知即本体的知，我有所本，我已成体，以我之知，推己及人以至于宇宙，当然也可以论说人的本体与宇宙的本体等问题，如此方能避免独我主义与化约主义，因而还原出一个活生生的人的生活世界、一个活生生的宇宙大化的变化世界。人与人的视野融合及其可能的扩展也成为可能了。这就是本体诠释学的有效说明。本体诠释学的前提就在肯定理解他者的可能性上面。不能因为我不是你，也没有管道可以进入到你之中，就像你没有管道进入到我之中一样，就否定了理解的可能性与事实性。正因为我能逐渐理解我自己，所以我能逐渐理解人，我能逐渐理解这个世界，也正因为我能逐渐理解人和这个世界，我能逐渐理解我自己。本体是创发性的，对本体的理解也是创发性的，是由观察与反思的建构活动而形成理解的。正如此一宇宙是由它的活动而形成的一样。

杨： 基于以上，能否再重述本体诠释学的知本与以本发体的本体之知的观点，以便面对类似问题？

成： 本体诠释学认为，我们必须要认识到我们的生命有一个"本"，这个"本"是在我认识外面世界的过程中同时认识自我本身而获得的。当然，至于什么是"本"，并不是要每个人都同意一种观点，因为它不是一个观察性的科学结论，而是一个人反思体验出来的东西。但只要我们承认有共同的"本"，我们就有获得共识的基础，伽达默尔缺少的就是这个反思，所以有人批评他是相对主义，意指他没有提供一个共同的基点。我不反对相对的相对主义，但是相对主义是包含在整体主义里面的，因为假如我们在本体的"本"上是一致的话，那我们的差别性便是因为后天的一些因素造成的。假如我们在理想的"体"上面是一致的话，那我们现在的差别不过是理想的"体"中间的一部分而已，或者说是一个过程中的一小段而已，我们努力的方向就是实现这个"体"的整体性。这里需要注意，本体之间有一种动态的创造的张力，本体不是封闭的，"本"就是要实现这个"体"，"体"就是要靠这个"本"的动力来实现。所以"体"的理想性带动着、让我们产生"本"的整体性的认识，"本"的整体性的认识又带动我们如何实现"体"的整体性。这样"本"跟"体"的一种循环、一种创造性的动力的循环就带动了我们的知识，带动了我们融合的知识。用宋明哲学的话来说，这个本应是人之性、性之理。这个体可以是性理合气形成的心。就本体诠释学来说，我们与其讲性体与心用，如湖湘学派胡宏与其弟子张栻在受朱子影响之前讲的一样，我们讲性本心体更符合实际。但本体诠释学的基本"本体相生原则"（principle of onto-generativity）也要我们讲本体之用，即本之用、体之用、本体之用。因而可以谈性的发用为情，心的发用为知为主。

杨：前面您说"融合"就是对一个真实的重新认识，那这里所谓的"融合的知识"是什么？

成：首先要明白，我们融合的是什么东西？是一个更深刻的人性、一个更整合的理想，如此而已。这样就能解决很多问题。这里我再强调一下，融合并不是说不可以有差别，也不是说到此为止什么问题都解决了。因为还有很多新的差别不断产生，每一代人的发展也都需要经过这个过程，而且这也是一个没有终止的过程。但如果我们没有这样一套本体哲学的话，我们就很容易陷入独我主义或相对主义中。所以这个哲学很重要，是任何时代都需要的，今天只是一个新的启蒙，让我们产生这样一种新的思想，来帮助后来的发展。

杨：作为一种新的形态，意义非凡？

成：这样来讲的话，本体诠释学的意义甚大，它融合中西，在中西哲学的沟通上面有很大的作用。本体诠释学是一个新的形态，归纳来说的话，它把中国哲学带入到世界哲学里面去了，又把西方哲学也规范在世界哲学之中，提供了一个示范世界哲学的模型、一个融合中西哲学的模型。你看我这个图：

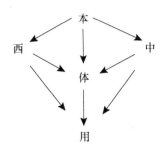

图中左右分别是西中，上面是本，下面是体，我把中西纳入到一个深刻的"本"上面，这个"本"透过中西又通向一个理想的"体"，发挥一个理想的"用"。但中西也可以各自为体、各自为用，但此体此用，可以对冲而产生矛盾，不能发挥人类整体化之大用，故而要一个全球化与天下化的过程来进行一个本体转化而提升的活动，这就是本体学所说的超越而超融的意义。超越到超融是因超越而实现融合。故超融（英文我用 transcendental integration），不只是一个超越（transcendence），而且是一个整合（integration）与融合（fusion），超越的动力超越之后还要把它所超越的内涵融合起来，所以它不是单纯的融合，而是促进整体各部分彼此之间相互的融通，好像水乳相融一样。我是一个哲学家，不懂生物化学，但我们不妨推测古生物学家可以从古生物的蛋白质里面，例如透过一个恐龙的蛋，制造出一个新生物如恐龙出来。你看这个"本"是多么的厉害，可以长久地保留。所以我这个本体概念太重要了，中国哲学看重并喜欢讲"本"，本体的"本"很重要，"体"也很重要。

　　杨：相互为用，没有"体"，"本"就没有办法彰显？

　　成：没有"体"，"本"怎么彰显呢？"体"是多元的，没有"体"，"本"就没有目的性、没有生命。"本"、"体"这两个字很重要。我说得其实很清楚，没有别人说得像我这样清楚的。

　　杨：您讲的目的性是不是指生命的必然性，它并不是神秘的东西？

　　成：是宇宙发展的必然性，并不是神秘的东西。关键在于，我所谓的"本"，它还有可能改变，例如人，因为"体"的发展或者染色体的发展，也会出现基因的变化，它也可能会产生新的体形出来，现在来说这是非常可能的。所以在我这里面完全可以把生命发展学摆进去，我们当然希望我

们的生命在一个最大的安定的环境里面来实现。我们现在已经掌握了
"本"的因子，比如说我现在能够做到的，如果一切条件都能满足的话，
一个人可以活120岁左右，一个人可以活得很愉快，到120岁的时候自然
地气化，或者自然地物化，没有死的恐惧。人们一代一代传下去，每个人
都能做出自己最大的贡献，同时又实现了自己生命的潜力。在这种情况下
是不是人们自然就没有恐惧，也没有死亡的担心。这个是非常有可能的。
我们知道很多人死而无憾、死而心安，达到一种心灵真正清明而安宁的境
界。圣人是什么？就是即使客观条件不具备，由于已尽心知性、知天命而
主观上也能够达到此一境界。比如像龙场驿的王阳明，具有求圣求贤的良
知心境，他觉得他生命无悔，死而能安。也有很多仁人志士为了一个理想
赴汤蹈火，他觉得也是人生之一大成就。将来我们可以有一个极限，不一
定要在那种特殊的条件之下去达到一种生命完全的美感，我们可以在一个
自然生命体的实现里面去完成，这是一个最理想的状态，但是这也不是不
可思议的状态，而是一个可以逐渐去追求的状态。

杨：很美好。

成：本体之义大矣哉，就在这里。所以你问我的本体诠释学作为一种
哲学形态超越了什么，我想我已经回答明白了。

杨：明白不明白，是一个理解的问题。这里可否请您举个例子，比如
说一个命题，面对这个命题，从分析哲学的角度怎么看，从哲学诠释学的
角度怎么看，然后从您的本体诠释学的角度怎么看。

成：说到例子这方面，我想我在前面的章节中已经举了不少例子。从
我的思考当中，因为有了本体诠释学之后，我认为第一我们必须要中西哲
学互通，去回答这个命题，我们不能只通一家之言。所谓一家之言，一定
是一偏之说。了解儒家你能够只了解孟子吗？不可以。研究孟子的人可能
会看不起荀子，研究荀学的人也可能觉得孟子有问题，只对孔子有了解，
当然你可以信仰他，可以尊重他，但孔子所完成的理论都已经尽善尽美了
吗？恐怕也不是。孔子的方向是对的，但是他还有很多东西要解释，也就
是诠释，要"照着讲"，但不是单纯地"照着讲"，也是"接着讲"；不但
是"接着讲"，还要比较来讲、开放地讲、投入地讲。"接着讲"、"照着

讲"这两个还不能够概括一个开发性的工作。所以不能只就一家之言来立论，要综合地组织各家，然后创造性地形成一家之言。

杨： 成一家之言，谈何容易！现在真正的一家之言恐怕很少吧？

成： 确实不容易，司马迁说的是"究天人之际，通古今之变，成一家之言"。今天来说的话，恐怕还要加上"穷东西之学"，出于哲学的考虑，还要再加一个"明本体之通"或"明本体之化"。

杨： 那就更加地难了。

成： 我的本体诠释学就等于建立了一个新的语言意义网络（context），开拓了一个新的景观，让你来重新认识过去的命题。

杨： 就是您前面说的用本体诠释学重新梳理中国哲学？

成： 是的，比如先秦儒家，这些年有关的出土文献很有冲击力，在此关怀的势头上，我可以用本体诠释学的理论把先秦儒家重新梳理一下，除孔孟荀外，另外加上曾子、子游、子思等，另外还有《易传》。我不认为《易传》思想很晚，《易传》写成定本可能比较晚，但是《易传》整个的概念在孔子的学生里面应该是已经流传了。孔子当时可能根据学生们的天赋条件及兴趣爱好有所分工，有的做《彖传》，有的写《象传》，有人就卦序问题来思考，等等。但都吸收或反映了孔子的思想。所以我认为《易传》里面已经有了一个本体的思考，只是那时候还没有整理得很好，我的本体诠释学可以在它的基础上整理出一套更好的《易传》的版本。

杨： 司马迁当年不就很想"正《易传》"吗？

成： 所以这样的话，我把《易传》也看成是古典儒学的重要经典，除了《孔子》、《孟子》、《荀子》，还有《中庸》、《大学》，就是曾思学派，我叫它曾思学派，我觉得叫思孟学派比较忽视了《大学》的贡献。

杨： 不管叫什么，反正都是要补上孔孟之间的空当？

成： 补上，当初胡适也是这个看法，但那时没有出土文献。现在出土简帛已经提供了比较清楚的材料，孔子，曾、思，然后《易传》，孟子，荀子。《孟子》里面有《易传》的思想，但是孟子的偏向在人性论、政治哲学这一块。因为孟子特别热衷于用世，所以他强调这些东西。其他如曾、思，他们的个性是更接近在找一个哲学思想、思辨哲学，因为他们受孔子追求德义的学术兴趣的影响，所以比较偏向于纯哲学。在曾、思的基础上可以接着讲《易传》。

杨： 孔，曾、思，《易传》，孟，荀，五个阶段？怎么整合？

成： 这五者怎么整合，又是个本体论的问题、本体诠释的问题。所以一旦提到本体诠释学，就会涉及怎么整合、怎么找它的相关，从哲学层面上讲，相关是义理上的相关，也不排除历史上的相关、概念上的相关、所指上的相关、理想意义的相关。这就是本体诠释。

杨： 如果不谈本体，只谈诠释，会是什么样子？

成： 那就是注释嘛，只是就文字学在探讨嘛。现在很多人讲经典诠释，实际上是在讲经典注释，想解决一些个别的章句义理的问题。如就朱熹提出《四书或问》并在一个整体的义理的理解下解说《大学》与《中庸》以及《论语》与《孟子》（见其"大学章句序"、"中庸章句序"、"论语序说"、"孟子序说"）则是从注释进入到诠释的层面了。其实说经典诠释的本质以及所依据的应该是指经典的本体诠释。所以在这个意义上讲，本体诠释学可以重写中国哲学史，因为它改变的不是一两个命题的问题，而是整体的贯通和开放的问题。我的本体诠释从传统来看，会更形而上学一点，但其实我是一个本体论的，就是找到一个更深刻的真实，来包含那些分析出来的差别性。我重视差别性，但不化约，最后形成一个体系，并凸显或探索它的目标。所以从我的角度看，先秦的研究还是很不够的，例如易学的研究，个别注释及阐述的资料很多，也很乱，总的来说是缺乏综合。我讲易学，一定要讲"本"的易学、"体"的易学和"用"的易学。《易经》是一部内涵很丰富的经典，它里面有义理，有象数，也有实际的操作方式和意义产生的方式。我是要打通这些，所以从观到感，到思，到悟，到通，透过这样的认识层次来打通这些。

杨： 透过本体诠释学进行经典的诠释？

成： 其实，经典都是在本体诠释的过程中成为经典，同时它又提供了一套本体诠释的方式。它可以是自本体的，也可以是对本体的。它永远不会完成，所以每个时代都需要、也都可以去诠释它。

杨： 本体诠释学作为一种方法如何理解？

　　成： 本体诠释学是可以成为一套方法学的，但不是一种严格形式的方法学，不是一种工程意义上的方法学，而是一种整体认知的方法学。就好像康德的第一批判，它是个方法学吗？它是个整体的方法学，教你透过范畴来确立认识。同样的，我的本体诠释学要找寻"本"的范畴，要找寻"体"的范畴，前天我还谈到"本"里面的那些"生"的或"化"的范畴，或者是"体"里面的那些"知"的、"用"的与"行"的整合范畴。也是只有透过这些范畴才能分析一个问题，掌握一个问题，形成一个系统。所以我可以用它处理"五经"的问题，处理先秦哲学里面儒家体系的建立问题，以及道家的本、体、知、用、行的体系建立问题，当然我们也可以问法家、墨家等家的问题等。大家好像不太重视从墨子到《墨辩》的发展过程，我是相当重视过程的，道家从老子到庄子到《淮南子》，中间也是有很多发展的余地的。其他如诸家之间的相对定位，比如名家或者阴阳家的定位，都是可以透过本体诠释学来予以相互厘清的。

　　杨： 如果有机会您应该站在本体诠释学的视角，讲一讲先秦哲学，哪怕是儒学？

　　成： 如果有适当人安排当然可以。我现在完全可以用本体诠释学来写先秦哲学史，整个我所谓的五个阶段的中国哲学或儒学的发展也都可以用它来梳理。

　　杨： 可惜我们还没有机会安排这样的课程，不过我对您的本体诠释学已经渐渐有所感悟了。其实，相对于后来的中国传统文化的发展来讲，"六经"中的每一经都是"本"，但是就"六经"来讲，"六经"的产生又有一个共同的"本"，可不可以这样说？

　　成： 可以。

　　杨：《论语》相对于后面的《论语》学来讲，它是"本"。但是就《论语》和"经"之间的关系来讲，它又是一个"体"？

　　成： 它自然是"体"，是四书系统里的"体"里面的一部分。可以这样解释。这样对经典的发展就很清楚了。经学也不过是在追求一个本中之本、一个大体、体中之体或者体外之体嘛。

　　杨： 这种本与体的关系，可不可以用一个不恰当的比喻，谓之"理一分殊"？

成：理一分殊，你要从哪个角度讲？

杨：宋人不是喜欢拿佛教的月印万川来比喻吗？

成：月印万川只是一个比喻，这当然也很需要，但我们要把一些比喻的语言尽量使它变成更经验的语言、更逻辑的语言。我读理学家的东西，包括牟宗三先生也是，认为几个字就可以解决问题，其实哪里有那么简单。这就是为什么本体诠释学特别强调分析的原因。

杨：可不可以这样说，本体诠释学的分析，从哲学的意义上来讲，是把中国古人讲的一些本体范畴，如"道"里面的生命性更加细致地展示出来了，也就是说把这些本体范畴的内涵进一步说清楚了。

成：就是这个意思。

杨：而有些学者，他们就讲到"道"为止，"道"究竟是什么、怎么样，好像只可意会不可言传。本体诠释学恰恰在这个地方试图用知识论、用分析哲学把它说明白？

成：是的。

杨：所以本体诠释学的意义在于把知识论融合到、整合到中国传统哲学当中了，用您的话说这是"超融"。这也就是说，如果没有知识论的背景和基础的话，从"本"到"体"是没有办法给推演出来的。

成：我认同你这个说法，你说得很清楚。知识论，加上逻辑学或分析哲学。比如说"月印万川"，月怎么印万川？万川何以能够印月，理怎么一，又怎么分？这些本体诠释学都要细察明问。

杨：每一个存在既可以是"本"，又可以是"体"。而就宇宙的整体来讲，有一个共同的"本"，展开多元的"体"。如此像方东美先生常说的宇宙是一个生命的洪流。

成：可以是洪流，但每个生命又都可以有它自己的精彩。所以大家都要求其"本体"的圆满。过去只讲进化论，万物都在进化论里面自然消沉。但在我的本体论里面，每个存在，包括人都要找寻及体现他本体的功能与精神。

杨：奥巴马也可以当总统？

成：这不有结果了吗，黑人也可以做总统。所以我的本体诠释学还有现代政治学的意义。

"经典诠释" 的概念与方法

杨：刚才已经涉及了经典诠释的问题，我想就这个问题再请成先生谈一谈，因为我总觉得 21 世纪中国文化要复兴，必须对传统经典做出新的诠释，甚至需要一个"经典诠释"的文艺复兴运动。

成：这个问题很值得思考，我们可以站得高一点来看这个问题，也就是说从哲学说起。哲学是自我反思之学，即集合经验，从各种角度进行反思，以认知自我；建立主体，以认识世界，切合环境；建立价值，使行为有所依，促进生命发展；与他人沟通，确定规范，以维护社群发展；最后实现自我，超越自我，以彰显人类生命与宇宙存在的意义。当然，我们必须理解哲学的高度自觉追求与体系化的追求在不同文化传统中有不同程度的表达与实现，不能强加一致化的要求。在此一界定的哲学意义下，我们可以审视中国文化历史传统中的经典，实际上也就是子学与经学的哲学意涵。

杨：四书五经？子学与经学？

成：四书后来也跻身于经的行列，但实际上是子学嘛。大体上我是把子学看做一个多元分体的哲学体系，把经学看做一个整体一元的哲学体系，但两者都包含了丰富的哲学内涵。

杨：本中之本，本中之体；体中之本，体中之体？

成：是的。现在讲经典诠释，意义在哪里，你说你来夏威夷之前刚从哲学院调到国学院，当前，国学面临着发展的大好机遇，讲经典诠释，实际上就是讲传统经学的哲学意涵与现代重建问题嘛。

杨：的确。

成：那么站在今天的立场来说，中国经学和儒学的重建问题，关系到它在世界知识体系和价值体系里面产生多大影响的问题，古希腊管哲学叫爱智之学，中国人管哲学叫智爱之学。

杨：爱智与智爱，这个还需要再解释一下。

成：第一节里已说明关于哲学的含义。我讲两个，一个是古希腊的定义，一个是中国人的定义。你说中国人有哲学的定义吗，我觉得是有的。古希腊哲学的定义，就像苏格拉底所说的，哲学是爱知之学、爱智之学，它的重点在对智慧的追求。那智慧是什么？智慧是面对世界的客观规律、客观的秩序来说的，追求是主体的人去认识、了解、掌握客观的秩序、规律和真实。这是西方爱智之学的含义。

杨：侧重于以客观世界为对象？

成：相较而言，我认为中国哲人的出发点在以人的自觉为中心来建立与世界的关系，所以应该反过来说，是爱的智慧之学。智慧之爱之学是古希腊哲学，爱的智慧之学是中国哲学。什么叫爱的智慧？怎么关切他人、怎么建立关系、怎么实现自己、怎么与人为善、怎么与民同乐，这是就不同领域来讲，这是一个人需要考虑的问题，这就是深度的、广度的爱，叫仁爱，是人自己的方式，也是人存在的方式。

杨：侧重于以人为本？

成：就是嘛。古希腊说哲学是爱智之学，是对智慧的追求，中国哲学是爱的智慧。对追求的一种讲究就又是智慧，一种是 love of wisdom，一种是倒过来 wisdom of love。《尚书·皋陶谟》中说"知人则哲，安民则惠"，讲的就是这个仁爱智慧的发挥的起点与终点问题。

杨：中西这样一比较，确实能把大的特点呈现出来。

成：是吧？爱智与智爱，这正好是彼此相对的一对范畴。人类在漫长的社会历史生活中，不断地要认识世界和解释人生，在这种认识和解释中体现出了一种人类关怀和世界关怀，但如何认识世界和解释人生则需要通过哲学的方法，通过智慧的方法表达出来。在西方社会，人们更多地强调智，更多地体现在对客观世界的认识上面，也就是所谓的"爱智"。在中国哲学里面，真正对社会发生作用的是儒家的哲学。所以我有一个观点，就是在中国哲学传统中，先有国学即中国哲学，然后有经学。

杨：您说的国学是指儒学吗？

成：狭义上说，难道不是吗？当然我也从广义上肯定道家之学，并及诸子百家。

杨：那经学是指？

成：经学就是经典之学，到了汉代，中国的经学产生，并在此基础上发展了国学。

杨：您的观点很有意思。

成：我的理论很开放，没有那么多条条框框。在我看来，中国古代哲学由儒学和经学形成了较为完整的体系，这种哲学思想由孔子到朱子，一以贯之，并通过文化的保存而加以整合，进而将这些人类智慧应用于社会生活当中。

杨：相对来说，儒学比较好理解，刚才您说经学就是经典之学，可否再详细说一下？

成：经学是对中国古代历史文化传统的一种理解、一种诠释，并成为一种智慧资源。当然，经学之所以成为经学，智慧之学之所以成为智慧之学，其中有着自己的规范，能为广大群众所接受。我刚才一直立足于哲学说经学，其实经学与哲学是不一样的。经学、子学、爱智、知人之体、为人之学，这些在孔子思想中、在儒学中体现出来，孔子从对人的关注、对人的思考中得到了深刻的人生体验，知人知己是通过人生的体验过程总结出来的，然后体现在儒学的经典之中。可以说孔子的思想提供了一个六经的基本框架。

杨：那在今天国学热的背景下，如何讨论经学问题？

成：今天，恢复中国的经学，需要同时进行内在与外在的思考。当今，中国经学的恢复重建包含两个层次，一是中西知识结构问题，包括本体学和价值学，即本——体——用，易——仁——礼乐所呈现的发展过程。二是重振经学应与现代哲学和现代学术体系相配合，并融合到价值哲学中来。当前重要的工作是，对经学的哲学含义做重建的工作，要进行现代表述，要与西方进行更好的沟通。

杨：为什么国学热一定要表现为经学热？

成：在中国历史中，经学之成为经学这件事情本身就显示了或预设了道德价值标杆与伦理行为规范的要求。但经学发展成为经学，却有其更根本的天地之学与人之为己之学的哲学需要。因此必须认识经学的儒学内涵以及儒学所以为儒学的哲学内涵。

杨：这一点也正好可以说明为什么在国学热中儒学特别突出？

成：是的，从某种意义上说，经学就是儒学。前面一些章节，关于儒学我们有过一些讨论，我一直在强调儒学的发展有其前儒的文化与哲学的发展背景。这一背景就是易学的起源与发展。《易经》被列为六经之首并非偶然，但《易经》纳入孔子的视域却是与孔子晚期哲学的发展有关的。而孔子在哲学上最大的贡献之一在于挖掘出易占背后的"德义"以及"德义"背后的天道，把占卜之易的作用还原于义理（知智）之易的本体，透露了易的本体意义与易象体系发展的本质，从而也说明了占卜之易的形成背景。孔子的这一卓见给了筮占与筮辞一个义理的诠释，导致了《易传》的哲学建构。这一点充分地说明孔子重视易学，而想以易学为其理论上的归趋。

杨：《易经》之转化为哲学，确实是一个很重大的转向。

成：关于易学之转化为哲学，显然我们还需要进行一个很彻底的探讨，重点在如实地认识易学的体在知与智，而易学的用在古代则为占卜。这一体用的分别是十分重要的，这不但涉及占卜的可能性问题，还涉及易象之为易象与易的现象的体验与认知问题。为什么《易经》为六经之首？就是因为它为六经奠定一个知行（体用）相需可以持续发展的哲学基础嘛。在此一基础的认识上我乃深入义理，展现出我论说的易之五义，以补传统易具三义之不足，更好地彰显了易的人文含义。可参见我的《易学本体论》一书。

杨：从这个角度看，孔子的贡献的确很大。

成：而且孔子并没有把自己的思想看做是分散的，而是强调"吾道一以贯之"。你看《礼记·经解》述一国之教化成果，也是从一个整体的角度来谈的。所以从孔子的观点来说，儒学是构成一个体系的。孔子删述六经，已经表示了孔子有一个一致贯通的天人合德观、文化价值观、伦理规范观、政治统合观。再从《中庸》来看，也可以发现孔子及其弟子是如何

结合天地的创化性与仁道的主体性以及礼乐的社会性为一体的。这进一步
说明了易道与礼乐的贯通。

杨：《易》与《中庸》的关系的确很耐人寻味。

成：其实六经之中，《诗》、《书》的重要性在于具体地呈现了人性内
涵的感情与道德，以及对乐天知命、审美致善境界的渴求。《诗》是普及
的民间感情，《书》是为政者对"天命"与人道的体会，包含了十分丰富
的人生体察与反思自身位置的智慧，提出了伦理与政治之间的沟通与规范
问题，为《论语》、《大学》、《中庸》以及《孟子》提供了一个历史智慧
的源泉。

杨：知我罪我，其唯《春秋》?

成：孔子晚年著《春秋》，目的是想为万世立法，明确是非善恶的标
准，以此褒贬政治人物。孔子为什么能够做到这一点，根据是什么？就因
为他能体察天道、认知天命、仁民爱物、体认万物之情嘛，他是从实然世
界晋升到应然世界来为万世立法的。这就是儒学体系转化成为经学体系的
根据。从这个角度说，孔子的《春秋》是伦理学向政治哲学的转向，或者
也可以说是伦理学在政治层面的落实。当然也可以说是孔子智慧用之于整
体的历史与社会的标志。这一标志的建立就成为西汉儒学发展为经学的
阶梯。

杨：您这个解释很有意思。

成：所以我们总结西汉经学的哲学内涵，实际上是建立在儒学本身的
统一与贯通的基础上的。而对于经学体系的发展，我们要注意分别哲学义
理内涵的逻辑次第与教育实践行为的进程次第。从哲学内涵的逻辑次第
讲，《易经》为六经之首，怎么理解呢？我认为应理解《易经》是六经的
哲学基础，或说是六经的本体学基础。"易以道阴阳"嘛，是讲哲学的。
那具体的，在《诗》、《书》基础上发展了礼乐教化与王道政治，而与
《易》教与《易》学结合为一外知内感、上下呼应、广大精微、高明中庸
的圆融体系。有了这个体系，就可以基于道与德的贯通与成就，为万世立
法。或用张载所说"为天地立心，为生民立命，为往圣继绝学，为万世开
太平"。你看我这个表：

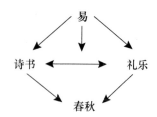

为了教学的方便，可以先横向推广以建立一个伦理道德秩序，然后再纵向贯通，体现自我生命实现后的宇宙创化与道德示范精神。这两个次第体系也就自然融合无碍了。而且，这一经学体系有其理性的及理想的价值内涵，但在历史现实中，却在东汉后期失落，甚至崩溃了。失落和崩溃的原因很多，有历史现实方面的，也有哲学理论方面的，这里没有时间详谈，但必须指出一点，任何体系的失落与崩溃，其主要原因都在于哲学理论自身进入封闭，丧失活力，与民隔绝，不能吸引人心，也不能真正实用于世。就东汉末期而言，经学的失落，其内部原因就在于其学过分从事于章句与训诂的文字之争，以及师法与家法的门户之争，因而造成了与时脱节、与世脱节、与实事脱节、与知识脱节、与时代问题脱节。

杨：还有一点就是与现实政治结合得过于紧密，经学政治化、神秘化。

成：这实际上也是与时、与世脱节的具体表现嘛。你比如在易学这一块，儒学的经学化并不必然意味着放弃对易学哲学的探索，只求象数的先验诠解。但汉代易学恰恰是把《易经》导入繁琐的形式思维，而没有直接面对实际变化不居的真实世界与人类社会以求发展。

杨：汉代象数易学也还是有其价值的，只是没有搞清楚目的与手段之间的关系而已。

成：过于繁琐，又缺乏本体的思考精神。所以魏晋之际王弼扫象是完全有其必要的。后来玄学大兴，道佛流行，经学吸收道释，蜕化为理学，再演化为心学，经学又重新回复其儒家哲学的开放与统合精神。

杨：照您的看法，原始儒学——经学化——理学向儒学回归？

成：经学本来与儒学就是一体的，我这里只是言其线索。

杨：前面我们谈到了本体诠释学对理学的超越，那今天的经学研究如何恢复儒家哲学的开放与统合精神？

成：今天谈经学，关键在于整合原典，结合经学中包含的古文学的整体化精神与今文学的专业化精神，同时面对现实，面对理想，扩大眼光，放开胸襟，吸收西学，展望未来，进行新的诠释、新的创造。这也就是我所说的现代化的重建工作。

杨：这些是原则，可否具体一点？

成：当然，你也可以问这将是一项什么样的工作？到底要用什么样的方法？我这里提出两个层次，以扩大、丰富原来经学中儒学的框架。就是让原来的六经框架投射到现代化的哲学思维框架，建立两个框架之间的互通与互动关系。这将赋予原来的经学框架以新的合乎中西沟通与对话交流的意义内涵。这一现代化的哲学思维框架，你看下面这幅图：

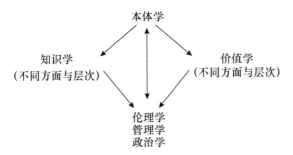

杨：如何投射？如何建立互通与互动？

成：这正是我们要讨论的，它将涉及整体一般诠释与分科特殊诠释等问题；也将涉及本体内涵的中西互释以及视野融合、对比、扬弃与超融等问题；更涉及整体与部分循环解构与持续建构的问题；以及自我认知、对世界认知，自本体诠释、对本体诠释等问题。这些归结到一起，就是我说的现代化的意义与价值重建的问题。

杨：涉及古今中外？

成：涉及古今中外哲学与文化相互间的沟通，很复杂，但却不容逃避。我们必须基于我们最直接的经验来进行现代化的重建，并在重建过程中恢复原始儒学与经学的活力，同时促进此一复杂的沟通过程有机地、生生不息地持续发展。

杨：经学、国学、儒学，这些概念现在都很时髦，关系也很复杂，您能否再说说这方面的问题？

成：刚才一直谈经学的现代重建，经学的现代重建有助于中华民族或中国文化传统发展其自身的国学。按照我的定义，国学就是中国人自觉认识自己文化传统与自身哲学传统的学问。所以，它不限于经学的现代重建，但它却与儒家哲学的发展与传统经学的现代重建有密切的关系，因为儒学与经学是国学中的大宗，不可不予以充分的重视。国学中当然还包含子学的成分，所以我们必须把易学本体之学同时也作为子学的本体学基础来加以发展。这样的话，经学与子学都可以统合在易学哲学之中。不但如此，在建立中西哲学的对比与融合的过程中，西学也可以扮演一个重要的知识与价值源泉的角色，用以开发与建立有利于中华文化充实与自强的动力资源。你看我这幅图，是我心目中中国国学的现代建构：

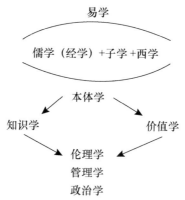

杨：您很喜欢画图？

成：清楚明白。你看这幅图，显然涉及很多问题，但基本上都是两个传统与两个典范的对等转换、相互参与与转化、相互理解与包容、趋同以存疑、取同以存异等。这些问题不一定都马上解决，关键在于我们是否有一个本体的起点与立足点，可以促使我们进行合乎理解与行为需要的理性化的创造活动与自然演化。

杨：您讲的还是很抽象，当然我们这个访谈也只是一个序曲，要想了解您的相关思想，可能还需要看您的相关论著。那么与经典相关的，我还想请您再谈谈"经典诠释"这个问题，您对此好像有自己的思考？

成：我可以就"经典诠释"一词再进行一些评议。诠释学比较强调诠释者自身的哲学反思与诠释方法，以及诠释框架等问题。因而有所谓"哲学诠释"、"本体诠释"、"批判诠释"等之说。"经典诠释"这个词好比"圣经诠释"这个词，显示的是诠释的对象，让人感觉它的重点不是在如何理解对象的方法与角度方面。当然，我们似乎也可以把一般理解的"经典"作为一个理解角度提出，但那是怎样一个理解角度呢？在今天的视野中，所谓"经典"，不管是哪一家的，都需要重新理解，都需要理解对象，因而不存在一个可以赋予哲学意义的经典角度。在西方的宗教传统中，我们还能找到一些明显存活的具有丰富理论的诠释角度。但即使如此，我们也要提出具体的性质予以表明，如"基督神学诠释"、"伊斯兰教诠释"等。目前学术界所用"经典诠释"一词，具有太多的模糊性，显得十分空洞，并不构成一个独立的诠释方法与诠释框架，反而误导学者以为有了一个什么样的诠释的方向与诠释方法。

杨：您说的这个情况的确存在，但对于具有丰富经典诠释传统的中国经学来讲，这个词是不是也还不至于不能用？

成：我注意到时下学界对这个词的用法及相关的讨论，发现他们往往是回到传统的注释传统，对经典文本进行新的文字训诂，多在考证上用功夫，进行现代汉语的传译。当然这也未尝不是一项重要的工作，但它的新义是什么呢？诠释者又达到了怎样的哲学理解呢？又显示了怎样的哲学智慧与心性修养呢？那样的话，我们还不如称之为"经典注释"更直接明了。如果不想强调诠释性，也不想从事注释，只想表白一己的感受与联想，那称之为"经典心得"也可以，像于丹讲《论语》之类。

杨：这个问题还可以再讨论，我觉得经典诠释可以包括两个向度：套用本体诠释学的说法，一个是自经典的诠释，一个是对经典的诠释。当然最好是把这两者结合起来，而且也必须结合起来。

成：所以，在运用一个概念时必须要予以界定，不然的话会引起误解。

杨：确实是。

成：总之，在现代性与后现代性交缠不清的今天，我们有充分的理由也有足够的资源来发展儒学，使其成为同时具备现代性与后现代性而不陷入混乱与冲突：我们一方面要肯定开物成务的高科技发展的重要性，但也一定要认识到它的目的是厚生与广生。我们一方面要肯定市场经济发展的重要性，但也一定要认识到它的作用在惠泽社会，而不在加大贫富不均。同时更要肯定一个和谐而开放的公民社会形成的重要性，并认清其性能在义利兼顾、忧乐同当。在这些基本的价值认识下，我们应当全方位地或全面地诠释儒学以及与之密切相关的经学，从哲学、本体学、知识学、价值学、伦理学、管理学、政治学诸多方面入手，使其具有更能启发人心的理论话语、更鞭辟入里的实用指导，以及更贴切亲和的道德鼓舞。这样的话，儒学的世界化当经其理性的现代化与其灵性的后现代化，必将获得较完美的成功。

附录一：论本体诠释学的四个核心范畴及其超融性[①]

本体诠释学是在中西哲学的对立互释中发展而来的。中西哲学史上有各自的本体论概念。本体诠释学的本体是对二者的创造性整合，形成兼具二者的洞见而又互补的本体。我将阐释这一创造性的本体概念，再简要追溯中西各自的本体，在此之上得出本体诠释学理论的基本框架，即本体、四个核心范畴和五个命题；接着论述在此框架上，我们可以对以"人"为中心的、包含周遭世界的宇宙进行理解与观照。最后谈到本体诠释学的超融。

一、本体诠释学的本体的含义

本体诠释学从我提出至今，一直未受到广大的重视。这其中的原因之一或许是因为在对中西哲学思想的反思整合过程中，涉及较多的哲学家及其思想，从而使得本体诠释学在某种程度上变成了这些学说的一个背景理

---

① 由于第五章的内容相对单薄，经与成教授协商，将成教授新撰的一篇内容与此相关的论文附录于此，以便于读者对相关问题进行更为深入的思考。——杨庆中注

论而消隐，不够凸显。为此，我在此节中单独地界定出本体诠释学的本体的含义①。在下一节，再从本体诠释学的本体的角度，回溯到其两个核心来源。或许如此，期能彰显出本体诠释学自身的特点和优势，以及对中西哲学思想的整合过程。

我把本体诠释学的本体翻译为 generative being，而不是一般意义的存有，乃是存有的发生，离开存有的发生不能有存有。因之，一般讲存有或存在，都可以说是对本体的抽象，忘记迄未就本体一词应彰显出发生出来的过程。本体是一种存在发生物。既然是发生的，除了包含了一个"本"的概念就有一个过程的概念，也有一个发展出来的整体存在的概念，也就是体的概念。因为是发生出来的。合而言之，称之为本体物。作为本体的形容词"本体的"，翻译为 onto-generative。借用英文的翻译，我们对本体有了更深一步的理解。但是需要注意的是，是否有"物"发生，而无本无体。例如科学中的某些基本粒子，没有质量、没有体积，是一个存在发生，有本而无体，而且是刹那生灭。反之，有些东西看似有体，却没有真实的本，可以有体而无本。例如，彩虹，就是有体而无本。阳光是彩虹发生的原因，并不是使之成为彩虹的一部分。onto-generative 就是本体的，就是存在发生物的。存在发生是本体，things、entities、beings 都是存在物。

本，乃根源，是一种动态的力量，并在动态的过程中得出结果：体。体，是一种目的。本，在成为包含目的的"体"的发生过程是一个动态的过程。从本中，我们可以发展出最原始的概念：太极。本，一动一静、一阴一阳，也就是存在的起因。亚里士多德四因说中的 matter 和 form 两因可以通过一阴一阳，也就是从本的概念来重新获得理解。

体，是本发展的结果，可以分为物体（physical object）和身体（人和动物的 body）。为什么要将体看做物体和身体，有 6 个原因：（1）体，整体性的存在。（2）体，单一性的存在。（3）体，存在于时空中。作为整体和单一的体，存在于时空中，在时间上有持续性，在空间上不是分散的存在。分散的存在，即不能凝聚在时空中。需要注意抽象的存在物（abstract

---

① 这在某种程度上也是对我的学生潘松就本体诠释学基本概念提问的回答。

entity），即"有"，是一般的存在；但是此存在并不一定是体。抽象存在物是由体在时空中存在的过程中发生的东西，需要时空中的物体和身体来实现的过程。我们通过在时空中的物体和身体了解到抽象的存在物。非时空中的存在，是无法被我们了解的。（4）体，有内外之分。物体和身体都有内外之分。人的内外之分尤其重要，因为它产生了心灵。（5）物体（physical object）和身体（人和动物的 body）都有内在变化和外在变化。内在变化和外在变化是两个不同的变化，但是相互影响。作为体的内外之别的延伸，语言就是把外在的行为转化为一种内在体验的机制。例如，写信时，也会感动。（6）即使有阴阳变化，作为力量、动力的本的变化，可以是变而不变，所谓"虚而不屈，动而愈出"。

本、体两个字合在一起得出了本体，就有了丰富的意思。本体诠释学，是以本体为基础发出来的。一般的看法是，本体是以本为主，认为本是根本、根源。最原始的本体概念就是以本为主体，认为我们应该关注本。但是在我看来，本体不是以本为主，而是以体为主体，以已经实现出来了的体的状态作为本与体的载体。本体，强调由本到体的过程，动态的状态，即 onto-generativity。

利用蒯因关于"存在就是成为约束变量的值"[1] 这一具有很高辨识度的哲学命题，我将本体进行了如下界定：存在即存在发生物；存在发生物即存在发生的本到体的过程及其结果，故谓之本体。存在发生满足了一个函数，也就产生了函数变项的一个值，即是存在物。假如存在物不成为约束变项（bound variable）的值，没有函项（function）作为约束，就往往是有本无体。存在发生因之是事物之个体化或使个体化，包含了根源性、过程性与结果性。[2] 基于此一本体概念，我们可以理解物体之为物体、身体之为身体、性体之为性体、心体之为心体。这些理解都必须预设一个根源

---

[1] "To be is to be a value of a bound variable." 蒯因《论何物存在》（*What There Is*）：*From a Logical Point of View*, Cambridge, Mass.：Harvard University Press, 1953。

[2] 参照我对应的英文解释，更便于理解：To be is to be onto-generative. A thing is the body coming from the onto-generative origin. It is called origin-body, but we use being or thing to address to such origin-body. To be onto-generative is to generate a value of a bound variable. To be onto-generative is to individuate or to be individuated from a source.

或本、一个基于根源的关系项或体，以及一个动态的从本到体的发展
过程。

在界定出本体之后，本体能够运用在许多层面上。每一个个体都属于
一个本体。本体，可以是个别的、个体的纵向的发展与积累；也可以是在
各个个体层次上横向的精细化。在此基础上，我们就可以问什么是一个本
体诠释的了解？我们了解世界，了解任何个体，包括了解一个符号系统，
是通过经验与知觉进行了解的。本体的认识和本体的诠释，就是要清楚：
（1）本。（2）体。（3）由本到体的发展过程。（4）体有内外的结构，体
如何分出内外。了解体所处的外在环境和内外的互动。（5）由本到体的过
程也就是体所具有的目标性、目的性。从这五个问题进行思考，就可以对
个体、世界、宇宙进行本体诠释的了解了。例如，在了解一个哲学家的思
想体系时，我们了解他的理论来源，是本；其思想内涵，是体；从本到
体，即从其来源如何推演出来他的思想体系；思想体系的内外，即其思想
体系的内涵中可以推演出什么东西。再如，自然科学的宇宙论和自然科学
的物理学强调"观察"。外在的观察，是一种超然的（detachment）客观知
识，是在描述我们的周遭世界，而不涵摄本体中内在的体的理解，也就是
从体内了解世界。但如何方有从体之内来了解世界？首先就要假设体有内
外之分，内于体的与外于体的观点之分，也就产生了体的自觉的意识。就
我而言，自觉意识的产生是一个体的创化行为，是体的自化。① 客观地说，
就是生命意识的开始，也就是具有自行决定能力的开始。故而本体诠释学
要强调体的内在的理解的可能，以别于体的外在的理解的可能。有了这个
内在理解的观点，也就有了体验、经验、评价、价值化与规范化的可能，
这不是自然科学的科学宇宙论和物理学的理解所能代替的，也不能仅由一
个外在的观察的理解所决定的。即使通过观察有了自然科学的宇宙论与物
理学理论，我们还是可以从内在的体来理解周遭的世界，最后甚至结合内
在与外在的理解来进行具有层次生成性的超融的整体理解。这就是说，我

———————————

① 在费希特与黑格尔的哲学中，我说的"体的自化"相应于物自身的自我超越即 aufheben
或 sublation，包含了否定及提升或向上发展。"体的自化"自然也就是一个自我超越的提升。

们可以在本体诠释中从本的根源性出发，以体的内在性来理解外在于我们的世界，其中可以包含一个外在的观点。这就是本体诠释学的宇宙论。

本体诠释学重视外在的观与察，同时还要强调体的内在的理解。对此进一步的解释，需要用到本体诠释学的四个核心范畴。但是在此之前，我们应该回溯一下本体诠释学的本体的两个核心来源：西方的 Logos 和中国的道。这也算是对本体诠释学自身的一个由本到体的一个说明。

二、中西本体思考的异同

1. 西方的"logos"

古希腊时代的智者通过教授他人如何从政而谋取利益，但是他们的品格不高。苏格拉底强调什么是真正的智慧。他问我们是怎样了解人自身内在的价值以作为行为的基础，并认为这才是真正的智慧。① 我们需要对四种基本的价值进行研究：正义、勇敢、谨慎、节制。苏格拉底在当时提出这些问题，认为哲学是爱智之学，要追求智慧就必须有对真理的激情，就是爱，就是要求有一种激情去掌握真理与真实。真理内在于我们心灵之中，但也可能有一个超越自我的泉源。因之苏格拉底面临着两个挑战：真理与心灵自身的融贯统一，以及真理是否能运用于经验。除开自然哲学与智者的诡辩，我们需要重新认识我们自己和这个世界的根源，重新评价已经接受的知识、价值与信仰。

苏格拉底已经开始了一种理性的思考。理性是 reason，也叫 logos。logos 在语言发生中表现为一种思维的方式、标准和内涵，形成多与一相互参与、比例对称而又融贯一致的整体。它必须在自我的主客对话或人我的对话中表现为提出问题、回答问题以融贯矛盾冲突的能力与过程，亦即是一种追求思想一致而圆融的能力与过程。该能力与过程就表现为如何形成和说明一个概念，以及怎么从此概念引申到彼概念，最后达到一个最为完整统一的概念。最狭义的 logos 就是在寻求概念与概念之间的关系，并且让人

---

① 在此我们必须区分"真理"与"智慧"，前者呈现为外在的真实，而后者则凝聚于内在的心智。显然早期的希腊自然哲学家是以探求外在的真理为主题的，苏格拉底则将心智转向内在的自我理解智慧，但最后仍然以外在超越的方式指向一个启发柏拉图的超越的理念世界。

信服这是必然的而非偶然的关系。这种概念活动、思维活动就是 logos。对话（dialogue），表现为一种论理的思维（discursive thinking）。当时苏格拉底面临着一个强烈的诠释需要。他认为人类的知识不应该只是外在的关于自然哲学的知识。在他之前的自然哲学家已经对宇宙的起源做了非常多的研究。泰勒斯认为水是万物的本源，阿那克西美尼认为是气，赫拉克利特认为是火，还有德谟克利特认为是原子等。各家之言来说明宇宙的构成物，莫衷是一。但是有一点是清楚的共识，即是无论此构成物是什么，它都是一个外在事物的存在，是外在存在物最原始的状态。此原始状态的存在物就是物质（matter）。这是亚里士多德后来提出的一个重要概念，在后世西方哲学与科学的发展中具有重大价值。古希腊哲学在苏格拉底的概念革命之后，柏拉图和亚里士多德进行了不同的对真理与智慧的回答，形成了一个伟大的存在连锁关系（the great chain of being），这开启了西方哲学的诠释源头。

在西方思想史中，对希伯来人历史的意义的理解也是一种诠释。在记载希伯来人历史的《圣经·旧约》中，有些章节显然具有明显的哲学智慧意味。例如《传道书》中有记载：两个人比一个人好；有笑的时候，也有哭的时候；有分开的时候，也有活在一块儿的时候。这些都是哲学智慧的表达，显示出希伯来人是从个别或群体的遭遇的事故中掌握了认识事物的概念与理念。"上帝"概念的形成是一个非常重要的人面对世界的经验与体验的概括。上帝造了万物，可是人们对造物者却并不是非常了解。摩西问上帝"你是谁"，上帝说"我就是我"（I am that I am）。这很有哲学意味，也诠释了什么是上帝的本质。上帝概念来自于原始的根源意识，一种对宇宙无限变化的崇敬和畏惧所产生的意识。"我就是我"的上帝能影响与决定人的生死，让人产生敬畏。希伯来文"耶和华"（JHWH），一个不能发出声音的符号，就是这个"我就是我"的符号。问题在于我们怎么去了解该符号之所显示的与所指向的什么。也许 JHWH 的原始意思是众神或曰在天诸父（Elohim）。后来希伯来人把小部落的祖先神凝聚成一个统合的概念 JHWH，再把耶和华活化，成为一个收到耶和华启示的可以转达上帝意旨的长老，因而具有莫大的感召力量。因此，摩西到达西奈山时，情急之中在火焰中听到上帝的声音，上帝说"我是我"，以他伟大的权威给了摩西十道禁戒。当时的犹太民族生于忧患，遭受了很多苦难。人和上帝之间被认为订立了一个神圣的契约。如果有灾难降临人，那是因为人没有履行与上帝的契约。普通老百姓的羊失踪了，也会被认为是对上帝不恭敬。理解所谓订立契约，就是一种最原初的诠释。后来，西方思想家经常用契约论来理解与诠释社会的起源与道德的起源。原初的 covenant 是对上帝的契约，是对上帝存在信仰的诠释。巩固上帝信仰、凝聚民族团结是维持犹太民族存在的因素。在此情况之下，产生了人与上帝之间的契约概念，并通过此概念把上帝烘托了出来。这一过程是复杂的：它显示了理解导向真实或真理的诠释，真实或真理的诠释导向价值的愿景，价值的愿景导向信仰的贞定，然后产生了一些相应的行为与行动。

上帝需要被诠释。在《新约》里面最具有哲学意味的诠释就是《约翰福音》。其中的第一句："太初有道（word/logos/λòγος）"，道与上帝同在，道就是上帝。为什么太初有道？为什么翻译 word/logos 成中文的"道"？这就是一种跨文化、跨经典的诠释。《约翰福音》是用希腊文写成，英文word 就是希腊文中的 logos。希腊文 logos 之前的相关概念是什么，并不清楚，就我以上的分析，logos 也许源自一个隐约的概念，有着晦涩的不定性。我认为在希伯来文中可能没有一个明确的词能代表 logos。因为 logos 是一种诠释的结果。基督教的发展是基于 YHWH（雅威）对希腊哲学中logos 的诠释，也是 logos 对 YHWH 的诠释，也就是用希腊哲学来诠释基督教对上帝信仰形成了基督教的神学。其中进行诠释工作者就是熟稔希腊哲学的保罗。保罗在泛希腊化时期传播耶稣的福音。福音教人为善，具有道德的意味。同时，由于当时的生命很痛苦，需要给生命一个寄托与希望。基督教告诉我们应该把信仰放在另外一个世界：来世。这一超越的彼岸产生了非凡的效用，它形成了外在超越的典范。传播福音就是用 logos 来说明神性的根源。这是对神性的"本"的诠释过程。

2. 中国的"道"

相对于上帝化了的 logos 而言，中国的"道"的含义也许更为丰富。道家和儒家从没有把道当做一个人格化的神来对待。道没有所谓的人格和位格，如果将道变成人格和位格，就是道与上帝同在，就有一种神秘的转化。在翻译中，汉语"圣子"被西方的基督教拿去了并赋予了西方的意义，失去了自己的意义。但是中国的道就还没有全部被西方化，因为道还在不断地被诠释。再如，"圣"也不一样。在中国，孔子也不说自己是圣人，圣是一个开放的概念。在中国哲学中有很多开放的概念，圣、道、仁等概念需要我们自己去体验，而不是要把它确定为西方的什么。相比之下，西方哲学则偏向对象性思维，要把一个概念的所指明确地固定起来。如说，上帝就是道，道成肉身。

中西方对道与 logos 的理解与用词，无非说明诠释是一种思想概念之间的决定，它的动力可能是一种知见的透视，也可能是一种权威的信仰。因为当初讲太初有道时，后人不了解，所以要不断地去诠释它。由于传道的需要，早先的基督教徒要为北非的一些小民族、小部落解释经文，于是形成一套诠释。在此过程中，还要把《圣经》中的四部新约翻译成不同的语言。这其中的一大问题是很多语言没有相应的文字和概念来翻译。有些语言没有《圣经》中的表达方式，那么怎么传道呢？在中国没有源于希腊神话的"Deo"即"God"的概念，但是来华传教士却知道中国还有"上帝"的概念，《尚书》中就有"上帝"，所以他们用"上帝"概念来说明"God"。具有讽刺意味的是现在一提到上帝就似乎是西方的东西。当一种文化、语言处于强势时，对它的翻译就可能掩盖了另外一个文化传统和其哲学思考。"上帝"本是中国人的传统概念，即在天人之际，地上有人间的君（统治者），天上有天上的君（统治者），但"上帝"一词在周代就为"天"所替代，然后在一个实体化与过程化的辩证发展中，"天"即"天之道"，由于"道"的本体意义的发展，"道"逐渐成为更为动态与丰富的名词，以至《道德经》说"天法道，道法自然"。

苏格拉底在古代希腊提倡爱智之学，在东方的中国开始探索智慧的年代更古老。汉字"道"的概念可能早就存在了。儒家重视的"道"字是在修己、待人、处事、接物、为政、治国、平天下等人文方面，而《老子》却将道的宇宙与本体意义凸显了出来。道，就是宇宙本体发生的道路，天地变化就是一个由本而体的创发道路。它有内在的动力、内在的根源，也有内在的目的性，是存在最根本的存在方式。道也是基于人类心灵产生的一种纯粹的观、纯粹的思以及纯粹的言，观而独立于情于欲而有所感。所谓观"易"而知"道"。我认为道在观中的最终体现是"生生不已"的基本命题。道生一，一生二，二生三，三生万物。从此视角看，道自然也涉及生命的内在的体验，因而能具有深沉的内在性。我一直强调，"道"是经过观的过程而形成的对易即天地变化实质与规则的认识。道，从"易"而来。在原始的"易"中，并没有凸显出道的主导性，它仅仅是原始的变化。道则是人经过独立于情欲的观察、认识体现出来的规则，经理解与诠释为理，为道理，为天地之理，为心性之理。

"形而上谓之道，形而下谓之器"，有些存在物显而易见，有些存在物隐而不显，还有些兼具两者。道和器不是决然划分的两个范畴，而是对两种现象描述的状态词。从两个词所指涉的经验物件而言，道和器相通。看得见的东西后面有看不见的东西，看不见的东西在事物的运动过程中隐然若在。此"在"很有深度，我们可以说"不在"也在"在"之中，提出德里达未能直接提出的"不在的在"（presence of absence）的概念①。不在的存在物实质上是在的，不在就是一种在。例如，我们在看戏剧时，还没有开幕之前就在期待开幕后呈现的东西，而这幕一定会打开。因此"不在"是存在于某个地方，即在我们心中，也在事物发展之中。换言之，我们的现在实质上属于未来，未来也属于现在，未来是现在的不在，过去也是现在的不在，但它是另外一种形态的不在的在；未来会变成在，而过去不会变成在，只会变成某种决定未来的方式。因此过去、现在、未来是三种相关的存在方式，不能决然分开。我们从有限的生命体验到生命无限的存在，当然过去、现在、未来一直贯穿，没有一个绝对的时间点是现在。我们的现在可以扩大包含到回忆中的过去和期待中的未来，并且思考其中深刻的义理。这一过程本身就包含了本

---

① 德里达说"There is nothing outside the text"提示一个不在从来未有在过，也不可能在。但为何我们不可以说此在之中已有不在，此正是道家的智慧所在。

体诠释的圆环。因为它就是动态的不断扩大的本体。因此，道是原理，器是器具，二者不可分。没有原理怎么会有器具？"工欲善其事，必先利其器"，利其器首先必须要知其道，只有知其道，才能用好器。又如庖丁解牛的故事表明，只有掌握用刀的技术和了解牛的经络，才能游刃有余。《庄子·养生主》表达的最主要的思想就是道和器不分。道和器的关系也可解释为体和用的关系，道即动态的体，器是具体的用。本体产生道器，道器产生体用。

中国哲学的原始的本体中具有本体创造性。我的本体诠释学的本体也是一个创造的本体。现在很多对中国传统做梳理的人，对西方的本体概念不甚了了，把本体看成是一个死板的概念。其实，从先秦到宋明一直到近现代，我们用本体概念描述真实世界时，都有活的意义。很多学者忘记本体不是一个对象，而是一个创造性的活动。《周易》讲"本乎天者亲上，本乎地者亲下"，本就是一个动词；本也可以是名词，《论语》讲"本立而道生"，本就有本根之含义。体也是一个动词，体形成一个具体的物象与东西，无论是物体还是身体都体现出"本"的发展动力。因此体即体现、实现，用具体的方式实现存在的特性。原始的《周易》本体永远是一个开放的体系。如果把本体论看成一套闭塞的体系，那么本体的含义就会失落。本体具有深刻的经验基础，是一个开放的概念，本，在不断地生生不已，体，在不断地发挥其多样性，并且表现出内外之分和变化。这也说明宇宙的多元变化。体，可以变成多元的存在物。道的精义即在本体以及对本体的理解与诠释中。

三、本体诠释学的四个核心范畴和五个命题

通过界定本体诠释学的本体和追溯中西的 logos 与道，我现在可以进一步展现出本体诠释学的主体内容：四个核心范畴和五个命题。本体诠释学的本体是一个动态的开放的过程，其发展就涵盖了中西本体的各个方面。人的理解与知识或信仰的发展有四个基本的性向：外在性、内在性、外在超越性、内在超越性，此谓之四个核心范畴。

内在性，一方面表现为本的发生的根源性，发生的结果是体；另一方

面，作为本体的人具有内在的心灵性，也表现为一种内在性。人的本性会考虑到他自己内在的心理与心灵活动，反思自己的思想与心灵上的功能。康德就肯定了人心的认知功能的理性和意志两种作用。从此内在性出发，经过本体的开放动态发展，就可以得出外在性、内在超越性、外在超越性的三个相面。这可以用下图表示：

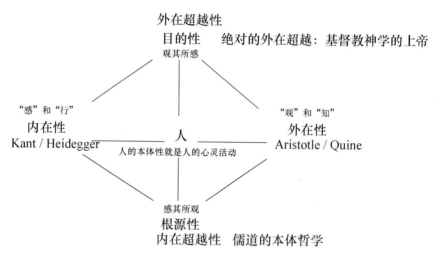

在古希腊，外在性变成超越的外在性有一个重要的因素是苏格拉底的发问。在当时的智者辩论术、自然哲学、城邦政治中，苏格拉底的发问直逼当时的政治制度。从苏格拉底凸显出人的价值，柏拉图从二元论、亚里士多德从一元论试图对之回答开始，西方哲学进入了从亚里士多德到海德格尔的画圈似的后者否定前者的发展模式：从中世纪超越化的上帝到近代的自然化与理性化的上帝，这一过程在康德达到顶点也面临终点。西方哲学的本体在康德之后，出现了内在化与外在化的区分①，尤其以海德格尔的内在主义哲学和外在化的蒯因哲学为代表。海德格尔的存有是 Dasein，他要对 ousia、substance 进行革命；怀特海要对康德进行革命。西方的本体学就是相互革命。其"本体论的中心放在对本体的诠释上。但我们也显示了在 20 世纪西方的本体哲学却有新的发展与转向，此即向内在化的本体思

① 我的观点是康德通过莱布尼兹—沃尔夫—舒尔茨这条线，受到了中国哲学的深刻影响。我近年来的主要工作之一就是整合康德哲学与中国哲学。

想进行，然后再向自本体的诠释的方向发展"①。一直发展到当今，西方的形上学基本上分裂成四大部分：外在本体，即自然哲学——科学传统；外在超越本体，即神学；内在本体的海德格尔；内在范畴化的本体就是康德的先验哲学。总而言之，西方的形上学就是超越的本体和外在的本体，也就是神学化或者科学化，而没有体现出人的内在性层面的超越过程与超越层面。唯一较能体现出内在性的超越性的就是康德。可是康德问题是一个复杂的问题：如何建立人的最后的统一性，从三大批判到人的自主性里面的实践理性、宗教理性、判断力理性如何统一的问题。

本体诠释学的本体并不完全抛离自然和人文的存在来达到超越的存在。完全绝对的超越让人感觉只能相信它而不能知道它，是西方神学的重要特征。信念要高于自我的认识，最后在信念中来发展和体现生命。当然有了基于内在根源的信念之后可以在外在性上拼命发展。西方文明的发展途径就是基于内在性的需求来追求外在的超越，产生外在性的知识和内在性的野心，产生西方文明的霸道和科技的强势。他们的本体是半本体，即本与体的断裂，实现上难以完整。

相比之下，中国哲学在四个核心范畴中的表现则较好，而没有出现西方哲学这样的前后革命性的、彻底性的交替与断裂。当然中国哲学在这四个核心范畴中最大的缺陷，就是外在性发展上的重大欠缺。中国哲学从本体性的自我肯定产生根源意识、整体意识、集体意识、规范意识、生生不已和创新的意识。这是中国传统哲学抓得非常紧密的部分。中国的内在性和内在超越性发展得非常细致并充满美感，但是在外在性和外在超越性部分，则有可能基于内在超越性而对之拒斥。但从文化形态而言，不可否定的是中国并没有放弃外在超越性。中国文化也有宗教性，比如，道教文化、中国佛学、大众的信仰等，但此一外在超越性比较起来更联系于外在与内在，以此与西方宗教的外在超越性区别开来。中国也是一个具有宗教意识的社会，在《周易》而言，并没有否定"神道设教"的需要。从政治

---

① 成中英：《本体诠释学体系的建立：本体诠释与诠释本体》，载《安徽师范大学学报》，2002（3）。关于本体诠释学视域下的中西本体学的发展模式请参考该文中的"西方本体哲学发展的五个阶段"和"中国本体哲学发展的五种形态"部分。

上而言，为了维护社会的生存，就有着外在性的需要。但无可否认的是中国哲学中从来没有类似列维纳斯那样的外在超越性。

很多学者在讲内在性，却并不是非常清楚内在性指什么，不知道内在性和内在超越之间的关系。只有在我的本体诠释学四个核心范畴中，内在性和内在超越才能得到明确的认识。内在超越是内在性的基础，外在超越是外在性的基础。最后的本体性表现在两个统一：内在性和外在性的统一；相对内在超越和相对外在超越的统一。横轴的统一就表现为知行合一（内在性和外在性），纵轴的统一就表现为天人合一。简而言之，在图中的四个面相就构成了人的本体性，即人的心灵活动。人的心灵活动指向外在和内在，指向根源和未来。从而建立一个人的存在，也就是生命的活力所在。

本体诠释学的重要目标在于说明本体是从人对宇宙和自我的深切经验中展现出来的一种真实存在。因而我们可以总结式地提出五个本体诠释学的基本命题：（1）人是本体的存在。（2）人的本体的存在是一个开放的体系。（3）语言的出现是沟通的需要，也是理解与诠释的需要。（4）知识是可能的、客观的，但是知识不应该看做是独立于存在或者本体之外的一个范畴，或者被看做是一个不加诠释的绝对信念或理型。（5）针对当前人类的问题而言，在"哲学的诠释学"（伽达默尔）探索真理的共识与生活智慧的实践与应用的基础之上，基于我所阐释的对本体的认识，人的本体包含了人文（道德）和科技（知识）两个相面，也就是内在性与外在性两个相面，并在超越层面上导向终极价值中真理与智慧的统一。

基于以上五个命题，我们认识人的本体即是宇宙的本体，宇宙的本体即是人的本体，包含了人的内在的价值活动和外在的科技知识活动。海德格尔说人的本体是抛出物（Geworfenheit），以抛出说作为偏见来说明人的发展。但是人不是抛出的，而是本体内在的价值的存在，也是生命不断创发的存在。

四、超融的本体

本体诠释学的"本"主要体现在根源意识上。根源意识是一个很重要的诉求。从中国哲学来讲，根源意识发展得相当完整。外在意识和内在意识都为人的本体所需要。在外在意识上面，中国哲学对宇宙认识的科学性还不够。在内在性方面，虽然中国哲学有非常好的发挥，但是相应于实体哲学所涉及的知识而言，内在性显然还可以进一步发展，藉以达到与外在性的动态平衡。因此，我的本体诠释学透过对康德的先验哲学的分析的理解，建立了诠释就是理解，理解就是分析这一方法学上的认识。基于此一分析的理解与诠释，我们可以本体地理解古希腊人的哲学与从亚里士多德的实体哲学中引申出来的现代科学典范以及后现代的量子理论与超弦理论，包含对所谓"上帝粒子"的预设。对目前的中国哲学而言，此一开放的本体意识的未来发展有很重要的作用。但同时还是要注意到从亚里士多德发展而来的科学还是只属于本体诠释的外在性方面。

　　由于理解与诠释的需要，我们把以前不同形态的内在、外在、内在超越、外在超越进行整合。这四个方面可以是客观的存在，或者是存在的方式，或者是本体存在的范畴。尽管在实际生命的存在中，可能有些是内在性强一点，有些是外在性强一点。超融（transcendental integration），就是把这四者看做一个整体，一体多面。超融是一种方法，其自身已经是一个诠释的范畴。"诠释是就已有的文化与语言的意义系统做出具有新义新境的说明与理解，它是意义的推陈出新，是以人为中心，结合新的时空环境与主观感知展现出来的理解、认知与评价。它可以面对历史、面对现在、面对未来，做出陈述与发言，表现诠释者心灵的创造力，并启发他人的想象力，体会新义，此即为理解。"① 当今的世界强调科学的外在性所带来的人的价值失落问题已经非常突出，我们急需一个向本体的内在性的回归。"在西方，是把人看做抛出的存在，而非发生的生命，他的根源是不可知的上帝，而他的理想也就在回归到超越的上帝。于动物，他们不但是抛出物，而且也只是人的工具，因而人类对动物与环境基本上缺少一种同情共感，而能理性地计算把自然征服而奴用。由于他对超越性的依赖，人可以达到一种甚至把自己就看成是上帝的想法。当上帝已经死掉的时候，就把

———————

① 成中英：《从真理与方法到本体与诠释》，见成中英主编：《本体与诠释》，6 页，北京，三联书店，2000。

自己看做是上帝，在行为当中，就会产生霸权主义。"① 这种回归必须是在超融的本体诠释学上的回归，是一个整体四个面向的协调发展。从本体诠释学的本体、四个核心范畴以及五个命题出发，我们可以面对中西本体学的发展，更进一步的是，面对人自身的健全的本体的发展，从"对本体"与"自本体"的进路，形成一个"本体诠释圆环"的理解。人的存在不只是一个科学理性的存在，也不是被抛的存在，也不是仅仅局限于内在根源性的存在，而是在超融的本体诠释的框架下多元地体现他创造性的自身。

附录二：对经典诠释的哲学审查：经典诠释预设本体诠释②

一、诠释经典的三个层次

1. 文本文字考证及训诂的必要：回归历史上语言的形成原理：形、声（音）、义、指四方面及其有关中国六书的应用与意向问题；假借原则及转注原则，必须认识意义与经验相互扩充的基本原则；文字及语言的连锁性与重叠性使概念蕴含（implication）成为可能，必须考虑到指的理解问题。

2. 整合已有训诂以发现或激发新义理：历史文献的累积需要不断地整理与梳理，以还其真，以见其可能的原貌。

3. 超越义理形成对文本的本体理解的本体诠释。

例证具体说明：易卦中"屯"字意义的经验延伸；"仁"的意义的发展与不同翻译的问题性，此一问题也见之于"道"、"法"等字。当代英文翻译中强译"仁"为"authoritative conduct"，或译"诚"为"creativity"，或把英文"ontology"译成"本体论"都是混淆义理的结果。

句法断句也会形成问题："道可道，非常道"、"民可使由之，不可使知之"等我们可就《周易》的成书及其本体论的认识与诠释做出断句的根

---

① 成中英：《中国哲学与世界哲学的发展——后现代化与后全球化》，载《上海交通大学学报》，2010（2）。

② 这是成教授的一个讲演提纲，内容与本节所讨论的问题极为密切，附录于此，以资参考。

据或说明。

朱熹与王阳明对"格物致知"的诠释也是包含了三个层次的问题。

当前的经典诠释大都停留在第一层次或第二层次，本体诠释这一方法及其重要性尚未受到应有的重视，但却常常被预设。这是第三层次的问题。

二、不可把意义混淆等同视野融合

对经典诠释的一个重要潜在要求是寻求读者与作者的视野融合，而不是在个别字句上曲解原意。"五十以学"显然被"卒以学"所曲解了。"守死善道"也不等同于"守住好的道到死"而是"对道善待不渝以至于死"。

视野融合在于建立本体概念与体验的重合，也就是基本概念与思想的一致，然后不同的观念得以在同一个基础上各自阐发发生，使每一个差别的环节都能找到在整体融合中的位置，及其各自的存在与发展理由。

三、经典如何形成及诠释经典的基本精神

1. 提出生活中的基本规范与显示普遍价值。
2. 彰显了宇宙真理包含宇宙与生命的原始意义。
3. 导向一个文化传统的建立与制度化。
4. 在现实世界中体现理想的模型与境界。

经典因而具有一个深沉或高明的生命智慧，能够启发与教化个人及社群。所以需要诠释是因为：（1）要保持经典的真实性与完美性。（2）不但求其部分的真，尚要维护其整体或大体的真，故诠释经典或注释经典都有一个潜在的目的即维护或创发或昌明其已具有的 noble spirit。（3）事实上如有偏离，则要尽力维护其合法性或合理性，或在事实的基础上，发明或厘定新的典范，导向新的本体之知。

当代出土的简帛文献大都具有经典性质，故必须具有诠释经典的精神才能更有效地诠释经典。例证：《五行》篇中的"五行"、清华简中《保训》篇中的"中"（具体的"旗"或形而上的中道）。

四、宽容原则与简化原则

语言与文字基本上应是开放的学习与思考系统，在其演化中逐渐丰富与灵活化，不然将无能持续下去。

书写版本与手抄本的差异化倾向，有如后现代特殊化的 ramzone。故版本最后是多元的，如何梳理则需要整合与调和，并要厘定一个标准，界定意义，确定典范形式与内容。举例来说，《诗毛传》是决定意义的典范，《易传》提供了易的系统思考。

总言之，诠释经典要寻求作者、文义、文本、背景的统一性，在此过程中就必须诉诸包含原则（the charity principle）以及简单原则（the simplicity principle），两者并不冲突，可以先开放多样性，然后进行简化与规范。

五、语言文字开展中意义的发展与延伸

首先要了解语言文字的变化性，因其必须满足外在环境的变化的影响，又必须满足内在心灵的理解需要。因之，意义可以立体地延伸以及多面与多观点的整合，同时具有外在性与内在性。用于人与物，又必须分辨普遍性。因而意义并非不可决定，只要我们理解意义在发展中的定性。意义有下面四个方向的延伸：

如此观之，有学者举出"中"可以具有 15 种以上的含义，但何种意义更接近真理，却是要在本体诠释中厘定。

六、哲学门派的形成及其意义

学派的形成是继承及开发原创思想的意涵，表现为学派的分野。学派分野的可能性在概念化与规范化，如道、儒、法、墨、名与阴阳，各有所表。废除学派之名，则造成混乱，少了一个知识体系整合的功夫。出土文

献是对已有的名言分类的秩序提出新的质疑或新的可能。分野的重要考验是本体论、知识论与方法论，但根本基础是本体论，本体决定知识与方法。

形成学派的方式有三个考虑：（1）出生渊源；（2）宗旨及目标；（3）体系的复杂性。三者形成一个本体性的结构。

七、出土文献的经典诠释与本体诠释

就新出土中国哲学与思想学术资料而言，我们可以关注下列诸问题：

1. 时代、地点、人物、语言与基本语义等历史事实客观性问题。

2. 相对于各家通行本的有何义理上、意义上、论述上的扩大或改变及其他启示？幅度如何？加强或订正或相反？

3. 儒道家学说与儒道家学派的缘起及早期发展是否因之更为清晰与完整？

4. 是否厘清了学派的发展与交往关系，以及学派内部的发展关系？

5. 对已有的中国哲学属性的理解有何启示？是否启发了我们对此一问题或主题（subject matter）的新的看法？是否也让我们对中国哲学的未来发展提出新的意见与看法？

显然当前的帛简研究大致集中在第一问题上，也对第二问题提出了许多宝贵意见，大半都是汉学家与历史学家的成绩。由于兴趣及专业的原因，近年也有有关学者对后三问题加以关注。在诸多中外学者中庞朴教授显然是首位较多地兼顾考证与哲学，做了深刻的哲学探讨。他是一个极好的示范，是否形成定论当是另一个问题。显然这方面的研究必须继续下去。首先涉及方法学的问题。

八、经典诠释的文字训诂

出土文献有许多属于文字学训诂方面的问题，一般只集中在形、音、义方面的关系考虑，如通假、转注等。但我要指出一般语言学未能充分考虑文字的另外二方面：意与指。有关意与指的考虑是从文字学走向哲学知识论与本体学的诠释对象。经典诠释显然不能不面对此一方向。说明此五

方面的诠释问题是对清华简《保训》篇里的"中"的诠释,涉及"中"的特殊性与普遍性及其抽象性与具体性的认定。

"文本诠释"可名为语义与意向诠释(以寓意为基础以达到新意义),进而可谓"概念诠释"(以概念为基础以达到新概念),再进而为"本体诠释"(以本体为基础以达到本体的认知与经验的整合)。所谓"经典诠释"则必须要架设一个经典的标准,当即回到根本性的对经典的诠释问题。事实上,此即是本体的诠释问题。目前学术界有逃避或模糊此一根本问题之嫌。

九、方法学问题的提出

比较研究导向真相的显露。用通行本来校定或校正出土本,也用出土本来校正通行本,两者互校,可以增进我们对文本语义的循环理解。不但要考虑到历史时空等具体问题,也要考虑到文字语义考订与哲学思考分析两个层次的问题。同时这也涉及应用何等原则来确定语义、认知意义、分辨是非真假及建立诠释标准等问题。我们可以先提出下列五项意义分析原则以为讨论的基础:

1. 显示文本前后贯通。
2. 相关文本及相关立场的旁通。
3. 意义深化及广化。
4. 语言及概念的明晰化。
5. 新义的提出与突破。

此五点均为潜在的逻辑约束。目的在改进或丰富我们的现有看法,或超越之。但其基础为何?是否需要或强化一个出发点?或在现有的理解上发掘出一个新的观点与命题?深入衡量多项诠释思考的发展是很有需要的。

十、重新认识"本体诠释"与"经典诠释"的含义

"本体诠释"中分辨"自本体的诠释"(from the viewpoint of a position)与"对本体的诠释"(toward discovering/founding a viewpoint/position),前

者要扩大现有的眼光，所谓本体是发动中或发展中的对真实与价值的观点与信念或认识，其中举出其历史与理论的根源与核心是为本，据此形成的一个可以整体化的、可以持续发展的概念与理解系统，是为体。"自本体"是有所本，有所体，而求体的扩充及用的建立；"对本体"则为用方法来创建理论，文本成为原始的资料，要经过认识以后才能形成理解与理论。此处认识有原始的独立的建构与逻辑规范的作用，如应用一致性原则与简易化原则来整合理论。但已取得经验支持的认识，则不必完全纳入诠释学的范围之中。举例来说，发现第九颗行星 Pluto 为经验认识原则的作用，但后来确认 Pluto 为卫星或彗星而非九大行星之一却是有关本体的系统诠释之事。实际操作中"对本体的认知"与"自本体的诠释"往往是两者的交相为用，或对或自，或诠释或认知，最后取得一个观点的平衡，或系统的整体平衡，可名为 reflective equilibrium（反思的平衡，a la Rawls）或可名为"意义与观点的平衡"、"经验观感与理论观点的平衡"，"证据与意义的超融"（transcendental integration，这是我的一个方法学上的见地）。对于帛简研究而言，目前尚未发展成此一整体的反思的平衡，也尚未发展成证据与意义的超融。对"经典的诠释"或"利用文字分析来诠释经典"也需要重新进行理解与澄清。

十一、整体系统诠释原则

另一方面，参照上述的五项意义分析原则，我们可以提出下列整体或系统诠释原则：

1. 预设原则，应问预设什么前提或立场方式？应预设的基础与合理性如何？

2. 文本的条贯一致性，应问文本的范围如何、意义的贯通基础为何？

3. 相关文本的旁通性，应问有哪些文本相关？

4. 概念清晰化原则，应问概念成立的基础为何？

5. 指向与意向的理论性、系统性，对应性与真实性原则，应问其合理性的基础何在？

十二、出土文献涉及的哲学内涵

帛简研究涉及所有重要的先秦哲学问题，但大致可分为三类：易学发展与其相关项目、儒家发展观点及内涵、道家发展观点及内涵。据此中心刻画先秦哲学的发展及内涵是很有价值的一件事。我想在此一课题上，就我思考所及，提出来一个古代中国哲学发展的大纲要及其突出的重大内容，以供学者讨论。基于本体宇宙论的中国古代哲学中心概念的探索与发展。

我们依据以上五项原则，来简短地对下列九个出土文献涉及的本体诠释课题进行探讨：

（一）太一生水宇宙论，郭店楚简《太一生水》，上博《恒先无有》，相对于邢文我提出：

天	神	阴
地	明	阳

太一──→（生）水──→天──→地──→四时……

如此则更能彰显一个循环互动的宇宙创生论。生涵自无生有，或自生于无，有无相生（含有还复相生之意，亦即反哺／辅以新生之意），以及生生不已之三义。

又，太一生水，故太一为原动者，然后又为不动之动者。太一为空间概念，但却仍然可以涵盖时间，恒先为时间概念，但却仍然可以涵盖空间，两者均指一个"动而不动之动者"（mover as moving and yet non-moving）（柏格森的 Elan vital）或"不动而动之动者"（mover as non-moving and yet moving）（周敦颐太极图）。道则为动的过程及行为，和天地，因天地交而生。（老子甲）

又大恒为大中，但不等于32卦之恒卦，似不必用天文中之天上中点来解释。

德性与德行的道德哲学。

（二）德行论：有关帛书周易《要篇》的诠释：

子曰："易"，我后其祝卜矣！我观其德义耳也。幽赞而达乎数，明数而达乎德，又仁守者而义行之耳。赞而不达乎数，则其为之巫。数而不达乎德，则其为之史。十五知识，乡之而未也。好之而非也。后世之士疑丘者，或以"易"乎？吾求其德而已，吾与史巫同途而殊归者也。君子德行焉求福，故祭祀而寡也。仁义焉求吉，故卜筮而希也。祝巫卜筮其后乎。何谓同途？何谓殊归？同时关心占卜，但筮者欲求吉凶祸福，而孔子则力求德义的彰显与实现。象传为一实例，是孔子所启发的德行之本体诠释。

子贡说孔子说"德性亡者，神灵之趋；智谋远者，卜筮之繁"。

由第一章"其亡其亡，系于苞桑"，论本体修持之道。

论损益之道。

（三）占卜论：再论数字卦问题。邢文文：数的内容为象，不然数字有何用？品评 Lisa Raphaels 文。

（四）权德论：郭店《唐虞之道》、《穷达以时》与上博《容成氏》、《子羔》，权力与德行并不矛盾，但其结合需要时。时是命之发生时刻，而命则为已定之时。命是时的抽象与主体或客体化，而时则是命的具体化与环境实力化。德＋命＝达；德－命＝穷。

（五）禅让论：禅让是否有违天命或也可看成天命之实现方法？问题在禅让是否全为设计。应有下列可能：在政治制度的发展史中世袭是否为自然，禅让何以为人为？因为爱民尚贤而禅让，尧舜也，墨家也。禅让作为手段，以博贤名而后夺权，传说为禹之传益。显然人之自然有人情之私，世袭之行由此，但不可谓为天命，也不可视为自然或当然。如何做出人文设计，用理性克服私心，乃是化性起伪的作用，荀子也。不必以为孟子用天命说反之，察看孟子，孟子所说为以民之表示为决定。古儒家仍可主张民意禅让说，非年老告退禅让说。公元前 400 年对此问题的讨论是儒家思想的一个课题，必须放在儒家的政治理论中论说。Sarah Allan 有关文有未融通处。涉及本体诠释学中的整体思想的合理化有历史影响的问题：有效历史，黄宗羲的原君论。

（六）五行论：竹书《五行》篇、郭店《五行》篇：问题甚多，分辨不够明确，涉及孟子本人的思想的先后发展问题。何以孟子书中没有五行之说？陈来有关文作出一些值得讨论的断语。涉及本体诠释学中之整体发展中的取舍问题。郭店竹简不类子思之语，所谓经反而像说，比较繁复，当为子思后学所述。智同圣为一体，故可用智代之可也。孟子是否经过一番斟酌最后以信取代圣则可以进一步。

> 子思——竹书五行
>
> 子思后学
>
> 孟子——帛书五行
>
> 孟子后学
>
> 荀子——非十二子

（七）组合论：Rudolf G. Wagner："The Size of a Thought"设计本体诠释学中的文本之体的问题。

（八）性情论：心性论与知行论。

（九）本原论与本体论：

从本体诠释学的观点确定了帛简研究的最大的贡献在于突出了本体宇宙论与本体形上学的提出，有别于希腊的传统。

人的自我与宇宙的关系：人的自我的心性化与主客道德的建立。

知识与知识论的演化：占卜论的知识论含义。

从天命论到性命论的儒家伦理哲学的发展。

从天命论到民命论的儒家政治哲学。

从自然到德行，孟子的内在主义的发展与荀子的批评；内在主义与外在主义的对立问题。

易的分野：儒家易与道家易。先有易之道，后有道之易。

道家的重大分化：外在自然主义与内在自然主义。

与西方的对照。

一些结论与看法

易学对中国哲学的发展有何意义？以易为基础，我们更坚信儒家、道家与易家形成了一个一体三元的关系结构。易的发展产生了两个取向：一是以悟觉自然之道为取向的道家，一是以体验人性之德为取向的儒家。但两者各自均在易的一阴一阳的创造活动中寻求最有价值、最有活力的发展，也必须建立与对方相容的关系。因之，对易的哲学的正确理解对中国哲学的发展有外张与内敛的调和作用，我们也就不必陷入门户及门派之争之中。

但我们却又必须在两者的互动中开辟新的天地，接纳新的经验与价值，尤其来自西方传统的哲学眼光，使我们学习及发展本体论的系统的哲学、现代科学及现代民主成为可能。在此一理解下，我们更可以整合两汉的象数与宋明的义理，促进形式规律与内在德性的互动，对建立外在的规范律则（包含政治上的）与内在的道德价值的动态统合有重大意义，启示我们在今日高科技的社群组织中必须结合法治、礼治与德律以实现高品质的民主的与道德的个人与社群生活。

同时让我们理解到后天个人道德及精神修养的重要。对中西哲学与文化在根源上的不同有更深入的认识与文本基础。如何从人性的经验与理性开发人类整体的价值，建立人天与人际的根本关系是另一个值得思考的本体诠释的重大课题。

后　记

　　2008 年，受教育部"新世纪优秀人才支持计划"的资助，本人有幸赴美国夏威夷大学哲学系访学。之所以选择夏威夷大学哲学系，主要是基于对成中英教授的兴趣。管见所及，在成教授那一辈从事哲学研究的两岸四地的学人中，有成教授那样的学术背景的人并不多。成教授出身哈佛，硕士、博士研究生学习期间主攻美国的逻辑哲学，毕业后长期在美国高校的哲学系执教，讲授西方哲学和中国哲学，从事中西哲学的比较研究，真可谓是出入中西。而尤为可贵的是，成教授归本大易，创建了独具特色的本体诠释学理论。这些，对我很有吸引力。所以我在出国之前即设计了详细的采访提纲，准备到夏威夷后对成教授进行一次系统的访谈。奉献给读者的这本《从中西会通到本体诠释——成中英教授访谈录》，就是这次访学和访谈的成果。这本书是在约 50 个小时的访谈录音的基础上整理出来的，我的学生对录音进行了初步的文字整理，我又对照录音校对一遍，然后剪辑整理，疏通文句，分章编目，之后由成教授审查定稿。

　　值此访谈录付梓之际，我要特别感谢成中英教授在我访学夏威夷期间所给予的帮助，我租住的房屋是成教授亲自找的。赴美之前，成教授多次打越洋电话，详细描述他所看过的几所房子的情况。房子租定后，成教授又亲自买了几件旧家具，并亲自搬上二楼。我赴美当天，成教授正好在外地参加学术会议，他特别安排自己的朋友接机。返回夏威夷的当晚，成教授即来看望我们，并在后来的时间里几次带我们去海边游泳，这些都令我和我的家人十分感动。

　　这次的访谈得以顺利完成，主要得益于成教授的热心支持。夏威夷的气温虽然从来没有高过 28 度，但日照很强烈，我每次去夏威夷大学，路上总会出一身汗，而学校办公室（包括超市等场所）的空调温度又非常低（估计超不过 20 度），一进办公室，一身的汗迅速冷却，个把月下来我已是阳气大伤，竟至卧床不起。不但辜负了夏威夷的好风光，也无法再到成教授的办公室进行访谈。后来成教授就抓空到我这里来，而那一学期成教授又特别忙，有时晚上九十点钟才到，访谈结束后基本上是下半夜了。顺便说一句，美国总统大选投票的当天下午，我和成教授是一边看着电视上的计票结果一边讨论着哲学问题度过的。

　　借此机会，我还要感谢夏威夷大学哲学系接受我的访学申请，还要感谢安乐哲教授，安教授对我联系访学的事宜给予了足够的支持。还要感谢中国人民大学哲学院的温海明教授，在一些具体的细节方面，温教授给了我很大的帮助。还要感谢英文《中国哲学季刊》编辑室主任顾林玉博士所给予的照顾。还要感谢夏威夷大学的吴永彦博士，吴博士在生活方面给了我们很多具体的帮助，令我们全家十分感动。还要感谢一些无法一一列出名字的朋友们所给予的关照。中国人民大学哲学院的博士研究生王国雨、许晨，硕士研究生栾海燕等同学参与了访谈录音的文字整理工作，在此一并表示感谢。

　　访学得以完成，得益于教育部"新世纪优秀人才支持计划"的资助，整理工作的完成得益于中国人民大学"重大基础研究计划"的支持，在此谨向有关部门表示衷心感谢。

　　最后我要特别感谢我的家人，我爱人的英语水平令美国人感到吃惊，家中的一切琐事，诸如网上缴费、外出采购等都是由她来完成的。另外她还在我女儿就读的小学以及个别场合做义工，负责给小学生讲英文故事。我的女儿也偶尔承担家务，去附近的超市采购食物。这些都给我们留下了难忘的回忆。

　　倏忽之间，访学归来已过去将近四年，赴美之时正值北京奥运会，现在写这篇后记，又逢伦敦奥运会。时间过得真快，而夏威夷的风物人情似乎仍在眼前……

　　美丽的火奴鲁鲁！

　　寂静的 Coolidge St！

杨庆中

2012 年夏于中国人民大学国学馆

图书在版编目（CIP）数据

从中西会通到本体诠释：成中英教授访谈录/（美）成中英，杨庆中著. —北京：中国人民大学出版社，2013.6
ISBN 978-7-300-17536-2

Ⅰ.①从… Ⅱ.①成…②杨… Ⅲ.①成中英-访问记 Ⅳ.①K837.125.46

中国版本图书馆 CIP 数据核字（2013）第 108176 号

从中西会通到本体诠释
——成中英教授访谈录
[美] 成中英　杨庆中　著
cong Zhongxihuitong dao Bentiquanshi

出版发行	中国人民大学出版社			
社　址	北京中关村大街 31 号		邮政编码	100080
电　话	010－62511242（总编室）		010－62511398（质管部）	
	010－82501766（邮购部）		010－62514148（门市部）	
	010－62515195（发行公司）		010－62515275（盗版举报）	
网　址	http://www.crup.com.cn			
	http://www.ttrnet.com（人大教研网）			
经　销	新华书店			
印　刷	北京中印联印务有限公司			
规　格	160 mm×230 mm　16 开本		版　次	2013 年 7 月第 1 版
印　张	24.25 插页 2		印　次	2013 年 7 月第 1 次印刷
字　数	354 000		定　价	58.00 元